SELF－HELP

新・完訳

自助論

サミュエル・スマイルズ

Samuel Smiles

久保美代子 訳　青木仁志 解題

ACHIEVEMENT

SELF – HELP

新・完訳

自助論

サミュエル・スマイルズ

Samuel Smiles

久保美代子 訳　青木仁志 解題

ACHIEVEMENT

解題者のことば――青木仁志

『自助論』は、１８５０年代に初版が出版され、発明家、芸術家、実務家、科学者など、欧米史上有名な３００人余りの当時の「成功者の実例」が収められています。


私がはじめて読んだのは、24、25歳のときでした。読み進めながら、

「天《てん》は自《みずか》ら助《たす》くる者《もの》を助《たす》く」

というサミュエル・スマイルズの主張が、心にビンビン響いてきたのをよく覚えています。

なぜなら、幼少のころ両親が離婚し、早くから新聞配達などをして生活しなければならない環境だったため、自立・自活したい気持ちが人一倍強かったからです。そして17歳で生まれ故郷の北海道を離れ、高い志を持って上京し、

「よくなりたい！　もっともっとよくなりたい！」

その一心で今日まで生きてきました。


20代前半のころは、さまざまな仕事に就きチャレンジしたものの、知識も経験も技量もないため、困難や挫折の連続でした。『自助論』と出合ったのはそれから間もなくです。

この本で、成功者とは特別な才能があったわけではなく、困難に直面しても強い信念を持って立ち向かい、勤勉に忍耐強く努力を重ね、一つひとつ乗り越え成功を成し遂げたということを知り、とても共感しました。

いまの時代、信念、努力、忍耐というと古臭く聞こえるかもしれません。しかし、私の周りの方たちを見ても、この言葉なくして成功した人などひとりもいません。

現在の日本は、少子高齢化問題、医療費問題、年金問題、環境問題などが山積しています。こうした厳しい社会情勢のなかで、「なんとかなるだろう」という他力本願な考え方では、山積する問題は解決できないでしょう。『自助論』に書かれているように、「私がやる！」という強い信念、努力、忍耐が、問題解決の源になるのです。

能力開発の専門家として、30年間で34万5000人に研修を提供してきて思うことは、「人はその人が考えたとおりの人間になる」ということです。つまり、物ごとに対する考え方ひとつで人の生き方は変わるのです。

たとえば、依存とか甘えの考えを持っている人は、結局は身も心も貧しくなります。逆に、自主・自立の精神を持って物ごとに取り組む人は、必ず道は開けます。

私は、あらゆる生き物は逆境のときに成長し、順境のときに衰退すると考えています。

逆境を乗り越えた先には成長があります。そしてそのはるか先に成功がある。強い信念、努力、忍耐で逆境に立ち向かい、自分を信じ、大切にし、価値ある存在として高めていく。これが成功の本質です。

だから『自助論』とは、崇高な〝自己愛〟を表現した名著だと思います。自分を思いやり、慈しみ、そして自分という存在を決して軽く扱わない……。

自分を大切にするからこそ、成功者たちは人生を大事に生き、勤勉に、誠実に自己修養に励み、逆境にひるむことなく乗り越え、成功を成し遂げたのです。

今回、〝自助の精神〟というサミュエル・スマイルズの主張を余すところなく収めるため、原著に忠実に「新・完訳」版として解題しました。

良質な情報との出合いは、人生を根本から変えることがあります。本書に書かれた成功者の考えや物ごとに取り組む姿勢を学び、一度きりの人生を自分自身で切り開き、悔いのない素晴らしいものにしてください。

アチーブメント株式会社　代表取締役社長

青木仁志

解題者のことば

「なによりも大切なことは、自分に誠実であること。
そうしていれば、夜のあとに朝が来るように自然に
誰に対しても嘘はつけなくなる」
――シェイクスピア

「若者に助言を与えるなら、こう言って聞かせたい。
より善良な友と付き合え。
本であれ実生活であれ、善良な友とは気持ちのいい付き合いができる。
いいものは素直に称賛することを学べ。
そうすれば人生がさらに喜ばしいものとなる。
立派な人たちが称賛しているものに注目せよ。
偉大な人々は偉大な行いを称賛する。
心の狭い者は誰にでもおべっかを使うが、そこに尊敬の念はない」
――W・M・サッカレー（イギリスの作家）

改訂版への序文

本書は、すでに出版され、イギリス国内だけでなく国外でも非常に好評を得ている『自助論』の改訂版である。旧版はアメリカではさまざまなバージョンで出版されているし、オランダ語とフランス語でも翻訳され、さらにドイツ語版とデンマーク語版が間もなく出版されるところである。この本が多くの国の読者を魅了していることは間違いない。それは、さまざまな人物の逸話を紹介し、労苦や試練、奮闘を経てなにかを成し遂げた人たちへの共感と興味を呼び起こすからであろう。とはいえ、断片的なエピソードが多いことは誰よりも著者の私自身が感じていることである。それは、この本が何年にもわたって書きとどめたメモを寄せ集めたものだからである。そのメモを作成した目的は、1冊の本として出版することではなく、若者たちのちょっとした読み物になるようにと考えてのことだった。

したがって、今回の改訂にあたっては、余分な部分を削り、多くの読者の興味を引きそうなさまざまなエピソードを新たに盛り込んだ。

本の題名については、いまさら変更することもできないが、残念ながら、題名だけで判断し、利己主義を褒めたたえた内容のものと思われる人もいるようだ。だが、実際は――少なくとも私の思いとしては――まったく正反対の内容である。

本書のおもな目的は、若者が骨折りや苦労をいとわず、自己犠牲の精神を避けることなく、好ましい仕事に一生懸命に励むことを奨励し、他人の助けや後ろ盾に頼るより、自ら努力して生きよと若者に勧めることである。

自助という言葉をより深い意味でとらえれば、そこには、自分だけでなく周囲の人たちを助けることも含まれる。それは、ここに描かれている文学や科学界の偉人、芸術家、発明家、教育者、慈善家、宣教師や殉教者などの逸話を読めばわかることであろう。

旧版を読んだ人からは、自助の精神で人生に成功した人々の話が多すぎて、人生に失敗した人々の話が少なすぎるという意見もいただいた。「なぜ失敗談を書かないのか?」、「プルタコスが英雄を対比させたように成功者と失敗者を対比させてはどうか?」と言われることもある。たしかに、成功談との対比として失敗談を入れていけないわけではない。ただ、失敗だらけの人の話は恐ろしく気が滅入るだろうし、それほどためになるとも思えない。

とはいえ、真の努力家にとって、失敗は自己を成長させる絶好の機会となる。本書ではそのことを示している。失敗することで、人は気持ちを新たにし、さらに力を尽くそうとするし、自己修養や自己管理に励み、知識や知恵を深めるきっかけが得られるからだ。この点から、不屈の精神で乗り越えた失敗のエピソードは、間違いなく興味をそそるし有益である。そういったエピソードは数多く取り挙げている。

しかし、失敗ばかりを集めた物語となると話は別である。そんな本は、人生の終わりに読んで自分の人生のほうが良かったなどと慰めになるかもしれないが、これから人生を始めようという若者の前に差し出すのはいかがなものか。なるほど「～するべからず」という項目ばかりを並べた本は、手っ取り早く人生を学ぶにはいいだろう。教育法も、努力も、自己犠牲も、勤勉も、忍耐も、根気も判断力もいらない。とはいえ、戦いに負けどおしの将軍や、機械をだめにしてしまう技師、おぞましい建物しか設計しない建築家、絵の下手な画家、機械を発明できない発明家、商い下手な商人などの話を、読者がわざわざ読みたがるだろうか。

たしかに、優れた人でも理想を追い求めて失敗することはある。だが、そういう人も、失敗したくて失敗したのではないし、失敗にこそ価値があると考えているわけでもない。その反対で、成功しようとしてチャレンジし、失敗して災難だったと考えている。しかし、立派な目的を達成しようとして失敗したのなら称賛すべきだし、よこしまな目的のもとで成功してもただ悪評が立つだけである。もちろん、立派な目的のために成功したのなら失敗よりいいことは間違いない。いずれにせよ、大事なのは結果よりも目的であるし、その目的を追い求めて労苦に耐え、勇気を持って努力を続けることに大きな価値があるのだ。

「成功か失敗かを選ぶことはできないが、
われわれにはもっとほかにすべきことがある。
それは成功にふさわしい行いである」

本書の目的をひとことで言うなら、昔ながらの健全な教訓――これはいくら語っても語りすぎることはない——を繰り返し説いて聞かせることである。健全な教訓とはつまり、若者は人生を楽しむためには働かねばならないこと、粘り強さや努力なしでは称賛に値する目標はなにも達成できないこと、学生たちは困難にひるまず忍耐と根気でそれに打ち勝たねばならないこと、そしてなにより重要なのは、自分の人格を高めようと努力しなければならないことである。それなくしては、高い地位を得ても意味がないし、世俗的な成功を手にしたところで虚しいだけだ。これらの教訓をうまく伝えられていないとすれば、私は目的を達成できなかったことになる。

改訂版では次のエピソードを追加した。貧しい生まれの外国人たちの例、一兵卒から身を起こしたフランスの将軍や元帥たち、アレクシス・ド・トクヴィルと他者からの助けについて、靴下編み機を発明したウィリアム・リー、ボビンネット機を発明したジョン・ヒースコート、ジャカールと彼の織機、ヴォーカンソン、ジョシュア・ハイルマンと彼の梳綿機《そめんき》、釉薬探しに奮闘したベルナール・パリシー、硬質磁器を発明したベトガー、学者としてのビュフォン、キュヴィエ、アンブロワーズ・パレ、クロード・ロラン、ジャック・カロ、ベンヴェヌート・チェッリーニ、ニコラ・プッサン、アリ・シェフェール、ベルパーのストラット家、フランシスコ・ザビエル、実務家としてのナポレオン、大胆不敵なディールの船頭たち。そのほかここでは割愛するが、さまざまな部分を追加した。

1866年5月　ロンドンにて

初版に寄せた序文

この本が生まれた経緯を簡単に説明しておこう。

15年ほど前のこと、ある夜間勉強会に通う人たちに話をしてほしいと頼まれた。その勉強会は次のようないきさつで、若者たちが互いに切磋琢磨しようと、ある北部の町で立ち上げたものだった。

2、3人の非常に貧しい若者たちが、自分自身を成長させるために、冬の夜に集まり、お互いの知識を交換し合うことになった。最初の会合は、メンバーのひとりが住んでいる小さな家の一室で開かれた。じきにほかの若者たちも仲間に加わり、その部屋では窮屈になった。夏になり、会合の場はその家の庭へと移され、板張りの小さなあずまやのそばで授業を行うようになった。授業は、その夜の先生役となった若者が計算問題を出したりなどして進められた。天気がいいときは、ミツバチの群れのようにあずまやの入口あたりに集まって遅くまで勉強していたが、突然雨に降られたりすると、石板に書いた計算式が雨に流され、早々に解散となって、消化不良のまま夜が過ぎることもあった。

冬が近づいてくると、寒い夜をどうやって耐えるかが問題となった。そのころにはメンバーが増え、普通の家の部屋では入りきらなくなっていた。そこで、わずかな週給で働いている若者がメンバーの大半ではあったが、思い切って部屋を借りることにした。部屋を探してみると、大きなみすぼらしい貸し部屋が見つかった。いっとき、コレラの隔離病棟として使われていた部屋だった。まだそこに疫病の影が残っているかのように人に避けられ、借り手がつかないらしかった。

だが、向上心に燃える若者たちはためらうことなくそのコレラ患者の病室を週払いで借り、明かりを灯し、長椅子を数脚と長机をひとつ運び込み、冬のクラスを開始した。その部屋は間もなく、夜になると賑やかで活気のある場所になった。そこで行われる教育は、非常に未熟で不完全なものであったのは間違いないが、みな本気で学び合おうとしていた。少し知識のある者が知識のない者を教え、人に教えて自らの理解も深めた。なによりも、目の前にいる仲間たちが勤勉の手本となり、互いに刺激し合えるのがよかった。若者たちと混じって大人たちも学んだり、互いに教え合ったりして勉強会は続いた。読み書きや算術に地理、そして数学や化学、外国語の授業さえあった。

そうやって100人もの若者たちが集まるようになると、新たな野心が芽生え、誰かに講義をしてもらえたらと思うようになったらしい。そのころ私は彼らの活動を知った。幾人かの若者たちが私のもとにやってきて、初歩的な講義――彼らの言葉を借りれば〝ちょっとした話〟をしてほしいと言ってきたのだ。その依頼の前置きとして、彼らはいままでしてきたことや、いましている活動のことを控えめに語った。若者たちが示した素晴らしい自助の精神に私は心を動かされた。

万人受けするような講義ができるかはあまり自信がなかったが、率直で心のこもった励ましの言葉は、いくらかなりともいい作用を及ぼすだろうと考えた。このような心持ちで若者への講義を何度か行い、偉人たちが成し遂げた功績を挙げ、程度の差こそあれ、各人が自分の力を発揮すればどれだけのことができるかという実例を紹介した。また、将来の幸せや生活は自分自身にかかっていること。つまり、どれだけ勤勉に自己修養や自己鍛錬、自己管理に取り組むかにかかっていて、とりわけ大事なのは、個々の責務を誠実に潔く果たすことだと説き、そのように生きてこそ、素晴らしい人格者になれると主張した。

この助言は目新しいものではないし、独自のものでもない。旧約聖書のソロモンの箴言《しんげん》と同じくらい古く、おそらくどこかで耳にした人も多いだろう。だが、この昔ながらの助言は温かく受け入れられた。

その後、若者たちはそれぞれの人生を歩み、固い決意を持って精力的に勉強に励み、一人前になると世に出てさまざまな方面で活躍するようになった。彼らの多くはいまや責任のある重要な地位についている。

その講義から数年たったある晩、ひとりの若者の訪問によって、はからずもそのころの記憶が呼び覚まされた。彼は、一見すると鋳物工場の仕事から帰ってきたばかりのように見えたが、いまや人を雇う身となり、事業は軌道に乗っているという。そして、私が心を込めて語りかけた言葉を懐かしそうに思い出し、「私の成功の一端は、私たちの精神を引き上げようとあなたが骨を折ってくださったおかげです」と言ってくれたのだ。

このようにして、私は個人的に「自助」というテーマに興味を抱くようになり、若者たちに講義をしたときの資料に書き足したり、仕事をしたあとの夜などに、なにかで読んだことや日常生活で見聞きしたことで、自助の精神と関係があると思えることをときおりノートに記したりする習慣がついた。

初期の講義でよく引用した偉人のひとりに、技師のジョージ・スティーヴンソンがいる。もともとこの人物には興味があり、またその機会や環境が整っていたことから、スティーヴンソンの生涯と発明のいきさつを書き記したいと思うようになった。それで、暇を見つけてはその作業に打ち込むようになり、ついにはスティーヴンソンの伝記を出版するに至ったのである。本書は、この伝記と同様の精神で書いているし、もとにしたメモも同様のものである。とはいえ、本書で紹介している人物についての描写は、全身を描いたポートレイトというより胸元までのラフスケッチに近く、多くの場合、印象的な特徴のみを記している。それは人々の生涯だけでなく、国の歴史についても言えることで、その輝きの一端やある時代だけに焦点を絞っている。

このようにして形になった本書を、そろそろ著者の手から読者の手へ委ねるとしよう。本書に記した勤勉や根気強さや自己修養についての逸話が、みなさんの興味をかき立て、有益で役に立つものになれば幸いである。

1859年9月　ロンドンにて

自助論◎目次

第11章 自己修養——試練を生かせ……439

紳士たれ！
勇者たれ！
正直こそが人間の性質の頂点
脈々と受け継がれる騎士道精神
紳士の条件は分け隔てない優しさ、気遣い

第1章

自らを助ける者——国家と個人

「国家の価値とは、長い目で見れば、
その国を構成している一人ひとりの価値にほかならない」
――ジョン・スチュアート・ミル（哲学者）

「政府への期待は大きすぎて、人への期待は小さすぎる」
――ベンジャミン・ディズレーリ（政治家）

❖自分の人生は自分の手で切り開く

「天《てん》は自《みずか》ら助《たす》くる者《もの》を助《たす》く」

これは、吟味が重ねられた金言であり、人々が積み重ねてきた膨大な経験から生まれた普遍の真理である。自助の精神とは、個人があらゆる意味で真に成長するために欠かせない核の部分であり、多くの人々が生活のなかでこの精神を発揮すれば、国家に活気と活力をもたらす泉となる。

ほかの人から助けを受けると、人はそれに甘えて弱くなってしまうことが多いが、自らを助ける者、つまり自力で奮闘する人は、必ず強くなれる。たとえどんなことであれ、いくらかなりとも人から力を借りれば、自助努力に向かう意欲や必要性が少なからず奪われてしまうものだ。そして必要以上に助言や管理を受けるのに慣れてしまうと、人は強い無力感に囚われてしまう傾向にある。

どれほど最高の社会制度が備わっていても、向こうから手を尽くして個人を助けてくれることはない。せいぜい自由を与えて、その個人が自ら成長し、まわりの環境を改善するのに任せる程度だろう。だがいつの世も、人は幸福や福祉というものは自分で手に入れるのではなく、社会が保証してくれるものと考えてしまいがちだ。だから、人の成長を促す仲介役として法制度が大いに過大評価されているのである。

だが、法制度のごくごくささいな一部を変えるために、数年ごとの投票のたびにじっくり検討して渾身の一票を投じたところで、人の生活や人格への影響などたいしてありはしない。さらに、「政治機能とはポジティブで積極的なものではなく、むしろネガティブで制限的なものである」ということは、いまや明白である。政治は第一に、保護——生活の保護、自由の保護、そして財産の保護——を優先するものなのだ。

法律はうまく機能していれば、ごく小さな犠牲を払うだけで、個人に労働の成果を得る喜びを保証してくれる。それは頭を使った労働でも肉体を使った労働でも同じである。だが、どれほどしっかりした法律があったとしても、それだけで怠け者が働き者になったり、浪費家が倹約家に変わったり、大酒飲みが禁酒家に変わったりはしない。そうした変化は、個人の行動や節約意識、そして精神力がなければ叶わない。つまり、強い権力ではなく、いい習慣があってこそ人は変われるものなのである。

ある国の政府の実態は、その国を構成している一人ひとりの国民の姿を反映しているにすぎない。優れた政府でも、国民が堕落していれば否応なくそのレベルに引き下げられるし、堕落している政府でも国民が優れていれば、いつかはその国民のレベルに追いつく。自然の法則にならい水が低いほうへ流れるように、確実に国民全体の性質に合わせてその国の法律や政治もふさわしいレベルに落ち着くのである。高潔な国民を治める政府は高潔なものとなり、無知蒙昧《むちもうまい》のやからがのさばる国の政府は腐敗する。

これまでの人間のあらゆる経験を考慮すれば、一国の価値や強さは、その社会体制よりも国民の性質に大きく左右されることは明らかである。国家とは個人のありようの集合体にすぎないのだから、社会がどれだけ洗練されているかは、その社会を形成している男性、女性、子供を含めた個人がどれだけ自分自身を高めていけるかで決まる。

国の発展は、国民一人ひとりが勤勉かつ精力的に、誠実に生きてきた結果であり、国の衰退は、一人ひとりが怠惰かつ自分勝手にあくどく生きてきた結果、もたらされるものだ。われわれが日ごろ非難している恐ろしい社会悪の大半は、個人の堕落した生活のなれの果てにすぎないのである。そして、法でそれらを切り捨て撲滅しようと努めても、個人の生活態度や性質を根本的に改善しない限り、別の形で新たな種類の社会悪が生じるだけだ。

この見かたが正しいとすれば、当然、国を深く愛する心や博愛精神は、法律を改正したり社会を変革したりするよりも、個人の自立した行動によって自分自身を高めたり、改善したりしていけるよう人々を助け、励ますことで生まれるはずだ。

ほかの人からどのような支配を受けるかは、比較的小さな影響しか及ぼさない。それよりも、いかに自分を律するかですべてが変わってくる。もっとも不幸な奴隷は、偉大だがたちの悪い独裁者に支配された民ではなく、自分自身のモラルに無頓着で、自分勝手なあくどい性質から抜けだせない者である。このような性質に染まっている国民は、国のリーダーや体制を変えただけではおいそれと自由になれるものではない。

自由を得られるか否かは政府しだいで、政府から与えられるものという宿命じみた幻想が広まっている限り、どれだけ犠牲を払って政治を変えたところで、幻影の形が変わるだけ。長続きする有効な成果は得られない。確固とした自由は個人の性質に根ざしたものでなければならない。

つまり、個人の性質こそが、社会保障と国家の発展をしっかりと支える唯一の柱なのだ。ジョン・スチュワート・ミルはそれを見極め、こう述べている。「人々の個性が息づいている限り、独裁者のもとでも最悪の結果を招くことはない。人々の個性を奪う政治こそが、いかなる呼び名がついているとしても、まさに独裁政治なのである」

人の成長については、昔からの誤った考えがしつこくついてまわっている。ジュリアス・シーザーのような専制君主が必要だという者もいれば、国の力に頼る者、議会による立法が重要だという者もいる。シーザーのような専制君主を待ち望んでいる者は、そういう人物が現われたら「君主に気づき、従う人々は幸せだ」と感じるらしい。

この考えを簡単にまとめると、「なにもかもほかの人に頼って自分ではなにもしない」ということである。だが、こんな考えを道標にしたら、地域社会の自由な判断力が失われ、どういう体制であれ、専制政治への道をまっしぐらに突き進むことになる。

専制主義とは、ある人物への崇拝を最悪な形で体現したものであり、権力のみを賛美することは、富のみを崇める場合と同じくひどい結果を迎える。それよりずっと健全で、さまざまな国の民に説いて聞かせるべき考えは、自助という考えであり、これをしっかり理解して行動に移すのが早いほど、専制主義は必要とされなくなる。

このふたつの考えはまったく対極にあり、ヴィクトル・ユーゴーが〝ペンと剣〟について語った言葉が、これらにもぴたりと当てはまる――「Ceci tuera cela（これがあれを滅ぼすだろう）」

国や議会立法の力についても迷信がはびこっている。ここでアイルランドを心から愛する人、ウィリアム・ダーガンが第1回ダブリン産業博覧会の閉会式で言った言葉を紹介しよう。これは現在でもよく引用されている。

「実を言うと、独立という言葉を聞くたびに、祖国アイルランドとそこに暮らす仲間たちのことを思い出します。私たちが耳にする独立とは、さまざまなほかの地からの独立のことであり、それについては、周辺の国々の人たちからも大きな期待が寄せられています。私はほかの人々と同じように、独立交渉から得られるに違いない大きな利益のことを高く評価していますが、常日ごろからわが国の工業の独立は、われわれ自身にかかっているという印象を強く抱いてきました。

単に勤勉に注意深く、まじめに力を発揮するだけでは、いまのような大きなチャンスも有望な未来も決して手に入らなかったでしょう。われわれは第一歩を踏み出しましたが、たゆまぬ努力こそが成功への大きな鍵であり、がむしゃらに前に進み続ければ、短期間できっと、ほかの国の人々と同じように快適で幸せな、独立した状態へ到達できるはずだと信じています」

すべての国家は、幾世代もの人々の考えや働きによって形づくられてきた。さまざまな階層や生活状態にある我慢強く忍耐強い、労働者、耕作者、鉱山掘り、改革者や発見者、製造者、機械工や職人、詩人、哲学者、および政治家などすべての人が大きな成果に貢献してきた。ひとつの世代は前の世代の功績を土台にしてその上に自らの働きを積み重ね、より高い段階へとステップアップし続けるのである。

この尊い労働者ら——つまり文明を紡ぐ職工たち——が連綿と連なることによって、産業や化学、芸術において混沌から秩序が生み出されてきた。このようにごく自然に、現在を生きるわれわれは、先人たちの技術や産業によって培われた豊かな財産を受け継いでいる。そしてこの財産は損なわれることなく、われわれの手によって育まれ、改善され、あとに続く者に引き継がれていくのである。

自助の精神は、個人のエネルギッシュな行動に現われているとおり、時代を超えて、イギリス人の性格を表わす大きな特徴であり、国民としてのわれわれの力を測る真の尺度でもある。いつの世も、ほかの人より優れていて、みなの尊敬を集め、誰より目立っている人はいるものだ。だが、われわれの発展は、多くのとるに足らない無名の人々のおかげでもある。大きな戦いなどで歴史に名が刻まれるのは将軍だけかもしれないが、その勝利は、名もなき兵士たちの勇気や英雄的な行動によるところも非常に大きい。

人生も「一兵士の戦い」である。つまり、過去も現在も、名もなき一人ひとりの労働者たちがもっとも偉大な労働者なのだ。多くの人々は記録に残ることのない人生を送るが、それでもなお、このような人々が伝記が綴られる幸運な偉人たちと同様に、文明や国の発展に強い影響を及ぼしてきたのである。どれほど身分の低い人であれ、人生の目標に勤勉にまじめに、そして正直に立ち向かい、仲間の手本となる人は、その国の現在だけでなく未来の繁栄にも影響を及ぼす。つまり、その人の人生と性質は無意識にほかの人々の人生に引き継がれ、来るべき時代でも良い手本として広まるのである。

❖人は働くことによって成熟していく

日々の経験からわかることだが、もっとも実生活に役に立つ教育とは、活力に満ちた人から受ける影響のことである。このような人々の影響が、ほかの人の生活や行動にもっとも大きく作用する。それに比べれば、学校で受ける教育など、ほんの〝さわり〟の部分にすぎない。

人々がより強く影響を受ける人生の教育は、家庭や街角、店のカウンターの奥や作業場で得られるのである。織機や鋤《すき》のかたわらで、または計理室や製造所、人が忙しく出入りしている場所などで得られるこの教育は、社会の一員としての最後の仕上げともいうべきもので、ドイツの詩人シラーはこれを「人類の教育」と称した。

この教育は、行動、行為、自己修養、自制心からなり、それらはすべて自分を律することに役立つ。これらを学ぶことで、責任や職務をきちんと果たすための能力が身につくのだ。このような教育は書籍や大量の文献を読んで学ぶだけでは得られない。ベーコンは、彼らしいいつもの重みのある言葉でこう語っている。

「学問は、知識の使いかたを教えてくれるわけではない。だが、観察は、学問を知らなくてもそれ以上の知恵を与えてくれる」。この言葉は、知性の磨きかたはもちろん、実生活についても当てはまる。実生活で得た知恵は、あらゆる経験によって実証され、裏付けられる。つまり、読書ではなく働くことによって人は成熟していく。人を成長させるのは、文学より実生活、学習より行動、伝記より生身の人間なのだ。それらは永遠に人間を向上させ続ける。

とはいえ、偉人の伝記、とくに善良な人々の伝記は、人々の生きるヒントであり、指針であり、気持ちを奮い立たせるものであり、とても示唆に富んでいて役に立つ。優れた伝記のなかには、福音書と同じように、自分自身のため、そして社会のために気高く生き、気高く考え、エネルギッシュに行動することを教えてくれるものがある。

偉人たちの高貴で勇敢な個性を形づくっているは、自助の力や、目標達成のための忍耐力、行動力、確固とした誠実さである。これらの素晴らしい性質に満ちた有用な数々の手本は、自分の成長は各自の力のなかにあること、そして、低い地位の人間が自ら働きかけ名誉や確固たる名声を手に入れるには、自尊心や自信が有効であることを、読み違えようもない言葉で雄弁に物語ってくれる。

科学や文学、芸術の世界の偉人たちは、偉大な思想の使者であり、寛大な心の持ち主であるが、これらの人々は限られた階級や地位に属していたわけではない。大学を出た者もいれば、作業所や農場で働いていた者もいる。粗末なあばら家に住んでいた者もいれば、豪華な邸宅に住んでいた者もいる。神の偉大な使いのなかには低い身分の出身者もいた。もっとも貧しい人が、ときにもっとも高い地位に上りつめることもある。

このことは、一番越えがたいように見える問題があったとしても、道は決して閉ざされてはいないのだということを表わしている。多くの例で、その大きな問題こそが、その人の勤勉さや忍耐力を呼び覚まし、生活能力を刺激し、最良の手助けをしていたようである。もしそのような問題がなければ、さまざまな能力は眠ったままだったかもしれない。

「意志があればなんでもできる」ということわざが正しいことを証明するかのように、障害を乗り越え、勝利を勝ち取った例は数多くある。たとえば、もと床屋だった偉人を挙げてみよう。詩的情緒に富んだ聖職者ジェレミー・テイラー、ジェニー紡績機の発明者であり［訳注：ジェニー紡績機の発明者はジェームズ・ハーグリーブスとされており、本書でものちにその記述があるため、水紡績機の間違いと思われる］綿糸製造業の基礎を築いたリチャード・アークライト、英国首席裁判官として異才を放ったテンターデン卿、偉大な風景画家だったターナーなどである。

シェイクスピアがもともと何者であったのか、誰も本当のことは知らない。だが、低い地位から一足飛びで上へ上へとのぼりつめた者であったことは間違いない。父親は肉屋と牧畜を営んでいた。そしてシェイクスピア自身は若いころ、羊毛を梳く仕事をしていたとされる。一方で、学校で守衛をして、その後代書屋の事務員をしていたと言いはる者もいる。

本当のところ、シェイクスピアは「一個人ではなく、すべての人間の典型を備えていた」

ようである。海に関する記述の正確さから、ある海軍記者は、シェイクスピアは水夫だったに違いないと断言しているし、ある聖職者は、彼の作品の内容から推測して、おそらく教会の職員だったのではないかとしている。また著名な馬の鑑定家は、馬を扱う商売をしていたに違いないと主張する。

とにかくシェイクスピアがたいした役者であったことは間違いない。幅広い経験と観察から得た知識を蓄積し、寄せ集め、人生で「多くの役割を演じて」きた。また、緻密な研究家であり努力家でもあった。だからこそ今日まで、彼の作品はイギリス人の性格形成に多大な影響を及ぼし続けているのである。

貧しい労働者の身分から身を起こした者には、運河を建築したブリンドリー、海洋探検家キャプテン・クック、詩人のバーンズがいる。石工とレンガ職人が誇るのは、片手にこてを持ちポケットに本を忍ばせて、リンカンズイン法学院の建設に従事したベン・ジョンソン、エンジニアのエドワーズとテルフォード、地質学者のヒュー・ミラー、作家で彫刻家でもあるアラン・カニンガムだ。一方、優れた大工たちのなかには、建築家のイニゴー・ジョーンズ、クロノメーターを制作した時計職人ハリソン、外科医のジョン・ハンター、画家のロムニーとオーピー、東洋学者のリー教授、彫刻家のジョン・ギブソンがいる。

織工出身者としては、数学者のシムソン、彫刻家のジョン・ベーコン、神学者ジョセフと数学者アイザックのミルナー兄弟、発明家のアダム・ウォーカー、随筆家のジョン・フォスター、鳥類学者のアレキサンダー・ウィルソン、宣教師で探検家でもあるリヴィングストン博士、詩人のタナヒルなどがいる。靴職人だったのは、イギリス海軍提督のクラウズリー・シャベル、電気技師のスタージョン、神学者のサミュエル・ドリュー、トーリー党の機関紙『クォータリー・レヴュー』の編集者ギフォード、詩人のブルームフィールド、宣教師のウィリアム・ケアリーなどだ。

一方、もうひとりの熱心な宣教師モリソンは靴型の職人だった。ここ数年でいうと、トマス・エドワーズという男が、バンフの靴職人から学識の深い博物学者へと転身している。エドワーズは商売をしながら、余った時間をすべて自然科学の研究に費やしていた。小型の甲殻類に関する彼の研究は新種の発見につながり、その甲殻類は彼の名前にちなんで「プラニザ・エドワージ」と命名された。

仕立屋もそうそうたる面々が揃っている。歴史家のジョン・ストウは一時期洋服店を営んでいたし、画家のジャクソンは成人に達するまで服を仕立てていた。ポアティエの戦いで名を挙げ、勇敢な振る舞いから、エドワード3世からナイトの称号を受けたジョン・ホークスウッドは、若いころにロンドンで仕立屋の見習いをしていた。

1702年にヴィーゴ湾でスペインのインディアス艦隊を破壊したホブソン海軍提督も仕立屋の見習いをしていた。彼が、イングランド南岸沖のワイト島、ボンチャーチ近くの仕立屋で働いていたとき、軍艦隊が島を出発するというニュースが村中に流れた。ホブソンは仲間とともに店のカウンターから出て海岸まで駆けて行き、まばゆいような光景を目の当たりにした。ふいに水夫になりたいという野望が心に湧き起こったホブソンは、一艘のボートに飛び乗って、艦隊に向かって漕いでいき、提督の乗っている船に追いつくと、志願兵として認めてもらった。数年後、すっかり名を上げたホブソンは故郷の村に帰ると、見習いとして働いていた店でベーコン・エッグをごちそうになったという。

だが、もっとも偉大なもと仕立屋と言えば、間違いなく、第17代米国大統領であるアンドリュー・ジョンソンだ。人を惹きつけてやまない性格と知性を兼ね揃えたこの大統領が、ワシントンで行ったスピーチは素晴らしいものだった。

そのスピーチで、政治家として市会議員から始め、議会でさまざまな役職を経てここまでたどり着いたという経歴を述べたとき、聴衆のひとりが叫んだ。「最初は仕立屋だろ！」。ジョンソンは、そんな当てこすりを大いに活用して当意即妙に切り返すのがうまかった。「一介の仕立屋が、と言われることもありますが、私はまったく動じません。仕立屋をしていたころの私は、お客様のご要望どおりに、質の高い服を作るという評判を得ていましたから。お客様を待たせることなく、いつもきちんと仕事をしてきました」

枢機卿のウルジー、作家のデフォー、医師で詩人のエーケンサイド、同じく詩人のカーク・ホワイトは肉屋の息子だった。伝道者バニヤンは鋳掛け屋で、教育家のジョセフ・ランカスターはかご職人だった。

蒸気エンジンの発明で有名になった偉人には、ニューコメン、ワット、スティーヴンソンがいる。ニューコメンは鍛冶屋、ワットは製図器具の制作者、スティーヴンソンは技師だった。説教師のハンティンドンは石炭の運搬人だったし、木版画の父と呼ばれたビュイックは炭鉱夫、出版業者で詩人のドズリーは召使い、劇作家ホウルクロフトは馬の飼育係だった。海洋探検家のバフィンがはじめて船上でした仕事は、マストの台に立つ見張り番だったし、海軍提督クラウズリー・ショヴェル卿は商船の給仕係をしていた。

天文学者のハーシェルは、軍楽隊のオーボエ奏者だった。彫刻家のチャントレーは木彫り職人の見習い、画家のエティは印刷屋の見習い、そして、画家のトマス・ローレンス卿は宿屋の息子だった。鍛冶屋の息子だったマイケル・ファラデーは、若いころ製本屋の見習いをしていて、22歳になるまでその仕事についていた。だがファラデーは化学・物理学者として名をなし、自然科学の非常に複雑で難解な話をわかりやすく法則化してみせたその腕は、師匠のハンフリー・デイヴィー卿をしのぐほどである。

天文学という壮大な科学の分野に大きな影響を与えた人々に目を向けると、コペルニクスはポーランドのパン屋の息子だったし、ケプラーもドイツの酒場の息子で、彼自身もキャバレーの給仕係だった。ジャン・ル・ロン・ダランベールは、冬の夜、パリの聖ジャン・ル・ロン教会の階段に置き去りにされた捨て子で、ガラス職人の妻に育てられた。

そしてニュートンはグランサムの小さな農家の息子で、ラプラスはオンフルール近くのボーモン・オン・オージュの貧しい小作農の息子だった。どちらかというと逆境で育ったにもかかわらず、これらの優れた人々はその才能を発揮して、ゆるぐことのない永遠の名声を手にした。それは、世界中のお金を集めても買うことのできないものである。

またこれは、財産に恵まれた環境こそが、貧しい生まれより大きな障壁になることを示しているとも言える。天文学者であり数学者でもあるラグランジュの父は、イタリアのトリノに軍事財務事務所を持っていたが投機で破産し、家族は相当な困窮状態に陥った。ラグランジュはのちの人生で、この窮乏生活が名声と幸福をもたらしたひとつのきっかけだとよく言っていた。「裕福であればきっと、数学者にはならなかっただろう」

また、イギリスの歴史を見てみると、とくに聖職者の息子たちには有名になる人が多い。彼らのうち、海軍の英雄として称賛されているのは、ドレークとネルソンであり、科学の分野では、ウォラストン、ヤング、プレイフェアとベル、芸術では、レン、レイノルズ、ウィルソン、ウィルキーがいる。

また、法学では、サーローとキャンベル、文学では、アディソン、トムソン、ゴールドスミス、コールリッジとテニスンがいる。ハーディング卿、エドワーズ大佐、そしてホドソン少佐は、インド戦争での非常に立派な行いで知られているが、みな聖職者の息子だった。さらに言えば、大英帝国がインドに勝利し統治権を持つことができたのは、おもに、総督や知事などを務めたクライヴやウォーレン・ヘイスティングズやその後継者など、中流階級の男たちのおかげだ。これらの男性の多くは、インド各地に点在する東インド会社の商館で鍛えられ、ビジネスのルールを体得していたのである。

弁護士の息子のなかでは、エドマンド・バークや技師のスミートン、スコットとワーズワース、上院議員のソマーズ、ハードウィック、それにダニングがいる。ウィリアム・ブラックストンは、絹物商人だった父の死後に生まれた。ギフォード卿の父親はドーバーの食料雑貨商、デンマン卿の父は医師だった。タルフォード裁判官の父親は地方のビール醸造業者。そして、バロン・ポロック・チーフ卿の父親は、チャリングクロスの有名な馬具職人である。

ニネヴェの遺跡の発見者レヤードは、ロンドン事務弁護士事務所の実務研修生だった。ウィリアム・アームストロング卿（水力機械の、そして、アームストロング兵器の発明者）は、法学の勉強をして弁護士としてしばらく活躍していた。ミルトンはロンドン公証人の息子で、ポープとサウジーは反物屋の息子であった。ウィルソン教授は、ペイズリーの製造業者の息子で、マコーレー卿はアフリカの貿易商であった。キーツは薬屋で、ハンフリー・デイヴィー卿は田舎の薬剤師見習いだった。デイヴィー卿は自分についてこのように語っている。「いまの私があるのは私自身のおかげです。これは自慢ではなく、本当に心からそう思っています」

自然史界のニュートンと呼ばれる生物学者のリチャード・オーウェンは、見習い将校として人生のスタートを切り、科学研究の世界に足を踏み入れたのは、ずいぶん歳を取ってからだったが、その世界で名をなした。彼が膨大な知識の土台を築いたのは、ジョン・ハンターの標本のコレクションが収められた博物館で、その膨大な標本の目録を作成していたときだった。彼はこの仕事がきっかけで、その後、王立外科医師会で約10年間教授を務めることになった。

イギリスに負けず劣らず外国でも、自らの努力と才能によって貧困をいいチャンスに変えている人々はこと欠かない。芸術の分野では、クロードは菓子職人の息子であったし、ゲイフスはパン屋の息子、レオポルド・ロベールは時計屋の息子で、ハイドンは車輪修理工の息子、ダゲールはオペラ座で背景画家をしていた。ローマ教皇では、グレゴリウス7世の父は大工で、シクストゥス5世の父は羊飼い、ハドリアヌス6世の父は貧しい船頭だった。ハドリアヌスは子供のころ、勉強するのに灯りが買えず、街灯や教会の玄関にともる灯りで授業の予習をしていたという。この話からはその後、ハドリアヌスの特質となる忍耐力と勤勉さが見てとれる。

同じく、鉱物学者のアユイは貧しい家の生まれで、サン＝ジュストの織工の息子であった。オルレアンのパン屋の息子オートフイユは機械技師になり、オセールの仕立屋の息子ジョセフ・フーリエは数学者、パリの靴職人の息子デュランは建築家、そして、チューリッヒの皮革職人の息子だったゲスナーは自然主義者になった。このゲスナーは、人生の一歩を踏み出したとき、貧困、病気、家族を襲った災難などあらゆる困難を背負っていた。しかし、いかなる問題も、彼の勇気をくじいたり前進を阻んだりすることはできなかった。彼の人生は「誰よりもすることが多く、進んで仕事をする人がもっとも多くの時間を作ることができる」ということわざの真理を体現している。

フランスの人文学者ピエール・ラムスも同じような性格の男だった。ピカルディの貧しい家の息子だったピエールは、少年のころに羊飼いの仕事に就いたが、その仕事が嫌いでパリに逃げた。幾多の辛苦を味わったのち、使用人としてナヴァール学院に入ることができた。その境遇が学問への道を拓き、ピエール・ラムスは間もなく、その時代のもっとも優れた人物のひとりとなった。

化学者ボクランは、カルヴァドス、サンタンドレ＝テベルトの小作農の息子だった。学生のころ、ボクランは身なりを整えられないほど貧しかったが、知性に満ちあふれていた。彼に読み書きを教えた教師は、ボクランの努力を誉め、こう言い聞かせた。「よく働き、よく学びなさい。そしてそれを続けること。そうすればいつか、教区委員のようにいい服が着られるようになるから」

ある日、薬剤師が学校を訪れ、頑丈な少年の腕を気に入って、自分の実験室で薬物を砕く仕事をしてみないかと持ちかけた。ボクランは自分の勉強を続けたくてその申し出に応じた。だがその薬剤師は勉強に時間を使うことを許さず、それを知ったボクランはすぐに仕事を辞める決心をすると、鞄をひとつ肩にかけ、サンタンドレを去ってパリを目指した。パリに着くと、薬剤師の助手の仕事を探したが、ひとつも見つからず、疲労と赤貧で身をすり減らして病気になってしまい、病院にかつぎ込まれることになった。病院のベッドで、ボクランはもう終わりだと死を覚悟する。

だが、この貧しい少年にも幸運が待ち受けていた。病気から回復すると、ふたたび職を探してまわり、ようやくある薬剤師のもとで仕事を見つける。そして間もなく、著名な化学者のフルクロアに見出され、気に入られて彼の個人秘書になった。そして何年もあとにこの偉大な化学者が亡くなると、化学の教授として彼の跡を継いだ。最終的には、

1829年にカルヴァドス地区の有権者から下院議員の代表に任命され、非常に貧しい時代を過ごし、ずいぶん昔に離れた故郷の村に意気揚々と戻ったのである。

イギリスでは一兵士から地位の高い軍幹部へと昇進した例はあまりないが、第一革命以降のフランスではよく見られる。ナポレオンが残した〝La carriere ouverte aux talents（才能のある者にはキャリアの道が開かれる）〟という言葉どおり、多くの例があるのだ。イギリスでも、出世の道が開かれてさえいれば、間違いなく同じような例が見られただろう。オシュやアンベール、ピシュグリュはそれぞれ一兵卒から人生をスタートさせた。オシュは国王軍にいたとき、ベストに刺繍をしてお金を稼ぎ、軍事科学関連の書物を購入していた。アンベールは若いころ手のかかるいたずら小僧で、16歳のときに家出すると、フランス北東部の町ナンシーで商売人の召使いになり、リヨンでは職工やウサギの革の行商人をしていた。1972年、アンベールは志願兵として入隊した。そして1年もしないうちに准将となった。

クレベール、ルフェーブル、シュシェ、ビクトル、ランヌ、スールト、マッセナ、サン・シール、デルロン、ミュラ、オージュロー、ベシエール、そしてネイ。彼らはみな一兵卒から出世を遂げた。もちろん、またたく間に出世の階段を駆け上がった者もいれば、ゆっくりと前進した者もいる。サン・シールはロレーヌ地方トゥールの製革業者の息子で、若いころは俳優だったが、その後フランス陸軍に入隊し、1年後には大尉になっていた。ベルーノ公ビクトルは1781年に砲兵隊に入隊した。革命の前ぶれのような事件が起こったときに除隊させられたが、戦争が勃発すると再入隊し、数ヵ月のうちに大胆不敵さと能力の高さから少佐副官になり、やがて大隊長へと昇進を果たした。

ナポレオンの部下、〝剣の名手〟ミュラはペリゴールの村の宿屋に生まれ、そこで馬の世話をしていた。最初に入隊したのは猟騎兵シャスール連隊だったが、反抗的な態度から除隊処分を受けた。だが、ふたたび入隊すると、あっという間に大佐になった。ネイは軽騎兵連隊に18歳で入隊したあと、昇進の階段を着々と登って行った。上官のクレベールは間もなくネイの長所に気づき、「疲れ知らず」というあだ名をつけて、まだ25歳のネイを副将に抜擢した。

一方、スールトは、入隊から6年でやっと軍曹になった。だがマッセナに比べれば早い出世である。マッセナは入隊してから14年もたって軍曹になった。とはいえ、軍曹になったあとは着実に前進を続け、大佐から将軍、そして元帥の任に就いた。マッセナはのちに、一番苦労したのは軍曹の地位を得るときだったと語った。このように、一兵卒から成り上がるという例は、フランス陸軍では今日まで引きもきらない。

シャンガルニエは1815年に一兵卒として近衛兵に入隊した。ビュジョー元帥は兵卒として入隊し4年後に将校になった。フランスの軍事大臣ランドン元帥は、少年鼓手として軍隊生活を始めた。ベルサイユ宮殿の展示室にある肖像画に描かれたランドン元帥は、太鼓に手を置いて立っているが、これはランドン元帥たっての希望で描かれたらしい。こうした例を目の当たりにして、フランスの兵士らは、次に元帥からバトンを受け取るのは自分かもしれないと感じ、任務に対する情熱を駆り立てられるのである。

❖たとえ厳しい環境であっても、努力と勤勉で道は開ける

このように、イギリスに限らずほかの国でも、努力と気概で貧しい環境から、社会に貢献し影響を与える立場へと成り上がった人々は数多く存在する。だから、そんな人たちは例外だという言い訳は通用しない。注目すべき例をさらに見ていけば、若いころに苦労し、逆境に直面することは、成功するためには欠かせない絶対条件だとさえ思えてくるだろう。

イギリス下院にはこのように、自らの力で成長を遂げた勤勉な人間の代表と言える人々が多い。これは、このような人たちを快く迎え入れ、敬意を払うイギリス議会の功績である。ソルフォード選出の下院議員だったジョセフ・ブラザートンは、子供や女性の労働時間を1日10時間以内に制限する「10時間労働法」の審議のさいに、紡績工場で少年工員として働いていたときに味わった過酷な経験を悲しみを込めて詳細に物語った。そして、自分で作成した解決策を説明し、この階級の状態を改善するために全力を尽くすと言い切ったのだ。その演説のあと、議会中に起こった喝采のなか、ジェームズ・グレアム卿はさっと立ち上がり、次のように述べた。「ブラザートン氏がそれほど貧しい生まれだったことはいままで知りませんでしたが、いまの話を聞いて、このイギリス下院のことをますます誇りに思いました。ここでは、そのような境遇から身を起こした人々が、世襲の上流階級の紳士と平等に肩を並べて職務をまっとうすることができるのですから」

オールダム選出の議員フォックスは、過去を振り返るときはいつも、「私がノリッジで機織りの少年工員だったころ」と話を始めた。ほかにも、同じように不遇の身の上の議

員がいる。リンゼーは、船主として有名だが、最近までサンダーランド選出の議員だった。政敵からの攻撃に応じて、ウェイマスの有権者に自分の生い立ちを簡単に話したことがあった。

リンゼーは14歳で孤児になり、野望を抱いてグラスゴーからリバプールへ向かった。船賃さえ払えず、汽船の船長にその分働くという約束で船に乗せてもらい、石炭置き場の石炭を砕く仕事をして船代を稼いだ。リバプールでは、仕事が見つかるまで7週間かかり、その間は納屋に寝泊まりし、食べるのもやっとだった。が、ようやく西インド貿易船に乗り込むことができた。会社に入ったころはまだ幼い少年だったが、19歳になるころには堅実な働きぶりが認められて船長に抜擢された。23歳で海を引退し陸《おか》に上がると、その後はとんとん拍子に出世した。リンゼーはこう言っている。「私が成功したのは、勤勉に堅実に働き、自分がしてほしいと思うことをほかの人にもするという信念をずっと貫いてきたからです」

北ダービーシャー選出の議員だったバーケンヘッドのウィリアム・ジャクソンの経歴は、リンゼーとかなり似ている。彼の父親はランカスターで外科医をしていたが、11人の子供を残して亡くなった。ウィリアム・ジャクソンは7番目の子供だった。兄たちは父親が生きていた間にいい教育を受けていたが、年下の兄弟たちは父親が死んでしまったあと、自分たちでやりくりしなければならなかった。

ウィリアムはまだ12歳にもなっていなかったが、学校をやめさせられ船に乗ることになり、朝6時から夜9時まで働いた。やがて船主が病に倒れ、会計事務所に移ると、自分の時間が持てるようになった。こうして読書の時間と、ひと揃いのブリタニカ大百科事典を読む機会が与えられると、百科事典のAからZまでを読破した。昼間にも少し読んだが、読書をするのはたいてい夜だった。そのあと彼は貿易の仕事を始め、勤勉に働いて成功を収めた。いまでは、世界中の海を行き来する船をいくつも所有し、ほぼすべての国と取引をしている。

同じような境遇の人々のなかに、リチャード・コブデンがいる。彼もまた貧しい家の出で、サセックス州ミッドハーストの小さな農場の息子だった。コブデンはまだ幼いときにロンドンのシティにある問屋に雇われた。彼は勤勉で品行方正なだけでなく、好奇心も旺盛だった。だが、古いタイプの主人からは、読書ばかりするなと注意を受けた。

それでも少年は自分の勉強を続け、本から多くの知識を吸収した。その一方で、責任のある仕事をこなして次々と昇進を果たし、その問屋のセールスマンになり、広範な人脈を築いた。やがてマンチェスターで、平織綿（キャラコ）染めの事業を始めた。その後は、公共問題、とくに民衆教育に関心を持ち、その意識はしだいに穀物法に向けられるようになった。コブデンはこの法律の廃止に財産と人生を捧げたと言えるほどである。

興味深い事実がある。それは、彼が人前で行った最初の演説はまったくの失敗に終わったことだ。だが、リチャード・コブデンには、根気と熱意と集中力があった。持ち前の粘り強さと実行力で、やがて彼はもっとも説得力のある有能な演説者のひとりとなり、首相だったロバート・ピール卿の演説がかすんでしまうほどの名演説を披露するまでになった。フランス大使のドルアン・ド・リュイが、コブデンについて熱く語っている。「コブデンは、才能と忍耐と勤勉さがあればなんでもできるという生きた証しです。社会の最下層から這い上がり、自らの才覚と努力によって、大衆から最高の評価を受ける地位にまで上りつめた人々のなかでも、完璧なモデルと言えるでしょう。また、イギリス人の性質のひとつである堅実さを示す貴重な手本でもあります」

これらの例はすべて、優れた人物になるためには熱心に努力する必要があることを示している。ものぐさな人がいくら腕を伸ばしても、優秀な人物の座には届かない。よく働く手と頭を持つ者だけが、自分自身を成長させ、知識を蓄え、事業で成功することができるのだ。裕福で社会的地位の高い家の出であったとしても、確固とした名声を手に入れるには、がむしゃらに努力するしかない。

土地を受け継ぐことはできても、知識や知恵は相続できない。裕福な人は金を払って人を働かせることはできるが、ほかの人に考えてもらうことはできないし、いくら金を払ったところで、自分を成長させることはできない。

つまり、優れた人物になるにはひたむきに努力するしかないという原則は、裕福な人にも当てはまる。靴修理の屋台が唯一の学び舎だったドルーや批評家のギフォード。クロマーティの採石場を唯一の大学とした地質学者のヒュー・ミラー。彼らがそのいい例である。

人として大きく成長するために必要なのは、富や安楽ではないことは明らかである。だからこそ、この社会はいままでずっと、貧しい境遇から身を立てた人々の恩恵を受けることができたのだ。安楽や贅沢は、困難に取り組んだり、立ち向かったりするのに役立ちはしない。また、エネルギッシュで行動的に生きるために必要とされる自信も生まれない。たしかに、これまで貧困な生まれは不幸だとされてきたが、強い自助の精神があれば、貧困を天の恵みに変えることができる。貧困にあえぐからこそ、人は身を起こし、世界と向き合っていくのである。同じ境遇でも堕落して安楽に走る者もいるが、正直で誠実な者は強さと自信、成功を手にするのである。

ベーコンはこう言っている。「富と能力については、みな、なにもわかっていない。富は過大評価され、能力は過小評価されている。独立独歩の精神や克己心を備えた人は、自分の井戸から水を飲み、自分で作ったパンを食べ、生活の糧のために学び、働くこと、そして、信頼のおける良質なものに慎重にお金を費やすべきであることを知っている」

富があれば安楽で怠惰な生活への誘惑にさらされるし、人間の性質はそのような誘惑になびきやすいものだ。だからこそ、財産のある家に生まれたにもかかわらず、同じ世代の人々とともに積極的に成果に貢献した人、つまりジョン・ミルトンが言うところの「娯楽を軽蔑し、日々懸命に働いて生きる」人たちの栄光はますます輝かしいものとなる。

イギリスの比較的富裕な階級の人々は怠け者ではない。これは誇らしいことである。国のために自分に割り振られた仕事をこなし、国が危機に陥ったときには、期待以上の働きをする。イベリア半島での戦いに参加したある准大尉に関するエピソードがある。その准大尉は、自分が率いている連隊のかたわらで泥とぬかるみに足を取られながら歩いているところを目撃され、「年棒１万５０００ポンドもある男が連隊とともに歩いていた」と尊敬を込めて語り継がれた。

われわれの時代で言えば、クリミア戦争のセヴァストポリの戦いやインドの大地で起こったセポイの乱で、上流階級の人たちが潔く自己犠牲を払い、貢献した姿が見られた。イギリスの兵士として、さまざまな軍事作戦で裕福な階級の人々が気高く勇敢に自分の身を危険にさらし、命を落としていったのである。

❖特権階級に属した働き者たち

裕福な人々は、哲学や科学といったより穏やかな研究分野でも際立った活躍を見せている。たとえば哲学では、現代哲学の父ベーコンがいるし、科学では、蒸気機関の発明者ウスター、ボイルの法則で名高いボイル、水素の発見者キャベンディッシュ、写真の発明家トールボット、銀河の発見者で天文学者のロスなどが名声を勝ち取っている。

ロスは貴族出身ながら偉大な機械工で、貴族として生まれていなければ一流の発明家になっていただろう。金属加工に精通していたロスは、彼のことを貴族だと知らない製造主から、作業場の職長になる話を持ちかけられたと言われている。ロスが建設したロス望遠鏡は、その当時建造された望遠鏡としては最大規模のものだった。

しかし、上流階級の人々がもっとも活躍している分野は政治と文学だろう。ほかの分野と同じくこの分野での成功も、勤勉と実践と研究を重ねてのみ達成できるものである。優れた大臣や議会のリーダーは、必然的にもっとも勤勉な労働者にならざるをえない。首相経験のあるパーマストンや、同じくもと首相のダービー、ラッセル、ディズレーリ、グラッドストンなどがそうだった。

これらの人々は10時間労働法の恩恵を受けることなく、議会の忙しいシーズンは〝ダブルシフト〟でほぼ1日中働くことが多かった。

現代の勤勉な人々のなかでも、ずば抜けた功績を遺した者のひとりに、元首相のロバート・ピール卿がいる。ピール卿は、知的労働をいくらでも続けられるような驚異的な体力を誇り、労を惜しまず働いた。その活躍は、もとはさほど権力がなかった人でも、不屈の精神とひたむきな勤勉さをもってすれば、いかに多くのことを成し遂げられるかを示す優れた例を体現している。議会に在籍していた40年間の功績は驚嘆すべきものである。また、非常に誠実な人物で、引き受けた仕事はなんであれ最後までやり抜いた。

彼のスピーチを見れば、どれもそのテーマについて語られ、書かれたものすべてをじっくり研究したうえで、言葉がよく練られていることがわかる。行き過ぎなほど緻密で、労苦を惜しまずさまざまなレベルの聴衆に対応してスピーチを行った。そのうえ、機転が利き、目的に向かう強い持久力を持ち、しっかりした手と目で、問題を解決する才能もあった。なかでもひとつ、誰よりも抜きんでていたことがある。それは、時とともに彼の理念が広がり、その力を増していったことである。また、歳を重ねても彼の活躍に陰りは見られず、人格に深みが増して円熟の域に達していた。また、最後まで新しいものの見かたを広い心で受け入れ続ける人物でもあった。彼のことを慎重すぎると考える人も多かったが、彼は昔は良かったと無差別に過去を称えたりはしなかった。これは、同じように高い教育を受けた人々が抱きやすい考えだが、歳を取ってからそんな風に思ったところで、虚しくなるだけである。

奴隷貿易に反対したブルーム卿のたゆまぬ勤勉さは、もはやことわざになりかけているほどである。公務についていた期間は少なくとも60年間に及んだ。その間に彼は、法律、文学、政治、科学などさまざまな分野で活躍し、すべての分野で名声を勝ちえている。いかにしてこれほどの功績を成しえたのかと、多くの人々が不思議に思うほどだった。

あるとき、ともに奴隷反対運動を戦ったサミュエル・ロミリー卿が新しい仕事を頼まれた。ロミリー卿は時間がないと断ったが、こう付け加えた。「ブルーム卿に頼んでみるといい。彼はどうやっているのか、時間を作ってなんでもこなしてくれるから」

その秘訣は、ブルーム卿が1分たりとも時間をおろそかにしなかったことにある。そのうえ、彼は鉄のように強靭な肉体の持ち主だった。ブルーム卿は歳を取ってから光の原理に関する複雑な研究を開始した。多くの人が職を辞し、苦労して手に入れた余暇を楽しみ、安楽椅子に腰かけて昼寝しながら時を過ごすような時期にである。そして、その研究の結果をパリやロンドンに集まった多くの科学関係の聴衆に向かって発表したのだ。

また、ほぼ同じ時期に、『ジョージ三世時代の科学者と文学者』という優れた寸評を新聞に発表し、法律の仕事を充分にこなしつつ、上院では政治的な議論を闘わせていた。聖職者で文筆家のシドニー・スミスから、せめて三人の男がこなせるくらいに仕事の量を減らしてはどうかと勧められたこともあった。

これらは、ブルーム卿が好んで長く仕事を続けるうちに仕事が習慣になっていたことを示している。いくら働いても彼にとって重荷になることはなかった。また、その働きぶりは、人より秀でていたいという彼の思いも示している。もし靴磨きになっていたら、彼はイギリス一の靴磨きになるまで、決して手を止めようとはしなかっただろうと言われている。

同じ貴族階級に属する働き者がもうひとりいる。エドワード・ブルワー・リットン卿である。彼のように、小説家、詩人、劇作家、歴史家、随筆家、演説者、そして政治家として、多岐にわたって大きな功績を遺した人はほとんどいない。

苦労して一歩一歩進み、気楽な生活を軽蔑していた。誰よりも優れていたいという思いから、彼はいつまでも精力的に生きた。勤勉さだけを見ても、彼ほど多くの作品を遺したイギリス人作家はほとんどいないし、まして質の高い作品をこれほど多く輩出した作家となるとほかに比べる者がいない。リットンの勤勉さは、すべて自発的なものであることが、なによりも称賛にふさわしい点である。

裕福で楽しみを愛する人ならば、狩りなどをして気楽に生活し、社交の〝シーズン〟になると、ロンドンのさまざまな場所を観光してまわりながら、足しげく社交クラブに通い、オペラを楽しみ、シーズンが終われば、充分に食物を蓄えた郊外の邸宅に引っ込んで、数多くあるアウトドアの娯楽にいそしんだり、パリやウィーン、ローマなどへ旅行に出かけたりする。こういう生活をしていれば、自発的に働こうという気持ちなど湧いてくるはずもない。

だが、これらの楽しみが自分の手の届くところにあったにもかかわらず、リットンは同じように裕福な家に生まれた者とは違って、自己犠牲の精神で、文学者としてのキャリアを求め地位を確立したのだ。バイロンのように、リットンが最初に取り組んだ作品『野草と野花』は失敗に終わった。ふたつめの作品は小説（『フォークランド』）だったが、これも失敗に終わった。神経の細い男なら筆を置いたかもしれないが、リットンは活力と忍耐力があったので、仕事に励み、成功を心に誓っていた。

リットンは休むことなくせっせと書き、大量に読み、失敗からから這い上がって成功を手にするために果敢に挑戦を続けた。『フォークランド』を発表して1年もたたないうちに『ペラム』を発表すると、その後、リットンの文学人生は30年以上続き、成功の連続だった。

ディズレーリも、勤勉とたゆまぬ努力によって社会的に優れたキャリアを紡ぎ出した良い例である。彼もリットンと同じく、文学で最初に芽が出た。だが、成功にたどり着くまでには、幾度も失敗を繰り返した。『アルロイの不思議な物語』と『革命の叙事詩』は笑い飛ばされ、文学的な心神喪失の気があると見なされた。しかし、方向を転換して書き続け、『コニングズビー』、『シビル』、『タンクレッド』の三作品で才能が本物であることを証明した。

演説家としても、下院での初演説は失敗に終わった。そのスピーチは「アデルフィ劇場の喜劇より愉快」と語られた。もったいぶった野心的な言葉がちりばめられたスピーチだったのに、口を開くたびに笑いの渦が巻き起こった。喜劇仕立ての『ハムレット』の比ではなかった。

しかし、ディズレーリはある予言めいた言葉でそのスピーチを締めくくった。周到に用意したスピーチを笑われ、恥ずかしさに耐えながら大声でこう言ったのだ。「これまでさまざまなことに幾度も挑戦し、最後にはどの分野でも成功を収めました。いまはおとなしく腰を下ろしますが、みなさんが私の話に耳を傾ける日がきっと来ます」

そして、本当にそのときはやって来た。世界で最初の紳士たちの集会で、どれほど注目を集めたかを見れば、実行力と固い決意によってどれほどのことができるかがわかる。その素晴らしい実例であった。ディズレーリは忍耐強さと勤勉さによってその地位を築いた。たった一度の失敗でがっかりして引きこもり、部屋のすみで拗ねて愚痴をこぼす多くの若者たちとは違って、懸命に仕事に打ち込んだ。慎重に自分の弱点をなくしていき、聴衆の性格を研究し、せっせとスピーチの練習を積み、重要な議会の知識を懸命に頭に詰め込んでいった。成功のために忍耐強くがんばり続けた。

そうするうちに、歩みはのろかったが、ようやく成功が近づいてきて、笑い者になるのではなく、ともに成功を笑えるほどになった。最初の失敗の記憶は葬り去られ、最後には、もっとも洗練され、影響力のある議会演説者と大衆に認められるようになったのである。

❖優れた人ほど他者からの影響を重んずる

個人の勤勉さと実行力によって多くのことが成し遂げられることは、このあとに示すさまざまな例からも見てとれるが、同時に、人生という旅の途中では、他者から受ける手助けも非常に大きな意味を持つことを知っておくべきだ。

詩人ワーズワースはこれをうまく言い表わしている。「潔く人に頼ることと独りでやり抜くこと。人を信頼することと自分だけを信じること。両者は矛盾しているように見えるが、バランスよく調和させることが大切だ」

子供から老人まで、人はみな多かれ少なかれ、他人から教訓を得たり、学んだりしている。そして、優れた強い人ほど、そのような手助けをいつでも進んで受け入れるのだ。たとえば、フランスの政治思想家、アレクシス・ド・トクヴィルは両親とも名家の出身で、父親は名高いフランスの貴族、母親はフランスの法服貴族マルゼルブの孫娘だった。強力な家柄を利用して、トクヴィルはたった21歳でベルサイユの判事監査人に任命されるが、自分の功績で得た地位ではないという気持ちからか、その職を辞めて、自分の力で道を切り開こうと決心する。「愚かな決意」と言う者もいるだろうが、勇敢にこれを実行し、任を解かれるとフランスを発ち、米国中を旅して回った。

そうして集めた見聞を記述したのが、偉大な著書『アメリカのデモクラシー』(岩波書店)である。一緒に旅をした友人ギュスターブ・ド・ボーモンは、旅行中に見せたトクヴィルの疲れを知らない勤勉さを次のように書き記している。

「彼の性格は怠惰と真逆で、移動中も休憩中も関係なく、常に頭を働かせて……アレクシスにとって一番心地のいい会話とはもっとも有用な会話であり、最悪な一日というのは、なにもせずに怠惰に過ごした一日でした。少しでも無為に過ごさねばならない時間ができると、彼はいら立ちを示しました」

トクヴィル自身も別の友人への手紙にこのように書いている。「ほかの人から助けを得られるからと言って、活動を休んでいい時期などない。ほかから助けてもらうのと同じくらい、自分自身も努力しなければならない。それは若いころだけでなく、歳を取ってからも同じである。世の中の人々は、どんどん凍えていく土地を歩む旅人と同じだ。つまり、先に進めば進むほど、速く歩かねばならないのだ。魂の一番の病は無関心である。この恐ろしい病気に抵抗するには、自らの頭を使って持ちこたえるだけでなく、仕事を通じて知り合った仲間たちと交流することが必要だ」

個々の行動力と独立独歩の精神を生かすべきだというのが、トクヴィルの明確な方針だったが、大なり小なり他人から受ける助けや援助の価値を、彼ほどよく理解していた人もいないだろう。だからこそ、友人のケルゴレーやストッフェルからの手助けに対して、しばしば感謝の念を示しているのだ。

ケルゴレーからは知的な助言を、ストッフェルからは共感と心の支えを得た。トクヴィルはケルゴレーに宛てて書いている。「きみは、僕が信頼し、真に影響を受けている唯一の人だ。僕の行動は、ほかのさまざまな人からも影響を受けているが、根っこにある考えや行動の原理に大きな影響を及ぼしている人はきみだけだ」

トクヴィルは妻のマリーにもとても世話になっていると感謝を表わした。彼女が短気を起こしたりなどせずに、研究に専念できるよう気遣ってくれたおかげで、成功できたというのである。トクヴィルの考えでは、高潔な女性は知らず知らずのうちに夫の人格も高めるが、卑しい性質の妻は、夫の性質を確実に堕落させる傾向があるという。

結局のところ、人の性格は、手本や教訓、実生活や文学、友人や隣人、われわれが生きているこの現代世界はもちろん、われわれが受け継いでいる先人たちの気質や名言、功績など幾多の小さな影響を受けて形づくられるものだ。

それらは間違いなく素晴らしいことで、その影響に感謝すべきではあるが、自分自身が幸福や善い行いの活性剤になって主体的に行動しなければならないことも、同様に明らかである。さまざまな知恵や助けを他人から受けることはあっても、根本的には、自分が自分の最大の支援者とならねばならないのだ。

第2章
産業界のリーダー
――発明家たちと製造者たち

「今後、世界を席巻するのは労働と科学である」
――サルヴァンディ（フランスの政治家）

「発明だけに絞ってみても、低い身分の人々がイギリスのためにしてくれたことをすべて差し引いたら、イギリスはいったいどこまで歩めていただろう」
――アーサー・ヘルプス（イギリスの文筆家・歴史家）

❖労働はわれわれに喜びや恵みを与えてくれる

もっともイギリス人らしい国民性のひとつ。それは勤勉の精神である。過去の歴史を紐解いても、その精神は際立っているが、過去だけでなく現在でも、その特徴は明らかだ。この精神は、国民全体に備わっているもので、この精神があるからこそ、国の基礎が築かれ、素晴らしい産業が発展してきたのだ。

この国の力強い成長は、国民一人ひとりがおのずから気概を発揮した結果であり、その時々に、多くの手や頭脳がその発展に積極的に貢献してきたからこそ得られたものなのだ。土地を耕す農民であれ、有用な製品の製造者であれ、道具や機械の発明家であれ、本を著す作家であれ、作品を生み出す芸術家であれ、みな同様である。この活発な勤勉という精神は、この国の重要な原理であると同時に、ときには、法律や憲法の誤りや不備からくる影響を小さく抑え、国家を助け、支える役割も果たしてきた。

イギリス国家が奨励してきた勤勉の歴史を見れば、それが最高の教育であることがわかる。労働にひたむきに取り組むことは、万人にとってとても健康的なトレーニングになることを考えれば、勤勉は国が誇る最高の訓練と言える。高潔な勤勉は義務とともに同じ道を歩む。そして神はこの二者と幸福を密接に結びつけた。

詩人は言う。幸福の理想郷に続く道に、神は労働と労苦を用意された。たしかに、肉体労働であろうと頭脳労働であろうと、自らの労働によって得たパンほど美味《うま》いものはない。労働によって大地は開墾され、人間は野蛮な行為から免れた。労働がなければ、文明の階段は一段も上れなかっただろう。労働は必要不可欠な義務というだけなく、天の恵みでもある。労働を呪いのように感じるのは怠け者だけだ。

労働という義務は、手足の筋肉、指先、神経、そして脳のひだに記され、それらが一体となって健やかに動くことで、満足感や楽しみが得られる。そして、あとでも例を述べるが、肉体労働に従事する生活でも、高度な精神修養は実践できるのだ。

スコットランドの地質学者ヒュー・ミラーは、労働の長所と短所を誰よりも知っていて、実体験に基づいて「労働というものはどれほど過酷なものであっても、達成感と自ら成長するための糧を与えてくれる」と語っている。正直に働くことが最良の教師であり、苦労の学校は学校のなかでも（キリスト教の教えを除いて）最高の学校であると考えていた。

その学校では、実際に役に立つ能力を身につけ、独立の精神を学び、不屈の忍耐力を養うことができる。また、職人になるための訓練でさえ、しっかりした技能を身につけるための訓練を受け、毎日現実に使用される実用品を扱うことで、人生の実体験に近い経験が得られることを考えると、人生という旅で自分に合った道を選ぶ役に立つので、ほかの状況で得られるどんな訓練よりも人として成長するには望ましいものと考えていた。

これまで、労働者階級から飛び出し、科学、商業、文学、芸術などさまざまな分野で成功を手にした偉人たちの名前をざっと並べてきた。これらの実例からわかるのは、どういう状況であれ、貧困や労働によって生じる困難な問題はきっと克服できるということである。国に多大な力と財をもたらした素晴らしいアイデアや発明を見ると、われわれが恩恵を受けてきた、身分の低い人々による功績は間違いなく大きな割合を占める。発明という分野から彼らの功績を差し引くと、それ以外の人々が達成した残りの部分は本当にちっぽけなものである。

発明家たちは、いくつかの素晴らしい産業をこの世にもたらした。必需品や便利で豊かな生活のための製品の多くは、彼らから恩恵を受けている。その才能と努力によって、日常生活がさまざまな面で、より安楽な楽しいものになった。食物や衣服や家具、家のなかに光は通すが、冷たい風は遮ってくれるガラス、通りを照らすガス灯、陸や海の移動手段、さまざまな必需品や贅沢品を製造するための道具。

これらはすべて、労働と多くの人々の創造力や知恵が結集して生まれたものである。一般の人々はみな、それらの発明によってこれまでより幸せを感じているし、個人の幸せと同じく大衆の楽しみも増え、人々はその恵みを日々味わっている。

❖素晴らしい機械も実用化までには多くの努力があった

機械の王様、実用的な蒸気機関の発明は、厳密に言えば19世紀に成し遂げられたことだが、そのアイデアは何世紀も前に生まれていた。ほかの発明品や発見と同じく、蒸気機関の発明も一歩一歩完成に近づいていった。ひとりの人が、その当時は役に立たないように見える努力の成果を次の人に伝え、受け継いだ人がまた次の段階へと駒を進め、何世代にもわたって課題を一つひとつ克服していったのだ。そのようにして、アレキサンドリアのヘロンによって広められたアイデアは、決して消え去ることはなかった。

そして、エジプトのミイラの手に握られていた小麦の粒のように、そのアイデアは、現代科学という光を受けて芽を吹き、ふたたび力強く成長し始めたのである。しかし、蒸気機関も、理論の枠を超えて実際の機械工の手に渡るまでは、ただのアイデアでしかなかった。そして、そこには壮大な物語がある。忍耐と努力に支えられた研究、迫りくる困難とそれを乗り越えるための雄々しいまでの勤勉さ。

この素晴らしい機械がそれらを物語ることはない。しかし、蒸気機関そのものが、人が持つ自助の力を示す記念碑なのだ。蒸気機関の発明に携わった人々は、イギリス軍の技師セイヴァリー、ダートマスの鍛冶屋ニューコメン、ガラス工のコーリー、少年技師のポッター、土木技師のスミートンらである。そのなかで頭ひとつ抜きん出ていたのは、勤勉で、忍耐強く、疲れを知らない製図用器具の製造業者、ジェームズ・ワットだった。

ジェームズ・ワットは非常に勤勉な男だった。彼の人生を知れば、非常に大きな功績を遺した人は、生まれつき活力と才能にあふれた人物というわけではなく、非常に勤勉で注意深く自己を律する術（つまり、努力と集中力、経験によって手に入れられる術）を持つ人物だということがわかる。ワットより知識のある同じ時代の人は多いが、彼ほど根気よく働き、自分の知りえた知識を有益で実用的な目的に利用した人はいない。

彼はなによりも、事実の追求にもっとも力を注いだ。ワットは、高度に頭を働かせるために必要な集中力を習慣的に注意深く培った。これについては、発明家で教育家のエッジワースも、人の知性に差がつくのは、それぞれの実行力の違いよりも、「集中力を養う習慣」を早くに身につけられるかどうかであるという意見を持っていた。

ジェームズ・ワットは少年のころから、おもちゃの科学的な仕組みなどに興味を示していた。父親の大工の作業場に置いてあった天体観測用の象限儀《しょうげんぎ》で、光学や天文学の勉強をして、病気のときは生理学の勉強をし、国中をひとりで歩き回って、植物学や歴史の研究に没頭した。製図用器具の製造業を営んでいたころ、オルガン制作の注文を受けたこともある。そして、音感もないのに和声学の研究を行って、楽器の製造に成功した。

同様に、当時グラスゴー大学が所蔵していたニューコメンの手による蒸気機関の小さなモデルの修理を受けたときも、蒸気機関に関することをなにもかも学ぼうと、さっそく熱や蒸発作用、凝縮などに関する知識を蓄え、同時に機械工学や建築技術についてもこつこつと学んだ。そしてとうとう、凝縮蒸気機関を作り上げたのだ。

10年間、ジェームズ・ワットは物づくりと発明に明けくれた。その間、勇気が湧いてくるような希望もなく、励ましてくれる友人もほとんどいなかった。研究を続けながら、家族が食べるパン代を稼ぐために象限を作って販売し、バイオリンやフルートなどの楽器の製造や修理もしていた。また、石造の建物や道路の測量、運河建設の監督など、頼まれた仕事で、きちんと利益が見込めるものならなんでも引き受けた。

そしてようやく、ワットは自分にぴったりのパートナーを見つけた。もうひとりの優秀で勤勉な発明家、バーミンガム出身のマシュー・ボールトンだ。ボールトンは腕の立つ精力的な男で、先見の明もあった。勇猛果敢に凝縮蒸気機関を動力として実用化させる事業を起こし、ふたりの成功は歴史に残る偉業となった。

多くの優れた発明家が、その時々に蒸気機関に新たな力を与えた。そして多くの改良が加えられ、蒸気機関は製造のほとんどすべての目的に利用できるようになった。機械の運転、船の推進力、トウモロコシを粉に引く装置、書籍の印刷、硬貨の製造、槌打ち、かんな削り、鉄の曲げ作業——つまり、動力を必要とする機械的な労働のどれにも利用できるようになったのだ。動力機関の改良でもっとも役に立ったのは、トレビシックにより考案され、ジョージ・スティーヴンソンとその息子によってようやく完成した蒸気機関車だろう。蒸気機関車は途方もない社会変革をもたらした。人間の進歩や文明に及ぼした影響は、ワットの凝縮蒸気機関よりもずっと大きなものだった。

ワットの発明がはじめてもたらした大きな成果としては、生産者階級にほぼ無限大の力を与えた紡績業の始まりがある。この産業分野の創始者とされることが多い人物は、間違いなくリチャード・アークライト卿である。アークライト卿の実務的な行動力と明敏さは、ひょっとすると機械発明の才能より抜きんでていたかもしれない。それどころか、発明家としての独創性は疑われていた。

それはワットやスティーヴンソンも同じだった。アークライトが置かれている紡績機との関係は、ワットと蒸気機関、スティーヴンソンと蒸気機関車との関係とほぼ同じである。彼は、すでに存在しているものの、ほどけて散らばっていたそれぞれの発明品という糸をひとつに撚り合わせ、自分がデザインした柄で、独自の織物を新たに織り上げたのである。

バーミンガムの発明家ルイス・ポールは、アークライトよりも30年も前に軸紡績機を発明し特許を取っていたが、彼が組み立てた機械は細かい部分がお粗末で、その機械で利益を上げることはできず、発明は事実上、失敗だった。もうひとり、あまり有名でない人物にリーのリードメーカー（機織り機の筬歯職人）のトマス・ハイズという職工がいる。彼は水力紡績機やジェニー紡績機を発明したと言われているが、それらもまた失敗に終わっていた。

産業界で、さらなる工夫や発明を求める声が強まると、たいていは同じアイデアが多くの発明家の頭に浮かぶものだ。蒸気機関をはじめとして、安全灯や電信機などもそのいい例である。独創性に富んだ多くの人々が苦労して懸命に発明に取り組み、最後にとびきり実際的な人間が、一歩先んじて、みなのアイデアをまとめ、原理にうまく組み入れて発明を完成させるのだ。その結果、レースを遠くから眺めるしかない細々した発明を行った人々から大きな異議の声が上がる。それゆえ、ワットやスティーヴンソン、アークライトといった人物は、発明を実用化して成功させた者として、その名声と権利を守り続けなければならなかった。

❖英国の近代工場システムの創造者アークライト

リチャード・アークライトも多くの優れた機械技術者と同様に、低い身分から成り上がった人物である。アークライトは1732年にプレストンの貧しい家に生まれた。しかも13人兄弟の一番下で、学校には一度も通ったことがなかった。独学ですべてを学んだせいか、最後まで文章を書くのは苦手だったらしい。

少年のころに、床屋の見習いになり、理髪の仕事を学んだあと、グレーターマンチェスターのボールトンへ移り、地下室を借りて、「地下の床屋にいらっしゃい。ひげ剃り1ペニー」という看板を掲げた。そして、ほかの床屋が客を取られたことに気づき、値段を同じだけ下げてくると、アークライトは対抗し、「髭剃りたったの半ペニー」とさらなる値引き額で宣伝した。数年後、この地下の店を閉めると、髪の毛を扱う旅商人となった。当時はかつらをかぶるのが流行で、かつらの製造は床屋関連ビジネスの重要な柱だった。

アークライトはかつら用の髪を買って歩いていた。ランカシャー中を巡り、若い女性たちの長い髪を手に入れようと、女性らが多く集まる、人を雇うための市場に通った。アークライトはこの種の交渉がとても得意だったと言われている。毛染め薬も扱っていて、彼自身でも薬を上手に使っていたので、商売は相当に繁盛した。だが、押しの強い性格にもかかわらず、生活費を稼ぐだけで精一杯だったようだ。

かつらの流行がすたれ始めると、かつら製造者は困窮した。そこでアークライトは機械分野に方向転換し、その後、当時は〝奇術師〟と一般的に呼ばれていた機械発明家になった。当時、多くの人が紡績機を発明しようとしていた。この床屋もそういう人々とともに、小さな帆船で発明という大海原に乗り出そうと決意したのだ。独学で同じように発明の道をたどったほかの人たちと同じく、アークライトも以前から暇な時間を永久機関の発明に費やしてきたので、そこから紡績機の研究に移行するのはたやすいことだった。

しかし、研究に熱心に取り組むあまり、商売のほうがおろそかになり、貯めていた少量の金も使い果たし、生活は非常に困窮した。アークライトの妻（このときには結婚していた）は、夫が時間と金を気まぐれに浪費していると考え、いらだっていた。

あるとき、妻はふいに怒りに駆られ、家族の窮乏の原因を無くしてしまいたいという思いから、夫の作った試作機を破壊してしまった。頑固で血の気の多いアークライトは、妻の行為に恐ろしく腹を立て、間もなく妻と別れた。

アークライトは、国中を旅していたとき、ウォーリントンの時計職人でケイと呼ばれている人物と知り合い、ケイの手助けで、永久機関のいくつかの部品を作った。アークライトは、ケイから情報を得て、軸紡績機の原理のことを知ったとされているが、真っ赤に熱せられた鉄が鉄製のローラーに挟まれて引き延ばされるところをたまたま目にして、自分で思いついたという説もある。

どちらにしても、そのアイデアでアークライトの頭はいっぱいになり、その工程に工夫を加えて進化させ、やがて機械を完成させたのである。その部分についてはケイから助言を受けたわけではない。アークライトは、髪の毛を集める仕事を辞め、その機械を完成させるためにすべてを捧げた。アークライトが指示してケイが試作機を作ると、それをプレストンのグラマー・スクールの談話室に設置した。

ちょうどそのころ、バーゴイン将軍が帰還し、アークライトは街の公民として選挙で投票をしたのだが、あまりに困窮していてぼろを身にまとっていたため、何人かの有志が金を出し合って選挙室に出かけられるに充分な格好ができるよう取りはからったという。

手作業で生活している労働者が多い町で、機械を展示するのは危険な賭けだった。教室の外からときおり不気味な脅し文句が聞こえることもあった。そこでアークライトは賢明にも、試作機を解体し危険の少ない郊外に移した。気の毒なケイの運命を思い出したのだ。ケイは機織り機の重要な部品である飛び杼《ひ》を発明したため、暴徒らに襲われ、ランカシャーから逃げ出すことになった。

さらに、哀れなハーグリーヴズの一件もある。少し前に彼が発明したジェニー紡績機がブラックバーンの暴徒に襲われ破壊されてしまったのだ。それゆえに、アークライトはノッティンガムに移り、地元の幾人かの銀行家に金銭上の助力を持ちかけた。そして、発明の収益の分配を条件にライトから資金の融資を受けることになった。

ところが、予想に反し紡績機はなかなか完成しなかったため、銀行家らはアークライトに、ストラット・アンド・ニード社に出資を頼むように勧めた。ストラットは独創的な発明家で、靴下編み機の特許を保持していた。ストラットはアークライトの発明に利益が見込めることをすぐに認め、アークライトと提携を結んだ。アークライトの成功への道はいよいよ明らかになった。特許は「ノッティンガムの時計職人リチャード・アークライト」という名義で取得されたが、その同じ一七六九年に、ワットが蒸気機関の特許を得ていたのは注目に値する事実である。アークライトの紡績機の最初の工場はノッティンガムに建設され、動力には馬が使われた。そのあと間もなく、別の工場がダービーシャーのクロムフォードに建てられた。この工場の規模はずっと大きく、動力は水車だった。そのため、この紡績機は水力紡績機と呼ばれるようになった。

しかし、アークライトのこれまでの苦労は、その後の苦労に比べればまだ序の口だった。機械はいまだ細かい部分に不備があり、それらをすべて完璧なものに仕上げなければならなかった。絶えず改良と改善を加えて、ようやく実用的で有益な機械が形になり始めた。だが、成功はこつこつと働き続けてこそやっと確保されるものだ。数年間は目論見がはずれ収益が上がらず、なんの成果も上がらぬまま莫大な資本金が消えていった。

そしてついに、成功の姿がはっきりと現われてくると、今度はランカシャーの製造業者たちがアークライトの特許を無効にしようと攻撃してきた。コーニッシュの鉱山主たちが、ボールトンやワットを攻めて彼らの蒸気機関から上がる利益を奪ったのと同じことが、アークライトの身にも起きようとしていたのだ。アークライトは労働者の敵という非難さえも受けた。

ランカシャー南部チョーリー近くに建設した工場は、警察と軍隊の強力な守りがあったにもかかわらず、その面前で暴漢らに破壊されてしまった。また、アークライトの工場の製品は市場のなかで明らかに最高の製品だったが、ランカシャーの人々は買おうとしなかった。そして、同業者らは彼の機械を使っているというのに特許使用料の支払いを拒否し、仲間うちで手を組んで法廷に持ち込み、アークライトを訴えた。そして、正直者にとっては悪夢のような話だが、アークライトの特許は覆されてしまったのだ。

裁判のあと、訴訟相手が泊まっているホテルの前をアークライトが通りかかったとき、そのうちのひとりがわざと聞こえるように言った。「そろそろ、おいぼれの床屋も店をたたまねばな」。すると、アークライトは冷静に言い返した。「ご心配なく。あなたがた全員のひげが剃れるくらいのカミソリはまだ持っていますよ」

アークライトは、ランカシャー、ダービーシャー、そしてスコットランドのニュー・ラナークに新しい工場を建設した。ストラットとのパートナー契約の期間が終わると、クロムフォードの工場もアークライトのものになった。彼の製品は量が多く品質も高かったため、あっという間に市場をほぼ独占する状態になり、価格もアークライトが決め、ほかの紡績業者のおもな取引を管理するほどになった。

アークライトは商魂たくましく、不屈の度胸があり、非常に世慣れた抜け目のない男で、天才的なまでのビジネスセンスの持ち主だった。多数の製造工場を組織し管理するために、アークライトは一時期、ほとんど休みなく働いていたことがあった。ときには朝の4時から夜の9時まで働くこともあった。

50歳で英文法を学び始め、文章力をつけ綴りを改善した。すべての障害を乗り越えて、アークライトはようやく事業で報酬を得るという満足感を味わったのである。また、最初の機械を組み立ててから18年後、ダービーシャーで名声を獲得していたアークライトは州長官に任命され、そのすぐあとに、ジョージ3世からナイトの称号を授かった。

そして、1792年に永眠した。その人生の良し悪しは別として、アークライトは、イギリスの近代工場システムの創造者であり、彼が興した産業の一分野は、個人や国家に巨万の富をもたらす源泉となったのは間違いない。

❖地方で数々の功績を残したピール一族

イギリスでは、そのほかの産業でも、精力的に活躍した実業家の例がある。彼らは懸命に働いて、近隣地域に多大な利益をもたらし、地域社会に活力と富の泉を与えた。たとえば、ベルパーのストラット、グラスゴーのテナント、リーズのマーシャルとゴット、南ランカシャーのピール、アッシュワース、バーリー、フィールデン、アシュトン、ヘイウッド、エーンズワースなどがいる。なかには、子孫がイギリスの政治史でとくに大きな存在になった人たちもいる。その優れた一族のひとつが、南ランカシャーのピール家である。

18世紀の半ば、ピール家の創始者は、ランカシャーのブラックバーン近くの小規模自作農民として、ホール・ハウス・ファームという名前の農場を営んでいた。その後、一家はブラックバーンのフィッシュ・レーンにある家に引っ越した。ロバート・ピールは多くの兄弟姉妹に囲まれ、大家族のなかで育ったが、ブラックバーン近辺の土地は幾分やせていたため、勤勉に働いても農業では明るい未来は見込めそうになかった。

そのころブラックバーンは、〝ブラックバーン・グレイ〟という織物の国内製造の中心地であった。横糸に麻を縦糸に綿を用いて織られるその織物は、おもにその街とその周辺地域で製造されていた。そのため、当時——つまり工場システムが導入される前、家族のいる勤勉な自作農民は、畑仕事以外の時間を使って家で機織りをしていた。そんなわけで、ロバート・ピールもキャラコの家内製造を始めた。彼は誠実な人間で、ごまかしのない製品を作った。倹約しながら骨身を惜しまず働き、商売は繁盛した。冒険心もあり、当時発明されて間もない綿を梳いて整えるためのカード機を最初に取り入れたりもした。

しかし、ロバート・ピールの関心は、最初からキャラコという綿織物の捺染《なっせん》に向けられていた。捺染とは布に染料でプリントする方法だが、これは当時まだ一般的ではなかった技術で、ピールはしばらくの間機械を使って実験を続けていた。実験は自宅でこっそり行われていて、その実験に使う布には、妻や娘たちの手でアイロンが当てられていた。当時、ピール家のような家では、夕食に錫《すず》の皿を使うのが一般的だった。その皿に凹凸で描かれた図や柄をスケッチしているとき、裏返しにした皿の模様を版の代わりにして、染料を付けキャラコに押しつければいいのではないかというアイデアが浮かんだ。

ピールの農場の先には小さな家があり、キャラコにつや出し仕上げをするカレンダーという機械を持っている女性が住んでいたので、ロバート・ピールはその家に行き、皿の図の部分に染料を塗り、その上にキャラコをかぶせて機械に通した。すると、キャラコの上に模様がきれいに写し取られた。これがキャラコのローラー捺染の始まりと言われている。

間もなく、ロバート・ピールは工程を完成させた。最初に選んだ柄はパセリの葉だった。そのため、ブラックバーン周辺では、いまでも彼を「パセリ・ピール」と呼んでいる。キャラコ捺染の工程には、ミュール紡績機と呼ばれる機械が用いられる。浮き彫りで柄をつけた木製のシリンダーや、エッチングで模様をつけた銅製のシリンダーを用いるキャラコ捺染機は、のちにロバートの息子のひとりによって完成される。そしてその息子が、チャーチに設立されたピール社の社長となるのである。

事業の成功に活気づいたピールは農業から手を引き、ブラックバーンから約3キロメートル離れたブルックサイド村に居を移して捺染の事業に専念し、息子たちの手を借りて、数年の間順調に事業を続けた。やがて息子たちが一人前になると、ピール社の事業はさまざまな分野に枝分かれしていった。そのどれもが、それぞれの産業の中心となり、多数の人々に有益な働き口を提供した。

初代の爵位を持たないロバート・ピールの性格について伝えられている話からは、非凡な男性であったことがうかがえる——目端が利き、利口で先見の明があったらしい。だがそのように伝説のように語られること以外はほとんどわかっていない。彼を知る息子たちが早くに他界しているからである。

ロバート卿は父親のことを控えめに語った。「私の父は、一族の創始者と言えるでしょう。父は、国家的な視点で商業が繁栄することの重要性をしっかり認識していて、商取引で生まれる国の利益に比べれば、個人の利益など小さいものだ、とよく言っていました」

一族ではじめて准男爵となったロバート・ピール卿は、ピール社の2代目で、父親から新しいものを取り入れる冒険心、商才、勤勉さをすべて受け継いでいた。若いころの彼の地位は、普通の労働者のちょっと上という程度だった。だが、父親の代のころは、将来に向けての基礎を作りながら、まだ資金不足から生まれる問題と格闘していたのである。

ロバートは20歳そこそこで独立して、綿布捺染の事業を起こそうと決心していた。そのときにはすでに父親から事業について学んでいた。おじのジェームズ・ハワースと、ブラックバーン出身のウィリアム・イェーツが彼の事業に参加したが、3人がかき集めた資本金は全部でたった500ポンドほどだった。

しかも資金の大部分はイェーツが出したものだった。イェーツの父親はブラックバーンの自由土地保有者、つまり地主で、地元の名士で尊敬を集める存在だった。その父親が事業で貯めた金から、当時まだ走りだった綿の捺染事業という有望なビジネスを息子が始められるよう、充分な額を資金として喜んで貸してくれたのだ。ピールはほかのふたりに比べればまだただの若造だったが、事業に関する実践的な知識を提供した。

ピールは「身体は若いが頭は老人」と言われていたが、そのとおりの人物だった。3人は、当時はまだ小さな町だったベリーに近い廃墟のような小麦製粉工場とその隣の畑を比較的安い値段で手に入れた（そこはずいぶん長く事業を続けたのちに、「ザ・グランド」という名前で知られるようになった）。

その土地に間に合わせに木造の小屋を建てると、1770年、3人のつつましい綿捺染事業が始まった。そして数年後に、紡績業も手掛けるようになった。まだ会社ができたばかりのころ、3人のパートナーらが質素な生活を送っていたことは、次のようなエピソードからもうかがえる。既婚者で子供もいたイェーツは、小規模な下宿屋を始めたのだが、そのときまだ独身だったピールを下宿人として住まわせてやることにした。賄い付きの下宿代としてピールが最初に払ったのは、週たったの8シリングだった。イェーツは、これは少なすぎると考え、もう1シリング値上げするとピールに通告した。最初ピールは値上げに反対し、パートナーの間で意見が食い違ったが、最終的には週6ペンスの上乗せ払いをすることで、両者が歩み寄った。

イェーツの一番上の子はエレンという娘だったが、下宿人になってすぐにピールはこの娘を大変気に入り、「ザ・グランド」で一日懸命に働いたあとに下宿に戻ると、小さな少女を膝に乗せ、よくこう言っていた。

「可愛いお嬢さん。僕のお嫁さんになってくれないか?」すると、言われたエレンは、子供なら誰でもそうするだろうが、即座に「いいわよ」と答えた。「なら僕は待つよ。結婚相手はきみ以外にいないからね」そう言って、ロバート・ピールは本当に待った。少女が美しい女性に成長するにつれ、待つという決意がますます強まった。そして10年後――ピールたちは一心不乱に仕事に打ち込み、事業は急速に繁栄した――、ロバート・ピールはエレン・イェーツと結婚した。そのときエレンはまだ17歳になったばかりだった。

こうして、下宿人であり、父親のパートナーでもあり、幼いころは膝に乗せて可愛がってくれた男の妻になったエレンは、ピール夫人からのちにレディ・ピールとなり、将来の英国首相の母となるのである。レディ・ピールは気品のある美しい女性で、どのような場でも優雅に適応した。彼女はまれに見る強い精神力の持ち主で、どんな非常事態が起こっても、崇高な精神を失わず、貞淑に夫の相談相手を務めた。結婚後は何年間も夫の秘書として働き、事業に関する通信文書はほとんど彼女が書いていた。ピールが文章業務に無頓着で悪筆でもあったためである。

エレンは1803年にこの世を去った。夫が准男爵位を賜ってから3年しか経っていなかった。ロンドンでの現代的な生活は、彼女が慣れ親しんだ故郷の生活とはまるで違っていて、そのせいで健康を損なったのだろうと言われている。のちに父親のイェーツはよくこう言っていた。「ロバートの妻として〝レディ〟になどならなければ、娘はまだ生きていたかもしれない」

イェーツ・ピール社の事業は、はじめから終わりまで非常に順調だった。会社の中心はロバート・ピール卿だった。彼は活力に満ちた努力家で、それに加えて実務能力に長け、抜群の商才を備えていた。それは初期の多くの紡績業者に極端に欠けていた才能だった。彼の精神と肉体は鉄のように強く、休みなくこつこつ働いた。つまり、アークライトが紡績に身を捧げたように、ロバート・ピール卿は綿捺染に身を捧げたのである。

その成果もアークライトと同じくらい大きなものだった。彼らの工場の製品は質が高く、市場での売れ行きは安定しており、ランカシャーでも会社は高い地位を得た。さらに、ベリーの工場は大きな利益を上げていた。パートナーたちは、ベリー近郊のアーウェル川とローチ川が合流する場所に、ベリーと同じくらいの規模の工場を建てた。ピールたちは製品の質を完璧なまでに高めようとする一方で、いろいろな面で工員らの福祉や環境の向上にも努め、事業が順調とは言えないときでさえ、どうにか相応の報酬が払えるようにした。

ロバート・ピール卿はさまざまな新しい手順や発明の価値を進んで認めた。たとえば、キャラコの捺染に防染加工という生産工程を導入した。白く残しておきたい布の部分に糊、つまり防染剤を塗るという工程である。防染に使う糊の発明者はロンドンのホテルに向かっていた旅行者で、ピールはわずかな額でそれを買った。その工程を完成させ、実用化するのに1、2年の歳月がかかったが、出来栄えは美しく、柄の輪郭が正確にくっきりと描き出された。

間もなく、ベリーの工場は、イギリスのすべてのキャラコ捺染工場の頂点に立った。ピール家の人々は、同様の精神でランカシャーのバーンリーとフォックスヒルとアルサム、ヨークシャーのサリー・アビーに工場を建設し、その後、スタッフォードシャーのバートン・オン・トレントにもうひとつ建て、変わらぬ精神でそれらを経営した。これらのさまざまな工場は所有者に富をもたらす一方で、綿取引全体の手本となり、ランカシャーの多くの捺染業者や紡績業者を育て、その多くを成功へと導いた。

❖天才的才能で靴下編み機を発明したリー牧師

ほかの産業の創始者として優れていた人には、靴下編み機を発明したウィリアム・リー牧師、ボビンネット機を発明したジョン・ヒースコートがいる。ふたりの生涯は、優れた機械技術と忍耐の持ち主として紹介するにふさわしいものである。彼らの功績によって、ノッティンガムとその周辺地域の労働者たちに、報酬の高い働き口が大量に提供された。

靴下編み機の発明にまつわる逸話はさまざまなものがあり、多くの部分で一貫性に欠けるが、発明者の名前は間違いない。それは、ウィリアム・リーである。ウィリアムは、1563年ごろに、ノッティンガムから10キロメートルほど離れたウッドボローという村で生まれた。リーは小さな土地の地主の息子と言われているが、貧しい学者だったという説もある。

リーは若いころ、貧しくて苦労した。1579年5月、ケンブリッジのクライスツカレッジに特待生として入学し、その後セント・ジョンズ・カレッジに移り、1582年から3年に文学士号を取得している。1586年に文学修士号を得たと考えられているが、この点に関しては大学の記録にいくらか混乱があるようだ。規則を破って結婚したため放校になったとよく言われるが、彼は大学の特別研究員だったことはないので、これは間違いで、したがってそのような話で悪感情を抱かれる言われはない。

靴下編み機を発明したとき、リーはノッティンガムに近いカルバートンで副牧師をしていた。一説によると、発明の始まりは失恋だったらしい。リーは村の若い女性に恋をしたが、彼女は彼の愛情に応えてくれなかった。家を訪ねても、彼女は靴下編みに夢中で、編み物の手を止めることはなく、生徒にその技術を教えるのに忙しく、リーの求愛に関心を示さなかった。

このような侮辱を受けたせいで、リーは手編みを毛嫌いするようになり、手編みに代わる機械を発明し、手編みという仕事をこの世からなくすことを決意したと言われている。3年もの間、リーは、なにもかもを犠牲にしてこの新しいアイデアにかけ、発明品の制作に専念した。完成のめどが立つと副牧師を辞め、編み機による靴下の製造に熱心に取り組んだ。これは、ヘンソンが書き記したバージョンで、ある年老いた靴下編み職人から聞いた話がもとになっている。

その職人は、アン女王時代にノッティンガムで靴下編みの見習いになり、92歳で同じ町のコリンズ病院で亡くなった。ノッティンガム近辺に伝わっている話として、歴史研究家ディーリングとブラックナーも似たような話を紹介しているが、この説は、ロンドンのカンパニー・オブ・フレイムワーク・ニッターズ社の社章からもある程度裏付けられている。その社章には木枠のない靴下編み機が描かれ、それを両脇で支えるようにして聖職者と女性が描かれている。

靴下編み機が発明されたいきさつが実際どうであったにせよ、その発明者のリーが天才的な機械の才能を発揮したことに疑いの余地はない。街から離れた村に住み、本ばかり読んで人生の大半を過ごしていた聖職者が、繊細で複雑な動きをする機械を考案したことは確かに驚くべき功績であった。

リーは、手編みなら3本の編み棒で作った輪状の編み目を延々と編み続けねばならない作業を、機械で編む技術へと迅速に進化させたのである。これは、機械発明の歴史でもほかに類のない偉業と言えるだろう。当時は靴下の手工業の技術でさえまだ未成熟な段階だったため、製造業として編み機の考案に関心を向ける人はほとんどいなかった。

だからこそリーの功績はなおさら大きかった。靴下編み機に必要な部品は手ずから即席で作らねばならず、なにか問題が起こるたびに、さまざまに工夫をこらしてそれらを解決していった。道具もろくに揃っていなかったし、材料も不充分で、支えになってくれる熟練した職工もいなかった。

言い伝えられた話では、はじめて作った編み機は12ゲージで、鉛の重りはなく、ほぼすべて木でできており、針も小さな木片に埋め込まれていた。針に穴が開いていなかったため、編み目を作るのが最大の問題だった。だがこれは、三角やすりで針に穴を開けてどうにか乗り切った。次から次へと持ち上がる難題を乗り越え、3年の苦労を経て、ようやく実用に耐える機械が完成した。自分の発明品に対する情熱ではちきれんばかりの元副牧師は、カルバートンで靴下編みの事業を開始した。そして、数年の間、弟や親族に靴下編み機の技術を伝授しながら、その村で研究を重ねた。

靴下編み機が完璧と言えるレベルに近づいたところで、リーはエリザベス女王に自分の機械を披露しようとロンドンに向かった。女王が絹編みの靴下を大変気に入っていることは有名だったので、女王からの支援を望んでいたのだ。

リーはまず宮廷の人々にその機械を見せた。そのなかに（のちに男爵になった）ウィリアム・ハンスドン卿がおり、リーは機械を操作するコツを教えた。彼らの協力を得て、とうとうエリザベス女王との謁見を許され、女王の目の前で機械を動かしてみせた。ところがエリザベス女王はリーが期待していた励ましをくれず、逆に、手編み仕事をしている貧しい多数の人々の働き口を奪う恐れがあるという理由で、発明に反対したと言われている。リーはもはやほかの支援者を見つけることもできず、自分自身も自分の発明品もぞんざいな扱いを受けたことを冷静に受け入れ、フランスの大臣シュリからの誘いを受け、ルーアンに向かい、その町で靴下編み機を製造し操作する方法を指導することになった。その当時、ルーアンと言えばフランスの重要な製造業の拠点であった。

リーは1605年に弟ジェームズと7人の職人たちを引きつれ、靴下編み機ともどもフランスに渡った。ルーアンでは心からの歓迎を受け、リーたちは9台の機械をフル稼働させて大規模な靴下生産を開始した。ところが不幸なことに、またもや不運な出来事が起こった。フランス国王アンリ4世が、狂信的なカトリック信者のラヴァイヤックに暗殺されたのだ。アンリ4世は大きな後ろ盾であり、リーは報酬と名声、補助金を当てにして、フランスで暮らすことにしたというのに、それまで得ていた励ましと保護が即座に消え失せた。法廷で自分の権利を主張しようと、リーはパリに向かったが、外国人というだけでなくプロテスタントでもあったため、主張はほとんど無視された。この優れた発明家はいら立ちと悲しみに打ちひしがれ、間もなく、貧困と苦しみのうちにパリでその生涯を閉じた。

一方、弟のジェームズと7人の職工たちはフランスからうまく逃げ出すことができた。

靴下編み機も、2台を残してすべてイギリスへ持ち帰った。ジェームズはノッティンガムに戻ると、新たにアシュトンという男を仲間に加えた。アシュトンはソロトンの製粉業者で、一行がフランスに渡る前に、発明者であるウィリアム自身から機械編みの技術を教わっていた。ジェームズとアシュトンは職工たちとともに持ち帰った機械を使って、ソロトンで靴下の製造を始め、大きな成功を収めた。

ソロトンは靴下製造の事業にうってつけの土地だった。近郊のシャーウッドという地域は牧羊が盛んで、非常に毛足の長い羊毛を生産していたのである。アシュトンは、靴下編み機に鉛の重りを取りつける方法を導入したと言われているが、これで編み機は大幅に改良された。イギリス各地で使用される編み機の数は徐々に増加し、機械を用いた靴下製造は、ついにイギリスの重要な産業のひとつとなった。

靴下編み機に加えられた非常に重要な改良のひとつが、レースの大量生産への応用である。1777年にフロストとホームズというふたりの職工が、自分たちで考案して靴下編み機を改良し、機械編みによるニードルポイントレースの製造を開始した。その後、機械編みレース産業は急速に成長し、およそ30年後には1500台のニードルポイントレース製造機が稼働し、1万5000人分もの働き口を提供するほどまでになった。

しかしその後、戦争や流行、その他の環境の変化が重なって、ノッティンガムのレース製造業は急速に衰えてしまう。その衰退が止まったのは、ボビンネット機が発明されたときだった。発明したのはティバートン選出のもと下院議員のジョン・ヒースコートで、これによって、すでに固い地盤ができていたレース産業はまたたく間に勢いを取り戻した。

❖勇敢で誠実な天才発明家ヒースコート

ジョン・ヒースコートは１７８３年、ダービーシャー、ダフィールドの小規模な農家の末息子に生まれた。学校ではまじめで覚えも早かったが、小さいうちに学校をやめさせられ、レスターシャーのラフバラー近くにある靴下編み機の加工業者の見習いになった。ヒースコート少年はまたたく間に道具を器用に使いこなし、靴下編み機や、さらに複雑な構造の経編み機の部品に関するこまかな知識をものにしていった。

暇ができると、それらの機械を改良する方法を研究した。彼の友人で下院議員のバズレーいわく、ヒースコートはたった16歳で、当時すべて手作業で作られていたバッキンガムレースやフレンチレースと似たレースを編む機械の構想があったという。はじめて実用化に成功した改良機は経編み機で、独創的な仕掛けによって、レースでできた婦人用の指なし手袋を作った。

この成功によって、ヒースコートはレース製造機の研究をしようと決意する。そのころすでに、靴下編み機の改良版によるニードルポイントレースの製造が行われていたが、そのレースは靴下のように筒状で、もろくて破れやすく、まだ満足のいくものではなかった。

ノッティンガムの発明の才のある機械工たちはすでに長いこと、レースの機械編みの発明を妨げている問題に取り組んでいた。それは、糸をメッシュ模様に編むために、ねじって縒り合わせなければならない点だったが、誰も研究を成功させることはできずにいて、貧困にあえいで亡くなる者や、精神を病む者などが現われた。旧式の経編み機がその座をゆずろうとせずにがんばっていたのである。

21歳になって間もなく、ヒースコートはノッティンガムへ行き、難なく働き口を見つけた。それは靴下編み機や経編み機の修理屋だったが、たちまちにかなり高額の報酬をもらえるようになった。ヒースコートは、その発明の才能と幅広い知識、健全で穏健な信念に基づく振る舞いによって、大いに尊敬された。

そして、以前から心を占めていたレース製造機の開発も続け、糸をねじりながら行ったり来たりする編み目を作る機械の仕組みを理解しようと苦労していた。手編みと同じ動きを機械に取り入れるために、まずはバッキンガムレース（ピローレースともいう）の手編みの技術を学んだ。創意工夫と根気、時間と労力を必要とする作業だった。

雇用主のエリオットは、当時のヒースコートについて次のように語っている。「創意に富んでいて、忍耐強く、献身的で寡黙なこの男は、失敗や間違いを恐れず、機知に富んだ柔軟な頭を持っていた。そして、レース製造機発明の取り組みはいつかきっと実を結ぶという揺るぎない自信を抱いていた」

ボビンネット機ほど複雑で、言葉で説明しにくい発明品はない。実のところ、それはボビンレースを編むときに使う円筒型のピローの部分が機械になったようなもので、ピローの上でレースの網の目を交差させたり結んだりするレース職人の指の動きを器用に再現したものだった。ヒースコートは手編みレースのパーツごとの構造を分析し、それぞれの糸を縦に走る糸と斜めに走る糸に分けた。

ヒースコートは実験を開始した。縦糸用のフレームに見立てた物の上に、普通の荷造りひもを縦糸として置き、通常のプライヤーで縦糸の間を縫うように横糸を通し、反対側にある別のプライヤーまで横糸を渡す。そして、横糸を斜めに動かしねじり合わせながら、最初とは逆の方向に隣り合っている縦糸の間を通していくと、手編みと同じようにピローの上にメッシュ模様ができた。

しかし次は、このとても繊細な動きを再現する仕掛けを考えださねばならず、精神的にきつい作業をたっぷり行うことになった。かなりあとになってから、ヒースコートはこう言っている。「小さな隙間で斜めの糸をねじるというたったひとつの課題をこなすことさえ、ずいぶん苦労しました。いまからもう一度やれと言われたら、とてもやってみる気にはなれないでしょう」

次のステップは、縦糸の間に横糸を行き来させるボビンの代わりに、薄い金属の円板を用いることだった。これらの金属板は縦糸の両側にあって横糸を導くキャリアとなる。適切な仕掛けでこの円盤が動き、横糸が端から端へと通され、レースが編まれていく。ヒースコートはとうとう、たぐいまれな技術によってその原理の機械化を達成した。そして、24歳で特許を取ってこの発明を確保した。

この間、ヒースコートの妻も夫に負けず劣らず思い悩んでいた。発明を実用化しようとする夫の努力と苦労をよく知っていたからだ。ふたりは苦難を乗り越えてから何年かたったあとも、波乱に富んだある夕暮れに交わした会話をはっきりと覚えていた。「それで」と心配そうに妻が話しかけた。「今度はうまくいきそう?」「だめだ」悲しい返事が返ってきた。「分解して最初からやり直しだ」ヒースコートは明るく元気よく答えたのだが、妻はもう感情を抑えることができず、椅子にへたりこんで激しく泣き出した。だが、その会話からわずか数週間後、ついに長年の努力にふさわしい成功のときがやってきた。ヒースコートは、自らの機械ではじめて編み上げた細い帯状のボビンネットレースを家に持ち帰り、妻に手渡した。そのときのヒースコートは誰より誇らしく幸せな気分だっただろう。

利益につながる発明のほぼすべてにあてはまることだが、ヒースコートの特許権にも異議が唱えられたり、発明者としての主張に疑問が投げかけられたりした。レース製造業者たちは、ヒースコートの特許を無効と見なし、ずうずうしくも発明者を無視してボビンネット機を使い始めた。ところが、改良や応用という理由をつけてほかの特許が申請され、これらの新たな特許権所有者たちが仲たがいしてお互いを訴え合うようになったおかげで、ヒースコートはやっとのことで特許権を確立することができた。

レース製造業者のひとりが、特許を侵害されたと別の製造業者を訴えた。陪審員は被告に分があると判断したが、裁判官は、問題となった機械はいずれもヒースコートの特許を侵害しているという判決を下したのである。この「ボビール対ムーア」裁判においてヒースコートのために弁護についたジョン・コプリー卿、のちのリンドハーストは、ヒースコートの発明の細部まで頭に入れておくために、ボビンネット機の操作方法を学んだ。弁論摘要書を読むと、コプリー卿は、この訴訟の事実関係をはっきりとは理解できていないと告白している。しかし、この事実関係の理解こそが極めて重要だと考えたコプリー卿は、すぐにもノッティンガムに出向くので、機械のことが理解できるよう教えてほしいとヒースコートに申し出た。「そうすれば、力の限りを尽くしてあなたを弁護できます」と。その言葉に嘘はなく、コプリー卿はその夜の郵便列車に飛び乗ってノッティンガムに出かけ、これまでの弁護人にはないほどこの訴訟の内容を深く理解した。翌朝、操作方法を会得した弁護士はレース製造機の前に立ち、自分で手際よくボビンネットレースを作れるようになるまで機械から離れようとはしなかった。

こうしてコプリー卿は機械の原理はもちろん、細かい仕組みまですっかり理解したのである。そして、裁判の日がやってくると、しっかり知識を叩き込んだコプリーは、テーブルの上の機械を巧みに操作して、発明の原理を説明し、裁判官や陪審員、傍聴者たちをすっかり驚かせた。彼がこの訴訟事件に対して誠意と豊かな知識をもって弁護を行ったことが、法廷の決定に影響を及ぼしたことは間違いない。

裁判のあと、ヒースコートの特許品をまねて作られた機械がおよそ600台稼働していることがわかり、それらの機械の所有者から特許使用料を徴収すると莫大な額になった。とはいえ、レース製造業者が手にする利益は莫大な額だったため、ヒースコートの機械はたちまち普及した。その一方で、レース製品の価格は1平方ヤード当たり5ポンドから、25年の間におよそ5ペンスまで下がった。同じ時期の、レース取引による年間収益は平均で少なくとも400万ポンドで、15万人分の雇用を生み出した。

ヒースコート個人の経歴に話を戻そう。1809年、彼はレース製造業者としてレスターシャーのラフバラーにいた。そこで数年間、順調に事業を続け、週当たり5ポンドから10ポンドと幅広い賃金で多数の工員たちを雇い入れた。新たな機械の導入によってレース製造業で雇用される労働者の数はかなり増えた。にもかかわらず、機械のせいで働き口がなくなるという噂が労働者の間で囁《ささや》かれ始め、片っ端から機械を破壊するという大規模な陰謀が企てられた。

1811年という早い時期に、ノッティンガムシャーの南西部と、そこに隣接するダービーシャーとレスターシャーの一部の地域で、靴下とレースの事業に従事している雇用主と労働者との間に紛争が起こり、その結果、サットン・イン・アッシュフィールドで暴徒による集会が行われ、真っ昼間に工場の靴下編み機やレース製造機が破壊された。首謀者の一部が捕まって罰せられたため、不満を抱えた労働者は用心するようになった。

それでも、機械の破壊行為は、チャンスがあればいつでも秘密裡に実施された。機械の構造は非常に繊細だったので、ハンマーで一撃されただけで役に立たなくなってしまう。しかも、大部分の工場は、街から離れた私有地にぽつんと建っていることが多く、破壊のチャンスなど簡単に見つかった。

騒動の中心となったノッティンガムの周辺では、機械の破壊者たちが定期的に集会を開いて組織を作り、夜な夜な集会を開いては、打ち壊しの計画を練っていた。おそらく信頼のおける話だと思われるが、破壊者たちは、自分たちはネッド・ラッド、またはラッド将軍と呼ばれているリーダーの指揮のもとに集結していると公言していたことから、「ラッダイト」と呼ばれた。

この組織が主導して行われた機械の破壊運動は、1811年の冬に勢いを増したが、これは社会的に大きな問題となり、大量の労働者が職を失った。一方、機械の所有者たちはと言えば、少しでも機械を守ろうと、村や郊外の僻地から街なかの倉庫へ機械を移設した。

ラッダイトたちは、逮捕され裁判にかけられた仲間の刑が軽いことに励まされ、狂信的とも言える活動を新たに始め、その破壊活動は、北部や中部の製造工場地域まで、見る間に広がった。組織はますます秘密裡に行動するようになり、組織のメンバーは指導者からの命令に従順に従うようにという宣言が発せられ、組織の計画を内通した者には死が待っていた。布、キャラコ、レースなど、どれを製造しているかにかかわらず、すべての機械が破壊の危機にさらされた。このあと数年間続く恐怖の時代が始まったのである。

ヨークシャーとランカシャーの工場は、武装した暴徒から大胆な攻撃を受け、多くの工場が破壊され、焼き払われた。それらの工場を守るのは兵士や独立自営農民たちだった。また、工場主の身も危険にさらされ、襲撃に遭う者も多く、殺されてしまうこともあった。ここでようやく警察が精力的な活動を開始し、道を誤った多数のラッダイトが逮捕され、幾人かは死刑に処せられた。ラッダイトによる暴力的な騒動は数年間続いたが、やがて暴動は鎮圧された。

ラッダイトに工場を攻撃された製造業者は多かったが、ボビンネット機の発明者もそのひとりだった。1816年の夏のある晴れた日、ラフバラーの工場に松明《たいまつ》を持った暴徒の一群が押し入り、火を放ち、37機のレース製造機を破壊したのだ。その不動産価値は1万ポンドを超えていた。10人の男が重罪犯として捕らえられ、そのうち8人が死刑に処せられた。ヒースコートは州に補償を求めたが拒まれた。しかし、王座裁判所が彼の要求を支持し、1万ポンドの損害を補償するよう州に命じた。州知事は補償を支払う代わりの条件として、その金をレスターシャー内で使うように求めた。

だが、ヒースコートはこの条件には同意しなかった。すでに、工場をほかへ移動させることを決めていたのである。デヴォンシャーのティバートンに、以前は毛織物工場として使われていた巨大な建物があった。ティバートンの織物業はすっかり衰退しており、その建物もずっと使われないままだったし、町全体がひどい貧困にあえいでいる状態だった。

ヒースコートはその古い工場を買い取ると、建物の修復と増築を行い、以前より大規模なレース製造工場を再開した。300台もの機械をフル稼働させて、高賃金で大勢の職人を雇い入れた。ヒースコートはレースの製造を続けながら、合糸製造、絹糸紡績、網の製造、織物の仕上げ処理など、さまざまな関連事業にも手を広げた。また、ティバートンでは、製鉄所と農機具の製造所も立ち上げたが、これらの製造所は、その土地の人々にとって非常に便利な存在となった。
ヒースコートは蒸気動力を使って、日常生活のすべての重労働をすませることができればと考えていた。それで、蒸気で動く耕作機を開発しようと長いこと努力を重ねた結果、1832年に発明品を完成させ、特許を取得することができた。ヒースコートの蒸気耕作機は、そのあとファウラーの発明品にその座を奪われてしまったものの、発明された当時は、その種の機械のなかでは最高のものと見なされていた。

ヒースコートには天与の才能があった。物分かりがよくて、飲み込みが早く、あふれるほどの商才に恵まれていた。これに加えて、人の性格として素晴らしい資質とされる、正直さと誠実さが組み合わさっていた。

ヒースコートは自分自身が勤勉に独学を続けてきたこともあり、雇い入れている優秀な若者をいつも励まし、才能を伸ばし、やる気を起こさせるように努めた。また、自分自身も多忙な身でありながら、時間を作ってフランス語とイタリア語を学び、文法に基づいた正確な知識を身につけた。最高の書物をじっくり読みくだき、その大部分を記憶していた。どのようなテーマであれ鋭く的を射た意見を述べた。

ヒースコートに雇われた2000人の労働者は、ヒースコートのことを父親のように慕っていたし、ヒースコートのほうも、従業員に快適なより良い環境を提供できるよう気を配った。成功者に多く見られることだが、成功しても彼の性質が損なわれることはなく、貧しい人や苦労している人の要求に耳を傾け、常に同情し、援助の手を差しのべた。従業員の子供が教育を受けられるように、約６０００ポンドの費用をかけて学校を作った。すこぶる陽気で明るい性質の男でもあったので、階級を問わず誰からも好かれ、彼をよく知る人々にとっては、もっとも称賛に値する愛すべき人物だった。

１８３１年、ヒースコートはティバートンの町に大きく貢献したことが認められ、この町の有権者たちから下院議員に選ばれると、その後30年近く議員を続けた。任期のほとんどの期間をともに働いた、貴族でもあり政治家でもあるパーマストン卿は、一度ならず公の場で、素晴らしい友としてヒースコートを尊敬していると述べていた。１８５９年に高齢と体力の衰えから議員を引退したとき、従業員１３００人から、敬意のしるしに銀のインクスタンドと金のペンの贈り物を受け取った。

だが、その後余生を楽しんだのはたったの2年で、１８６１年1月に77年の生涯を閉じた。誠実で、徳が高く、勇敢な機械の天才というヒースコートの人となりは語り継がれ、子孫の誇りとなった。

❖時代と共に生き、時代に翻弄された発明家たち

次は、ヒースコートとはまったく異なる経歴を持つ人物を取り挙げてみよう。名を成しはしたが不幸な人生を送った発明家、ジャカールだ。ジャカールの人生も、非常に身分の低い者であっても、優れた人間は、国家の産業に影響を及ぼしうるということを、驚くべき方法で示している。

ジャカールは、フランス、リヨンの勤勉な夫婦の息子で、父は織工で、母はパターン読みの仕事をしていた。非常に貧しい家だったため、ジャカールは最低限の教育しか受けさせてもらえなかった。商売を学べる年齢になると、製本屋のもとに預けられた。そこで、店の帳簿係だった年寄りの事務員から数学を学んだ。その後間もなく機械に対する目覚ましい才能を発揮し始めると、彼の発明品を見て非常に驚いたそのベテラン事務員は、別の分野の仕事をさせれば、製本屋にいるよりもっと彼の才能が生かせるだろうとジャカールの父親に助言した。その言葉に従って、ジャカールは刃物屋の見習いとなったが、主人から手ひどい扱いを受けたのですぐにその職を辞め、次に活字鋳造業の仕事についた。

やがて両親が死んでしまうと、父の2台の織機がジャカールに遺された。そこでジャカールは機織り業を開始した。ほどなく織機を改良し始めると、仕事を忘れて開発に没頭しすぎ、あっという間に財産が底をついた。そこで、借金を返済するために織機を売った。また同じころに妻を養わねばならなくなった。相変わらず貧しいままのジャカールは債権者に迫られ、今度は家を売りはらった。勤め口を探したがさっぱり見つからなかった。その後、ブレスにある繊維製造業の職を見つけ、ブレスに向かった。一方、妻はリヨンに残り、麦わらで夫人帽を作って不安定な生活を続けた。

そのあと数年間のジャカールの経歴については情報がないが、その間は、図柄の入った織物（紋織物）の製造工程を改良するために、紋織機の改良に従事していたようである。1790年に縦糸を引き上げる装置を世に出しているからだ。その装置は織機に取り付けて使うもので、それまで縦糸の操作を調整していた「ドローボーイ」と呼ばれる少年たちの仕事をこなした。この装置はゆっくりだったが着実に普及していき、発明から10年で、リヨンでは4000台が稼働していた。だが、ジャカールの研究は、フランス革命によって突然中断させられた。

1792年、リヨン義勇兵となったジャカールは、のちの陸軍大臣、デュボワ・クランセ指揮下の議会軍と戦った。リヨンが陥落すると、ジャカールは町から逃れライン軍に加わり、そこで軍曹に昇級した。なにもなければそのまま軍にい続けたかもしれないが、ひとり息子が自分のすぐそばで撃ち殺されてしまったため、彼は軍隊を去り、妻のいるリヨンへ戻った。妻は屋根裏部屋で暮らし、以前と同じ麦わらの婦人帽製造所で働いていた。

ジャカールは、妻とその隠れ家のようなところで生活していたが、頭に浮かんでくるのは、ずいぶん前に長いこと温めていた発明のアイデアだった。しかし、研究をしようにも先立つものがない。とにかくその隠れ家から出て、働き口を見つけなければ始まらない。

ようやく見つけた仕事先は聡明な製造業者のところだった。そこで、昼は働き、夜は発明のための研究を行った。ある日、柄織物の織機にまだ改良できる部分が大いにあると気づいたジャカールは、なんの気なしに、そのアイデアを雇用主に話して自分の資金には限りがあり、そのアイデアを実現できないのが残念だと語った。すると幸いにも、雇い主はそのアイデアを気に入り、太っ腹なところを見せ、ジャカールが落ち着いてその開発に取り組めるよう、自由に使えるまとまった金を用立ててくれたのだ。

3ヵ月後、ジャカールは織機を発明し終えていた。それは、厄介で骨の折れる職工の作業の一部を肩代わりしてくれるものだった。その織機は1801年、パリの産業万国博覧会で展示され、銅メダルを獲得した。さらに、発明成功のお祝いを自ら伝えたいと、大臣のカルノーがリヨンに訪ねてきたのだ。これは非常に名誉なことだった。

その翌年、ロンドンの芸術協会は漁網と乗船網の製造機の発明者に賞を与えると発表した。ある日、この話を聞いたジャカールが、いつもの習慣で野原を歩きながらこの機械についてぼんやり考えていると、ふとアイデアが浮かんできた。そこで、いまでは友人となったあの製造業者にアイデアを実現するための資金をふたたび用立ててもらい、ジャカールは3週間でそのアイデアを形にしたのだった。

その成功を耳にしたローヌ県知事にジャカールは呼び出された。ジャカールが知事に機械の仕組みを説明したところ、その報告が皇帝に届けられた。皇帝から呼び出しを受けたジャカールは、ただちに発明した機械を携えてパリに出かけ、皇帝に謁見した。

皇帝は天才発明家としてジャカールを迎えた。謁見は2時間に及んだが、その間ジャカールは、人好きのする皇帝のおかげで、くつろいで柄織物の織機に加えた改良の説明をすることができた。その結果、フランス国立工芸院のアパートメントでの寝泊まりを許され、滞在中は工芸院の作業場の利用を許され、生活費として充分な援助金も受けられるようになった。

国立工芸院に腰を落ちつけたジャカールは、改良した織機の細かい部分を完成させるための作業を開始した。国立工芸院は人々が創造した偉大な発明品の宝庫で、そこに置かれている洗練された機械の数々を仔細に調べられるというのは、ジャカールにとって大変有用な経験になった。なかでもひときわ注意を引かれ、新たな発見のきっかけとなった機械は、自動装置（オートマタ）の職人として有名なヴォーカンソンが作った花柄の絹織物を製造する織機だった。

ヴォーカンソンという男は、機械構造に関して第一級の才能を持っていた。彼の発明の才は非常に豊かで、情熱のようにほとばしり、抑えきれないほどだったと言われている。「詩人はなろうとしてなるものではなく、そう生まれるものなのだ」という言葉があるが、これはそっくりそのままこの発明家にも当てはまる。ジャカールと同様に、時代やチャンスにも恵まれていたが、新しい機械の構造を考えたり組み立てたりする大きな原動力は、ヴォーカンソンの本能だった。

彼は非常に精巧な作品を作った。それらは実用性よりも、それが体現している奇妙なまでの独創性に特徴がある。子供のころ、母親に連れられて日曜学校に参加したとき、ヴォーカンソン少年の心を奪ったのは、隣の部屋との仕切りのすき間からちらりと見える時計の動きだった。少年は懸命にその動きを理解しようとそのことばかり考えた。そして数ヵ月後、ぜんまい時計の仕掛けの一部である脱進機の原理を発見していたのだ。

そのときから、ヴォーカンソンは機械発明にとりつかれてしまった。お手製の簡単な道具を使って、驚くほど正確な時間を示す木製の時計を作ったり、ミニチュアの礼拝堂に飾る、はばたく翼を持った天使や宗教儀式の動きをまねる司祭の人形を作ったりした。自分が考えた自動装置を形にするために、ヴォーカンソンは解剖学や音楽、機械を研究し、数年間それに専念した。チュイルリー宮殿の庭園で演奏しているフルート奏者を見て、同じようにフルートを吹く自動人形を作ろうと決意した。そして数年間、病気に苦しみながら苦労して研究を続けた結果、ようやく目標を達成した。

次に作ったのは、フラジオレットという木管楽器を吹く人形で、その次に完成させたのは、彼の作品のなかでも極めて独創的なアヒルの自動装置だった。この装置は、本物のアヒルそっくりに泳ぎ、羽ばたき、水を飲み、ガーガー鳴くのだ。そして次に作ったのは、クレオパトラが自殺に使ったとされる毒蛇の自動装置で、これは、悲劇〈クレオパトラ〉の舞台で使われた。自動装置の毒蛇はシューシューと音を立てながら、女優の胸元に飛びついたという。

しかし、ヴォーカンソンはオートマタばかり作っていたわけではない。その才能を見込まれ、フルーリー枢機卿からフランスの絹織物製造工場の検査官に任命されたのだ。ヴォーカンソンはその職につくと、ほとばしる発明の欲求につき動かされるように、絹製造機械の改良に乗り出した。そのひとつが、スローンシルクの製造機械である。

ところがこの機械は、そのせいで職を失うのではと恐れたリヨンの熟練工たちの猛烈な怒りを買い、ヴォーカンソンは彼らに石を投げつけられ、あやうく殺されそうになった。それでも発明を続け、今度は花模様の絹織物を織る機械を作った。その機械は、糸に下加工を施す仕組みがついていた。それによって、ボビンや〝かせ〟に糸が均等に巻かれるようになっているのだ。

ヴォーカンソンは長い間病に苦しんだあと、1782年に没した。彼は発明した機械のコレクションを王妃マリー・アントワネットに遺したが、王妃はそれらにほとんど価値を見出さなかったため、彼のコレクションは間もなくちりぢりに分散してしまった。それでも、花柄の絹織物を作る織機は運よく国立工芸院に保管され、多くの珍しく興味深い収集品のなかにあって、ジャカールの注意をひいたのだ。その機械はジャカールにとって非常に高い価値があった。これがきっかけとなって、改良織機に大きな修正を加えることができたのである。

ヴォーカンソンが作った機械は、穴の開いたシリンダーが使われている。これが彼の機械の大きな特徴のひとつである。そのシリンダーが回転することで現われる穴の場所によって特定の針の動きが調節され、決められた模様ができるよう糸が動いて織られていく仕掛けになっている。ただ、その模様は単純なものに限られていた。

発明の才豊かなジャカールは、ヴォーカンソンの機械から貪るようにアイデアを得ると、ただちに改良に取りかかった。1ヵ月が過ぎるころ、ジャカールの織機ができあがった。ヴォーカンソンのシリンダーに、多数の穴が開いている大きめの厚紙を追加し、それによって縦糸の動きを織機に伝える工夫をしていた。また、縦糸の間にどの色のカムを通せばいいか職工がわかる仕組みも追加した。

こうして、じきにドローボーイや模様を読み取る職人の役割は機械がやってしまうようになった。ジャカールは新しい織機ではじめてふんだんな模様を織り込んだ数ヤードもの織物を織ると、その織物をナポレオンの王妃ジョセフィーヌに献上した。ナポレオンは、ジャカールの苦労の賜物を見てずいぶん気をよくし、腕のいい職人たちにジャカールの機械をまねて同じ機械を何台も作らせ、ジャカールに贈った。そのあとジャカールはリヨンの我が家に帰った。

そのリヨンで、ジャカールもまた、多くの発明家がこうむった災難を経験することになる。町の人々に敵視されるようになり、ランカシャーにいたケイやハーグリーヴズ、アークライトと同じような扱いを受けた。労働者は、新しい織機が使わるようになれば自分たち職工の仕事がなくなり、生活の糧が奪われるのではないかと恐れた。テロー広場で開かれた労働者の会合は嵐のような騒ぎになり、ジャカールの機械を打ち壊すことが決議された。しかし、この計画は軍によって阻止された。それでも、ジャカールは激しく非難され、自分を模した人形の絞首刑を見せつけられた。

労働審判所が事態を収拾しようとしたが失敗に終わり、審判所自体が労働者から非難を浴びた。それればかりか、審判員のほとんどがもともと労働者出身で労働者階級に同情的だったため、審判員が大衆の勢いに押されジャカールの織機を持ち去り、大衆の前で破壊するという事件が起こった。その後も暴動が続き、ジャカールは激怒した暴徒に埠頭で引きずり回され、海に沈められそうになったこともあった。

それでも、ジャカールの織機の価値は否定しようもなく大きく、成功を収めるのは時間の問題だった。イギリスの絹織物製造業者からはイギリスへの移住を勧められた。だが、ジャカールは町の人々のせいで無慈悲で残酷な扱いを受けてはいても、自分の国を強く愛していたため、その提案を受けなかった。

その後、イギリスの製造業者がジャカールの織機を使うようになった。するとようやく、リヨンの人々は織物産業から置いてきぼりを食うことを恐れ、ジャカールの機械をせっせと使い始めた。やがて、ジャカールの機械はほとんどの織物製造に利用されるようになった。

こうして、労働者たちの恐れはまったく意味のないものであったことが示された。ジャカールの機械によって、仕事の口は減るどころか少なくとも10倍に増加した。フランスの政治家で経済学者のレオン・フォーシェは、リヨンで紋織物製造に携わっている労働者は、1833年には6万人に昇ったと述べている。そして、この数字はそれ以降も著しい伸びを見せた。

ジャカールの余生は静かなものだった。ただ、あの騒動のときジャカールを埠頭で引きずり回して海に沈めようとしていた労働者たちが、ほとんど間をおかずに、同じルートで彼の誕生日を祝うパレードを行いたいと熱心に申し出てきたことがあった。だが、つつしみ深いジャカールがそのような派手なパレードへの参加に応じることはなかった。

その後、リヨンの市議会が地域産業のために、織機の改良に取り組んでほしいと依頼してきた。ジャカールは報酬としてささやかな年金を条件にこの仕事を受けたが、その金額はジャカールが自分で決めたものだった。依頼どおり改良機を作り上げたあと60歳で仕事を辞め、父親の出身地だったウーランで余生を過ごした。その地で1820年にレジオンドヌールの叙勲を受け、1834年に世を去った。

ジャカールを称えてリヨンに像が建てられたが、親族らは依然として貧しかった。彼が亡くなってから20年後、2人の姪がたった数百フランのために、ジャカールがルイ18世から授与された金のメダルを売り払わねばならなくなった。フランスのある作家が言っている。「リヨンの織物産業に大きく貢献したはずの男に対する、その地の織物業に携わる人々の感謝の念は、その程度のものだった」

発明に心血を注ぎ、報われることもなく死んでいった人々の話は枚挙にいとまがない。その時代の産業の発展に貢献しながら、自分自身ではそれに見合った利益を得られなかった偉大な人物の名前を挙げるのは簡単だ。天才が植えた木の果実を、気長なだけで才能のない人間が摘み取っていく話は掃いて捨てるほどある。だが、さしあたりは、幾多の難局や困難を乗り越えた多くの天才技師らの例として、比較的最近の発明家に限定して大まかに述べるとする。

まずは、羊毛の梳毛機《そもうき》の発明家、ジョシュア・ハイルマンの話から始めよう。ジョシュア・ハイルマンは1796年にミュールズという、アルザス地方の綿産業の中心地に生を受けた。父親も綿事業に従事していて、ジョシュアは15歳で父の会社に入った。そこで2年間勤めたが、仕事の合間には機械の設計をしていた。その後、パリのおじの銀行で働きながら、夜は数学の勉強をして2年間を過ごした。そして、親戚がミュールズに小さな綿紡績工場を建てたころ、この若者はパリのティソ・アンド・レイ社に入って会社経営を学ぶようになった。また同じときに国立工芸院の学生になり、講義を受け、工学院の博物館にある機械の研究をした。さらに玩具の製造業者から旋盤の実用的な講義も受けた。

こうしてしばらくパリで仕事に励んだあと、アルザスに帰り、ヴューータンヌにできる新しい工場の機械の制作を監督した。そして間もなく、その工場は完成し製造を開始したのだが、商業界で恐慌が起こり、工場の経営は大きな打撃を受け、ほかの人の手に渡ってしまったので、ハイルマンは家族が暮らすミュールズへ戻った。

ハイルマンは工場で監督をしていたときも、仕事以外の時間の多くを発明に費やしていた。それは綿織物と紡績用繊維の前処理に関する研究だった。初期に考案した機械のひとつに、一度に20本の針が動く刺繍の機械があるが、彼はおよそ6ヵ月間打ち込んでこれを完成させた。ハイルマンがこの発明機を1834年の博覧会に出展したところ、金メダルを賜り、レジオンドヌール勲章を受章した。
その後も矢つぎ早に発明品を世に出した——改良織機や、織物の寸法を測って折り畳む機械、イギリスの紡績業者が制作した粗紡機の改良機、横糸巻取り機など——そして、絹や綿の前処理機、紡績機、織機にさまざまな改良も施した。なかでも、ビロードなど毛羽《けば》のある織物を2枚同時に織る機械は、もっとも独創的な発明品と言える。2枚の織物をループでつないで織り、織り上がったら、そのループをナイフ付きの装置を横に動かして2枚に切り離して毛羽にするのである。とはいえ、なによりはるかに美しく精巧な発明品は梳綿機だった。では、さっそく梳綿機の歴史を紐解いてみよう。

ハイルマンは何年もかけて、繊維の長い綿を梳いて整える機械の開発に懸命に取り組んでいた。これまでの梳綿機では、紡績用に原料の前処理を行うには効率が悪く、とくに繊細な撚糸の前処理のときは、無駄になる部分が大量に生じた。この欠点を解決するために、アルザスの紡績業者らが改良梳綿機を作った者に5000フランの賞金を出すと提案した。ハイルマンはさっそくこの賞金付きのコンペに取り組んだ。だがハイルマンは、賞金が欲しくてその気になったわけではない。妻の持参金で相当な財産を得ていたので、彼はどちらかというと裕福だった。「〝これでどれほど儲けが出るだろう〟と金勘定ばかりしている人間に、偉大なことなどできはしない」。これは彼が遺した言葉だ。ハイルマンを突き動かしたのは抑えようもない発明家の本能だった。機械の問題を目の前に突きつけられたら、すぐさま解決策を考えださずにはいられないのだ。

ところが、その問題は予想したよりずいぶん難題で綿密な研究に数年を費やした。その費用も相当なもので、妻の財産をたちまち使い果たしてしまい、発明を完成させられないまま生活は窮乏していった。それ以後は、発明を続けるために友人の援助に大きく頼らざるを得なくなった。

貧困と労苦にあえいでいるさなか、ハイルマンの妻が亡くなった。妻は最後まで夫が身を滅ぼしてしまうのではないかと心配していた。そのすぐあと、ハイルマンはイギリスへ渡り、マンチェスターにしばらく留まった。

そのときもまだ発明に打ち込んでいて、機械製造会社として優れているシャープ・ロバーツ・アンド・カンパニーに、自分が考えた装置の試作品を制作させた。しかし、その成果は満足のいくものではなく、ついにハイルマンは絶望の淵に立たされてしまう。そして、失意のままフランスの家族のもとに戻ったハイルマンだが、まだ自分のアイデアを諦めてはおらず、頭のなかは発明のことでいっぱいだった。

ある晩、暖炉のそばに腰を下ろして、発明者としての厳しい運命と家族の身に降りかかる災難のことを考えながら、娘たちの様子を見るともなく眺めていた。娘たちは長い髪をひと房手でつかみ、その長さいっぱいに手を伸ばして長い髪を梳きながら、ほつれた短い髪は頭のほうに戻している。

ふいにある考えが心に浮かんだ。この長い髪だけ分けて梳き、短い髪は櫛で戻すというプロセスを機械で再現したらどうだろう。これが成功すれば、ずっと悩んでいた難題が解決するかもしれない。ご存知かもしれないが、この決定的な出来事は、絵の主題としてアルフレッド・エルモアの手で美しくよみがえり、１８６２年のロイヤル・アカデミー展に出品された。

ハイルマンはこのアイデアに基づいて研究を進め、ついに機械を完成させた。見たところは単純だが、実際は極めて精巧な梳綿のプロセスを取り入れた発明品を作り上げたのだ。プロセスの美しさはほかに類のないものだったが、それは実際に機械が動いている様子を見た者にしかわからないだろう。

この機械の動きと髪を梳く動きが似ていることは一目瞭然だった。この機械は〝繊細な人間の指とそっくりに動く〟と言われた。綿の塊を両端から梳いていき、一本一本の繊維が平行に流れるようにして、長い繊維は長い房に、短い繊維は短い房に分けて束にするのだ。つまり、ハイルマンの機械は、人間の指のような繊細さと正確さを持ち合わせているばかりか、人間の頭脳に似た繊細な知性も持ち合わせているように見えた。

この発明の商業的にもっとも大きな価値は、並みの質の綿花から上質の紡績糸ができることだった。そのおかげで、紡績業者は高価な織物を織るためにぴったりの繊維を選ぶことができるようになっただけでなく、質の高い糸を、これまでよりずっと大量に生産できるようになった。

この機械は非常に細い糸が紡ぎだせるため、前処理を施した５００グラムに満たない綿から、538キロメートルもの長さの糸を紡ぐことができた。そして、この糸で質の高いレースを製造すれば、たった1シリングの価値しかなかった綿花が、購買者の手に渡るころには、300ポンドから400ポンドの価値のある製品になっているのだ。

ハイルマンの発明機の美しさと実用性は、イギリスの綿紡績業者にもたちまち認められるようになり、ランカシャーの6つの綿紡績工場が、イギリスの綿紡績業にその機械を利用しようと協力し合って、総額3万ポンドで特許権を買い、羊毛の紡績業者もその特許を羊毛の製造工程に使えるよう、同じ額の特許料を支払った。また、リーズのマーシャル社は、その機械を麻の原料である亜麻に用いるために2万ポンド支払った。

というわけで、ようやく貧しいハイルマンに富が転がり込んできた。しかし、裕福な生活を長く楽しむことはできなかった。長い間苦労して、ようやく成功を手にして間もなく、ハイルマンはこの世を去った。そして、ともに苦労を乗り越えてきた彼の息子もあとを追うように亡くなってしまった。

文明は驚異の発展を遂げてきたが、その陰では、このような人々の命が犠牲になっているのである。

第3章

偉大な陶工たち

——パリシー、ベトガー、ウェッジウッド

「忍耐は不屈の精神を支える、もっとも優れていて、尊く、なにより得がたい特質であり、忍耐という根っこがあってこそ、すべての喜びと才能が花開く。じっくり待てずに『希望』をせかせば、『幸福』はしぼんでしまう」

――ジョン・ラスキン（イギリスの美術評論家・社会思想家）

「25年前、非常に美しいいろくろ使いで、素晴らしい釉薬《うわぐすり》が施された磁器のゴブレットに出会った。それ以来、土に関する知識がまったくなかったにもかかわらず、陶磁器の釉薬の研究を始めた。まるで暗闇のなかを手探りで進むような感じだった」

――ベルナール・パリシー（フランスの陶芸家）

❖陶芸技術に変革をもたらす

さまざまな分野の伝記が数あるなかで、偶然ながら製陶業の歴史には忍耐力についての驚くべき手本がいくつも見られる。ここでは、とくに魅力的な3人を選んだ——フランス人のベルナール・パリシー、ドイツ人のヨハン・フリードリヒ・ベトガー、イギリス人のジョサイア・ウェッジウッドである。

土で素焼きの器を製造する技術はほとんどの古代国家で知られていたが、釉薬を使った陶器を作る技術はあまり知られていなかった。しかし、古代エトルリア人はこの技法で陶器を焼いており、その一部はいまでも古物研究の収集品のなかに見ることができる。だが、その技術はいったん失われ、ずいぶんたってから復活した。

その昔、エトルリアの陶器はとても貴重で、初代ローマ帝国皇帝のアウグストゥスの時代には、花瓶ひとつに、同じ重さの金と等しい価値があったとされる。その後、ムーア人の間でこの技法が継承されていたようで、1115年にピサ人がマヨルカ島をムーア人から奪い返したとき、この技法が使われている様子が見られる。

ピサ人が戦利品として持ち帰ったもののなかに、ムーア人の陶器の皿が多数含まれていた。これは勝利のしるしとして、当時、ピサにあるいくつかの教会の壁に埋め込まれた。それらはいまも見ることができる。その後2世紀がたち、イタリア人がこのムーア人の陶器をまねて釉薬を使った陶器の製造を始めた。それは、もとの陶器が作られていた島の名前を取って、マヨルカ陶器と名づけられた。

釉薬の技術をイタリアで復活させた人物、それはフィレンツェの彫刻家ルカ・デッラ・ロッビアである。イタリアの画家で伝記作家のヴァザーリは、ルカ・デッラ・ロッビアについてこう書いている。「疲れを知らぬ不屈の精神を持つ男で、日中はノミを手に彫り続け、夜の時間はほとんど素描にあてていた」

とくに素描は非常に熱心に取り組んでいて、夜更けまで作業するときは寒さで足が凍らないように、いつも彫刻の削りくずを入れた籠のなかに足を入れていた。そうやって体を温めながら素描を続けていたという。

ヴァザーリはこう続けている。「これを聞いてもまったく驚きはしなかった。いかなる類の芸術家であれ、暑さ、寒さ、飢え、のどの渇きに耐えられる忍耐力を早くに備えておかなければ、秀でた人物にはなれない。それらに耐えられない人間は、自分自身を欺き、楽ばかりして世の楽しみにふけりながら、尊敬も手に入れられると思い込む。だが、眠っていないで、目を覚まし、観察し、努力し続けなければ、実力は身につかないし、名声も得られないのだ」

とはいえ、ルカは、どれほど努力し懸命に働いても、芸術で身を立てられるほど充分な金を彫刻で稼ぐことはできなかった。そんなとき、大理石より扱いやすく安価な材料を使って鋳型を作ることを思いついた。そこで粘土を使って鋳型を作り、それらの鋳型の耐久性を高めようと粘土にコーティングを施して焼く実験を開始した。

幾度も実験を繰り返して、とうとうある材料で粘土をコーティングする方法を発見した。その材料は、窯の強い熱にさらされると、ほぼ永遠に長持ちするガラス質に変化するのだ。その後、このガラス質の釉薬に色を加える方法も発見し、これによって彼の作品はさらに美しさを増した。

ルカの作品の評判はヨーロッパ中に広まり、作品はさまざまな国に広がった。その多くはフランスやスペインまで達し、そこで大いにもてはやされた。その当時、フランスで製造されていた陶器と言えば、茶色の素焼きの壺や土鍋くらいで、小さな改良が加えられることはあっても、大きな変化はなかった。

だがそれは、パリシーが登場するまでのことだ。この男は、途方もなく大きな困難に、根気よく勇敢に戦いを挑み続けた。そしてその勇敢な性格によって、悲喜こもごもの人生に小説めいた輝きが加わったのである。

❖土を扱う職人にして田園風陶器発明家パリシー

ベルナール・パリシーは１５１０年ごろ、フランス南部のアジャン教区で生まれたとされている。父はおそらくガラス職人で、ベルナールもガラス職人になるべく育てられた。両親はあまりに貧しすぎて、ベルナールは一度も学校に行かせてもらえなかった。「私は本など持っていなかった。あるのは空と大地だけ。それらは万人に与えられた教科書だ」。

パリシーはまずガラス絵の技術とデッサンを学び、そのあと読み書きを学んだ。

パリシーが18歳くらいのころ、ガラス産業が衰退し家を出た。ずだ袋ひとつを肩にかけ、どこかにあるはずの自分の居場所を求めて世界へ飛び出したのだ。

まず向かったのは、アジャンからそれほど離れていないガスコーニュだった。そこで、ガラス職人の口を見つけて働き始めたが、ときおり空いた時間に、土地測量の仕事をすることもあった。その後北へと向かい、フランス、フランドル地方、ドイツ北西部のさまざまな場所にさまざまな期間滞在した。

パリシーは、人生の10年ほどをそのようにして過ごしたあと、結婚して放浪の旅を終え、シャラント県南部のサントに位置する小さな村に落ち着き、ガラス絵と測量の仕事を始めた。子供も生まれ、責任はもちろん出費も増えた。パリシーは懸命に働いたが、稼ぎはごくわずかで食べていくには足りず、腹を決める必要があった。ガラス絵描きという不安定な職のままあくせく働くよりも、ほかにできることがあるのではないかと思った。

それで、ガラス絵の親戚のような陶磁器の絵付けと釉薬に方向転換することにした。とはいえ、この分野についてはずぶの素人で、これまで土器を焼くところを一度も見たことがなかった。したがって、誰の手も借りず独学ですべてを学ぶしかなかった。だが、パリシーは限りない根気と無尽蔵の忍耐力を備え、希望に満ちあふれ、向学心に燃えていた。

この新たな技術を追い求めようと思いたったのは、イタリア人の手によるエレガントなカップ――ルカ・デッラ・ロッビアの作品のひとつであることはほぼ間違いない――を目にしたときだった。普通の人なら気にも留めないような一見ささいな出来事で、パリシーも普段なら気にかけなかっただろう。

しかし、ちょうど仕事を変えようと考えていたパリシーは、そのカップと出会って、これとそっくりのものを作りたいとふいに思い立ったのである。このカップをひと目見たことが、パリシーの全存在を揺さぶるような出来事になったのだ。

そのときから、あのカップに使われていた釉薬を見つけだしてやるという強い決意が、まるで恋に浮かされているように彼の心を捕らえて放さなくなった。独り身ならばその謎を探るためにイタリアへ行ってしまっただろう。だが、妻子のある身で家族を残して行くことなど無理な話だった。それで、パリシーは妻子のそばで、暗闇のなかを手探りするようにして陶器を作り、釉薬を施す方法を探し始めたのだった。

最初は、釉薬に含まれている原料をただ想像しているだけだった。そのうち、実際の原料を確かめるためあれこれ実験を始めた。原料になりそうだと思った物質はすべて粉々に砕いた。また素焼きの陶器を買ってきて叩き割り、それに自分で混ぜ合わせたものをかけて、これまた自分で作った焼き窯で焼いてみた。

だが、実験は失敗し、あとに残ったのは壊れた壺の山だけで、燃料も、薬も、時間も、そして労力も無駄になってしまった。女性というものは、子供の服や食べ物を買うはずのお金を、ただ食い尽くすだけの実験に手放しで賛成するものではない。パリシーの妻も、ほかのことではうるさく言わなかったが、壊すためだけに買っているようにしか見えない陶製の壺にこれ以上お金をかけるのは許せなかった。それでもやはり、我慢するしかなかった。パリシーは、釉薬の秘密を見つけだすことにすっかり夢中で、まったく諦める気はなかった。

その後も、月を重ね年を経て実験を続けた。最初の窯の作りが悪かったことがわかり、屋外にもうひとつ窯を作った。その窯でさらに多くの薪をくべ、多くの混合した薬と陶器を使い、長い時間を費やし、とうとう家族は極貧すれすれの状態に達した。

パリシーはのちにこう述べている。「このようにして、数年間を無駄にして、悲しみとため息だけが残った。ゴールにはほど遠かった」。パリシーはときおり、実験の合間に以前の仕事に戻った。つまり、ガラス絵の色を塗り、肖像画を描き、土地の測量をしたのだ。だが、それらの仕事ではごくわずかな収入しか得られなかった。

そしてとうとう、燃料費があまりにもかかりすぎて、自家製の窯ではもはや実験することができなくなった。なのに、さらに多くの陶器や土器のかけらを買い、以前と同じく3、400個の破片を作って薬を塗りつけ、サントから7、8キロも離れた場所にあるタイル工場に運び込み、そこの窯で焼いてもらって実験を続けた。焼きが終わると、また工場に出かけて、窯からかけらを取り出してみるのだが、実験はすべて失敗に終わり、彼はがっくりと肩を落とした。とはいえ、落胆しても心は折れなかった。失敗したその場で「さあ、もう一度」と決意を新たにするのだ。

そのうち、土地測量師としての仕事でいっとき実験の作業から遠ざかることになる。国の布告に従って、地租を課す目的で、サント周辺の塩性湿地の測量をすることになったのだ。パリシーは、この調査とそれに必要な地図作製のために駆り出された。その仕事にしばらく専念し、おそらく相当の収入を得たものの、調査が完了するや、これまでより強い情熱を持って以前の〝釉薬を追い求める〟研究を再開した。

手始めに、真新しい陶器を3ダース割り、そのかけらにさまざまなものを混ぜ合わせた薬を塗りつけると、近所のガラス炉に持って行って焼いてもらった。その結果、かすかな希望の光が見えた。ガラス炉の温度はそれまでの窯より高く、混ぜ物のいくつかが溶けたのだ。とはいえ、パリシーが懸命に探しているのは白い釉薬で、それはまったく見つからなかった。

さらに2年もの間研究を続けていたが、いっこうに満足のいく結果は得られなかった。そのうち塩性湿地の測量調査で稼いだ収入もほぼ底をつき、ふたたび貧困状態へ転落した。パリシーは、最後にもうひと踏ん張りしようと決心し、まずは、いままでにないほど大量の陶器を叩き壊した。300以上の陶器のかけらに自分で混ぜ合わせた薬を塗りつけ、ガラス炉に送った。そして、パリシー自身もガラス炉のある場所に出向き、結果を確かめた。4時間が過ぎたが、その間中パリシーは窯を見守っていた。

そして、窯が開けられた。陶器のかけら300個のうち、掛けた薬が溶けていたのはたったひとつだけだった。それを窯から取り出して冷やした。冷えて固まるにつれ、どんどん白くなりつやが出てきた。そのかけらは白い釉薬に覆われて輝き、パリシーの言葉を借りれば〝たぐいまれなる美しさ！〟だった。待ちくたびれるほどこの瞬間を待っていたパリシーにとって、それは格別の美しさだったに違いない。

有頂天になって、陶器のかけらを手に家で待つ妻のもとへ駆け戻った。彼自身の言葉を借りれば、〝生まれ変わったような気分だった〟。しかし、まだ成功を収めたとは言いがたい。成功はまだはるか彼方にあった。これで最後になるはずだった実験がいくらかなりともうまくいったことで、パリシーは研究を続ける気になり、その後も実験と失敗を繰り返すことになる。

パリシーはこの発見をものにするために（それはもう目前と思われた）、内密に実験が行えるよう家の近くに自作のガラス炉を作ることにした。レンガ工場で手に入れたレンガを背負って運び、手作りの窯を建てた。レンガを積み、荷物を運び、その他あらゆる作業をこなした。7～8ヵ月以上たって、ようやく窯が出来上がり、準備が整った。

パリシーは窯を作りながら、粘土の器も大量に作成し、いつでも釉薬をかけられるように用意していた。前処理として器を素焼きしたあと、自分で調合した釉薬をかけ、ふたたび窯に入れた。運命の確認実験の始まりだ。資金は底をつきかけていたが。最後のひと踏ん張りのために貯め込んでおいた大量の薪があった。これで充分だろうとパリシーは考えた。とうとう火が入り、窯焼きの作業が始まった。

パリシーは1日中窯のそばにすわって、薪をくべ続けた。夜になっても、窯を見守りながら薪をつぎ足した。だが釉薬は溶けなかった。窯の上に日が昇った。彼の妻がわずかばかりの質素な朝食を持ってきた。パリシーが窯のそばから離れようとせず、薪をくべ続けていたからだ。

2日目が過ぎたが、釉薬はまだ溶けなかった。日が落ち、またひと晩が過ぎた。青白く、憔悴し、無精ひげを生やしたパリシーの顔には当惑が浮かんでいたが、へこたれてはいなかった。彼は窯の前にすわって溶けた釉薬を見つけようと目を凝らしていた。3日目の昼と夜が過ぎ、4日、5日、そして6日……そう6日もの間、粘り強いパリシーは、消えそうになる希望と闘いながら、窯を見守り薪をくべ続けた。それでもやはり、釉薬は溶けなかった。

そのとき、パリシーは釉薬の原料に足りないものがあるのではないかと思い至った。溶解に必要ななにかが。そこで、新たな実験のために改めて原料を砕いて混ぜ合わせた。こうして、さらに2、3週間が過ぎた。だがどうやって新しい器を手に入れればいい？　最初の実験のために自分で作っておいた器は、長時間焼かれたために次の実験には使えない。資金は使い果たしてしまった。だが、借金することはできる。

パリシーは性格が良かったが、妻や近所の人々からはくだらない実験でお金を無駄にしている愚か者と思われていた。それでもなんとか借金に成功した。燃料と壺を買えるだけの充分な金を友人から借り、次の実験の準備がふたたび整ったのである。壺に新たに調合した釉薬をかけ、窯に並べ、ふたたび火が入れられた。

これが本当に最後の一世一代の賭けとなる実験だった。炎が燃え上がり、温度が高くなったが、それでも釉薬は溶けない。もう薪がなくなってしまう！　火を燃やし続けるにはどうすればいいだろう？　そこに庭の柵があるではないか。あれなら燃えるだろう。この重大な実験が失敗するくらいなら、柵がなくなってしまうくらいなんだというのだ。庭の柵を引き抜き、窯に投げ入れた。柵板は燃えてしまった。だが釉薬はまだ溶けない。あと10分燃やせば溶けるかもしれない。どれほどの犠牲を払ってでも、燃料を手に入れるのだ。そうだ、家の家具や棚が残っているではないか！

家のなかからなにか壊れる音が聞こえてきた。妻や子供たちの悲鳴も聞こえてくる。彼らはパリシーが正気を失ったのではないかと思った。テーブルが引きずられ、破壊され、窯に投げ入れられた。それでも釉薬は溶けない！　残るは食器棚しかない。家からふたたび板を引きはがす音がして、食器棚は解体され、残骸が火に投げ込まれた。妻と子供は家から飛び出して町まで大急ぎで駆けていくと、パリシーは気が変になって、自宅の家具をばらして火にくべてしまったと人々に訴えた。

まる1ヵ月の間、シャツは汗で背中に張りつきっぱなしで、パリシーは疲れきっていた。薪をくべ、食事もろくに取らず、やきもきしながら窯を見守っていたため、すっかり消耗していた。しかも、借金を抱えて破産寸前だ。

だが、ようやく謎が解けた。最後に勢いよく燃えさかったときの熱で釉薬が溶けたのだ。

熱が冷めたあとに窯から取り出してみると、茶色の普段使いの素焼きの壺が、白いエナメル質に覆われていたのだ。この瞬間があったからこそ、このあともパリシーは非難や侮辱、軽蔑にも耐え、ときが満ちてこの発見を実用化する絶好の機会が訪れるまで、忍耐強く待つことができたのだ。

パリシーが次にしたことは、自分のデザインをもとにした陶器を作るために、陶工をひとり雇うことだった。その一方で、自分自身では粘土でメダリオンという円形の浮彫り飾りのひな型を作っていた。それにも釉薬をかけるつもりだった。だが、作品を作って売りに出すまで、どうやって自分と家族が食いつないでいけるのかが問題だった。

さいわい、そのころでも、パリシーの良識とは言わないまでも誠意を信じてくれている人がサントにひとりいた。その男は宿屋の主人で、パリシーが陶器を製造する間の6ヵ月間、寝場所と食事を提供してくれることになった。パリシーがすでに雇って働かせている陶工については、間もなく約束した賃金を支払えないことが明らかになった。すでに自分の家を丸裸にしていたパリシーは、今度は自分が丸裸になるしかなかった。つまり、陶工に支払う賃金の一部として、自分の衣服を差し出したのである。

パリシーは次に、改良した窯を建てた。しかし不運なことに、窯の内部にフリントという火打ち石として使われる硬い石を使ってしまった。窯が熱せられると、その石は割れてはじけ飛び、尖ったかけらが陶器に降りかかり、陶器の表面に貼りついた。釉薬はうまく溶けたが、陶器自体はすっかり台無しになり、6ヵ月間の苦労が水の泡になった。疵《きず》が多少あっても、安い値段なら買うという人はいたが、そんなことをすれば、「自分の評判が落ち、名前に疵がつく」と考えて売り物にはせずに、そのとき焼いた陶器はみな粉々に割ってしまった。

「それでもなお」とパリシーは言う。「希望に燃え、勇気を出して、立ち上がった。それでも、ときおり客がやってくると、冗談を言って客を楽しませたが、心のなかは悲しみに満ちていた……。なにより耐え難かったのは、家族に笑い者にされたり、ひどい言葉を浴びせられたりすることだった。陶器を作ろうにも先立つものがないのに、なぜ仕事をしないのかと理不尽な非難を受けた。窯には何年もの間屋根も囲いもなかったので、窯の前にすわっているときは、幾晩も雨風にさらされることになった。

手伝いもなく、励ましの言葉もなく、仲間はこちらで鳴くネコとあちらで吠えるイヌだけ。ときおり雨風があまりに激しく窯に打ちつけるので、仕方なく窯から離れて家のなかに避難することがあった。雨に濡れ、ぬかるみのなかを引きずりまわされたあとのように泥まみれで、夜中だったか夜明けだったか、少し横になろうとしたのだ。灯りの消えた家のなかに転がり込み、酔っ払いのように右へ左へよろめきながら進んだ。窯の番ですっかり疲れきっていたし、あれほど長い間、精を出して働いたのにいっこうに努力が報われず悲しくてたまらなかった。

だが、なんたることか！　家のなかも安楽の場所ではなかったのだ。びしょ濡れで泥にまみれた私に降りかかってきたのは、外の雨風よりひどい暴言の嵐だった。われながらいまでも不思議でならない。あの数々の悲しみによくも潰されなかったものだと」

災難に見舞われていたこのとき、パリシーは沈みがちになり、希望も失いかけ、心が折れてしまったかに見えた。骨と皮だけになった身体にぼろぼろの服を着て、サント周辺の野原をとぼとぼと歩き回った。彼が書き残したもののなかに、次のような興味深い一節がある。「ふくらはぎのふくらみが消え、靴下を止める靴下止めが役に立たず、歩くたびにかかとまで靴下がずり落ちた。家族には無謀だと責められ、近所の人々にはいつまでたっても愚か者だと非難された」

それでパリシーはしばらく以前の仕事に戻った。1年ほど勤勉に働き、その間に家族のためにパン代を稼ぎ、近所の人から評判を取り戻した。そしてふたたび、大切な計画に着手した。だが、釉薬を見つけ出すのにすでに10年ほど費やしていたにもかかわらず、その発見した釉薬を使って完璧な陶器を作り上げるためには、さらに8年の月日をかけてこつこつと実験を繰り返さねばならなかった。

多くの失敗から実用的な知識を拾い集め、経験を積んで徐々に器用さを増し、安定した質で作品を作れるようになった。あらゆる災難が新たな教訓になり、釉薬の性質や、粘土の質、器の焼き加減、そして窯の構造や管理についてなど、新たな知識を得ることができたのである。

ついに、およそ16年もの苦労ののちに、パリシーは胸を張って自らを陶工と称することができるようになった。16年という年月は、彼にとって陶工見習いの期間であったのだ。ずぶの素人のころからずっと独学で学んできた。いまでは自分で作った陶器を売って、家族を安楽に養うことができるようになったのだ。

だが、パリシーはこれまで成し遂げてきたことに決して満足することはなかった。ひとつ改善できれば、また次と常に最大限の完璧さを追い求めていた。陶器の模様にするために自然の事物を研究し、その作風から、偉大なる博物学者ビュフォンに「自然が生み出した優れた自然主義者」と言われるほどまでになった。彼の装飾的な作品は、いまでは貴重な逸品として美術通の棚に収まり、売られるときは途方もない値がつく。

パリシーの作品の装飾的な部分は、サント周辺の野原で見かけるトカゲなどの野生動物や植物など、実際の生物を正確に模倣している。それらが、皿や花瓶というテクスチャーの飾り模様として上品に組み合わせられているのである。パリシーは自分の技術が芸術の域に達したとき、自らを〝土を扱う職人であり田園風陶器の発明者〟と呼んだ。

ところが、パリシーの苦しみはまだ終わりではなかったのだ。まだ語られるべき言葉がいくらか残っている。フランス南部で宗教的な迫害の波が大きくなったとき、パリシーはプロテスタントで、しかも自分の考えをなんの恐れもなく口にしていたため、危険な異教徒と見なされてしまった。

そして敵対する人が彼を密告し、サントの家は役人に立ち入られた。作業場は暴徒たちに明け渡され、彼の作った陶器は叩き壊されてしまった。パリシー自身は夜の間に連れ出され、ボルドーの地下牢に入れられ、火あぶりか縛り首の順番を待つ身となった。そして火刑が宣告された。だが、権力を持っていた貴族モンモランシー元帥が間に入って、パリシーの命を救ってくれた。

とはいえ、元帥が彼を助けたのは、パリシーと特別な関係があったわけでも、宗教的な理由からでもない。そのとき元帥は、パリから15キロほど離れた町エクアンに立派な城を建設中で、釉薬をかけた陶製の舗装道路を実現できる唯一の職人としてパリシーの腕を求めていたのだ。元帥の尽力で、パリシーを国王と元帥付きの田園風陶器製作者に任命する布告が出ると、その効果はてきめんで、パリシーはほどなくボルドーの司法の手から解放された。

自由になったパリシーはサントの自宅に戻ったが、そこは荒れ果てて破壊しつくされていた。作業場の屋根が消えて空が見え、彼の作品はすっかりめちゃくちゃになっていた。そこでパリシーは、潔くサントの家を捨て、二度と戻らないつもりでその土地をあとにし、パリに移住し、元帥と皇太后から受けた注文の品を作った。そして、作業が忙しくなると、チュイルリー宮に滞在した。

パリシーは晩年、陶器の製造を続けながら、息子たちの助けを借りて陶芸に関する本をいくつか著している。それは、ほかのフランス人陶工が、自分が犯したような数々の失敗をせずにすむように、とっておきの技法を伝えるためであった。また農業や築城法、自然誌についての本も著していて、自然誌については、限られた人数ではあったが人前で講義をしたことさえあった。

一方、占星術、錬金術、呪術や詐欺まがいの行為に対しては、徹底的に戦う姿勢を見せた。だがそのせいで多くの敵を作ってしまった。そして敵たちに異教徒と非難され、今度はバスティーユの牢屋に入れられてしまう。当時、彼はもう墓場も目前かというような78歳の老人だったが、勇猛果敢な精神は健在だった。改宗しなければ死刑にされる恐れがあったが、釉薬の秘訣を見つけ出したときのように、自分の信仰を頑固に守り続けた。当時の王アンリ3世は信仰を捨てるように説得するため、わざわざ牢屋を訪れさえした。

王は言った。「そちは我が母と私に、45年間仕えてくれた。われわれは火刑と大虐殺が行われている間も、そちが自分の宗教にしがみついているのを許してきた。だがいま、私はギュイズの一派や国民から圧力を受け、そちを敵の手に渡すよう強いられている。改宗せぬ限り、そちは明日火刑に処されてしまうぞ」

「陛下」と年老いた不屈の男は答えた。「私は、神の栄光のためなら、いつでも命を差し出す覚悟があります。陛下は何度も、私を哀れに思うとおっしゃいましたが、私はいま、陛下を哀れに思います。陛下はいま『強いられている』という言葉を使われました。これは国王に似つかわしくないお言葉です。陛下といえども、また陛下に圧力をかけている者ども、ギュイズ派や陛下の臣民に、私の気持ちを変えることはできません。自分の死にかたは心得ていますから」

そのあと、間もなくパリシーは殉教死した。火刑ではなく、牢獄での生活におよそ1年間耐えたあと、バスティーユの牢獄で亡くなったのだ。こうして、並々ならぬ苦労と驚くべき忍耐力、まっすぐな正直さ、比類なき高潔な心を持った、類まれなる男の人生は、静かに終わりを迎えたのだった。

❖長く捕らわれの身となる不遇の硬質磁器発明家ベトガー

硬質磁器の発明者ヨハン・フリードリッヒ・ベトガーの人生は、パリシーの人生とは著しいコントラストを示す。だが、まれに見る小説のような興味深い要素が数多いのは彼の人生も同じである。

ベトガーは1685年にドイツ、フォクトランド地方のシュライツで生まれ、12歳でベルリンの薬剤師の見習いになった。早い時期から化学に魅了され、空いた時間はほとんど実験に充てていたらしい。その実験の大部分は錬金術というひとつの分野に絞られていた。金以外の金属を金に変えるという術である。

数年たって、ベトガーは、いかなるものでも金に換えられる錬金術の溶媒を発見した振りをして、それを使って黄金を作ったとホラを吹いた。そして、師匠の薬剤師ゼルンの目の前で実際にその術を見せ、どんなトリックだったのかはわからないが、ゼルンとほかの数人の目撃者に銅が本当に金に変わるのだとうまく信じ込ませてしまった。

薬剤師の見習いがとんでもない秘法を発見したというニュースはほうぼうに広まり、素晴らしい若き錬金術師をひと目見ようとたくさんの人々が薬剤師の店に殺到した。国王自身からも会って話をしたいという要求があった。プロイセンの国王フリードリッヒ1世は、銅から作られたという金のかけらを見て、これで金が無限に手に入るのかと、強い感銘を受けたのだった。当時のプロイセンは経済的に大きな苦境に立たされていた。

そこで国王はベトガーを雇い入れて手中に収め、ベルリン近郊のシュパンダウにある鉄壁の要塞で金を作らせようと決心した。ところがこの薬剤師の弟子は国王の意図を疑い、嘘がばれることを恐れ、ただちに逃亡を決意し、国境を越えてザクソニーに逃げてしまった。

ベドガーを捕らえた者には1000ターレルの報酬を与えるというお触れが出たが、ベドガーは捕まらなかった。ヴィッテンベルクにたどり着くと、「強健王」と呼ばれるザクセンの選帝候でもあったフリードリッヒ・アウグスト1世（ポーランド王）に保護を求めた。その当時は、ザクセン選帝候も大変金に困っていたため、この若い錬金術師の手を借りることができればいくらでも黄金を手に入れられると考え、大喜びで助けをやった。

こうしてベトガーは、ザクセン選帝候の護衛に守られながらこっそりドレスデンへ移動した。ベドガーがどうにかヴィッテンベルクを去ったころに、プロイセンの精鋭部隊の大隊がヴィッテンベルグの城門前に現われ、錬金術師の引き渡しを求めた。しかし、遅かった。ベドガーはすでにドレスデンに到着し、〝黄金の家〟と呼ばれる住まいに滞在し手厚く扱われていた。だが、ここでは常に見張られ、厳重に警護されていた。

しかし、ザクセン選帝候はベドガーをしばらくドレスデンに残し、ただちにポーランドに向かわねばならなかった。そのころのポーランドはほぼ無政府に近い状態だったのである。

そうは言ってもザクセン選帝侯は黄金の製造が待ちきれず、ワルシャワからベドガーに手紙を書き、自分で錬金術を実践しようと思ったのか、秘術を教えろと迫った。

圧力をかけられた若き錬金術師は、「赤みがかった液体」の入った小瓶をザクセン選帝侯に送り、どんな金属でも溶解状態にしてこの液体を加えれば、黄金に変化すると請け合った。この大切な小瓶は王子のフュルステンベルク侯に託された。王子は大勢の護衛を連れてワルシャワへと急いだ。王子が到着すると、ただちに錬金術の実験を行うことになった。王と王子は宮殿の秘密の部屋に鍵をかけてこもり、本物の錬金術師のように革製のエプロンを掛けて作業に取りかかった。

るつぼのなかで銅を溶かし、そこにベドガーの赤い液体をふりかけた。だが、結果は芳しくなかった。できる限りのことを試してみたが、銅は頑として銅のままだった。錬金術師の指示書を読んでみたところ、成功のコツはその液体を〝極めて純粋な心で〟使うこととあった。王は昨晩悪い仲間と一緒に過ごしたので、そのせいで実験が失敗したのではと考えた。だが、2回目の実験が失敗に終わると王は激怒した。2回目の実験の前には神に対して罪を懺悔し、赦しを得て身を清めていたからだった。

ザクセン選帝侯は力ずくでベドガーから錬金術の秘密を聞き出そうと決意した。そうするしか、いまのせっぱつまった窮乏状態を抜け出す方法はない。かの錬金術師は国王の意図を聞きつけるとふたたび逃げ出そうと決意した。

見張りをうまくかわし、3日間の旅の果てにオーストリアのエンスに着くと、ベドガーはここなら安全だと考えた。ところが、選帝侯の手の者はすぐ後ろに迫っていて、ベトガーが寝泊まりしていた「黄金の牡鹿」を突き止めて取りかこみ、寝ていたベトガーを捕えた。ベトガーは抵抗し、オーストリアの政府に助けを求めたが、ドレスデンに無理やり連れ戻されてしまった。

その後は、見張りがさらに厳重になり、間もなく鉄壁の守りを誇るケーニヒシュタイン要塞へ移された。そして、国の財産はすっかり底をついているので、報酬を待たされているポーランドの10の連隊が、ベドガーが作る黄金を待ち望んでいると告げられた。選帝侯本人もベトガーを訪れ、厳しい口調で「ただちに黄金を作れ、さもなくば縛り首だ！」と言い渡した。

そして幾年かが過ぎた。いまだベトガーは黄金を作っていなかったが、縛り首にもなっていなかった。銅を黄金に変えるよりずっと重要な発見をさせようと、猶予が与えられたのだ。それは、粘土を磁器へ変える方法である。当時の陶磁器は、ポルトガル人が中国から持ち帰ったものしかなく、非常に貴重で、同じ重さの金よりも高い値で売られていた。ベトガーに最初に方向転換を促したのは、光学器具の製造者で同じく錬金術師でもあるヴァルター・フォン・チルンハウスだった。彼は教養も名声も備えていて、選帝侯だけでなくフュルステンベルク王子からの信頼も厚かった。まだ絞首台を恐れているベトガーに、チルンハウスは非常に気の利いた助言をした。「黄金が作れないなら、別のものを作ればいい。たとえば磁器はどうだ」

ベトガーはチルンハウスの助言に従ってさっそく実験を開始し、昼も夜も働いた。精根を傾けて長い間研究したが、なかなかうまくいかなかった。それでも、るつぼを作ろうと手に入れた赤い粘土から、ようやく道が開けた。この粘土を高温で焼くと、ガラス状になり、そのまま固まることを発見したのだ。その質感は磁器に似ていたが、色と透明感が異なっていた。ベトガーは偶然にも赤磁を発見していたのだった。これを磁器として製造し、販売し始めた。

とはいえ、白さこそが本物の磁器に欠かせない要素だとベトガーはよくわかっていたので、その秘訣を見つけようと実験に打ち込んだ。そうして数年が経ったが、いまだその方法は見つからないままだった。だが、ふたたび偶然が彼を味方して白磁の製造方法を知る手がかりをくれたのだ。

１７０７年のある日、かつらがやけに重いことに気づき、従者に理由を訊ねた。すると、かつらに吹きつけた髪粉《かみこ》のせいだという答えが返ってきた。その当時、髪粉にはある種の土が含まれていた。それを聞いたとたんベドガーは想像力を働かせ、すぐに計画を思いついた。この白い土の粉こそ、自分が探し求めていた土かもしれない。いずれにしろ、この髪粉の土がなにかを突き止める機会を逃す手はなかった。

この用心深さと注意力が報われ、実験の結果、髪粉の主成分はカオリンという白い土であることがわかった。ベドガーの研究をこれほどまでに長く妨げていた越えがたい問題の答えは、この白い陶土だったのだ。

この発見は、ベトガーの聡明な手によって、偉大な功績へとつながった。そしてこの発見は、賢者の石の発見よりもはるかに重要な発見であったことが明らかになる。

1707年10月、最初に製造した磁器をザクセン選帝侯に見せた。王は非常に喜び、ベトガーが発見した磁器を完成させるために必要な資金が提供されることになった。オランダのデルフトから熟練工が呼び寄せられ、磁器の製造が始まるとこの事業は大成功を収めた。ベトガーはいまや錬金術から完全に手を引き、製陶業に専念していたので、作業場の扉に次の語句を刻みつけた。「全能の神、偉大な創造主によって、錬金術師は陶工に生まれ変わった」

ところが、ベトガーはいまだ厳しい監視の目にさらされていた。白磁の秘密をほかに漏らしたり、選帝侯の支配から逃れようとしたりするのを恐れてのことだった。ベトガーのために建てられた新しい工房と窯は、昼となく夜となく軍隊によって守られ、ベトガーひとりを警護するために6人の上級将校が割り当てられた。

ベトガーは新たな窯でさらに実験を行い、素晴らしい手ごたえを感じていた。彼が製造した磁器に高値が付くようになると、今度は王立の磁器工場が建設されることになった。デルフト陶器の製造によってオランダが大きな富を得たことは知られていた。同じように、磁器を製造して選帝侯にも富をもたらそうではないか、というわけだ。

こうして、1710年1月23日付けで、マイセンのアルブレヒト城に「大規模な磁器工場」を設立するための勅令が発せられた。この勅令はラテン語、フランス語、オランダ語に翻訳され、選帝侯の特使によってヨーロッパ中の王宮に配布された。

そのなかでザクセン選帝侯は、「スウェーデンの侵略によって大きな被害を被ったザクセンの繁栄を取り戻すために、わが国の〝地中の富〟に注目し、優秀な人物を雇ってその調査を行った。そして、インドの器よりはるかに素晴らしい赤い器の製造に成功した」と語った。また、「色鮮やかな器や皿は、形を整え、絵付けし、磨きをかければインドの器にまったく引けをとらない」と述べ、「〝白磁の試作品〟はすでに出来上がり、この種の磁器が間もなく大量に製造されるであろう」と続く。

そして、この王の勅令は、〝外国の芸術家や職人〟に、ザクセンへ来てこの新工場の協力者として、高賃金を得ながら王の庇護のもとで働かないかと誘う言葉で締めくくられている。この勅令はおそらく、ベトガーの発見をめぐる当時の状況をもっとも端的に表わしたものであろう。


ドイツの文献によると、ベドガーは選帝侯とザクセンに尽くした偉大な貢献に対して、王立磁器工場の監督に任命され、さらにバロンの称号を賜ったとされている。ベドガーがそのような誉れに値するのは疑いのないところだが、実際の待遇はその肩書とはほど遠く、粗暴で、無慈悲で、非人間的な扱いを受けていた。

マチューとネーミッツというふたりの王室関係者がベトガーの上司として工場の管理者に任命され、ベドガー自身は陶工の親方という立場でしかなく、同時に、王の囚人として拘留されていた。マイセンの工場が建設されている間、ベドガーは協力を求められたが、ドレスデンとマイセンの往復には常に兵隊が付き、その仕事が終わると、夜は自室に閉じ込められた。このようなすべての出来事が彼の心を苦しめ、ベトガーは王にこの不自由な生活をもう少し緩和してもらえないかと繰り返し手紙に書いている。それらのなかには、強く心を打つものがある。

「私は磁器製造に全身全霊をかけるつもりです」彼はある手紙でこう書いている。「私はどの研究者よりも多くのことを成し遂げます。ですから、どうか自由を。欲しいのは自由だけなのです！」

この訴えを、王はまったく意に介さなかった。資金や恩寵は喜んで与えたが、自由だけは与えなかった。ベトガーを奴隷と見なしていたのだ。この立場のまま虐げられた男はしばらく働き続けたが、1、2年もたつと自暴自棄になっていった。世間にも自分自身にもうんざりし、飲んだくれになった。これが手本の力というもので、ベトガーが酒に溺れていると知られるようになるや、マイセン工場の多くの職人が大酒飲みになった。

結果として、諍《いさか》いや争いが絶えなくなり、〝磁器職人〟と呼ばれる職人たちの喧嘩の仲裁や騒ぎを静めるために、兵隊がしょっちゅう呼ばれた。しばらくすると、300人を超える職人ら全員がアルブレヒト城に監禁されてしまい、囚人のような扱いを受けるようになった。

やがてベトガーは重い病に伏し、１７１３年5月、彼の死はもう目前のように思われた。王はこれほど価値のある奴隷を失うことを恐れ、監視のもとでなら馬車を使用してもよいと許可を与えた。すると、いくらか病が回復し、ベトガーはときおりドレスデンに行くことが許された。１７１４年4月の手紙で、王はベトガーに完全な自由を約束している。だが、その提案は遅すぎた。働いているとき以外は酒を飲んでいるという生活で心身ともに疲弊し、ときおり高潔な意思で輝きを取り戻すことはあっても、監禁生活のせいか常に身体の不調に悩まされた。さらに数年は生きながらえたが、１７１９年3月13日、死によって苦しみから解きはなたれた。

享年35歳であった。ベトガーはまるで捨て犬のように、マイセンのヨハニス墓地に夜のうちに埋葬された。ザクセンの偉大な貢献者に対する、なんとひどい扱い、なんと不幸な最後だろうか。


この磁器製造業はまたたく間に国家の重要な財源となり、ザクセン選帝侯にとって非常に利益の高い産業となった。そして大多数のヨーロッパの君主たちは、われ先にザクセン選帝侯を手本として、そのあとに続こうとした。フランスでは軟質磁器がベトガーの硬質磁器発見の14年前からサンクルーで製造されていたが、硬質磁器のほうが優れていることは、じきに万人の知るところとなった。

1770年、パリ郊外のセーブルで硬質磁器の製造が始まると間もなく、軟質磁器の座をほぼすべて奪い取ってしまった。いまでは、硬質磁器の製造はフランスでもっとも盛んな産業の一分野となり、そこで製造される磁器の質の高さは疑いようもない。

❖英国陶磁器産業の繁栄に貢献したウェッジウッド

イギリスの陶工ジョサイア・ウェッジウッドの生涯は、パリシーやベトガーほど波乱万丈ではなく、わりに順風満帆だった。彼はより良い時代に生まれたのだ。18世紀の半ばまでイギリスは、熟練した技術を要する産業では一流が揃うヨーロッパのほかの多くの国に遅れをとっていた。スタッフォードシャーには多くの陶工がいて、多くの陶工の一派があり、ウェッジウッド自身も同じ名前を冠する一派に属していた。

その製品は素朴なもので、大部分が茶色の素焼きの陶器であり、模様と言えば、粘土の生地を乾かす前に引っかいてつけただけのものだった。良質な製品のおもな産地は、陶器ならオランダのデルフト、飲料用の石鉢ならドイツのケルンとされていた。

ふたりの外国人の陶工、ドイツのニュルンベルグ出身のエラー兄弟がしばらくスタッフォードシャーに滞在し、彼らによって改良を加えた製造方法が紹介されたが、間もなく、ふたりはチェルシーに移って装飾用の陶器だけを製造するようになった。先のとがった堅いもので引っかかれても傷がつかない磁器は、まだイギリス国内では作られていなかった。そして、スタッフォードシャーで製造される〝ホワイトウェア〟は、正確にいうと白ではなく茶色がかったクリーム色だった。

以上、簡単に述べたが、１７３０年にジョサイア・ウェッジウッドがバースレムで生まれたころの磁器製造業界の状況はこのようなものだった。64年後に亡くなるころまでに、この状況は大きく様変わりすることになる。ウェッジウッドは、持ち前の活力と技術、才能で、新たな磁器産業のしっかりとした基盤を作り上げ、彼の墓碑銘の言葉を借りれば、〝素朴で零細な手工業を洗練された芸術へ、そして国家産業の重大な柱へと変貌させた〟のである。

ときおり庶民の階級の枠を飛び越えていく不屈の男がいるが、ジョサイア・ウェッジウッドもそのひとりであった。彼は、自らのエネルギッシュな性格で、労働者らに勤勉の習慣を植えつけ、目の前で努力と根気の手本を示し、さまざまな分野の国民の活動に大きな影響を及ぼしただけでなく、国民の人格形成に大きく貢献した。

ジョサイア・ウェッジウッドは、アークライトと同じく13人兄弟の末っ子だった。そして、アークライトと同じくまだ小さな少年のころに父親を亡くし、20ポンドが彼の財産として残された。祖父と大伯父がいずれも陶工だったジョサイアは、村の学校で読み書きを学んでいたが、父親が没すると学校を辞めさせられ、兄が経営している小さな陶器製造所の「ろくろ工」として働くことになった。そこが彼の人生、労働者としての人生の始まりだった。

彼自身の言葉で言うと〝はしごの最下段〟に立ったところだ。まだ11歳で、ひどい天然痘から回復したところだった。回復したとはいえ、このあともこの病気には後遺症で苦しめられることになる。この病気のせいで右膝を悪くして、始終痛みがぶり返し、何年も経ってから右足を切断せざるを得なくなるのだ。

下院議員のグラッドストンはバースレムで行われたウェッジウッドの追悼式で演説を行ったとき、ウェッジウッドを苦しめた病気こそが、その後のずば抜けた成功のきっかけとなったのかもしれないと述べた。

「ウェッジウッド氏は、病気のせいで活動的に力強く働ける職工にはなれませんでした。足が不自由で両手足を巧みに使って働くというわけにはいかなかったのです。しかし、それが無理なら、もっと別のもっと素晴らしいことができないか、と彼は思いました。病のおかげで、頭を使うようになり、陶器技術の原理と秘訣についてじっくり考えたわけです。その結果、秘訣を理解し自分のものにすることができました。古代アテネの陶工もおそらく探し求め、きっとわが物にしていたであろう原理と秘訣を」


兄の作業所での見習い期間を終えると、ウェッジウッドは別の職工と共同で、ナイフの柄や箱などさまざまな日用品を作って売るささやかな商売を始めた。そのあと別の職工と組み、食器や燭台、かぎ煙草入れなどの製品を作った。

だが進展が見られたのは、1759年にバースレムで自分ひとりで商売を始めたときだった。その商売で、懸命に仕事に打ち込み、新しい製品を商売に取り入れ、徐々に事業を広げていった。おもに目指していたのは、当時スタッフォードシャーで製造されていたものよりも、形、色、つや、そして耐久性の面で質の高いクリーム色の陶器を製造することだった。

そこで、陶器のことを徹底的に学ぶために、空いた時間をすべて化学の研究に費やした。そして、融剤や釉薬やさまざまな粘土を使って数々の実験を行った。ときには綿密な調査者になり、ときには的確な目を持つ観察者となって、シリカを含むある種の土は、焼く前は黒いのに窯で焼くと白くなることに気づいた。観察して研究した結果得られたこの事実から、陶器の赤い粉とシリカを混ぜるというアイデアにたどり着き、この混合物は、焼くと白くなるという発見に結びついた。

残るは、この材料にガラス質に変化する透明釉をかける作業だけだった。こうして製造した陶器は、のちに陶製品のなかでも極めて重要なもののひとつとなり、イギリス陶器という名前がつけられ、大きな商業価値を持ち、非常に広く利用されるようになるのである。

パリシーほどではなかったものの、ウェッジウッドもかなりの期間、窯のことで苦労した。そして彼も、パリシーと同じ方法でこの難局を乗り越えた。つまり、たゆまぬ不屈の精神で実験を繰り返したのである。

最初に試みたのは、磁器製の食器の製造だったが、悲惨な失敗の連続だった。何ヵ月もかけた労作が1日で全滅することも多かった。時間と金と労力を使って、長い間試し焼きを繰り返してやっと食器に使える適切な釉薬を見つけ出した。くじけることなく忍耐を続けた末に成功をものにしたのだ。

陶器類の改良に夢中になり、一瞬たりともその熱が冷めることはなかった。困難に打ち勝ち、国内外で使用されるホワイト・ストーン・ウェアとクリーム・ウェアを大量生産して富を手にしたあとも、自分の作る製品に完璧さを求め、やがて、さまざまな分野でその行動が手本とされるようになり、陶磁器産業全体の活性を促し、のちにイギリスの主要産業のひとつとなる強固な礎《いしずえ》が築かれた。彼は常に最高の品質を目指し、次のような決意を述べた。

「いかなるものであれ質の悪いものを作るぐらいなら、なにも作らないほうがましだ」

ウェッジウッドは、身分が高く影響力のある多くの人々から強力な支援を受けた。それは彼自身が非常に正直で、ほかの誠実な職工たちからも協力や支持を集めていたからだ。彼は、イギリスの製造業者としてはじめてシャーロット王妃のために王室用の食器を製造した。これはのちに〝クィーンズ・ウェア〟と呼ばれ、彼は〝王室御用達の陶工〟と呼ばれた。ウェッジウッドはこれを、男爵になれたとしてもそれ以上の価値があると評価した。

あるとき、貴重な磁器のセットを借り受け、それで模倣品を作るように依頼されたことがあった。彼はその仕事を見事に成功させ称賛を得た。考古学者で美術収集家でもあるウィリアム・ハミルトン卿からは、古代ローマの町ヘルクラネウムの古代の陶器を託され、正確で美しい模倣品を作った。

また、〝バルベリーニの壺（のちのポートランドの壺）〟が売りに出されたとき、ポートランド公爵夫人と競り合って負けたことがあった。１７００ギニーの値をつけたが、公爵夫人は１８００ギニーの値をつけたのだ。

とはいえ、公爵夫人はウェッジウッドの意図を知ると、気前よくその壺を貸してくれた。

ウェッジウッドは約2500ポンドの費用をかけて50個の模倣品を製造し、販売したが、費用をすべてまかなえなかった。しかし彼は目的を果たした。イギリス人の技術と気概があれば、どんなことでも達成できることを示したのだ。

ウェッジウッドは、化学者の経験、古物研究家の知識、そして芸術家の技術を兼ね備えていた。彼はまだ若い彫刻家だったフラックスマンを見出し、そして、その才能に惜し気なく援助を与え、一方で陶磁器のためにフラックスマンから大量の美しいデザインを得た。そして、それらのデザインから製造技術を使って趣きのある素晴らしい作品を生み出し、それらを通じて人々に古典美術を広めた。

また、綿密な実験と研究によって、古代エトルリアで使われていたが、古代ローマのプリニウスの時代には忘れ去られていた技法の再現に成功した。つまり、壺などの陶磁器に絵を描く技術である。さらに高温度計の発明者としても名が知られ、科学の分野でも大きな貢献を果たした。

あらゆる公共事業にも支援を惜しまなかった。グレート・ブリテン島の東部と西部の間をつなぐ航路となったトレント・マージー運河の建設は、ブリンドレー技師の技術はもちろん、ウェッジウッドの尽力によるところが大きい。

また、その地域の道路は劣悪な状態だったため、ポッタリーズと呼ばれる陶器工場地帯を貫通する、長さ約15キロメートルの有料道路を企画し建設した。彼が手にした評判のおかげで、バースレムの工場やそのあとに建設したエトルリアの工場は、ヨーロッパのさまざまな地域から高名な訪問者が訪れる名所となった。

ウェッジウッドの骨折りの結果、非常に質の低かったイギリスの陶器産業は、イギリスの中心産業のひとつとなった。そして、以前は国内で使用する陶磁器を海外から輸入していたが、ほかの国に大量に輸出する側になり、イギリス製品にかけられる法外な関税にもかかわらず、それらの陶磁器は各国へ供給されるようになった。

陶磁器業に携わってから30数年たった1785年に、ウェッジウッドは議会で証言した。その証言は次のようなものである。当初は技術を持たない労働者を低賃金で臨時に少数雇うだけだったが、このころになると、約2万人が陶磁器産業から直接報酬を得て生計を立てていた。その数は、この産業の発展に伴って増加した鉱山での雇用や陸海の運送業での雇用、イギリス国内の各地で、陶磁器産業の繁栄に促される形で増加したさまざまな方面での雇用者は含まれていない。

とはいえ、この当時に成し遂げた進歩は大きなものではあったものの、この産業はまだ成熟しているとは言えず、自分が成し遂げた改良もまだ不充分で、製造業者らの変わらぬ勤勉さと知識の蓄積、そしてイギリスが備えている天然資源と政治力があれば、この産業が持っている可能性はまだまだはかり知れない。

この見解はその後、この重大な産業にもたらされた進歩によって完全に裏付けられた。1852年には、国内で使用される陶磁器類は別にして、イギリスから他国へ輸出された陶磁器類の数は8400万に上った。だが、評価に値するのは、製品の生産量や価値だけではない。陶磁器産業に従事する労働者の環境改善も行われたのである。

ウェッジウッドが仕事を始めたころ、スタッフォードシャー地域は未開の地に近かった。人々は貧しく、学がなく、人口も少なかった。ウェッジウッドの製陶業が完全に確立されたころ、雇用は充実し、賃金もよく、人口は3倍になっていた。そして、このような物質的な改善に足並みを揃えて人々のモラルも向上していった。

これらの3人は、文明化された社会において、産業界の英雄という地位に君臨する充分な資格がある。彼らは試練と困難のなかで忍耐と独立独歩の精神、優れたものを追い求める勇気と根気を保ち続けた。彼らのような産業界の勇敢なリーダーたちが成し遂げたものを責任と誇りを持って守ってきた。これは、勇ましく献身的な兵士や水兵に勝るとも劣らない英雄たちである。

第4章
努力と忍耐

「豊かとは勤勉な者のことである。
時間という自然の恵みを自由にあやつり、
砂時計が落ちて割れたとしても、
星の種を集めるがごとく、
砂の上にかがみ込み、
たゆまぬ努力によってすべてを集めるのだ」
——ダヴェナント（イギリスの劇作家・詩人）

「前に進め、やがて自信がついてくる」
——ダランベール（フランスの数学者・哲学者）

❖幸運の女神は粘り強く努力した者にこそ微笑む

人生における最大の成果は、たいていはシンプルな手段やごく普通の行為によって得られるものだ。ありふれた日常生活においても、何事にも心を配り、必要とされることをなし、義務を果たしていけば、最高の経験が得られる機会は大いにある。

そして、すっかり踏み固められた道でも、誠実に努力を重ねる者にとってはまだ努力の余地があり、自分を成長させる余地もある。人間の幸福という道は、たゆまぬ善行という昔ながらの大通りに沿って伸びるもので、もっとも努力を続け、もっとも誠実に働いた者が、常に最大の成功を得るのである。

幸運の女神は目が見えないとよく言われるが、目が見えていないのは人間のほうだ。現実の人生に目をやれば、幸運の女神はたいていい勤勉な者のもとに訪れることがわかるだろう。優秀な航海士には風も波も味方するのと同じだ。

人間としてより高みを目指すときも、常識、注意力、努力、忍耐といったごく普通の資質がもっとも役に立つ。必ずしも天才である必要はないし、素晴らしい天才でもこういった一般的な資質を軽く見てはいない。偉大な人物は、天賦の才というものを信じておらず、ごく普通の人と同じくらい世知にたけ、忍耐強い。天才とは当たり前の感覚がとぎすまされただけなのだと定義している人さえいる。ある大学の秀でた教授や学長は、それを努力の力だと言い、随筆家ジョン・フォスターは、自分に火をつける力だと言い表わしている。博物学者のビュフォンは、天才とは「忍耐だ」と言っている。

ニュートンの頭脳が世界有数のものであったことは間違いないが、それでも、あの比類なき発見をどのように成し遂げたのかと訊かれると、彼はつつしみ深く「いつでもそのことを考えていたからです」と答えた。また別のおりには、自分の研究方法をこのように強調している。「常に問題を自分の前において、夜が明けてゆっくりと少しずつ光が差し、明るくなるように、その姿がはっきり見えてくるのを待つのです」

ニュートンといえども、その偉大な名声を得るには、ほかの人と同じように勤勉に努力し、忍耐を発揮するしか方法はなく、気分転換にすることと言えば、研究対象を変え、ひとつの課題から別の課題へと対象を移すことだった。母校トリニティ・カレッジの学寮長だったベントリー博士にニュートンはこう言っている。「私が人々の役に立つことをしたとすれば、それは勤勉と忍耐強い思考の賜物という以外にありません」

同じように偉大な科学者であるケプラーは、自分の研究とプロセスについてこう語っている。「ローマの詩人ウェルギリウスは『噂の女神の進みは早く、その速度が増すにつれて力がつく』と言っているが、それは私にもあてはまる。テーマに対して粘り強く考えれば考えるほど、さらに深く考える機会が生まれる。やがて最後には、その問題に全精力を注いで思考しつくすようになる」

素晴らしい成果はひたすら根気よく努力して得られるものなので、名高い偉人たちの多くは、通常考えられているほど、天賦の才能を特別に与えられた能力とは考えていない。

たとえばフランスの作家ヴォルテールは、天才と凡人の差は紙一重だと考えていた。

イタリアの経済学者ベッカリーアは、すべての人間に詩人や弁士になる可能性があるとまで述べていて、イギリスの画家レイノルズも、誰でも画家や彫刻家になれると言っている。これが本当であれば、イタリアの彫刻家カノーヴァが亡くなったとき、その弟に「商売を継ぐつもりはあるのか」と訊いた、あの愚かなイギリス人もあながち間違っていなかったのかもしれない。

哲学者のロック、エルヴェシウス、ディドロは、すべての人間が天才になるための等しい能力を備えているという信念を持っていて、人の知性について規定するその信念に基づけば、誰かにできることは、ほかの人間の手にも届くもののはずであり、同じような状況で同じだけ努力すれば、誰でも同じことが成し遂げられると考えていた。

しかし、努力によって最大限の結果がもたらされることや、傑出した天才が例外なく不屈の努力家であることは認めるが、どれほど努力してその力をうまく使ったとしても、もともと備わっていた精神力と知性がなければ、シェイクスピアもニュートンもミケランジェロも生まれなかったことは明らかだ。

イギリスの化学者ドルトンは〝天才〟と呼ばれるのを嫌い、自分が成し遂げたことは、すべて努力を積み重ねた結果にすぎないと考えていた。イギリスの解剖学者ジョン・ハンターは、「私の頭はミツバチの巣箱のようなものだ。うるさい羽音に満ち、見た目は混乱しているが、実は秩序立って規則正しく、最高の天然の貯蔵庫から丹念に集められた蜜に満ちている」と述べている。

たしかに、偉人たちの伝記をちょっと読むだけで、傑出した発明家や芸術家や思想家など、あらゆる分野の偉人たちの成功は、その大部分が絶え間ない勤勉と努力によるものだということがわかる。彼らはすべてのもの、時間さえも金《きん》に変えるのだ。

イギリスの元首相ディズレーリは、成功の秘訣は取り組む対象に熟練することだと考えていて、そうなるためには継続的な努力と勉強が必要だと言っていた。世界を大きく動かしてきた人物は天才というわけではなく、ごくありきたりの能力を強化し、たゆまぬ努力を続けてきた者だ。天賦の才があり、生まれつき聡明で輝く資質があったわけではなく、なんであれ自分の仕事に献身的に打ち込んだ人物が多い。

ある未亡人は、頭はいいが気まぐれな息子のことを「もう！　生まれつき根気がないんだから」と嘆いた。人生というレースにおいては、根気のないこの息子のように気まぐれな性質の人は、頭は良くなくても根気のある人に負けてしまう。「ゆっくり行くものは長く遠くまで行ける」というイタリアのことわざもある。


したがって、目指すべき大きな目標は、根気よく努力する力を鍛えることだ。それができれば、レースは比較的楽になる。そのためには何度も努力を繰り返さなければならない。努力を重ねれば楽になる。そうせねば、ごく簡単なことも成し遂げられない。そしてどんなに難しいことでも、努力を続ければ成し遂げられるのだ。若いころに規律正しく繰り返し練習したおかげで、イギリスの政治家ロバート・ピール卿もこの驚くべき、しかしごく当たり前の力を開拓し、その結果、イギリス議会で華々しく光り輝く人物となったのだ。ピールはドレイトン屋敷での少年時代、父親からいつも食卓で即席の演説を練習させられ、また自分でも早くから日曜のミサでの説教を覚えている限り復唱することを習慣としていた。最初はほとんど覚えられなかったが、根気よく集中力を鍛えたおかげで力がつき、やがて説教を一言一句正確に再現できるようになった。のちに、政敵の反論に何度も答弁するようになったが、これに関しては彼の右に出る者はいなかった。誰も想像しなかったが、そのような場合に彼が見せる驚くべき正確な記憶力というのが、もともとはドレイトンの教区教会で父に躾《しつ》けられた訓練の賜物だったのだ。

実に驚くべきことだが、一見普通のつまらない作業に思えることでも、繰り返し努力することで大きなことができるようになる。バイオリンをうまく弾くのは簡単なことに見えるかもしれないが、そうなるためには長く骨の折れる練習が必要だ。イタリアのバイオリニスト、ジャルディーニは、若者からバイオリンを弾けるようになるにはどれくらいかかるのかと訊かれ、「1日に12時間、それを全部で20年間続けること」と答えた。

フランスには「努力すればクマでも踊れる」ということわざがある。下手なバレリーナは実りのない課題に何年間も耐え続けてようやく輝くことができる。イタリアのバレリーナ、タリオーニは夜の公演の前に、父親から2時間の厳しいレッスンを受けたあと、疲れ果てて倒れ込み、それから服を脱がせてもらって、体を洗ってもらい、ようやく意識を取り戻すこともあったという。公演で見せるしなやかな身のこなしと跳躍力は、このような代償があってこそ得られたものなのだ。

しかし、達成すべき目標が高いほど、その歩みは遅くなる。大きな成果は即座に得られるものではない。人生も、歩みと同じく一歩一歩しか進めない。そう納得しておかねばならない。フランスの思想家メーストルは「待つ方法を知ることが成功の大きな秘訣だ」と言っている。刈りとる前には種をまかねばならない。そして長く待たなければならないことも多い。希望を持って辛抱強く待っていれば、待つだけの価値がある果実がゆっくりと熟してくる。東洋のことわざにもあるとおり、「時間と忍耐は桑の葉を繻子《しゅす》に変える」のだ。

❖忍耐を持ち合わせていれば、どんなことでも成し遂げられる

辛抱強く待つには楽しく働くことである。楽しく働けるということは素晴らしい性質であり、仕事をする上で大きな弾力性を与えてくれる。ある主教が言ったように「冷静さはキリスト教の奥義の9割」だ。同じように、楽しさと勤勉さは人生の英知の9割だ。それは成功の仕掛け人であり、幸福の仕掛け人でもある。おそらく人生のもっとも大きな喜びは、明快で活発で意識的な仕事にある。活力や自信といった優れた性質のすべてがそこから生まれるのだ。

イギリスの聖職者シドニー・スミスは、ヨークシャーのフォストンルクレーで教区司祭だったとき、その仕事は自分の素質に見合わないと思っていたが、最善を尽くすという決意の

もとで楽しく仕事に向かっていた。スミスはこう語っている。「仕事を好きになろうと決めたんです。そして自分をそれに合わせました。自分はもっとできる人間だと見せかけ、見捨てられてみじめだなどというつまらないことを手紙に書いて送るより、勇敢なことですから」

イギリスの聖職者フック博士も新しい仕事のためリーズを離れるとき、「どこへ行こうとも、神のご加護により、私のなすべきことを力一杯やります。そして仕事が見つからなければ、自分でつくります」と言った。

公共の利益のために働いている人は、とくに長い間辛抱強く働かねばならない。すぐに結果が出ないので、やる気がなくなることも多い。まいた種は雪の下に隠れていることもあり、春が来る前に農夫が死んでしまうかもしれない。すべての公務員が、イギリス郵便制度の改革者ローランド・ヒルのように、生きている間に自分の偉大なアイデアが実を結ぶのを見られるとは限らない。

経済学者のアダム・スミスは、古く陰鬱なグラスゴー大学で長く働き、偉大な社会改良の種をまき、彼の『国富論』（岩波書店）の基礎を築いたが、その仕事がしっかりと実を結ぶまでには70年かかり、しかも、まだその実はすべて収穫されてはいない。

失われた希望を補えるものなどなにもない。それは性格を完全に変えてしまう。偉大ではあったがみじめな境遇だった思想家が言った。「どうやって働こう。どうやって幸せになろう。希望をすべて失ってしまったのに」

希望に満ちていたからこそ明るく勇敢だった人物もいる。イギリスの宣教師ケアリーだ。インドで活動していたときは、3人の学者が彼の助手をして1日でへとへとになるということも珍しい話ではなかった。

一方、ケアリー自身は、仕事の内容が変わるときにしか休憩をとらなかった。靴職人の息子であったケアリーは、大工の息子のウォードと機織り職人の息子のマーシャムの手を借り、素晴らしい大学をシュリーラームプルに設立し、伝道所を16ヵ所設立し、聖書を16の言語に翻訳した。こうしてイギリス領インドに道徳的改革の種がまかれ、大きな恵みがもたらされた。ケアリーは出自の貧しさを決して恥じることはなかった。

あるとき、インド総督との会食で自分の向かいにすわっていた将校が別の人に向かって、ケアリーはかつて靴職人ではなかったのかと聞こえよがしに訊ねているのを耳にした。「いいえ」とケアリーはすぐに答え、「ただの靴の修理屋です」と言った。

ケアリーが少年時代から不屈の精神を備えていたことをよく表わしている逸話がある。ある日、高い木に登っていて足をすべらせ、地面に落ち、脚を骨折した。数週間寝たきりになったが、回復して杖なしで歩けるようになると、最初にしたことは、その木に登ることだった。このような恐れを知らない勇敢さは、生涯をかけた布教活動に不可欠なもので、ケアリーは強い意志を持って高潔にそれを成し遂げたのだ。

イギリスの物理学者ヤング博士の名言に、「ほかの誰かが成し遂げたことなら誰にでもできる」というものがあるが、ヤング自身、自分が目標と定めたことはいかなる試練があろうと諦めなかったのはたしかだ。

それを物語る逸話がある。ヤングがはじめて馬に乗ったとき、宗教学者バークレーの孫の有名なスポーツマンと一緒だった。そのスポーツマンが先に高い障害を飛び越えたので、ヤングもその真似をしようとしたが、落馬してしまった。なにも言わずにまた馬に乗り二度目の挑戦をしたものの、また失敗したが、今度は馬の首にしがみついていたので落馬はしなかった。そして三度目の挑戦で成功し、障害を越えることができた。


ティムール朝の創始者であるタタール族のティムールが、もがいているクモから忍耐についての教訓を得たという話はよく知られている。

アメリカの鳥類学者オーデュボンの逸話もこれに劣らず興味深い。「私はある事件のせいで鳥類学の調査をやめてしまうところだった。それは、自分で描いた200枚の絵に起きた不幸な出来事だった」と彼は語っている。

「この話を取り挙げたのは、忍耐に対する熱意があれば、ひどく落ち込むような災難でもどうにか克服できることを示すためだ。そのとき私は、数年間住んでいたケンタッキー州のオハイオ川の沿岸に位置するヘンダーソンという村を発ち、仕事でフィラデルフィアに向かおうとしていた。出発前に自分の絵を大切に木箱に入れ、親戚に預け、傷をつけないようにと命じた。

留守にしていたのは数ヵ月で、戻ってから数日間故郷の良さを味わったあとで、例の箱を出して宝物を見てみることにした。だが、箱を開いてみると、なんということだろう、ドブネズミのつがいがそこを占領して、かじった紙切れのなかで子ネズミを育てていたのだ。その絵はわずかひと月前には1000羽近くの鳥たちを描写したものだったのに！

にわかにこめかみが脈を打ち、全神経に影響を与えるくらいその拍動が激しくなった。数日間寝込み、茫然としたまま日々を過ごしたが、やがて動物的な力がよみがえり、銃とノートと鉛筆を持って、何事もなかったかのように元気いっぱいで森に出かけた。今度は前よりうまい絵が描けるかもしれないと思うと喜びが込み上げた。そしてあっという間に3年が過ぎ、私の紙ばさみはまた、鳥たちの絵でいっぱいになっていた」

アイザック・ニュートンの愛犬〝ダイヤモンド〟が机の上のロウソクをひっくり返して書類を燃やしてしまい、長年の複雑な計算が一瞬にして灰になったというのは有名な逸話なので、ここで繰り返す必要はないだろう。この損失でニュートンは大いに嘆き、健康にも深刻な影響が出て、思考能力が損なわれた。

これと似たようなアクシデントが、イギリスの歴史家カーライルの『フランス革命史』（春秋社）第1巻の原稿にも起こった。カーライルは内容を精査してもらうために近くに住む作家に原稿を手渡した。不運なことに、原稿は隣人の応接間の床に置かれたまま忘れさられた。数週間がたち、カーライルは印刷所から原稿をうるさく催促された。作家に訊ねてみると、メイドが床に置かれた紙束をごみだと勘違いし、台所のストーブと暖炉の火を起こすのに使ってしまったことがわかった。

そんな返事を受けとったカーライルの気持ちは想像するに余りある。しかし、ほかにどうすることもできず、決意を新たにまた本を書き直すしかなかった。そしてそれをやりとげたのだ。下書きはなかったため、忘れかけていた記憶のなかの事実と考えと表現をかき集めるしかなかった。最初に本を書いたときは楽しかったのに、二度目に書き直したときは信じがたいほど苦痛だった。そのような状況で忍耐を重ね本を完成させたカーライルは、強い意志があれば、とてもたどり着けそうにない目標さえ達成できるということを体現している。

著名な発明家の人生には、カーライルと同じような忍耐力が多く見られる。ジョージ・スティーヴンソンが若者に話をするときには、「私がやったようにやりなさい。つまり忍耐です」という最高の助言を与えていた。スティーヴンソンは15年間も蒸気機関の改良に取り組み、レインヒルのレースで決定的な勝利を収めた。さらにワットは30年余りも凝縮蒸気機関の研究に取り組み、その技術を完成させたのだ。

しかし、同じように驚くべき忍耐の例は、あらゆる科学や芸術や産業の世界にもある。なかでも興味深いのは、ニネヴェ遺跡の発掘とそこに刻まれていた碑文の楔形《くさび》文字の発見に関するものだろう。その文字は、マケドニアがペルシャを征服した時代から失われていたものだった。

❖数々の偉業は忍耐によってもたらされた

ペルシャのケルマーンシャーに駐在していた東インド会社の聡明な見習いは、近隣にある古い石碑に奇妙な楔形文字が刻まれているのに気づいた。石碑があまりにも古いため、歴史的な記録は残っていなかった。彼が写した文字のなかにベヒストゥンの有名な岩山のものがあり、それは平原から520メートルの高さに垂直に切り立った岩で、下のほうにはペルシャ語、スキタイ語、アッシリア語の3言語で90メートルあたりの位置に碑文が刻まれていた。

わかっている文字と未知の文字、生き残った言語と消えてしまった言語を比較し、この見習いは楔形文字の知識を得て、アルファベットを書けるまでになった。のちに準男爵となったこのヘンリー・ローリンソンは、書き写したものを調べてもらうために故郷のイギリスに送った。

当時大学にはまだ楔形文字を知っている者はいなかったが、東インド会社の元社員でノリスという無名の人物が、このほとんど知られていない分野の研究をしていたので、彼のもとにその写しが送られた。ノリスはベヒストゥンの岩山のことはなにも知らなかったが、楔形文字に関する知識は非常に正確だったので、ローリンソンがこの難解な碑文を正確に書き写していないと指摘した。ローリンソンはまだ岩山の近くに住んでいて、本物と自分で書き写したものを比べて、ノリスが正しいことを確認した。さらに比較を続け、こつこつと研究を重ねた結果、楔形文字の知識は大きく前進した。

しかし、このように努力したふたりの人物の研究成果を生かすために、彼らの知識を応用する材料を提供してくれる第三者が必要だった。そのような人物のひとりがオースティン・レヤードで、もともとはロンドンの弁護士事務所で実務研修生をしていた。見習い、東インド会社の社員、実務研修生といった3人の人物が、失われた言語や埋もれていたバビロンの歴史を発見するとは考えにくいが、実際にそうなったのだ。

レヤードはわずか22歳という若さで、ユーフラテス川の向こうまで行ってみたいという思いに突き動かされ、東洋を旅した。旅の道連れがひとりいて、身を守る武器も持っていたが、なんと言っても一番の強みは、彼の明るさと礼儀正しさ、騎士のように親切で勇敢なふるまいで、戦いを繰り広げている部族たちの間を無事に通過することができた。

それから何年もたったあと、手持ちの資金は比較的少なかったものの、努力と忍耐、決意と目的意識、そして崇高とさえいえる忍耐力に支えられ、発見と調査にかける強い熱意に後押しされ、ついに歴史的に貴重な遺物を大量に発見した。ひとりで発見した遺物としては、おそらくこれまでにない量だった。

そのようにして、約3キロメートルにも及ぶレリーフがレヤードによって日の目を見ることになったのである。この価値ある遺跡は現在大英博物館に所蔵されているが、聖書にある3000年も前に起こった出来事に関する記録と不思議なくらい一致していることがわかり、まるで神の啓示のように、あっという間に世間に知られることとなった。この驚くべき発掘の話は、レヤード自身が著書の『ニネヴェ遺跡』にまとめているが、それは人間の冒険心と努力と活力の記録として、今後も人々を魅了していくだろう。

フランスの博物学者ビュフォン伯の仕事も辛抱強い努力の力を示す驚くべき例であり、彼自身が「天才とは忍耐である」と述べている。博物学の分野で素晴らしい業績を上げたにもかかわらず、ビュフォンは若いころは平凡な学者だと思われていた。知識を取得するのも、それを思い出すのも遅かった。生まれつき怠惰でもあり、いい家柄の出であるために、安楽と贅沢に浸って生きていくのだと思われていた。

しかしそうならずに、ビュフォンは早くから快楽を求めないことを決め、研究と自己修養に身を捧げた。時間とは限りのある大切なものだと考え、朝ゆっくり眠っていては時間をずいぶん無駄にしてしまうのではと気づいたビュフォンは、その習慣を改めることにした。しばらくこの寝坊の習慣を自力で直そうとがんばってみたが、決まった時間に起きることはできなかった。そこで召使いのジョゼフを呼び、6時前に起こしてくれたら1クラウンを与えると約束した。

最初は、起こされてもなかなか起きようとせず、具合が悪いと訴えたり、睡眠の邪魔をされて腹を立てたふりをしていた。そうしてようやく起きてくると、主人が命じたことを守らずにちゃんと起こさなかったと文句をつける始末で、ジョゼフはなにももらえなかった。そこでジョゼフは金を得ようとやっきになり、主人の懇願や苦言、クビだという脅しにも負けず、何度も何度もビュフォンを起こし続けた。

ある朝、ビュフォンがいつも以上に頑固だったので、ジョゼフは思い切った方法が必要だと思い、上掛けを取って洗面器に入った冷水を浴びせた。その効果はてきめんだった。

そのような方法をしつこく続けたおかげで、ビュフォンはようやく悪癖を克服した。のちに彼は口癖のように、著書の『博物誌』の3、4巻はジョゼフのおかげだと言っていた。

人生の40年間、ビュフォンは毎朝9時から2時まで、そして夜の5時から9時まで机に向かって仕事をした。そういった規則正しい生活をずっと続けた結果、それが習慣になった。伝記作家はビュフォンのことをこう書いている。「仕事は彼にとってなくてはならないものだった。研究が生活の楽しみになっており、その輝かしい人生の最後に向かうにつれて、あと数年は集中してやりたいとよく言っていた」

ビュフォンは非常に誠実な研究者で、読者に自分の最高の研究成果を伝えるために常に努力し、最善の方法で表現した。飽きることなく幾度も文章を推敲していたので、その文章は完璧に近いものだった。『自然の諸時期』（法政大学出版局）を書いたときには満足するまでに11回以上も書き直した。しかも、その前に50年もその本の構想を練っていたのだ。ビュフォンの仕事ぶりは几帳面で、何事にも秩序を重んじ、秩序のない天才はその力の4分の3を失っているとよく言っていた。文筆家としての偉大な成功は、彼の忍耐強い仕事と勤勉な努力によるところが大きい。

フランス社交界の中心人物ネッケル夫人は、「ビュフォンが力説していたのは、天才は特定の分野に深く注意を払った者だということでした。彼の話では、最初の論文を書いたときにはぐったり疲れてしまったけれど、もう一度読み直すように自分を奮い立たせ、完璧だと思われるような段階になったところでさらに注意深く読み返すと、やがてこの長く綿密な推敲が、疲れるものではなく喜ばしいものになったということです」と語っている。さらに、ビュフォンがその偉大な著書を書いて出版したのは、非常に苦しい病気にかかっている期間だったということもつけ加えておくべきだろう。

文筆家の人生には同じような忍耐力の話が多くあり、なかでももっとも教訓的なのが、スコットランドの詩人ウォルター・スコット卿の人生だろう。彼の感嘆すべき実務能力は弁護士事務所で鍛えられた。そこで彼は何年もの間、書写係とほとんど変わらないような単調な仕事をしていた。日々の退屈な仕事があったため自由に使える夜がより楽しいものになった。たいていスコットは夜を読書と勉強の時間にあてていた。

スコット自身は事務所での単調な訓練のおかげで、文章を書く人間には欠けていることの多い、堅実でまじめに仕事を続けられる姿勢が身についたと考えていた。文章を写す仕事の手当ては一定の単語数が含まれるページごとに3ペンスで、ときには残業もして24時間で120ページを書き写すと30シリングになった。その賃金のなかからときどき、普段は手が出ない全集などの本を1冊ずつ買い揃えた。

晩年、スコットは実務家であったことに誇りを持っているとよく語り、天才が日常生活のありふれた仕事を嫌うという意見は、詩人の陳腐なたわ言だと言って反論した。反対にスコットは、日常の実務的な作業にある程度の時間をかけることが、結果的に自分の能力を高めるためにはいいことだという自論を持っていた。

のちにエディンバラの民事控訴院で仕事をしていたとき、スコットは執筆をおもに朝食前にするようになり、日中は裁判所で、登記証書やさまざまな書類を認証する仕事をしていた。スコットの娘婿で彼の伝記を書いたロックハートはこう述べている。「スコットの人生でもっとも驚くべき点は、文筆家として一番忙しかった時期でも、少なくとも1年の半分は、単調な実務処理にあてていたことである」

スコット自身が表明していた行動規範は、文学ではなく実務によって金を稼がなければならないということだった。あるときスコットはこう言った。「私は文学を自分の杖にし、松葉杖にはしないことにした。文学で得た利益を使えば楽にはなるが、できることなら、日常の出費に使ってはいけないと決めていた」

スコットの几帳面さは意識して習慣づけられていったもので、そうでなければあれだけの量の文学作品を生み出すことはできなかっただろう。スコットは、手紙が届いたら、調査や熟考が必要なもの以外はすべてその日のうちに返事を書くということを決まりにしていた。そうしなければ、洪水のように押し寄せ、彼の几帳面さを試すかのような手紙の山に対応できなかったのだ。

朝5時に起きるのが習慣で、自分で火を起こした。丁寧にひげを剃り、身支度をして、6時までには机についた。そこには正確無比な順番で原稿が並べてあり、参考資料が床の上に整然と並び、本の列の向こうには愛犬がいて、彼の顔を見つめていた。家族が朝食に集まる9時か10時にはほとんどの作業を終えていて、彼自身の言葉を借りれば、その日の仕事をやっつけていた。
しかし、まじめにこつこつと努力し、膨大な知識を得て、何年にもわたって根気強く取り組んだ仕事の成果については、スコットは自分の能力をいつも控えめに語っていた。あるとき彼はこう言った。「私の人生はずっと、自分の無知に悩まされ、動きがとれなくなるという状態だった」

これこそ本物の知恵であり謙遜である。人間はものを知れば知るほど、うぬぼれがなくなるものだ。トリニティ・カレッジの学生が教授のところに来て、「もう学ぶべきものは学んだから休みたい」と申し出たとき、教授は「そうかね！　私はまだ学び始めたばかりだがね」と答えて、それをたしなめた。

いろいろなことにちょこちょこと手を出すだけで大した知識のない浅い人間に限って、自分の才能に誇りを持つ場合が多いが、賢者は控えめに「知っていることは、自分がなにも知らないということだけだ」と打ち明けるか、ニュートンのように「自分は未知のもので満たされている広大な真実の海の前で、ただ貝殻を拾っているだけだ」と言うだろう。

それほど有名ではない文筆家の人生にも、同じように驚くべき忍耐力を示した例がある。『イングランドとウェールズの美』やそのほかの価値ある建築関係書の著者であるジョン・ブリトンは、ウィルトシャーキングストンのみすぼらしい小屋で生まれた。父親はパン屋と麦芽製造をしていたが、ブリトンがまだ子供のころに商売で失敗して、精神に異常をきたしてしまった。ブリトンは教育をほとんど受けられなかったが、悪い見本をたくさん見たので、幸いなことに自分が悪くなることはなかった。

クラーケンウェルの居酒屋で叔父とともに若いころから働き、ワインを瓶に入れ、コルクで栓をし、貯蔵庫にしまうという仕事を5年以上続けていた。ところが身体を壊してしまい、叔父はブリトンを外の世界へ放り出した。ポケットには5年間の報酬としてわずか2ギニーしか入っていなかった。その後の7年間、彼はさまざまな艱難辛苦《かんなんしんく》に耐えた。しかしブリトンは自伝のなかでこう語っている。「家賃が週18ペンスの暗くわびしい下宿で勉強に励み、冬の夜は火を起こす金がないので、よくベッドで読書をしていた」

歩いてバースまで移動し、ワインセラー管理の仕事を得たが、すぐに無一文で靴もシャツも身につけず首都に戻った。〈ロンドン・タヴァーン〉でワインセラー管理の仕事を得て、朝の7時から夜11時まで働いた。だが、暗闇に閉じこもり重労働も重なったため、また身体を壊してしまった。

その後、週15シリングで弁護士に雇ってもらった。自分だけの時間と呼んでいたわずかな時間に文章力をこつこつと鍛えていたおかげだった。余暇の時間はおもに書店を巡り、買うことのできない本を立ち読みし、かなりの知識を得た。それから別の事務所に移り、週20シリングを得るようになったが、それでも読書と勉強は続けていた。

28歳のときに『ピサロの冒険』というタイトルで著書が出版された。そしてそれから死ぬまでの約55年間、ブリトンは文筆業に従事した。出版された本は87冊にのぼった。もっとも重要な14巻からなる『イングランドの古き大聖堂』は実に素晴らしい本であり、この本自体がジョン・ブリトンのたゆまぬ努力の最高の記念碑になっている。

造園家のラウドンも同じような性格で、労働意欲に満ち満ちていた。エディンバラ近郊の農家の息子だったラウドンは幼いころから働くことが身体にしみついていた。図面を引くことと景色をスケッチする技術を見て、父親は造園家になるように訓練した。見習い期間の間、ラウドンは毎週2晩は勉強のために徹夜していたが、昼間はほかの仕事仲間よりもよく働いた。夜の勉強時間中にフランス語を学び、18歳になるまでには、ある百科事典のためにフランスのスコラ哲学者アベラールの経歴を翻訳するまでになっていた。

ラウドンは非常に向上心が高く、わずか20歳のとき、イングランドで庭師をしながら、ノートにこう記している。「いま20歳で、おそらく人生の3分の1は過ぎてしまったのに、国民のためになにをしたというのだろう?」。わずか20歳の若者が書くとは思えない文章だ。

フランス語の次にドイツ語を学ぶようになり、すぐに習得した。また、スコットランドで改良された農業技術を導入してみようと、広大な農場を手に入れ、間もなく相当の利益を得るようになった。

大陸での戦争が終わって行き来が自由になると、海外に行って他国の造園や農業のシステムを調査した。大陸へは2回出かけ、その成果を自分の百科事典のなかに盛り込んだ。この事典はこの種のなかではもっとも素晴らしいものであるが、それは役に立つ情報が満載されているからだった。それらの情報はほかに類のない努力と勤勉さによって得られたものだ。

❖悪童から牧師、そして著名な著述家になったドリュー

神学者のサミュエル・ドリューの経歴も、これまでに紹介した人々に劣らず驚くべきものだ。父親はコーンウォール州のセント・オーステル教区に住む働き者の労働者だった。貧しかったものの、ふたりの息子を学費が週1ペンスの近所の学校に通わせた。長男のジェーブズは学業優秀で成績も伸びていったが、次男のサミュエルは劣等生で、いたずらや無断欠席が多く評判が悪かった。

8歳のときに肉体労働につかされ、錫《すず》鉱山で鉱石を洗う仕事をして日に1ペンス半得ていた。10歳のときには靴職人の見習いになったが、この職についていた期間はかなりつらい日々だったらしく、のちに彼は「鍬《くわ》の下のガマガエル」のような生活だったとよく言っていた。逃げ出して海賊にでもなろうかとよく考えていて、成長するにつれて無鉄砲さが増していった。果樹園泥棒をするときにはたいていリーダー格で、成長すると、喜んで密漁や密輸に参加した。17歳のころ、見習い期間が終わる前に軍艦に乗るつもりで逃げだしたが、ひと晩牧草地で寝たら少し冷静になり、職場に戻った。

ドリューは次にプリマス近郊のカウサンドに移り靴製造業を始め、得意としていた棒術試合で賞をもらってもいる。そこに住んでいるとき、密輸行為に加わって命を落としかけた。そんなことをしたのは冒険好きだったせいでもあるし、金を稼ぎたかったからでもある。収入が週8シリングそこそこしかなかったのだ。

ある晩、クラフトホール全体にある知らせが広がった。密輸船が沖にいて、積荷を陸揚

げするところだというのだ。住民の男はほとんど全員が密輸業者で、それを聞いて海岸に向けて出発した。グループのひとつは岩場に残って合図を送り、陸揚げされた荷物の処理をした。ほかの者たちはボートに乗ったが、ドリューもそのなかにいた。

その夜は明かりひとつなく、ほとんどの荷物が荷揚げできなかった。風が強く波が高かったからだ。しかし、ボートに乗った男たちは待つことにし、沖にいる者と海岸にいる者との間で何度か行き来があった。ボートに乗っていた男が風で帽子を飛ばされ、それを取り戻そうとしたときボートが転覆した。3人の男が溺れ、残りはボートにしがみついていたが、沖に流されたので岸に向かって泳ぎ出した。

沖合約3キロメートルの場所で、あたりは真っ暗だった。3時間ほど海中にいたあと、ドリューは1、2人の仲間とともに岸近くの岩にたどり着き、寒さのために朝までそこで動けずにいて、発見されたときには半死半生の状態だった。荷揚げされたばかりのブランデーの樽の栓が斧で割られ、生存者はおわん1杯ずつのブランデーを飲まされた。やがてドリューは回復し、深い雪のなかを歩いて家に帰った。

行く末が案じられるような人生の始まりだったが、それでもこのドリューという、いたずら者で、果樹園泥棒で、靴職人で、棒術選手で、密輸業者だった同じ人物が、のちに福音を説く牧師として、また、優れた本の著者として傑出した人物になったのだ。

幸いなことに、手遅れになる前に彼の持って生まれたエネルギーがより健全な方向に向き、かつては悪いことばかりしていたドリューを役に立つ人間に生まれ変わらせた。溺れかけた事件のあと、セント・オーステルに連れ戻され、父親が熟練靴職人として雇ってくれるところを見つけてくれた。

おそらく死にかけた経験によって、若きドリューはまじめになり、やがてウェスリー派メソジスト教会の牧師であったアダム・クラーク博士の力強い説教に惹きつけられた。同じころに兄が亡くなり、さらにまじめさが増した。それ以来ドリューは変わった。読み書きをほとんど忘れていたので教育を受け直した。数年間練習しても、友人は彼の字を見て、インクをつけたクモが紙の上を這ったようだと言った。

当時のことを振り返ってドリューはこう語っている。「読めば読むほど、自分の無知を思い知り、無知を思い知るほど、それに打ち勝とうとするエネルギーが強くなった。暇を見つけては次々とさまざまな本を読んだ。といっても、仕事で生活費を稼がねばならなかったので、読書の時間はほとんどなく、これを補うために食事中に目の前に本を置いて、食事のたびに5、6ページ読んでいた」

そして、ロックの『人間知性論』(岩波書店)を熟読したとき、哲学に目覚めた。「これを読んでようやく目が覚め、慣れ親しんでいた低俗な考えかたを捨てる決意ができた」

ドリューが自分で商売を始めたとき、元手はわずか数シリングだった。だが、その堅実な性質のおかげで近くの製粉業者が金を貸してくれた。それを元手にして勤勉に働いたところ、商売が軌道に乗り、借金はその年の暮れには返済できた。ドリューは「誰にも借りはつくらない」という決意を胸に抱き、どんなに窮乏してもそれを守り通した。借金をしないために食事抜きで眠りにつくことも多かった。

彼の野望は仕事上でも金銭的にも自立することで、徐々にそれに成功していった。休みなく働いている間も、まじめに勉強に励み、天文学や歴史や形而上学を学んだ。ドリューはほかの学問に比べて参考に読むべき本が少ないという理由で、おもに形而上学の勉強を進めるようにした。「いばらの道に思われたが、それでもその世界に入ろうと決意し、その道を進み始めた」とドリューは言う。


ドリューは靴職人をしながら形而上学を勉強し、さらに地方説教師になり、分会のリーダーにもなった。政治に熱心に関わるようになり、彼の店は村の議員たちのたまり場になった。議員たちが来ないときはドリューが出かけて行って、公共の問題について議論をした。こういった活動にかなり時間をとられるようになったので、日中に無駄にした時間を取り戻すために真夜中まで働くこともあった。彼の政治好きは村の噂になった。

ある晩、忙しく靴底を叩いていたとき、幼い少年が店の明かりを見て、入り口の鍵穴に口をあて、けたたましい声で「やーい、靴屋！　昼間はうろつきまわって、夜に仕事をしてる靴屋！」と叫んだ。その話をあとでドリューから聞いた友人は「その子を追いかけて、鞭をくれてやったのか」と訊いた。「とんでもない」と彼は答えた。

「耳もとでピストルを撃たれても、あれほどぎょっとしてうろたえたことはなかっただろう。私は仕事の手を止めて考えた。『そのとおりじゃないか！　もう二度とあんなことは言われないようにしよう』とね。私にとってあの言葉は神の声だった。それは、人生のどの瞬間にも当てはまる教訓になった。そこから今日の仕事は明日に残すな、そして仕事をすべきときに怠けるなということを学んだんだ」

そのときからドリューは政治に関わるのをやめて仕事に専念し、空いた時間には読書と勉強に励んだ。勉強で仕事をおろそかにしないようにしていたが、そうなってしまうことも多かった。結婚後にアメリカに移住することも考えたが、そのままイギリスに留まって仕事を続けた。

文学的な嗜好は、最初は詩作に向かった。残された彼の文章を見ると、魂が物質的なものではなく不滅だという考えは、詩的な考えから来ているようだ。彼の書斎は台所で、妻のふいごを机にして、子供たちの泣き声や妻のあやし声を聞きながら書きものをした。このころ出版された社会思想家ペインの『理性の時代』（泰流社）に刺激され、それへの反論を小冊子にして出版した。後年、自分が作家になれたのは『理性の時代』のおかげだとよく言っていた。

その後次々と小冊子を出し、数年後には、まだ靴職人を続けながら、傑作『人間の魂の非物質性と不滅性に関する随想』を上梓した。原稿料は20ポンドで、当時としては大金だった。この本は何度も重版され、現在も高く評価されている。

ドリューは若い作家によくあるように成功に思い上がることなく、作家として尊敬されるようになったずっとあとでも、自宅前の道を掃除したり、見習いが冬に石炭を運ぶのをよく手伝ったりしていた。しばらくの間は文学を生活の糧と見なすことができなかった。商売でまっとうな生活を確保することを最優先で考え、彼の言葉では「文学的成功という宝くじ」にかけるのは時間が余ったときだけだった。

しかし、最終的にはすべてを文学、とくにメソジスト派の書物に捧げ、雑誌を編集し、宗派の書物が数冊出版されたときには監修を務めた。『エクレクティック・レヴュー』誌の記事も書いており、故郷コーンウォールの歴史を調べて出版し、それ以外にもさまざまな作品を残した。晩年になると、自分のことをこう語っている。

「社会の最下層で生まれ育った私は、正直な商売をして倹約に励み、道徳心を大切にしながら、一族が尊敬される地位になれるよう、ずっと努力を続けてきました。神は私の努力にほほえみかけ、望みを充分に叶えてくださいました」

❖秀でた才能がなくても忍耐と誠実さで克服できる

スコットランド出身の医者で政治家のジョゼフ・ヒュームは、ドリューとまったく異なる人生を歩んだが、同じような忍耐強さで働いた。彼はとくに秀でた才能を持っていたわけではなかったが、努力家であったし、申し分のない誠実さを持っていた。人生のモットーは「忍耐」で、それを実践した。

父親はヒュームが幼いころに亡くなり、母親はモントローズに小さな店を開いていて、家族を養うために必死で働き、子供たちを立派に育て上げた。母親はジョゼフを外科医の見習いに出し、医学の教育を受けさせた。免許をとると、船医として何度かインドへの航海に出たのちに、東インド会社で見習いとして働き始めた。誰よりも熱心に働き、ふだんから節制に努めていたヒュームは、上司の信頼を得て、義務を立派に果たす人間だと認められ、やがてさらに上の部署へ昇格した。

１８０３年にマラータ戦争でパウエル将軍のもとで陸軍師団と行動をともにしていたときは、通訳が亡くなったため、現地の言葉を学んで習得していたヒュームがその代理を務めた。その後医務班の責任者になったが、それだけではまだ力が余っていたのか、経理と郵便係も引き受け、立派に仕事をこなした。さらには兵站部に物資を供給する仕事も請け負い、軍隊にも自分自身にも利益をもたらした。10年間休むことなく働き、いくらか資産を蓄えたのちイギリスに戻り、最初にしたことは、貧しい家族への支援だった。

しかし、ジョゼフ・ヒュームは努力して得たものに満足して、あとは怠けて暮らすような人物ではなかった。安楽と幸福のために、仕事は不可欠な存在になっていた。母国と国民の実情を充分理解するために、国中のすべての町を訪れ、あらゆる種類の手工業の名士との会合を楽しんだ。その後、外国の知識を得るために海外も訪れた。

イギリスに戻ると、１８１２年にイギリス議会に入り、短い休止期間はあったものの、約34年間国会議員を務めた。記録が残っている最初の演説は公教育に関するもので、長く栄誉ある政治生活を通して、公教育をはじめ、犯罪者の更生、貯蓄銀行、自由貿易、経済と支出抑制、選挙権の拡大といった国民の生活向上の問題に熱心に取り組み、ヒュームは根気強くそれらの議案を取り上げて、問題解決を促した。どのような問題に対してもヒュームは全力で向き合った。演説はうまいとは言えなかったが、彼が語ると、誠実で、一途で、嘘がない人の言葉として信用された。

哲学者のシャフツベリーが言うように、嘲笑が真実のテストだとすれば、ジョゼフ・ヒュームはそのテストに立ち向かってよく耐えた。彼ほど他人から笑われた者はいないが、彼は文字どおり「自分の立ち位置」にずっと立ち続けた。採決ではたいてい負けていたが、それでも彼が働きかけた影響は残り、多くの重要な財政改革が否決されたにもかかわらず実現された。

ヒュームがこなしていた仕事はとてつもない量だった。朝は6時に起きて手紙を書き、国会のための書類を整理し、それから朝食のあと仕事の客に会ったが、それは午前中に20人にも及ぶことがあった。国会を欠席することはめったになく、議論が午前2時や3時まで続くことがあっても、彼の名前はたいてい投票者に含まれていた。

つまり、彼が成し遂げた仕事とは、長期間政権が何度も変わるなか、毎週毎週、毎年毎年、投票に負けたり笑われたりしながら、たいていは孤立無援の状態でいかなる妨害にも耐え、癇癪《かんしゃく》を抑え、気力や希望を失うことなく、議案が拍手喝采で可決される日を生きがいにして努力を続けたことだ。

このようなヒュームの人生は、数多くある伝記のなかでも、人間の驚くべき忍耐力を示した最高の例だろう。

第5章

援助とチャンスを生かせ

――科学を追い求めて

「素手も知識も、それだけでは大したことはできない。
なにかを成し遂げるには道具と援助が必要で、
それは素手も知識も同じである」

——ベーコン

「チャンスの女神には前髪だけで後ろ髪がない。
前髪をつかめばチャンスが得られるが、
逃げられたらローマ神話の神ユピテルでも二度と捕まえられない」

——ラテン語のことわざ

❖ささいな作業の積み重ねが偉業へとつながっていく

人生のなかで、偶然からなにか偉大な結果が得られることはほとんどない。大胆な賭けがいわゆる「まぐれ当たり」を生み出すこともときにはあるが、地道な努力と忍耐のみが安全な道だ。風景画家のウィルソンは、抑制した正しい手順で絵をほぼ描き終えると、そこから後ろに下がり、長い棒の先に細筆をつけて、作品を熱心に見つめ、ふいに前に出ると大胆なタッチを数ヵ所に加え、素晴らしい仕上げをして絵を完成させたという。しかし、キャンバスに筆を投げつけたところで、これと同じような効果が誰にでも得られるとは限らない。最後の力強いタッチを加えられる能力は、日々の努力によってしか得られない。そしておそらく、まずじっくりと訓練を重ねた芸術家でなければ、一瞬で素晴らしい効果を生もうとしても、絵に染みができるだけだろう。

真の働き者は行き届いた心づかいを示し、努力を惜しまない。偉大な人物は〝日常のささいな作業〟を軽視せず、そういうことに細心の注意を払って改善しようとするものである。ミケランジェロはある日、アトリエを訪れた客に、その人が前回来たときと同じ彫像をつくっていると説明した。「この部分をやり直しています。磨いて、ここの形を柔らかにして、ここの筋肉を浮き上がらせて、唇に表情をつけて、脚をもっと力強いものにしました」「しかし、そういうものはささいなことでしょう」と客は言った。ミケランジェロは、「そうかもしれませんが、そういうささいな部分を直すことで完璧なものができるのです。完璧なものにするためには、ささいなことが重要になるのです」と答えた。

フランスの画家ニコラ・プッサンの座右の銘は、「やる価値のあることは、きちんとやり抜いてこそ価値がある」で、晩年に友人のヴィニュー・ド・マルヴィルからイタリアの画家の間でどうやってそんなに高い評判を得たのかと訊かれると、プッサンはきっぱりと「どんなことも、おろそかにしなかったからだよ」と答えた。

❖世の中には、ささいだからと無視していいものなどなにもない

偶然から生まれたと言われている発見もあるが、よく調べてみると、本当はそこに偶然はほとんどなかったことがわかる。たいていの場合、いわゆる偶然とは天才が大切に育ててきたチャンスなのだ。ニュートンの足もとにリンゴが落ちてきたことが偶然による発見の証拠としてよく引用される。しかし、ニュートンは心のなかですでに何年もの間こつこつと忍耐強く引力の問題に取り組んできたのだ。その結果、目の前にリンゴが落ちてきたという状況で、天才的な閃きからそれを理解した。リンゴが素晴らしい発見のきっかけとなったのだ。

ありふれたタバコのパイプから生まれた色あざやかなシャボン玉は、普通の人の目からは「空気のように軽いもの」だが、物理学者のヤング博士が見れば、光の〝干渉〟という美しい理論が浮かぶきっかけとなり、光の回折現象の発見へとつながった。

偉人は大きな出来事にしか関わっていないと思われがちだが、ニュートンやヤングは、非常にありふれた単純な現象の特徴を見極める準備ができていた。彼らの偉大さは、そういったささいなことを知的に解釈する力にある。

人間の違いは、観察力の違いによるところが大きい。ロシアのことわざでは観察力のない人間は「森のなかで薪を見つけられない」という。古代イスラエルの王ソロモンは「賢者の目は頭のなかにあるが、愚か者は暗闇のなかを歩く」と言った。辞書編纂家のジョンソンは、イタリアから帰ってきたばかりの立派な紳士に「このハムステッドにいるだけでヨーロッパへ旅行するより多くを学ぶ人もいますよ」と言った。

ものは目で見るだけではなく心でも見るものだ。なにも考えない者は目に映っていてもなにも見ていないが、知的な人間の目は目の前で起こった現象の裏を見抜き、違いに気づき、比較し、そこに潜むアイデアをつかみ取る。

ガリレオの前にも特定のリズムで揺れる紐つきの重りを見た者は大勢いたが、そこにある真実を突き止めたのはガリレオが最初だった。ピサの聖堂で聖堂番のひとりが天井から吊り下げられているランプに油を入れ、ランプが揺れるのに任せていた。ガリレオはそのときわずか18歳という若さだったが、注意深く観察して、時間の計測に活用できると気づいた。しかし、彼が振り子の発明を完成させるまでには、50年もの研究と努力が必要だった。この発明が、時間の計測と天文学の計算にもたらした功績ははかりしれない。

また、オランダの望遠鏡製作者のリッペルスハイが遠くのものが近くに見える道具をナッサウ伯マウリッツに贈ったという話を耳にしたガリレオは、そのような現象を自分でも引き起こそうとした。それが望遠鏡の発明につながり、近代天文学の始まりとなった。不注意な観察者やただ聞いているだけの人間には、このような発見は決して成し遂げられない。

のちにサミュエル卿となったブラウン海軍大佐は、自宅近くのトウィード川に安く橋を架ける計画を立てていて、橋建設の研究に没頭していた。露に濡れたある秋の朝に庭を歩いているとき、小さなクモの巣が道の上にかかっているのを見て、またたく間にあるアイデアが思いついた。鉄のワイヤーや鎖をクモの巣のように組むというアイデアで、それが彼のつり橋の発明につながった。

ジェームズ・ワットは、クライド川の下をでこぼこの川岸にそってパイプで水を通す方法について相談された。ある日、テーブルに出されたロブスターの殻に目を留めた。そこから鉄管を発明し、それを使って見事に依頼に応じることができた。

土木技師のイザムバード・ブルネル卿は、小さなフナクイムシからテムズ川トンネルの最初のヒントを得た。その小さな虫が硬い殻のついた頭で木に穴を開けていく様子を見たのだ。最初はある方向に、次には別の方向に進んで、アーチ道が完成するまで掘り、やがてニスのようなものを上面や側面に塗っていく様子を見て、ブルネルはこの作業をサイズを大きくして、まったく同じように真似てトンネルを建設し、大事業を成し遂げた。

このような一見ありふれた現象に価値を見出すのは、知的な観察者の注意深い目だ。船の横に浮かんでいる海藻というありふれた光景を見て、コロンブスは陸地が見つからないことにいら立っていた船員たちの反抗を鎮め、新大陸は遠くないと彼らを熱心に説得した。世の中にはどんなにささいなことであっても、無視していいものなどない。注意深く観察して理解すれば、ささいなことであっても、なんらかの形で役に立つことを証明できるかもしれない。有名な〈アルビオンの白亜の崖〉は、小さな虫によって作られたものだということを誰が想像しただろうか。それを形づくったのは、顕微鏡の助けを借りないとわからないことだが、海の宝石と言われるサンゴ礁を成すサンゴ虫と同じ種類の虫たちなのだ。そんなごく小さな虫たちの行為があれほどの結果を招くことを考えれば、小さなものの力をあなどることなどできない。

❖真理を見抜く観察力を身につけよ

ビジネス、芸術、科学、その他のあらゆる分野でも、小さなことをじっくり観察することが成功の鍵である。人間の知識は小さな事実の積み重ねにすぎず、世代から世代へ、知識と経験が少しずつ大切に引き継がれ、それが最終的に大きなピラミッドになるのだ。

このような事実や観察の多くは、最初はほとんど意味がないように思われるが、そのうちにすべてのその使い道がはっきりして、正しい場所にぴたりとはめ込まれる。重要なものとは思えない推論の多くも、非常に実用的な結果をもたらすきっかけになることが多い。

ペルガのアポロニウスが発見した円錐曲線の場合は、天文学の基礎になるまでに20世紀かかった。これによって、現代の航海士は未知の海で進むべき航路がわかるようになり、空を見れば目的地までの正しい経路を見つけられるようになった。線と面の難解な関係は素人目にはなんの意味もないが、数学者たちはそれを長い間研究していた。それがなければ、機械の発明の多くは日の目を見なかった可能性が高い。

アメリカの政治家で科学者のフランクリンが、稲妻は電気であると発見したときあざ笑われ、「それがなんの役に立つんだ」と訊かれた。それに対する彼の答えは、「子供がなんの役に立つ？　大人になるかもしれないじゃないか！」というものだった。

また、イタリアの物理学者ガルヴァーニが、カエルの脚に別々の金属をあてると痙攣することを発見したときも、この一見ささいな現象が重要な発見につながるとは、ほとんど誰も想像していなかった。だがそこには、電信技術の種がまかれていたのだ。この電信技術はいまでは大陸間の情報をつないでいる。おそらく何年もしないうちに、地球をひとつに結びつけるものになるだろう。同じように、地中から掘り起こされた石や化石のかけらも、科学的に分析されたことによって、地質学や鉱山業に生かされ、多額の資金が投資され、多くの雇用が生まれたのだ。

採掘坑から水をくみ出したり、工場の機械を動かしたり、蒸気船や蒸気機関車を走らせたりするために使われる巨大な機械も、熱っせられて膨張した小さな水滴の力で動いている。それは誰もが知っている蒸気というもので、普段使っているやかんの口からも出ているものなのだが、精巧に設計されたメカニズムでは、百万馬力もの力を出し、波に逆らい、ハリケーンにさえ対抗できる力を生み出すことができるのだ。そして、同じ力が地球の内部で起こることで火山の噴火や地震の原因にもなり、地球の歴史で大きな役割を演じてきたのである。

ウスター侯爵が蒸気の力を研究するようになったのは偶然だと言われている。ロンドン塔に幽閉されていたとき、熱湯を入れた容器のかたく閉じたふたが目の前で吹き飛んだのだ。彼は研究の結果をまとめた『発明の世紀』を出版した。これは一時期、蒸気の力を知るための教科書のような存在になった。

その後、セイヴァリーやニューコメンなどが蒸気機関の実用化に成功した。ニューコメンが作った蒸気機関のひとつはグラスゴー大学にあり、ワットがその修理に呼ばれた。この偶然がワットにとってはチャンスとなり、さっそく改良に取りかかり、一生をかけて蒸気機関の完成にこぎつけたのである。

❖チャンスを見極め生かしてこそ道は開ける

チャンスを逃さず、偶然さえも最大限に活かして成果をもたらす手腕は、成功するための大切な鍵である。ジョンソン博士は天才を「知性を構成しているさまざまな大きな力が偶然、ある特定の方向に向けられたもの」と定義している。自分で道を見つけようとした人間は、いつも多くのチャンスに巡り合うし、チャンスがないときは自分で作り出す。

大学や博物館や美術館を利用した人がみな、科学や美術の分野で大きな成功を収めるわけではなく、専門の学校で訓練を受けた人がみな、偉大な技術者や発明家になれるわけではない。恵まれた環境よりも必要こそが発明の母であり、一番実を結ぶ学校は困難という学校だ。腕のいい職人でもごくありふれた道具しか持っていない人もいる。職人にとって大切なのは道具ではなく、訓練して得た技術と忍耐力だ。下手な職人が持てば、いい道具も宝の持ち腐れということわざもある。

画家のオーピーがどのような素晴らしいプロセスで色を混ぜているのか訊かれたとき、「頭のなかで混ぜているのです」と答えた。優れた人物はすべて同じだ。スコットランドの天文学者ファーガソンは、正確に時を刻む木製の時計といった素晴らしい作品を、誰もが使っているどこにでもあるごく普通のペンナイフで作ったが、それを持っているからといって誰もがファーガソンになれるわけではない。

スコットランドの化学者ブラック博士が、気化熱などの潜熱の原理を発見したときの道具は、水の入った鍋と2本の温度計だったし、ニュートンが光の組成と色の成り立ちを発見できたのは、プリズムとレンズと厚紙のおかげだった。著名な外国の学者がイギリスの化学者で物理学者のウォラストン博士を訪ねてきて、数々の重要な科学的発見をもたらした研究室を見せてほしいと言ったとき、博士は小さな書斎に案内して、テーブルの上の古い茶盆に載せられた数個の時計皿、試験紙、小さな天秤ばかり、ブローパイプを指して言った。「これが私の研究室です！」

画家のストザードは色を混ぜる技術を蝶の羽をじっくり観察することで学んだ。彼はよく、この小さな昆虫にどれほど助けられたことか、ほかの人にはわかるまいと言っていた。木焦がした棒と納屋のドアが画家のウィルキーにとって鉛筆とキャンバスの代わりだった。木版画家のビュイックは故郷の村の小屋の壁ではじめて絵の練習をし、チョークで描いたスケッチでいっぱいにした。肖像画家のベンジャミン・ウエストがはじめて使った筆は、ネコのしっぽから作ったものだった。

天文学者のファーガソンは野原で毛布にくるまって夜空を見上げ、小さなビーズをつけた糸を自分の目と星の間に伸ばして、天体図をつくった。フランクリンは交差させた2本の棒と絹のハンカチで作った凧を用いて、雷雲が起こす稲妻の電気を取り出した。

ワットは、最初の濃縮蒸気機関の模型を解剖医の注射器を使って作った。それは、解剖前の動脈注射に使われたものだった。法律家のギフォードが靴修理工の見習い期間中に最初の数学の問題を解いて解答を書いたのは、叩いて伸ばした小さな革の切れ端だった。アメリカの天文学者リッテンハウスがはじめて日食の計算をしたのは、鋤《すき》の柄の部分だった。

ごく普通の生活のなかでチャンスや改良のヒントを得るためには、その機会を逃さずにすばやく利用することである。言語学者のサミュエル・リー教授がヘブライ語の研究に興味を持ったのは、大工をしていたときに、修理をしていたユダヤ教会堂のベンチにあったヘブライ語の聖書を見つけたためだった。彼は原書のままでそれを読みたいという欲求に駆られ、ヘブライ語の文法書を古本で安く手に入れ、独学で学び始めた。

数学者のエドマンド・ストーンが貧しい庭師の息子なのにどうやってニュートンの『プリンシピア』（講談社）をラテン語で読めるようになったのかと、アーガイル公爵から訊かれたとき、「アルファベットさえ知っていれば、学びたいものはなんでも学べます」と答えた。忍耐強く努力し、チャンスを根気よくものにしていけば、あとはなんとでもなるものだ。

スコットランドの作家ウォルター・スコット卿は、どんなことからでも自分を成長させるチャンスを見つけ、事故さえも絶好の機会に変えた。弁護士の見習いを終えたときには、スコットランドのハイランド地方をはじめて訪れ、１７４５年のジャコバイトの反乱を生き残った英雄たちと友情を築いたが、それがのちに著された素晴らしい作品の基盤となった。

後年、エディンバラの軽騎兵隊補給係将校として雇われたときは、馬に蹴られるという事故にあい、しばらく自宅から出られなくなったが、スコットは怠惰を目の敵にしていたので、すぐに仕事を開始し、３日間で『最後の吟遊詩人の歌』（評論社）の最初の巻を書き上げた。その後間もなく全編を完成させたのだが、これが初の代表作となった。

さまざまな気体を発見したプリーストリー博士は、ビール醸造所の近所に住んでいたときに、偶然、化学物質に注意を向けるようになった。ある日醸造所に立ち寄ったとき、発酵した液体の上に漂っている気体に火のついた木切れをかざすと、その火が消えるという不思議な現象に気がついた。

博士は当時40歳で化学のことはなにも知らなかった。その原因を確かめるために本で調べたが、その現象についてはまだ知られていなかったので、ほとんどなにもわからなかった。博士は自分で考案した素朴な道具で実験を始めた。最初の実験で得た興味深い結果が次につながり、やがて気体化学という分野が形になっていった。

同じ時期、化学者のシェーレが、遠く離れたスウェーデンの村で同じ分野の研究を人知れず行っていた。数種類の新しい気体を発見したが、彼も薬瓶やブタの膀胱といった自分で入手できる粗末な器具を使っていた。

イギリスの化学者ハンフリー・デイヴィー卿も、薬剤師の見習いだったころ、相当に粗末な道具で最初の実験を行った。実験器具の大部分は手に入った種々雑多な材料で、台所の鍋やフライパン、師匠の薬局にあった薬瓶や容器などだった。ある日、ランズエンドの沖でフランス船が難破するという事故があり、そこから外科医が救出された。外科医が持っていた器具のなかに旧式の浣腸があった。デイヴィーはこれを医師から譲ってもらうと、喜びいさんで自作の空気圧式器具に組み込み、のちに熱の性質と発生源を調べる実験でポンプとして使った。

ハンフリー・デイヴィー卿の科学の後継者であるファラデーも、同様にまだ製本業者だったころは、古い瓶を使って最初の電気の実験をしていた。ファラデーが最初に化学の研究に興味を持ったのは、ハンフリー・デイヴィーが王立研究所で行った科学の講演を聞いたからだったというのは、不思議な縁である。

ある日、王立研究所の会員であった紳士が、ファラデーが雇われていた店に来て、ファラデーが製本するために手に持っていた百科事典の〈電気〉の項目を熱心に読んでいるのを目にした。その紳士はファラデーに声をかけ、電気に興味を持っていることを知ると、王立研究所の講演会の参加証を分けてくれた。ファラデーはそこでデイヴィーが行った4

つの講演を聴講し、メモをとってデイヴィーに見せた。デイヴィーはその科学的な正確さを認め、それを書いた若者が低い身分なのを知って驚いた。そこでファラデーは、化学の研究に身を捧げたいという望みを打ち明けたが、はじめはデイヴィーに止められた。しかしこの若者は諦めず、やがて王立研究所に助手として雇われ、最終的にこの聡明な製本業者の見習いは、聡明な薬剤師の見習いのあとを継ぐことになったのだ。

デイヴィーがブリストルのベドーズ医師の研究室で働いていた20歳くらいのときにノートに書いた言葉は、彼の性格をよく表わしている。「私は裕福でもなく、力もなく、推薦してもらえる出自でもない。しかし生きていれば、そのような強みを持って生まれた人と変わらず、人類と友人たちに仕えることができると信じている」

ファラデーもそうだが、デイヴィーは自らの知性を総動員して、研究しているテーマの調査や実験を行える力があった。そのような能力は、まじめに努力し忍耐強く頭を働かせば、まず間違いなく素晴らしい結果を生み出すものだ。詩人のコールリッジは、デイヴィーのことを次のように語っている。

「その精神は活力と順応性に富んでいて、そのためすべての問題を把握して分析し、筋の通った結論を導くことができる。デイヴィーの頭にあるすべてのテーマには命が宿っていて、生きている思考が彼の足もとで芝生のように成長するのだ」。デイヴィーのほうもコールリッジの能力を大いに称賛してこう語っている。「最高の天才で、視野が広く、繊細な心と明晰な頭脳を持つ彼は、秩序と精密さと調和を追い求め、それに身を捧げている」

フランスの博物学者キュヴィエは、非常に注意深くじっくりとものごとを観察して、いかなるものも見逃さない人物だった。子供のころ、偶然手に入れたビュフォンの本を見て自然史に興味を持った。すぐに本の挿絵を模写し、書かれている内容にそって色をつけていった。まだ学校に通っているころに教師からもらった『リンネの自然の体系』は、10年以上も彼の自然史の本棚を飾っていた。

18歳のとき、ノルマンディーのフェカン近郊に住む家族に家庭教師として雇われると、海岸近くに住むようになったので、海洋生物の不思議な生態をじかに見ることができた。ある日、砂浜を歩いていたとき、打ち上げられたイカを見つけた。その珍しい生物にひきつけられ、持ち帰って解剖し、そこから軟体動物の研究を始め、それによって素晴らしい評価を得た。当時は参考にできる本はなく、あるのは目の前に広がる自然という名の偉大な本１冊だけだった。毎日目にする珍しく興味深い生物の研究からは、本を読むよりもずっと深い印象を受けた。

３年の間に、生きている海洋生物を近隣で発見された化石と比べ、興味を引かれた海洋生物を解剖し、じっくり観察して、動物界の分類を大きく改革する素地を固めていった。このころ、フランスの歴史家で博学なテシエ神父がキュヴィエのことを知り、パリに住む博物学者のジュシューやほかの友人に、この若い博物学者が調べていることを手紙に書いて、キュヴィエを推薦してくれた。

そのおかげで、キュヴィエはフランス博物学会に論文を送るように要請された。そして間もなくパリ植物園の副園長に任命された。テシエからジュシューにあてた手紙では、この若い博物学者を次のように紹介している。「別の分野だが、学会にドランブルを推薦したのは私だったことを覚えているだろう。この人物は第2のドランブルになる」。実際のところ、テシエの予言以上になったことはつけ加えるまでもないだろう。

❖時間を無駄に使う者にチャンスは訪れない

つまり、成功を引き寄せるのは偶然ではなく、目的意識とたゆまぬ努力なのである。意志が弱い者、怠け者、目的のない者にとっては、幸運な偶然があってもなんの役にも立たない。ただ通りすぎるだけで、そこに意味など見出さない。しかし、その機会をすぐにとらえて、行動と努力を怠らずに生かすことができれば、驚くほどのことを成し遂げられる。

ワットは数理器具製造の仕事をしながら、化学と力学を独学で学び、同時に、スイスの染物師からドイツ語を学んだ。スティーヴンソンは炭鉱の技師として働きながら、夜間に算数と測量を独学で学び、昼間は食事休憩の間に、トロッコの側面にチョークのかけらで計算をしていた。

化学者のドルトンの勤勉さは生活の一部になっていた。それは少年時代から始まった。小さな村の学校で12歳のときから教えていて、冬は学校で、夏は父親の農場で働いた。クエーカー教徒として育ったものの、ときには誰が早く問題を解けるか賭けをしながら仲間とともに勉強し、問題を誰よりもすばやく解いて、冬中のろうそくを買えるほどの金を稼いだこともあった。この世を去る直前まで気象観測を続け、人生で20万件もの観測記録を残した。

半端な時間しかなくても根気強く努力すれば、素晴らしい成果がもたらされる。くだらないことに使っている時間のうち、毎日1時間でも生産的なことに使えば、普通の人間でもなにかの学問を習得することができる。10年もたたないうちに無知な人間が知識の豊富な人間になれる。無為に時間を過ごしてはいけない。知る価値のあるものを学んだり、立派な信条を養ったり、いい習慣を身につけたりすべきだ。

作家でもあるメイソン・グッド医師は、患者の往診のためにロンドンの通りを馬車で行き来する間に、古代ローマの詩人ルクレティウスの作品を翻訳した。同じように、チャールズ・ダーウィンの祖父で博物学者のエラズマス・ダーウィン医師も、著書のほとんどを田舎の家から家へ二輪馬車で移動している間に書いたし、常にメモ用紙を持ち歩き、思いついたことを書きとめていた。

法律家のヘイルは、著書の『黙想』を巡回裁判に出かける道中で書き上げた。音楽家のバーニー博士は、自分の生徒の家をまわりながら馬上でフランス語とイタリア語を学んだ。詩人のカーク・ホワイトは、弁護士事務所への行き帰りに歩きながらギリシャ語を学んだ。さらに私の知り合いの地位の高い人物も、マンチェスターの通りを使い走りとしてメッセージを運びながら、ラテン語とフランス語を学んだという。

フランスの大法官だったダゲッソーは、時間の隙間をうまく利用して、食事の待ち時間の間に優れた著作を大量に書き、フランスの作家ジャンリス夫人は、家庭教師をしていた王女を待っている間に素晴らしい本を数冊書き上げた。

アメリカの平和運動家エリヒュー・バリットは、自分を成長させることができたのは天賦の才があったからではなく、ただとぎれとぎれの〝半端な時間〟をうまく使ったからだと語っている。彼は鍛冶屋として生活の糧を得つつ、18種もの新旧の言語と、22種ものヨーロッパの地域言語を習得したのだ。

オックスフォード大学にあるオール・ソウルズ・カレッジの日時計の文字盤に書かれた〝Pereunt et imputantur（時間は消えゆく。その責めはわれらにあり）〟という言葉は若者にとって厳粛で胸に響く助言だ。時間は永遠に続くが、人間に与えられるのはほんのわずかな破片だけで、人生と同じように取り戻すことはできない。

エクセター大聖堂のオルガン奏者で作曲家のジャクソンはこう言っている。「金銭なら過去に浪費したとしてもそのあと節約すれば補うことができるが、今日無駄にした時間を明日の分からもらうことはできない」。ドイツの人文学者メランヒトンは自分が無駄にした時間をメモし、それを補うためにさらに働いたため、時間を無駄にすることがなかった。

あるイタリア人学者は、自宅のドアに、誰であれここに留まる者は仕事を手伝うこと、と書かれた銘板を貼っていた。清教徒の牧師バクスターを訪問した者が「お時間を取ってしまって申し訳ありません」と言うと、牧師は「まったくそのとおりだ」とさも迷惑そうに不機嫌な声で返事をした。時間というのはこのような偉人たちにとっても財産であり、そうでない者にとっても、後世に貴重な成果を残すための大切な資源なのである。

引き受けた仕事をまっとうすることが非常に苦しいと考える者もいるが、その苦労が成功のために必要なものなのだ。イギリスのエッセイストであるアディソンは、エッセイで綴られた日刊紙『スペクテイター』を創刊する前に、原稿用の資料をファイル３冊分も集めていた。ニュートンは『古代王国年代記』を15回も書き直してようやく満足のいくものにした。イギリスの歴史家ギボンは『ギボン自伝』（筑摩書房）を９回書き直した。

イギリスの法学者ヘイルは何年もの間１日16時間勉強し、法律の勉強に疲れると、哲学と数学の勉強で気を紛らせた。スコットランドの歴史家で哲学者のヒュームは、『イングランド史』の準備中、１日13時間執筆していた。啓蒙思想家のモンテスキューは著書のある部分について友人に、「読むのは数時間しかかからないけれど、書くのには白髪ができるほどの労力がかかったんだ」と語っている。

思いついたことや見聞きした事実をすばやくつかみとり、忘却の彼方に去ってしまわないように書きとめておくという方法は、思慮深く研究熱心な人たちによって実践されてきた。イギリスの哲学者ベーコンは『ふと思い浮かんだことの覚え書き』というタイトルの原稿をたくさん残している。スコットランドの法学者アースキンは、アイルランド生まれの政治家バークの言葉を多数引用している。イギリスの大法官エルドンは、法律家コークによる「リトルトン注釈」という名で知られる『イギリス法提要』第１巻を、２回以上も自分の手で書き写し、その本の内容を頭にしっかり刻み込んだ。

神学者のパイ＝スミスは、製本業者であった父の見習いをしていたとき、読んだ本すべてに関する覚え書きを大量に書くようにしていて、そこに引用や批評を加えていた。こつこつと資料を集める努力が生涯にわたって彼の特徴となり、伝記作家は彼のことを「常に仕事をしていて、常に前進し、常に集めていた」と書いた。彼の書いた覚え書きはのちに、ドイツの作家ジャン・パウル・リヒターの「題材集」のように、パイ＝スミスが文を書くときの材料になるものが収まった素晴らしい倉庫になった。


著名な解剖医のジョン・ハンターも同じ習慣を持っていたが、それは忘れっぽさを補うためだった。彼は思いついたことをメモしておく利点をよく次のように言っていた。「商売人が在庫を調べるようなものさ。そうしないと自分がなにを持っていて、なにが足りないのかがわからなくなってしまうんでね」。ジョン・ハンターの観察力はとても鋭かったので、同じく解剖医のアバネシーは彼のことを、ギリシャ神話で１００の目を持つ巨人になぞらえて「アルゴスの目を持っている」とよく言っていた。それは、根気強く努力することで発揮される力を示すわかりやすい表現である。

彼は20歳くらいまでほとんど教育を受けたことがなく、読み書きを覚えるのに相当苦労した。グラスゴーで何年間か普通の大工として働いたあと、ロンドンで講師と解剖の実習助手をしていた兄のウィリアムのところに行った。ジョンは解剖室の助手になると、すぐに兄を追い抜いた。それは、もともと持っていた能力が高かったせいもあるが、それよりも忍耐強い勤勉さと疲れを知らぬ努力の結果だった。

彼はイギリスで最初に比較解剖学の研究に根気強く取り組んだ人物であり、解剖して集めた標本は、著名な解剖学者で生物学者のオーウェン教授が整理するのに10年以上もかかった。標本は2万点以上あり、ひとりの人間の努力によって集められたものとしては類のない素晴らしいものだった。

ハンターは毎朝夜明けから8時まで自分の標本室で過ごした。そして日中はさまざまな個人的活動を行いながら、セント・ジョージ病院の外科医や陸軍の軍医総監代理として骨の折れる職務をこなしていた。学生に講義をし、自宅で実践解剖学の講座の指導もした。暇を見つけては動物生態学の複雑な実験を行い、科学的に重要なさまざまな著作を執筆した。これほどの量の仕事をこなす時間を作るために、夜は4時間しか眠らず、夕食後に1時間寝ていた。自分が引き受けた仕事を成功させる方法を訊かれたとき、「私のルールは、始める前に、実行可能かどうかをじっくり考えることです。もし可能でなければやりません。実行可能であれば、それなりに工夫して成し遂げようと努力しますし、着手すれば最後までやめることはありません。このルールが私のすべての成功の秘訣です」と答えた。

それまではとるに足らないものだと思われていた事柄に関する確たる事実を集めることに、ハンターは自分の時間の大半を費やしていた。たとえば当時、ハンターはシカの角の伸びかたを熱心に研究していたが、周囲の人からは時間と頭の無駄使いだと思われていた。

それでもハンターは、科学的な事実に関する正確な知識はすべて価値があるという信念を持っていた。シカの角の研究によって、動脈がいかに環境に適応して、必要に応じて広がるかを学び、そうやって知識を得たことで大胆になり、動脈枝にできた動脈瘤の治療のために、そこにつながる太い動脈を縛って処置するという前代未聞の方法で、患者の命を救った。多くの独創的な人たちと同じく、ハンターも長い時間をかけ、ひそかに土を掘り起こして基礎を作るのに似た努力をした。

ハンターは孤独な独立独歩の天才で、人からの共感や称賛に慰めを見出すことなく自分の道を進んだ。同時代の者には、彼が追い求めている最終的な目的を理解してもらえなかったからだ。しかし真の努力家がみなそうであるように、ハンターは最高の褒美を手に入れた。それはほかの人からではなく、自分の内側から生まれるものだ。つまり、心からの満足感である。正直な人間が誠実に、常に全力をかけて義務を果たせば、必ず与えられる贈り物である。

❖信念を貫き多くの患者を救った名医たち

フランスの外科医アンブロワーズ・パレも念入りな観察、忍耐強い勤勉さ、不屈の根気強さを持った人物だ。パレは１５０９年にメーヌ州ラヴァルの床屋に生まれた。貧しかったため親は息子を学校にやれなかったが、村の教区司祭の給仕をさせて、独学で学んでくれればと期待した。しかし、司祭がラバの世話や雑用で忙しく働かせたので、パレには学ぶ時間がなかった。そんなおり、切石手術医として有名なコトーが司祭の知り合いの聖職者に手術をするためにラヴァルを訪れた。パレはその手術に立ち会い、とても興味を持った。

そのときから外科手術の世界に足を踏み入れる決意をしたと言われている。

司祭の家の仕事を辞め、パレはヴィアロという床屋医者の見習いになり、そこで瀉血《しゃけつ》や抜歯や簡単な手術の方法を学んだ。4年間のこういった修業を経たあと、パリに行って解剖学と外科を学校で学び、同時に床屋で生活費を得た。その後、パリ市民病院で助手の仕事を得ると、そこでの仕事ぶりが目覚ましく著しい成長を示したため、主任外科医のグーピルに信用され、彼が執刀できない手術を任されるほどになった。

通常の教育を終えて床屋医者の資格を得ると、間もなくイタリアのピエモンテでモンモランシー率いるフランス軍の軍医となった。パレは決まりきったやり方で働く人間ではなく、熱意と独自の考えかたで日々の仕事をこなし、病気の原因とそれに合った治療法を自分なりにじっくりと考えた。それ以前の時代には、傷を負った兵士は敵兵よりも外科医の手によってさらに苦しめられていた。銃創からの出血を止めるためには沸騰した油をかけるという野蛮な方法が使われていた。大出血の場合は熱した鉄で傷口を焼いて血を止めていた。切断が必要なときには熱したナイフで行われた。

最初はパレもそのような従来の方法で傷の手当てをしていたが、あるとき幸か不幸か沸騰させる油がなかったので、おだやかな効き目の軟膏で代用した。ペレは失敗だったのではないかとひと晩中身じろぎもできずに過ごしたが、翌朝患者の状態が良くなっていたので安堵した。一方、いつもの方法で治療された者たちは痛みに苦しんでいた。このような偶然によって、パレは銃創の治療に大きな改良をもたらした。そして、それ以降も軟膏を使い続けた。

彼が改良したもうひとつの重要な治療法は、大出血を止めるために焼くのではなく、動脈を糸で縛る方法を使ったことだった。しかし、パレは改革者によくある運命に見舞われた。彼の方法は、危険な素人仕事で実験的すぎると仲間の外科医から非難され、年上の外科医たちはその方法を使うことを拒否した。彼らはパレは充分な教育を受けていないと非難し、とくにラテン語とギリシャ語を知らないと責め、古代に書かれた書物を引用して彼を攻撃した。

それに対してパレは、正しいとも間違っているとも言えなかった。しかし、そういった攻撃に対する一番の反論法は、自分の方法で治療を成功させることだった。ほうぼうからパレを呼ぶ負傷兵の声が上がると、パレはいつでも治療に向かった。そして、丁寧に愛情深く兵士たちを治療した。そして治療を終えてその場を離れるときはいつもこう言葉をかけた。「包帯は巻いておきましたよ。あとは神が治してくださるでしょう」


3年間軍医として過ごしたのち、パレは高い評判とともにパリに戻り、すぐに国王おかかえの外科医になった。メス市がカルロス1世のスペイン軍に包囲されたとき、守備隊は多数の死者を出し、負傷者の数も膨大だった。外科医は少なく腕も悪かったため、おそらくスペイン兵の剣よりも、彼らの治療によって死んだ者のほうが多かったのではないかと言われるほどだった。

守備隊の司令官であったギュイズ公は国王に手紙を書いて、パレを寄こしてほしいと嘆願した。勇敢なこの外科医はすぐに出発し、数々の危険（本人の言葉を借りれば「つるし首か絞殺か八つ裂きか」）に立ち向かい、どうにか敵の前線を超えて無事メス市に入った。ギュイズ公や将軍、大尉たちはパレを歓迎し、その到着を知った兵士たちは、「負傷で死ぬ心配はもうなくなったぞ。われらの友が来てくれたのだ！」と口々に叫んだ。

翌年、パレは同様にして包囲されたエスダンで治療にあたっていた。その直後にエスダンはサヴォイア公の指揮のもと陥落し、パレは捕えられた。だが、敵の将校の傷を鮮やかな手際で治療したので、身代金なしで釈放され、無事パリに戻ることができた。

パレの残りの人生は研究と自己研鑽、信仰と善行に満ちていた。同時代の非常に博識な人たちに強く勧められ、これまでの手術の経験を記録に残すことにし、28冊の本にまとめ、自らの手で次々と出版した。彼の書物は、非常に多くの事実と事例を挙げているだけでなく、その目で確かめられなかった治療法に基づく助言は避けているという点で、非常に価値のあるものだった。

パレはプロテスタントではあったものの、カトリックの国王おかかえの外科医であり続け、プロテスタントが多数殺害されたサン・バルテルミの虐殺のおりには、シャルル9世との個人的な友情によって命を救われた。シャルル9世は、未熟な医者から静脈切開手術を受け危険な状態になったとき、パレに救われたことがあったのだ。

作家のブラントームはその自叙伝のなかで、サン・バルテルミの虐殺で国王がパレを救った出来事をこのように書いている。「あれほど多くの命を救った者が虐殺されるのは理不尽だとおっしゃって、王はパレを迎えに行かせ、夜じゅう自分の部屋や衣裳部屋にかくまって動くなと命じた」。こうしてパレは恐怖の一夜を生き延び、その後何年も生きて長寿をまっとうし、名声に包まれて心安らかにこの世を去った。

イギリスの解剖学者ハーヴィーも、これまで述べてきた人たちに負けず劣らず不屈の人物である。調査と研究に8年もの年月を費やし、血液の循環についての見解を発表した。何度も実験を繰り返して確かめたのは、おそらく彼の発見を知った同業者からの反論を予想してのことだった。最終的に彼が意見を述べた論文は非常に謙虚であったものの、簡潔で明快で決定的なものだった。

それでも嘲笑され、愚かなペテン師のほら話だと言われた。しばらくの間ひとりの賛同者も得られず、侮辱やののしりばかりを浴びた。古くから尊敬されている権威に異議を唱えることになった彼の考えは、聖書の権威を転覆させ、道徳と信仰の基礎を揺るがそうと意図したものに違いないとまで言われてしまった。

小さな診療所もうまくいかなくなり、友人もほとんど去っていった。これが数年続いたが、ハーヴィーはその不幸のさなかもこの大いなる真実を決して捨てることはなかった。そしてそれが多数の思慮深い人の心に届き、やがてさらなる実験を経て、およそ25年後に、確立した科学的真実として認識されたのだ。

ジェンナー博士が天然痘の予防薬として種痘を発見し、この治療法を普及させて確立しようとしたときに遭遇した困難は、ハーヴィーよりもずっと厳しいものだった。以前から、グロスターシャーの乳しぼり女たちの間では、牛痘にかかった者は天然痘にかからないという噂があり、多くの人がそれを耳にしていた。つまらない俗説でまったく意味はないと考えられていたため、調べる価値もないと思われていた。

だが、それは偶然ジェンナーの耳に入るまでのことだった。ジェンナーはまだ若く、ソドベリーで勉強していたのだが、師匠である医師のところにやってきた村の娘が、天然痘の話が出たとき、なんの気なしにこう言ったのだ。「私はかからないの。牛痘にかかったから」。その言葉に好奇心をかき立てられ、ジェンナーはすぐにその件について、訊ね回ったり観察したりし始めた。

牛痘が天然痘の予防になるかもしれないという考えを医師仲間にすると笑い飛ばされ、そんな話をしつこく続けてわれわれを煩わせるのなら、医学界から追放するという脅しまで受けた。その後ロンドンで幸運にもジョン・ハンターのもとで勉強することになったとき、ハンターに自分の考えを話してみた。この偉大な解剖学者の助言は独特のものだった。「考えるな、やってみるんだ。辛抱強く正確に」

この言葉にジェンナーは大いに勇気づけられた。これは科学的研究の真髄を示す言葉である。田舎に戻ったあとも、診療をしながら観察と実験を20年も続けた。自分が発見したことを信じて疑わなかったため、自分の息子に3回種痘を接種した。やがて70ページの論文にまとめ、23件の種痘接種の成功例の詳細を述べた。接種を受けた人たちはその後、天然痘の患者と接触しても、種痘を接種しても天然痘にかかることはなかった。論文が発表されたのは１７９８年だが、ジェンナーはこの考えを１７７５年から持っていて、それがようやく確立されたものになったのだった。

この発見はどのように受けとられたのだろうか。最初は無視され、次には激しい悪意を向けられた。ジェンナーはロンドンに行って、医師仲間に種痘の接種方法とその効果を見せたが、医師たちは誰もその方法を試そうとせず、３ヵ月近くも成果がないまま、生まれ故郷に帰ってきた。ウシの乳房から取った痘《とう》を人間に接種するという〝野蛮な方法〟を風刺画にされ、ののしられもした。聖職者からは、種痘接種は「邪悪」だと非難された。種痘接種を受けた子供たちは「牛の顔」になると言われ、腫れ物が破れて「角がはえて」きて、その顔立ちが徐々に「牛の顔つきに変わっていき、声は牛の鳴き声になる」と言われた。

しかし、種痘の効果は本物で、激しい反論にもかかわらず、効果を信じる流れがゆっくりと広がっていった。とはいえ、ある村では、ひとりの医師がこの種痘接種を村人たちに広めようとしたところ、それに協力してはじめて接種を受けた村人たちが家から出ようとすると石を投げられ、急いで家に逃げ戻るということもあった。

自分の子供にワクチン接種をさせる勇気があったふたりの貴婦人、デューシー公爵夫人とバークリー伯爵夫人の名前は、称賛とともに覚えておくべきだろう。このふたりのおかげで、当時の偏見はまたたく間に消え去った。医者たちが徐々にジェンナーのもとに集まってきて、この発見の重要性が認識され始めると、ジェンナーの功績を自分の手柄にしようとする者も出てきた。ジェンナーの活動がようやく勝利を勝ちとったのだ。

彼は世間に認められ、ようやく努力が報われた。金銭的にも余裕ができたが、その後も、無名であったときと変わらずつつましく生きた。ロンドンに移ってくるように誘われ、そこで診療所を開けば年1万ポンドは稼げると言われた。しかし、ジェンナーはこう答えた。「とんでもない！　私は人生の朝にへんぴでみすぼらしい道を歩いてきました。山ではなく谷です。人生の夜を迎えたいまになって、裕福で名声を受ける身分になるのは私らしくありません」

ジェンナーが生きていた間に、種痘接種は文明社会全体で採用され、彼の死後、人類の恩人として彼の名声は広く知れわたった。博物学者のキュヴィエはこう語っている。「種痘接種がこの時代にしか通用しない発見だったとしても、その輝きは永遠に残るほどの偉業だ。それなのに、医学界のドアは20回叩き続けてようやく開かれたのだ」

同じくらい忍耐強く、意志が固く、根気強かったのが、神経系に関する発見を追究したスコットランドの外科医チャールズ・ベル卿だ。彼より前の時代は、神経の機能に関してはいくつもの考えが混じり合ったまま広まっていて、この分野の知識は3000年前の古代ギリシャの学者デモクリトスやアナクサゴラスの時代からほとんど進化していなかった。

チャールズ・ベルは、1821年から一連の重要な論文を発表し始めたが、そこで非常に独創的な考えを述べた。それは長期間にわたって、注意深く正確に、何度も繰り返された実験に基づくものだった。神経系の発達を、原始的な生物から動物界の王である人間までたどり、彼自身の言葉を借りれば「誰にでもわかるように平易に」説明している。

ベルの発見を構成していたのは、脊椎神経には機能がふたつあり、脊髄に埋まっている2本の根から伸びる一方の神経が意志を、もう一方が感覚を伝達するというものだった。この問題はチャールズ・ベルの頭を40年間も占めていて、1840年に最後の論文を王立協会に提出した。ハーヴィーやジェンナーのときと同じように、ベルも嘲笑の的となり、最初はその意見を聞いた者から反論され、やがてそれが事実であることが認識されると、その発見は自分が先にしていたという主張が国内外から出てきた。

先のふたりと同じように、ベルも論文の発表によって開業医を続けられなくなったが、発見が前進するたびにその段階を記録に残し、医者としての評判を汚さないようにと、これまで以上に勤勉に仕事をしたのも同じだった。

とはいえ、チャールズ・ベルの偉大な発見は、最終的にはしっかりと認められた。そしてキュヴィエは自身の死の床で、自分の顔が片方にひきつってゆがんでいるのに気づいて、チャールズ・ベルの理論が正しかったことの証明だと付添人にその症状を見せたのだ。

同じように神経科学の分野をひたむきに追究したのは、外科医マーシャル・ホール博士で、彼の名前はハーヴィー、ハンター、ジェンナー、ベルと同様に後世に残るだろう。ホールは長い人生を人のために尽くしたが、注意深く鋭い観察眼を持った人で、一見しただけでは重要に思われないことでも、その注意を引かないものはなかった。脊髄反射神経系という、科学界で彼の名前が長く知られることになった重要な発見は、非常に単純な状況から始まった。

ある日、イモリの肺の循環を調べるために、頭を切ったイモリをテーブルに乗せ、尻尾を切ろうとしていたときに、うっかり外皮を刺してしまった。すると尻尾が勢いよく動きだし、さまざまな形にねじれるのを見た。筋肉にも筋神経にも触れていなかったのに、なぜこのように動くのか。同じ現象はおそらくそれ以前にも観察されていたのだろうが、その原因を調べようとしたのはホール博士がはじめてだった。

彼は根気強く努力して、あるとき大声でこう宣言した。「原因を突き止めてはっきりさせるまでは、決して諦めるものか」。この問題に対する彼の関心はとどまることがなく、人生の2万5000時間あまりをこの問題の実験と化学的調査にあてたと推定される。

彼はこのころ自分の診療所の拡張も行っており、また、セント・トマス病院やほかの医学校で講義も行っていた。信じがたい話だが、彼が書いた論文は当初王立協会に拒絶され、17年後にようやく受け入れられた。そのときにはもう、彼の説は国内外の科学者たちに知れわたっていた。

❖好奇心から研究に没頭し、そして歴史に残る偉業を達成

ドイツ生まれのイギリスの天文学者ウィリアム・ハーシェル卿の人生も、科学の別分野で驚くべき忍耐力を示した例だ。父親は貧しいドイツの音楽家で、4人の息子も同じく音楽家にさせようと育てていた。ハーシェルは幸運を求めてイギリスにわたると、ダラム市民軍の楽隊に入って、オーボエを担当した。

あるとき、連隊がドンカスターに駐留していたおりに、オルガン奏者のミラー博士から、

バイオリンのソロ演奏が素晴らしくとても気に入ったので、軍を出てしばらく自分の家に住まないかという提案を受けた。ハーシェルはその勧めどおりにして、コンサートでバイオリンを演奏しながら、空いた時間にはミラー博士の図書室で勉強をするという生活をしばらく続けた。そのうち、ハリファクスの教区教会に新しいオルガンが設置され、オルガン奏者の募集が始まると、ハーシェルはそれに応募し採用された。音楽家として各地を転々とするなかで、彼はその後バースに移り、鉱泉水飲み場の楽団に入り、オクタゴン・チャペルのオルガン奏者も務めた。

そのころ天文学で新しく発見されたことが彼の心をとらえ、ひどく好奇心をかき立てられたので、望遠鏡を探し回って、友人から口径約60センチのグレゴリー式反射望遠鏡を貸してもらった。この貧しい音楽家は天文学に強く引きつけられ、自分で望遠鏡を買うことまで考えるようになったが、ロンドンの眼鏡商から提示された値段は驚くべきものだったので、自分で作ることにした。反射望遠鏡がどんなもので、その装置で一番大切な部分である凹形の金属反射鏡を作るのに必要な技術を知っている人なら、この試みが困難を極めることは一目瞭然だろう。

それでもハーシェルは、長い間苦労した末に、口径約150センチの反射望遠鏡を完成させた。そして、この望遠鏡で土星の輪と衛星を観測するという喜びを味わったのである。ハーシェルはその成功で満足せず、続いて2メートル、3メートル、さらには6メートルもの反射望遠鏡を次々と作った。2メートルの望遠鏡を作っていたときは、どんな力を加えても耐えられるものを作るまでに200は下らない反射鏡を作った――これぞ、驚くべき忍耐力を示す見事な例ではないか。

自分で作った望遠鏡で天体を計測しつつ、鉱泉水飲み場の上流社会の客の前で演奏して生活費を稼いでいた。天体観測に熱中していたので、演奏の合間にそこから抜け出し、望遠鏡を少し覗いては満足してオーボエ演奏に戻った。

このようにして努力を重ねた結果、ハーシェルはのちに天王星と名づけられる〝ジョージの星〟を発見し、その軌道と速度を注意深く計算し、その結果を王立協会に送った。するとこのつつましいオーボエ奏者は、無名の存在から一気に名声を浴びる存在となった。すぐに国王付天文官に任命され、ジョージ3世の肝入りで生涯その地位に置かれることになった。彼はこの栄誉を無名時代から変わらぬ従順さと謙虚さで受け止めた。非常に穏やかで我慢強く、困難な状況を乗り越えて科学分野で成功を収めたハーシェルのような人は、さまざまな伝記を紐解いてもそう簡単には見つけられないだろう。

イギリスの地質学者の父ウィリアム・スミスの仕事は、おそらくさほど知られていないが、これもまた忍耐強く勤勉に努力し、こつこつとチャンスを積み上げていった興味深く示唆に富んだ実例である。彼は1769年にオックスフォードシャーのチャーチルで自作農民の家に生まれた。幼いころに父親を亡くしたため、村の学校で受けた教育はささやかなものだった。しかも子供時代の彼には放浪癖や怠け癖があったので、ますます教育の機会が減った。母親が再婚したので、スミスは同じく農夫であった叔父に引きとられた。

スミスがうろつき回って近隣の土地にある〝パウンドストーン〟や〝パンディップ〟など

といった変わった石を集めるのを叔父は面白くは思っていなかったが、幾何学の入門書や測量を学ぶために必要な本を買うのは許してくれた。というのも、この叔父はスミスを測量士にしようとすでに決めていたからだった。

若いころから、スミスの正確で鋭い観察眼は際立っていた。そして一度見たことは決して忘れなかった。図面を引いたり、色づけをしたり、測量の技術も学んだが、それは正規の教育を受けたわけではなく、すべて独学だった。そうやって独学で身につけた技術はまたたく間に熟練の域に達し、間もなく地元の有能な測量士の助手になった。

そして、仕事のためにオックスフォードシャーや近隣の土地をよく旅するようになった。そういうときにまず真剣に考えを巡らせたのは、自分が測量したり旅したりした土地で興味を引かれた土や地層の位置だった。とくに関心を持ったのは、青色石灰岩とその上にかぶさる岩、そして赤い土の位置関係だった。自分が担当した無数の炭鉱の測量でスミスはさらに経験を積み、わずか23歳で、すでに地層の分布図を作ってみようと考えていた。

スミスは、グロスターシャーで計画されている運河の測量をしていたとき、その地方の地層に一定の法則があることに気づいた。石炭層の上にある地層は水平ではなく、東のほうに傾いていて、まるで大きな「バターつきパンを何枚も重ねて切ったときのように」見えた。この考えは間もなく、平行している谷の地層を観察することで確かめられた。

ふたつの谷の地層をつくっていた〝赤土〟〝青色石灰岩〟〝軟石〟または〝ウーラウト〟が東方向に下がっていて、やがて地下に沈み、そこから次の地層が始まっていたのだ。スミスはそれから間もなく自分の考えをより大きなスケールで検証することができた。イングランドとウェールズで運河の管理について、個人で調査する仕事を得たのだ。

この旅はバースからニューカッスル・オン・タインへと至るもので、シュロプシャーとウェールズ経由で戻る間も、スミスは休むことなく観察を続けた。同行者とともに通りすぎる土地の様子と構造をすばやくメモし、将来使えるように大切に保管した。

彼の地質学的視点はとても正確で、駅馬車でヨークからニューカッスルに向かう道中も観察を欠かさず、東に見える白亜層やウーライトの丘は道路から8～25キロメートルも離れていたにもかかわらず、輪郭と相対的位置からその性質を見抜いたり、青色石灰岩と赤土が道路のところどころに現われるのを見て、表層の広がり具合を確認したりした。

観察によって得た彼の結論は以下のようなものだと思われる。イングランド西部にある地層は一般的に東と東南に傾いている。夾炭層《きょうたん》の上に赤い砂岩と泥灰土が重なり、その上に青色石灰岩と粘土と石灰岩の層が堆積している。さらにその上に砂地と黄色石灰岩と粘土の層が重なっていて、それがコッツウォルド丘陵の台地を形成している。

一方、イングランド東部では、巨大な白亜質の堆積層がその上に重なって広く分布している。彼はさらに観察を続け、粘土、砂地、青色石灰岩にそれぞれ特異な種類の化石があることに気づき、それを研究した結果、これまで誰も聞いたこともない結論に至った。

こういったいくつかの地層それぞれに特有の海洋生物の化石があるということは、それらは異なる海底だったことを示している。つまり、粘土、砂地、白亜、石の各層は、地球の歴史でそれぞれ違う時代に形成されたという説だ。

その考えは強く彼の心をとらえ、それ以外のことは話すことも考えることもできなくなった。運河委員会でも、羊毛を刈っているときでも、州議会でも、農業協会でも、〝ストラタ（地層）・スミス〟と呼ばれるほど、地層のことで頭がいっぱいだった。彼は実際に素晴らしい発見をしたのだが、科学界ではまだまったく無名の存在だった。

次にイングランドの地質図を作るという計画にとりかかったが、しばらくそれを中断せざるを得なくなった。サマセットシャーの炭鉱運河の仕事に専念することになったからだ。この仕事にはおよそ6年かかった。その間も飽くことなく地層の観察を続け、外側の形状からその土地の内部構造や地層を見抜くことが非常に得意になった。それで広大な土地の排水路建設などについて相談されることが多くなったが、そんなときは自分の地質学の知識を駆使して非常に的確なアドバイスを与えたので、高い評判を得た。

ある日、バースでサミュエル・リチャードソン牧師が所有する化石のコレクションが入ったキャビネットを見ていたとき、スミスが急にその分類をばらばらにして、層位学の順番で化石を並べ直し、「こっちはその上の砂と軟石から、こっちが青色石灰岩から出たもので、こっちはフラー土から、こっちはバースの建築用石材からだ」と述べて、牧師を驚かせた。

このリチャードソン牧師は新たな啓示を受け、すぐさまウィリアム・スミスの説の信奉者になった。しかし、当時の地質学者たちはそう簡単には納得しなかった。無名の測量士が、彼らに地質学を教えるような真似をしていることに我慢がならなかったのだ。
しかし、ウィリアム・スミスには、地面という皮膚を突き抜けて奥深くまで見通せる目と頭があって、地球のいわば肉や骨格、組織まで推定できるようだった。バース近郊の地層に関する彼の知識は非常に正確で、ある晩、地質学者でもあったジョゼフ・タウンゼンド牧師の家で食事をしているとき、白亜層から石炭層までの23の地層を上から順番に言い、それを同席していたリチャードソンが書き記した。当時、その下の地層はまだはっきりとわかっていなかった。これに、いくつかの岩盤層から採取した素晴らしい化石のリストを加えたものが1801年に発表され、その文献は広く読み継がれた。

スミスの次の目標は、資金が許す限りバースから離れた遠い地域までの地層を調べることだった。何年も遠征を行い、ときには徒歩で、ときには馬の背や駅馬車の屋根に乗って出かけた。本来の仕事に支障をきたさぬように、日中に時間が取れないときは夜に移動することも多かった。仕事で自宅から遠く離れたところに出向くとき、たとえばバースからノーフォークシャーのホルカムまで行って、コーク氏の土地の灌漑《かんがい》と排水工事を監督したときなどは、馬に乗ってあちこち回り道をしながら帰り、通りすぎる地域の地質の特徴をメモした。

数年間はこのようにして、イングランドとアイルランドまで足を延ばして旅を続けた。その距離は年間1万6000キロメートルにも及んだ。このひっきりなしで骨の折れる旅の合間に、自らが新たな学説と見なす地質学の基本法則が、ほかの地域でも当てはまることを確認して記録した。どんなにありふれたものに見えたとしても、観察しなければ、あるいは無視していれば、新たな事実を収集する機会は見逃されてしまうものだ。

スミスはできるときにはいつでも、自然にできたものでも人工的なものでも、地層の断面が見えれば記録をとり、3メートルを1センチとする縮尺で図を描き色を塗った。その観察眼の鋭さについては次のような逸話がある。ウォーバン近郊の土地に地質学の調査をしにいったときのこと。ダンスタブルの白亜質の丘陵のふもとに差しかかると、スミスは連れの者に「こういう丘のふもとの地面に割れた箇所があったら、サメの歯が見つかるかもしれない」と言った。すると、そう遠くまで行かないうちに、できたばかりの排水溝があり、その白い盛り土から6本のサメの歯が見つかったのだ。のちにスミスは自分自身のことをこのように語っている。

「観察する習慣がいつの間にか身体に入り込み、頭のなかにいすわって、ともに生活する相棒のような存在になってしまったので、さあ旅をしようかと考えると、とたんにその相棒が活動し始めるのです。それでいつも出発するまでには、地図はすっかり準備が整い、ときにはその研究対象や道筋の計画を立て、調査を始める前から論文を書き始めることもあります。だからこそ、私の頭は画家のキャンバスと同じで、対象物をはじめて見たときに最良の印象を描き出す準備が整っているのです」

果敢に懸命に努力を続けていたにもかかわらず、ウィリアム・スミスの『イングランドとウェールズの地質図』の出版計画はさまざまな理由でなかなか前に進まなかったが、１８１４年に友人の援助によってようやく出版され、20年にも及ぶたゆまぬ努力の結晶がようやく日の目を浴びることとなった。

目的に必要な調査や情報の収集、観察のために、その期間に仕事で得た収入をすべて注ぎ込まなければならず、遠方の地域まで出かける資金を作るために自分のわずかな地所すら売ってしまった。また、バース近郊で採石場への投資を始めたが、これがうまくいかず、自分の地質学のコレクションを売らねばならなくなった（これは大英博物館によって買いとられた）。さらには家具や蔵書も売り払い、手元に残ったのは論文と地図と地層の断面図だけだったが、これは生きていく役には立たなかった。

彼は損失と不運を強い不屈の精神で乗り越え、その間も、勇気を失うことなく快活に粘り強く仕事を続けた。スミスは１８３９年の８月にノーサンプトンでその生涯を閉じた。バーミンガムで開かれる英国学術協会の会議に向かう途中だった。

この勇猛果敢な科学者の努力の賜物と言えるイギリス初の地質図は、高く評価されたとは言いがたい。とはいえ、のちにある著名な作家はこのように述べている。「着想が素晴らしく、全体像が正しくとらえられており、その後のイギリスの地図を作るさいの基本になったばかりでなく、世界のすべての地域の地質図の基本になった。

いまでは古くすり切れていて、色あせた部分の修正が必要ではあるものの、地質学会の世界では、いまでもスミスの地質図は偉大な歴史的文書だ。この分野に精通している者なら誰でも、あとから作られた同じ縮尺のものと比べても、その地図がすべての基本的部分において劣っていないことがわかるだろう。スミスの偉大な法則につけ加えられた重要なものとしては、マーチソンとセジウィックによるウェールズとイングランド北部のシルル紀の岩の複雑な分析くらいだ」

オックスフォードシャーの測量士だったこの天才は、存命中に科学者たちから正当に評価され、名誉も受けることができた。1831年にロンドン地質学会はスミスに「イギリスの地質学における偉大な最初の発見と、とくに我が国において、地層の同定とそこに埋まった化石によって地層の年代を決定する方法を最初に発見し、知らしめた功績をたたえて」ウォラストン・メダルを授与した。

ウィリアム・スミスはただひたすら熱心に努力するという方法で、深く愛した地質学の法則と同じく、その名を後世に残すこととなったのだ。先に引用した作家の言葉を使えば、「受け継がれる生命というものの最初の形態がどのようなもので、それがいかにしてこの世に現われたかが解明されるまでは、ウィリアム・スミスという天才のおかげでなされた地質学の発見ほど価値あるものが出てくるとは考えにくい」

スミスと同様に地質学者のヒュー・ミラーにも優れた観察力が備わっていて、科学のみならず文学も熱心に勉強し、両分野で成功した。自らの人生を語った本(『私が通った学校と先生たち』は非常に興味深い読み物であるのはもちろん、読者にとって有用になるような工夫がこらされている。これは質素極まりない生活のなかで、真に高貴な人格が形成される過程を描いた物語であり、自助と自尊と自立の心の大切さが強く説かれている。

まだ子供だったころ、船員であった父親が海で溺れ、ミラーは未亡人になった母親に育てられた。多少の教育は受けたものの、最高の教師は一緒に遊んだ少年たちや、同じ仕事場で働いていた大人たち、ともに生活していた友人や親戚だった。彼は種々雑多な本をたくさん読み、労働者、大工、漁師、船員などからさまざまな分野の独特の知識を得た。なかでも一番多くのことを教えてくれたのは、クロマーティ湾の海岸沿いに散在する巨大な岩々だった。

海賊だった曾祖父が使っていた大きなハンマーで、ミラーは石を割り、雲母《うんも》や斑岩《はんがん》やざくろ石などを集めた。ときには森で1日過ごしたりもしたが、そこでも少年の注意をひいたのは、目の前に現われる地質学的に珍しいものだった。海岸の石を探しているときに、海藻を荷車に積むために来た農家の使用人から皮肉を込めて、「石のなかから銀でもとり出そうってのか」と訊かれることがあったが、それに「そうです」と答えられるような幸運は決して訪れなかった。働ける年齢になると、自分で石工という職を選びその見習いになった。クロマーティ湾を望む採石場で働き始めたのだが、この採石場は彼にとって最高の学校だった。そこにあった驚くべき地質学的形状が、彼の好奇心を目覚めさせたのだ。

下部に濃い赤の石の層があり、上部には薄い赤の粘土層がある。それがこの若い石工の注意を引いた。それでミラーは、これといって役に立ちそうにないこの地層というものを観察し、研究することにしたのだ。ほかの人間なら気にもとめないようなところに、似ているところと違うところや独特な特徴を見出し、それを深く追究した。彼はただ自分の目と心を開き、まじめに、勤勉に、忍耐強く研究した。そしてそれが、彼の知性を高める秘訣だった。

ミラーの好奇心が呼び覚まされ、大きくかき立てられたのは、珍しい有機物の化石だった。その多くは古代の絶滅した魚やシダやアンモナイトで、波に洗われた海岸に現われたり、ハンマーで石を割ると出てきたりすることがあった。それらを見逃すことは決してなく、観察を重ね、形態を比較して、最終的に何年もあとになって、もう石工ではなくなってから、古代の赤色砂岩についての非常に興味深い研究を世界に発表すると、あっという間に地質学者としての評判が得られた。

しかしこの研究は、長年にわたる忍耐強い観察と調査が実を結んだものだ。ミラーは自伝のなかでつつしみ深くこう述べている。「私の強みと言えるものはたったひとつしかない。それは、根気強い調査力だ。これは、誰でもその気になれば私と互角か私を超えることができるものだ。そして忍耐というこのささやかな能力を正しく伸ばしてやれば、どんな天才よりもアイデアを大きく育てることができるだろう」

著名なイギリスの地質学者であるジョン・ブラウンもミラーと同じように、最初はコルチェスターで石工の見習いをしていて、のちにノリッジで一人前の石工として働いた。その後、コルチェスターで建設業を始めると、つつましく勤勉に働いて充分な収入を得た。この仕事をしているときにはじめて化石や貝殻の研究に惹きつけられ、それらを集め始めた。これはのちに、イギリスでも有数のコレクションになった。エセックス、ケント、サセックスの海岸沿いを調査したところ、ゾウとサイの素晴らしい化石を発見し、そのなかでももっとも貴重なものを大英博物館に寄贈した。晩年には、白亜層に含まれる有孔虫の研究に心血を注ぎ、面白い発見をした。多くの貢献を果たした彼の人生は、幸福で名誉あるものだった。１８５９年11月、エセックスシャーのスタンウェイで80歳という天寿をまっとうした。

その少し前、スコットランドの著名な地質学者ロデリック・マーチソンは、スコットランドのサーソーでパン屋をしていたロバート・ディックという素晴らしい地質学者を見出した。彼がパンを焼いている店をロデリック卿が訪れたとき、ロバート・ディックは板の上の小麦粉を使って、地元の地質学的特徴を描き、いまある地図は不完全だと指摘した。仕事のないときに地元を旅して確かめたのだという。

ロデリック卿は質問を重ね、自分の目の前にいるこの身分の低い人物が、優れたパン職人で地質学者というだけでなく、第一級の植物学者でもあることに気づいた。イギリス地理学会の会長でもあったロデリック卿は、このときのことをこう語っている。「私は大いに恥じ入ったのだが、このパン屋は私よりずっと、いわば10倍以上もの植物学の知識を持っていた。彼はほとんどの花を収集していて、集めきれていない花はわずか20～30種類だった。贈られたものもあれば、買ったものもあったが、ほとんどは故郷のケイスネスで自ら採集したものだった。そしてその標本は学名を添えられ、美しく陳列されていた」

ロデリック・マーチソン卿自身も、同様の科学分野を追究した人物だ。トーリー党の機関紙『クォータリー・レヴュー』の記者は彼のことを次のように書いている。

「並外れたこの人物は、人生の前半を兵士として過ごしたのち、幸か不幸か科学的な訓練をまったく受けたことがなかったが、キツネ狩りをする優雅な紳士になることなく、生まれ持った活力と聡明さ、疲れを知らぬ努力と熱意で、科学の分野で永遠に残るであろう幅広い名声を勝ちとった唯一の人物である。

彼はまず、まだ調査されていない自国の辺境地域を研究し、何年も苦労して岩石の組成を調べ、地層に含まれる生物群に基づいて地層を分類し、各地層に特徴的な化石群を特定して、いわば地球の地史という書物の大きなふたつの章、つまりシルル紀とカンブリア紀を最初に翻訳したのである。この功績によって、今後も彼の名は常にこの地史という書物の最初のページを飾るに違いない。

ロデリックの功績はこれだけではない。このようにして得た知識を生かして、母国と海外の広範な地域を詳細に分析し、それ以前は〝未知の土地《テラ・インコグニータ》〟とされていた地域を地質学的に次々と発見していったのである」

ロデリック・マーチソン卿は単なる地質学者ではない。さまざまな分野で不屈の努力を発揮し、もっとも功績を残し、目的を遂げた科学者なのである。

第6章

芸術家たち

「はるか遠くで燦然と輝いていたものでも、
いざ手にすると大して価値のないものに思える。
だから、また別の価値あるものを探し求める。
だが実は、努力することそれ自体に価値があるのであって、
努力の結果得られるものに価値があるのではない」
——R・M・ミルズ（イギリスの詩人、政治家）

「秀でよ、そうすれば生き抜ける」
——ジュベール（フランスの随筆家）

❖芸術の世界も厳しい修練なくして偉業は成しえない

芸術の分野で秀でるには、ほかの分野と同様に、忍耐強く仕事にいそしむしかない。素晴らしい絵画を描くにしても、見事な彫像を作るにしても、それらは決して偶然に生まれるものではない。才能に導かれているとはいえ、芸術家の巧みな筆使いや鑿《のみ》使いは、根気強い努力の産物である。

ジョシュア・レイノルズは、努力の力を信じており、優れた芸術性は「たとえ才能、センス、あるいは天賦の才と表現されるものであっても、習得することができる」と考えた。バリーに宛てた手紙で、「秀でた画家になろうと心に決めた者は、ほかの芸術分野でも同じことだが、朝起きた瞬間から夜寝るときまで、絵を描くことだけにしっかり集中しなければならない」と書いている。

また別の機会にも、「その分野で秀でようと心に決めた者は、やる気が出ようが出まいが、朝も昼も夜も仕事にいそしまなければならない。それは決して楽しいことではなく、かなりの重労働なのだ」と述べている。

真摯に努力することが芸術の分野で卓越した業績を上げるために不可欠であることは間違いないが、天賦の才に恵まれていなければ、単なる努力などなんの意味もなく、どんなに打ち込んでも芸術家にはなれないというのも、また事実である。才能は生まれつきのものだが、それを高めて完成させるには自己修養するしかない。自己修養は学校で与えられるどんな教育よりも効果が高いのである。

偉大な芸術家のなかには、貧困などさまざまな困難から這い上がって道を進まねばならなかった者もいる。すぐに何人かの実例は思い浮かぶだろう。菓子職人だったクロード・ロラン、染物屋だったティントレット、絵の具製造業者のカラヴァッジョとバチカンの漆喰運搬業者だったカラヴァッジョ、盗賊の一味だったサルヴァトル・ローザ、農家の息子ジョット、ジプシーだったジンガロ、父親に家を追い出されて乞食になったカヴェドーネ、石工だったカノーヴァなど、多くの芸術家たちは、厳しい逆境のなかで必死に勉強して懸命に働くことにより、その分野で卓越した成功を収めることができたのである。

そして我が国最高の芸術家たちも、芸術の才を磨くのに適しているとは到底言えない環境に生まれている。ゲインズバラやジョン・ベーコンは織物職人の息子で、バリーはアイルランドの少年水夫、マクリースはコークにある銀行の見習い、オーピーとロムニー、そしてイニゴー・ジョーンズも大工だった。ウェストはペンシルバニア州のクエーカー教徒で小農家の息子である。ノースコートは時計職人、ジャクソンは洋服屋、エティは印刷業者、レイノルズ、ウィルソン、ウィルキーは聖職者の息子である。また、ローレンスは居酒屋の息子で、ターナーは理髪師の息子であった。

たしかに、最初からある程度芸術に関わる環境に生まれた者もいる。とはいえ、それもごくわずかな関わりだが。フラックスマンの父親は石膏像を売っていたし、バードは茶盆の装飾をしていた。マーティンは馬車の塗装工、ライトとギルピンは船の塗装工、チャントトレーは彫刻家とめっき師をしていた。デイヴィッド・コックス、スタンフィールド、ロバーツは背景画家だった。

彼らが秀でた芸術家になれたのは、純粋な努力と厳しい修練によってであり、運が良かったわけでも偶然によるものでもない。たしかに富を築いた者もいるが、金持ちになることをおもな動機とする芸術家はほとんどいない。実際のところ、自制心と努力が必要とされる駆け出しのころに、金銭欲だけで勤勉に仕事に励み続けることなどできるものではない。芸術家にとっては、追求する喜びこそが最高の報酬なのである。富は、運が良ければあとからついてくる。優れた精神を持つ芸術家たちは、客と売値の交渉をすることよりも、才能のおもむくままに描いていたいものなのだ。スパニョレットと呼ばれたホセ・デ・リベーラは、クセノポンの素晴らしい物語を地でいった人物である。

スパニョレットは、一度は大金を稼ぐ手段を手にするが、財産に振り回されることを嫌って自らそれを手放し、貧困と努力の日々に戻った。ミケランジェロは、儲けを得るために自分の作品をどうにか世に出そうと苦心している画家について意見を求められたさい、「金持ちになりたいと強く思っているうちは、いい絵は描けない」と言った。

ジョシュア・レイノルズ卿と同様に、ミケランジェロは努力することの力を強く信じており、手が精力的に心のままに動きさえすれば、頭に思い描いたものは必ず大理石で形にできると考えていた。ミケランジェロはまさに疲れ知らずの職人だった。自分が同輩の芸術家たちに比べてかなり多くの時間を仕事に費やすことができるのは、仕事以外の生活習慣に理由があると考えていた。

仕事に従事する日は、わずかなパンとワインだけでほぼ一日過ごし、真夜中に起きてふたたび仕事を再開することもよくあった。そのときは、厚紙の帽子の上にろうそくをつけてそれをかぶり、その光を頼りに彫る。

ときには、疲れ果てて着替えずに眠ることもあったが、そのおかげで翌朝すっきり目覚めるやいなや、すぐに仕事に取りかかれた。彼のお気に入りの図案は歩行器を使って歩く老人で、その上の砂時計にはイタリア語で〝ANCORA IMPARO！（私はまだ学び続けている）〟と刻まれていた。

ティツィアーノもまた、疲れ知らずの職人だった。有名な『ピエトロ・マルティーレ』は8年、『最期の晩餐』は7年かけて描いた。カール5世に宛てた手紙で、「陛下にお送りいたします『最後の晩餐』は、7年間ほとんど毎日描き続けて完成しました」と述べている。ほとんどの人は、芸術家の優れた作品が、忍耐強い作業と長期にわたる修行の末に生み出されるとは思っていない。芸術家たちはあっという間に、やすやすと作品を完成させているように見える。だが、その境地に達するまでには、大変な苦労があるのだ。

あるベネチアの貴族は「たった10日間で仕上げた胸像が、金貨50枚もするのかね」と、ある彫刻家に苦言を呈した。すると彫刻家は「10日間で胸像を彫れるようになるまで、30年間も修業したのです」と返答した。また、ドメニキーノは注文された絵を仕上げるのが遅いと責められたさい、「私は常に頭のなかで描き続けているのです」と答えた。オーガスタス・コールコットも非常に勤勉な画家であった。彼が有名な『ロチェスター』の構成のために描いたスケッチは40枚を超える。

このように繰り返し何度もやり続けることこそ、芸術で成功するために欠かせない条件であり、それは人生で成功するための必須条件でもある。

どれほど生まれつき豊かな才能に恵まれていても、やはり芸術を極めるには、長期間にわたる絶え間ない努力が必要である。芸術家は早熟であることが多い。しかし、そこからなんの努力もしなければ、せっかくの才能も無に帰してしまう。

ウェストにまつわる有名な逸話を紹介しよう。わずか7歳のころ、一番上の姉が産んだ赤ちゃんがゆりかごのなかで眠っているのを間近で見て、その可愛らしさに心を打たれたウェストは、走って紙を探しに行き、すぐに赤と黒のインクでそのポートレイトを描いた。この小さな出来事でウェストの芸術の才能が明らかになったが、そのあと、その才能を努力して磨くことができない性格であることも明らかになった。あれほど早く成功しなければ、彼はもっと偉大な画家になれたかもしれない。彼の名声はかなりのものだったが、研鑽や試行錯誤や困難を経てようやく獲得したものではなかったので、長続きしなかったのである。

リチャード・ウィルソンは、まだほんの子供のころ、焼けた棒きれで父親の家の壁に人や動物をスケッチして遊んでいた。彼ははじめ、おもにポートレイトを描いていた。だがイタリア滞在中のある日、ズッカレリの家に立ち寄ったとき、不在の主人を待っているうちに退屈し、応接間の窓から見える風景を描き始めた。

帰ってきたズッカレリがその絵に魅了され、風景画を勉強したことはあるかと訊ねると、彼はないと答えた。それを聞いたズッカレリは、「それなら、やってみるといい。絶対成功するから」と助言した。ウィルソンはその助言を聞き入れて風景画を勉強し、懸命に描いた。その結果、彼はイギリスで初の偉大な風景画家になったのだ。

ジョシュア・レイノルズ卿は子供のころ、勉強をさぼって絵ばかり描いて遊んでいたので、いつも父親に叱られていた。医者になることを期待されていたが、そのあふれるほどの芸術的才能は抑えようがなく、画家になった。

ゲインズバラはまだ少年のころから、サドベリーの森にスケッチに行っていて、12歳のころには画家になろうと心に決めていた。彼は鋭い観察眼を持つ勤勉な画家だった。一度見た風景はどんなに細かい特徴も見逃すことなく、きっちり描いた。靴下屋の息子であったウィリアム・ブレイクは、父親の店の請求書の裏に絵を描いたり、カウンターでスケッチを描いたりしていた。

エドワード・バードはまだ3歳か4歳のころ、椅子の上に立って壁に人物を描いていた。彼の説明によるとそれは、フランスとイギリスの兵士だった。父親は彼に一式の絵の具箱を買い与えた。息子の絵への情熱を生かそうと考えた父親は、彼を茶盆製作業者の見習い奉公に出した。この奉公のあと、彼は自力で勉強しながら働き続けて少しずつ這い上がり、ロイヤル・アカデミー会員に名を連ねるレベルに達した。

ホガースは、学校では決して勉強のできる子ではなかった。授業中はアルファベットの文字の図案を描いて遊んでいた。学校で書き取りの課題があると、その課題の内容よりもその文字につけた装飾で目立つような子供だった。勉強の面では、頭の固い学校の教師たちにいつも叱られてばかりだったが、文字装飾にかけてはずば抜けて秀でていた。父親は彼を銀細工師の見習いに出した。そこで彼は絵を学び、スプーンやフォークに紋章やモノグラムを彫れるようになった。銀の浮き彫りをマスターすると、独学で銅彫りにも手をつけ、おもにグリフィンなど紋章に用いられる怪物を彫った。このように学び続けていくうちに、彼はさまざまな人物を題材にしたいと思うようになった。人物画の分野で彼の絵が卓越して素晴らしいのは、注意深い観察と努力の成果である。

彼には顔の目立った特徴を正確に記憶したのち、それらを紙の上に再現するという素質があったが、自分でその素質に磨きをかけた。奇抜な風体の人や風変わりな顔を見かければ、その場で親指の爪にスケッチして帰り、時間があるときにそれを拡大して紙に描いた。あらゆる面白いものや新しいものに強い興味を持ち、そういったものを探すために、普段人があまり出かけないような場所をうろつき回った。

この念入りな記憶の蓄積により、彼はのちに膨大な量の思考と貴重な観察結果を作品に投入できたのである。ホガースの絵が真に迫っているのは、ホガースが人物の特徴や生活様式に通じていただけでなく、その時代の思想にまで通じていたからである。彼自身の考察によれば、真の意味で描画を教えてくれる唯一の学校は自然である。自分の足で歩いて見つけた知識は豊富だったが、とくに教養のある人物ではなかった。

彼が受けた学校教育はささやかなもので、スペリングさえまともに習得できていなかった。ほかはほとんどすべて独学だった。長い間苦しい生活が続いたが、それでも楽しんで仕事に取り組んだ。貧乏だったが、少ない稼ぎでなんとかやりくりして、「期限を守る支払者」でいることを誇りにしていた。あらゆる困難を克服して有名になり、それなりの富を築いてからも、昔の苦労や貧乏暮らしを忘れず、さらにいい作品を作るべく戦い続けた。その戦いは、人間として誇らしく、そして芸術家として輝かしい終わりを迎えた。

あるとき彼は次のように言っている。「たった1シリングだけ持って暗い気分で街に行った日のことをよく憶えている。ところが版画が1枚売れて10ギニーを手にするや、すぐに家に戻り、自分の作品という武器を携えるとふたたび勝負に打って出た。今度はポケットに何千ギニーも入っている男みたいに自信満々で」

「勤勉と忍耐」は彫刻家バンクスの座右の銘だった。自分がそれに従って行動するだけでなく、他人にも強く勧めた。彼は親切で有名だったので、意欲的な若者がこぞって彼のもとを訪れ、助言や助けを求めた。これに関して次のような逸話がある。

ある日、ひとりの少年が彼に会いに来たとき、使用人はそのノックの音が大きすぎると叱りつけて、いまにも追い返しそうになった。それをバンクスが聞きつけてやってきた。

すると、手にスケッチを何枚か持った少年が戸口に立っている。「なにがお望みかな?」と訊ねると、「もしよろしければ、アカデミーで絵を勉強させてもらえませんか?」と少年が言う。バンクスは自分が入学を斡旋することはできないことを説明したのちに、絵を見せてみなさいと言った。

絵をつぶさに見たバンクスは「きみ、アカデミー入学まではまだ時間がたっぷりある。家に帰り、学校の勉強に励みながら、アポロの絵をもっと上手に描けるように練習しなさい。そして1ヵ月後にまた来て、私に絵を見せてほしい」と少年に言った。

少年は家に帰り、いままでの倍も努力してスケッチと勉強に励み、1ヵ月経つと、ふたたびバンクスのもとを訪れた。スケッチは上達していたが、バンクスはまた役立つ助言をしたのち、少年を家に帰してスケッチと勉強を続けさせた。

1週間後、少年はまたバンクスを訪ねてきた。少年のスケッチは非常によくなっていた。そしてバンクスは少年に、一生懸命努力すれば有名な画家になれると思うから、気持ちを明るく持って、がんばりなさいと励ました。この少年は若き日のマルレディーであり、バンクスの予言は見事に的中することになる。

クロード・ロランの名声は、その不屈の努力の賜物である。クロードはロレーヌ地方シャンパーニュの貧しい家庭に生まれた。最初は菓子職人の見習いだったが、のちに木彫り職人の兄のもとで木彫りを学ぶようになった。

そこで絵の才能を発揮し始めると、ある旅商人がクロードをイタリアに連れて行きたいと兄に申し出た。兄の承諾を得て、若き芸術家はローマにやって来た。ローマでは、すぐに風景画家アゴスティーノ・タッシに使用人として雇われた。そこでクロードははじめて風景画を学び、しばらくすると自分で描き始めた。やがてイタリア、フランス、ドイツを旅して回り、途中の町で足を止めては風景を描いて旅費を稼いだ。

ローマに戻ると、仕事の依頼が増えていった。そして彼の評判はヨーロッパ全土に広がった。彼は自然のさまざまな面を飽きることなく観察し続けた。一日の大半を費やして、建物、大地、木々、葉などを詳細に描き写す練習をしていた。細部まで仕上げたら、そのスケッチをそばに置いて保管し、構成をよく練った上で風景画に取り入れた。

また、彼は空にも強い関心があり、朝から晩まで一日中空を眺め続けて、雲の動きや光の増減によって起きるさまざまな変化を記録した。こうした継続的な努力により、徐々にではあったが高い描画技術と鋭い観察眼を体得し、これによって一流の風景画家として不動の地位を手にしたのだ。

「イギリスのクロード」と呼ばれるターナーも、大変な努力家だった。ロンドンの理髪師だった父親のあとを継ぐべく働いていたが、ある日、ターナー少年の描いた銀盆の紋章のスケッチが、父親の店に来ていた客の目にとまった。その客が息子に好きなようにさせるべきだと父親を説得してくれたおかげで、やがてターナーは絵の道に進むことを許された。多くの若い芸術家と同様に、ターナーも幾多の困難に遭遇した。しかも彼は非常に貧しかったため、困難もひときわ大きかった。

しかし、常に意欲的に仕事に取り組み、苦労をいとわず、どんなに小さな仕事でも喜んでやった。夕食付きでひと晩半クラウンしかもらえない、ほかの人が描いた絵の空の部分に薄めた墨を塗る仕事を引き受けたこともあった。

こうして彼はこつこつと稼ぎ、技術を高めていった。ガイドブックや年鑑など、安い口絵が必要なありとあらゆる種類の本のイラストを引き受けた。「もっといい仕事があったろうにって?」のちにターナーは語っている。「そうは思わない。とてもいい練習になったからね」

彼はなんでも誠実かつ入念に描き、決して仕事を適当に終わらせなかった。そんなことをすれば評判を落としてしまうからだ。彼は稼ぐだけでなく学ぶことも忘れなかった。いつも仕事に最善を尽くし、前の作品より少しでもいいものが描けるまでは決して筆を置かなかった。

このように努力する人間は、必ず多くのことを成し遂げることができる。彼の才能と感受性は、ラスキンの言葉を借りれば、「昇る太陽のように着実に」伸びた。しかし、ターナーの才能に賛辞など必要ない。彼の最高の記念碑は、彼が国家に遺贈した素晴らしい作品の数々である。今後もその作品によって彼の名声は後世に伝わるだろう。

美術の都ローマに行くことは、いつの時代でも、美術を学ぶ学生にとって最大の憧れである。だが、ローマへの旅は多額の費用がかかり、しかも学生はたいてい貧乏である。しかし、困難に打ち勝つ覚悟があれば、なんとかローマにたどり着くことは可能だ。

フランスの初期の画家フランソワ・ペリエも、どうにかしてその永遠の都に行きたいという思いから、目の見えない旅人の案内役を務めることにした。長い放浪の旅の末、バチカン宮殿にたどり着き、努力を重ねて有名になった。

ジャック・カロのローマ行きを目指す情熱はなかでもとくに強かった。父親に反対されていたが、どうしても画家になりたかった少年は、家を出てイタリアを目指す。一文無しで出発したため、少年はすぐに困窮してしまう。しかし偶然ジプシーの一団と知り合い、その一員になって、さまざまな市《いち》や祭りを巡って放浪し、いろいろと珍しい体験をした。この冒険に満ちた旅の間、カロは人の容姿、顔立ち、特徴について驚異的な量の知識を蓄えた。それをもとに、カロはのちに素晴らしい腕前で、ときに実際よりかなり誇張しながら、素晴らしい版画作品を作った。

カロはついにフィレンツェにたどり着き、その熱意と独創性をある紳士に見込まれ、ひとりの画家のもとで絵を学ぶことになった。しかし、カロはローマの手前にとどまることに満足できず、ほどなくしてローマへと向かった。

ローマでは、ポリージやトマッサンと知り合う。彼らはカロのクレヨンで描いたスケッチを見て、のちに芸術家として素晴らしい業績を上げるだろうと予言した。しかしカロは家族の友人に偶然出会ってしまい、家に連れ戻された。だがこのころにはすでに、すっかり放浪生活の楽しさにはまっていて、おとなしく家にとどまることなどできなかった。

そういうわけで、ふたたび逃げだした。二度目の逃亡では、トリノで兄に見つかって連れ戻された。ここでようやく父親は、何度連れ戻しても無駄だとわかり、仕方なくカロがローマで勉強することを認めた。

こうしてローマに戻ったカロは、数年間優秀な親方たちのもとでデザインと版画をこつこつと学ぶ。その後、フランスへの帰路の途上で、コジモ2世に請われてフィレンツェにとどまり、さらに数年間フィレンツェで学び作品を作った。パトロンであったコジモ2世が亡くなると、ナンシーの家族のもとに戻った。そこで間もなく、彫刻刀とエッチング針により富と名声を得た。30年戦争中、ナンシーが包囲されたとき、カロはフランスの宰相リシュリューからその出来事について版画をデザインして彫ってほしいと依頼されたが、生まれ故郷に降りかかった災難を記念するような作品は作りたくないときっぱり拒否した。

リシュリューはカロを説得できなかったので、彼を牢屋に入れてしまった。そこでカロは、昔ローマに行きたくて家出したときに助けてくれたジプシー仲間に再会する。カロが牢屋に入っていることを聞いたルイ13世は、カロを釈放しただけでなく、なんでも願いを叶えようと申し出た。

これを受けて、カロは、すぐに昔の仲間のジプシーたちを釈放して、パリで邪魔されることなく物乞いができるようにしてほしいと願い出た。この奇妙な願いは、カロが乞食たちの様子を版画に彫ることを条件に聞き入れられた。そういうわけで『乞食たち』という風変わりなタイトルの版画集ができあがった。ルイ13世は、パリを離れないという条件でカロに3000リーブルの年金を提示したと言われている。

しかし、カロは根っからのボヘミアンであり、彼にとっての自由の価値は3000リーブルどころではなかった。彼はナンシーに戻り、生涯そこで作品を作り続けた。カロの勤勉さは、1600点以上にものぼるその版画や銅版画の作品数からも推察できる。とくにグロテスクなテーマを好み、見事な腕前で仕上げた。どれも自在なエッチング技術と素晴らしく繊細で細部まで丁寧な彫りのタッチを駆使した秀逸な作品である。

❖破天荒かつ自由奔放な芸術家チェッリーニ

ベンヴェヌート・チェッリーニの生涯は、さらに情熱的で波乱に満ちていた。彼は優秀な金細工師で、画家で、彫刻家で、彫り師で、技術者で、作家であった。彼の生涯は、これまでに書かれたあらゆる伝記のなかでもとくに際立っている。

父親のジョヴァンニ・チェッリーニは、フィレンツェのロレンツォ・デ・メディチに仕える宮廷音楽家だった。父は息子にフルート奏者になってほしいと強く望んでいた。しかし、職を失ってしまったため、息子になにか商売を覚えさせることが必要だと考えるようになり、金細工師の見習いに出した。すでに描画や芸術に興味を示していたチェッリーニは仕事に打ち込み、すぐに優れた職人となる。しかし地元住民とのトラブルに巻き込まれてしまい、彼は6ヵ月間の追放処分を受けた。その間、シエナの金細工師のもとで働き、さらに宝石や金細工の製作の経験を積んだ。

だが、父からはそれでもフルート奏者になってほしいと言われたので、チェッリーニは嫌々ながらフルートの練習も続けていた。しかし自ら進んで情熱を傾けて追い求めたいのは、美術であった。フィレンツェに戻ると、彼はレオナルド・ダ・ヴィンチやミケランジェロの作品を丹念に研究し、また金細工の技術も磨いた。

その後、徒歩でローマへ行き、さまざまな経験を積んだ。フィレンツェに帰るころには、貴金属細工においてもっとも優秀な職人という評判を得て、すぐにあちこちから依頼が殺到した。しかし短気な性格だったので、しょっちゅう問題を起こし、命からがら逃げ出すこともあった。挙句の果てには、修道士に変装してフィレンツェから逃げ出してシエナに隠れるはめになり、その後ローマへ向かった。

二度目のローマでは、チェッリーニはたくさんの顧客に恵まれ、ローマ教皇庁に金細工師および音楽家として雇われる。彼は常に勉強を続け、最高の名人たちの作品を研究することによって、自分の技術に磨きをかけていった。

宝石を散りばめ、エナメルを塗装し、紋章を彫り、さまざまなデザインの金・銀・銅の細工を作った。その作品はほかのどの職人よりも優れていた。なんらかの金細工で有名な職人がいると聞けば、ただちにその職人を超えるものを作ろうと決意するのだ。メダル作り、エナメル加工、宝石加工、それぞれライバルとする職人は違った。実を言うと、チェッリーニは自分が専門としている分野すべてで、抜きん出ていたいと思っていたのだ。

このような気概で働いているのだから、これほどたくさんのことを成し遂げたこともそう不思議なことではない。彼は疲れ知らずの行動家で、常に動き回っていた。最初はフィレンツェにいたが、ローマへ行き、続いてマントバ、またローマ、ナポリ、そしてフィレンツェに戻った。それから馬に乗ってはるばるベネチアやパリまで行った。荷物をたくさん持ち歩けないので、いつも行く先々で必要なものを作るところから始めた。

作品のデザインをするだけでなく、自分で製作もした。彼自身の手で鍛造し、彫り、鋳造し、成形するのだ。彼の作品には才能の刻印のようなものがはっきり感じられ、デザインや製作をほかの誰かに任せることなどあり得なかった。女性用ガードルの留め金、印章、ロケットペンダント、ブローチ、指輪、ボタンなど、どんなに取るに足りない小物でも彼の手にかかれば、美しい芸術品となった。

チェッリーニは、手仕事の手際の良さや器用さが群を抜いていた。ある日、金細工師ラッファエロ・デル・モーロの工房に、ラッファエロの娘の手の手術をするために外科医が訪れた。ちょうどそこにいたチェッリーニは、外科医の道具を見て、粗雑な作りで使いにくそうだと思った。

その時代の医者の道具はそんなものだったが、彼は外科医に15分ほど手術を待ってほしいと頼んだ。そして自分の工房に走って帰り、上質の鋼鉄を使って素晴らしい仕上がりのメスを削り出した。そのメスを使った手術は無事成功した。

チェッリーニによる彫像のなかでも、とくに有名なものは、フランソワ1世の依頼でパリで製作した銀製のジュピター像と、フィレンツェのトスカーナ大公コジモのために製作した銅製のペルセウス像である。また、大理石でアポロ、ヒュアキントス、ナルキッソス、ネプチューンなどの像も作っている。ペルセウスの鋳造にまつわる驚くべき逸話には、彼の非凡な性質がよく表われている。

トスカーナ大公コジモは、蝋でできた模型を見て、これをブロンズで鋳造するのは不可能だろうと決めつけるように言った。これを聞いたチェッリーニは不可能という言葉に強く刺激され、その気になり、実際に鋳造をやり遂げてしまったのだ。まず粘土で模型を作って焼き上げ、それに蝋をぬり、完全な形の像を作り上げた。次に、蝋の上に別の種類の土を塗って焼き上げると蝋は解けて流れ落ち、二層の土の間に金属を流し込む空洞ができる。型を動かさずにすむように、あとのプロセスは鉱炉のすぐ下に掘った穴で行われた。そこからパイプを通して鋳型に開けた注入口に溶かした金属を流し込むのだ。

チェッリーニは、鋳造のプロセスに備えて大量の松材を買いだめしてから、鋳造をスタートさせた。溶鉱炉に真鍮や銅のかけらを満杯に入れ、点火する。松材の樹脂はあっという間に激しく燃え上がって工房の屋根に燃え移り、屋根の一部が焼けてしまった。

そのとき、風と同時に雨が降り始めたため、溶鉱炉の熱がどんどん下がり、金属を溶かすことができなくなった。チェッリーニはなんとか温度を上げようと松材を投入し続けた。あまりにも長時間そうしていたので、疲れ果てて気分が悪くなり、ブロンズ像ができる前に死ぬかもしれないと恐くなった。それで、金属が溶けたら型に流し込む工程は弟子に任せて休息を取るしかなかった。

ところが疲労困憊の彼に追い打ちをかけるように、弟子が突然部屋に飛び込んできて、「どうしましょう、先生の作品が取り返しのつかないことになってしまいました」と嘆く。それを聞いたチェッリーニはベッドから飛び起き、工房に走っていくと、火はほとんど消えかけていて金属が固まり始めていた。


1年以上乾燥させた若いオーク材を近所から集めさせてくべると、間もなく火はふたたび燃えたち始めた。金属が溶けてぎらぎら輝き始める。しかし、まだ風は強く雨も激しい。自分の身を守るために古布やタペストリーを何枚もかけたテーブルを持ってこさせると、そのうしろから溶鉱炉に木材を投げ入れる。大量のピューター合金をさらに投入し、鉄や長柄を使ってかき混ぜていると、ほどなく全体が完全に溶解した。この耐えがたい時間はもうすぐ終わりというところまで来たまさにその時、雷が落ちたようなとんでもない音がして、目の前で燃える炎が光っていた。溶鉱炉の蓋が吹っ飛んだのだ。

そしてようやく、金属が流れ出した。だが金属がうまく流れていないことに気づいた彼は、台所に駆け込むと、そこら中の銅や合金でできたもの――200点を超える数のボールや皿、いろいろな大きさのやかん――をごっそり持ち出し、溶鉱炉に投げ入れた。しばらくすると金属はスムーズに流れ始め、ついにペルセウスの素晴らしいブロンズ像ができあがった。

鋳造のために台所に駆け込んで台所用品を根こそぎ持ち出したチェッリーニの芸術への激しい情熱から、パリシーが陶器を焼き上げるために家具を壊した話を思い出す人もいるだろう。だが、芸術への熱意以外の点では、ふたりはそれほど似ていない。チェッリーニは彼自身の言葉によれば、あらゆる人に目の敵にされる〝はみだし者〟であった。しかし、職人としての非凡な技術と芸術家としての才能は、誰もが認めるところである。

❖純粋で高潔、そして優れた知性を持った画家プッサン

一方、ニコラ・プッサンの経歴はベンヴェヌート・チェッリーニほど波乱に満ちてはいない。彼の芸術性は、普段の彼の生活と同様に純粋で高潔であった。また、優れた知性の持ち主としてもよく知られており、清廉潔白な性格や堂々とした飾り気のなさでも際立っていた。

プッサンは、フランスのルーアンに近いレ＝ザンドリの質素な家庭に生まれ、父親は小さな学校を営んでいた。少年のころは、大したレベルではなかったとはいえ、両親の指導を受けられるという恵まれた環境にあったが、少々怠け者だったとも言われていて、教科書や石板に絵を描いて過ごすことが多かった。

田舎のある画家が彼のスケッチに感心して、彼の両親にこの子の好きなようにさせてやりなさいと頼み込んだ。その画家がプッサンに絵を教えてくれた。するとプッサンはみるみる上達し、画家は教えることがなくなってしまった。プッサンは次第にもっと上達したいという思いを抑えきれなくなり、18歳のころ旅に出て、途中の町で看板に絵を描いて旅費を稼ぎながら、パリに向かった。

パリでは、新たな芸術の世界がプッサンの目の前に広がった。プッサンは心を動かされ、胸は高ぶり、競争意識を刺激された。たくさんのアトリエでまじめに働き、デッサンしたり、模写したり、絵の具で絵を描いたりした。しばらくすると、できたらローマに行ってみたいと思うようになり、旅に出ることにした。だが、行けたのはフィレンツェまでで、ふたたびパリに戻った。二度目の挑戦はもっとうまくいかず、リヨンまでしか行けなかった。とはいえ、少しでも勉強のチャンスがあれば逃さず活用し、これまでどおり研究と仕事に邁進した。

無名のまま苦労し、失敗や落胆を重ね、おそらく貧困にあえいで過ごすうちに、12年が過ぎた。そしてようやく、プッサンはローマにたどり着くことに成功した。ローマで彼は巨匠の作品をじっくり勉強した。とくに古代の彫刻の完璧な造形にいたく感銘を受けた。しばらくの間、彼と同じくらいお金のなかった彫刻家デュケノワのもとに居候して、古代の作品の模型作りを手伝った。デュケノワとともに、ローマのもっとも有名な彫像のうちのいくつか、とくに『アンティノウス』像の寸法を注意深く測った。この経験がのちに彼のスタイルの形成に大きな影響を与えたと考えられている。

また同時に彼は解剖学を学び、人間を描くことを練習し、出会った人の姿勢やポーズのスケッチを大量に描き、時間のあるときは友人から借りた芸術に関する本を精読した。

このときは貧しい暮らしが続いたが、彼は自分の芸術に磨きをかける毎日に満足していた。絵を買うという相手には、どんな金額でも喜んで売った。預言者を描いた絵を8ルーブルで売ったこともある。『アシドトのペスト（ペストに襲われるペリシテ人）』は60クラウンで売った。ちなみにこの絵は、のちに枢機卿リシュリューに1000クラウンで買われている。

さらに困ったことに、彼は重い病気を患ってしまう。この救いようのない状況に援助の手を差しのべてくれたのが、イタリアの思想家カッシアーノ・ダル・ポッツォだった。この紳士のために、のちにプッサンは『砂漠での休息』を描いた。これは素晴らしい作品であり、病気のプッサンを支えるために差し出された額よりもずっと高い値がついた。

プッサンは勇敢に病気に立ち向かい、苦労しながらも仕事と勉強に励み続けた。さらに高みを目指して、フィレンツェやベネチアへ行き、研究の幅を広げた。長期間にわたる勤勉な仕事ぶりの成果は、彼がそのころ描き始めた偉大な連作に現われている。この連作は『ゲルマニクスの死』に始まり、『病者の塗油の秘跡』、『エウダミダスの遺書』、『マナの収集』、『サビニの女たちの略奪』と続いた。

プッサンの評価は少しずつだが上がっていった。彼は引っ込み思案で交際範囲は狭かった。周囲の人々は彼を画家というよりも、思索家だと思っていた。絵を描いていないときは、ひとりで郊外を散策しながら、将来描く絵の構図を考えていた。ローマでの数少ない友人のひとりがクロード・ロランであった。彼とはトリニタ・デイ・モンティ教会のテラスで芸術や古美術について何時間も語り合った。ローマの単調で静かな生活は彼の趣味に合い、絵で稼いで人並みの生活を送ることができる限り、ローマを離れるつもりはなかった。

しかしいまや彼の評判はローマ以外にも広がり、パリへ戻ってきてほしいという誘いを何度も受けるようになる。あるときプッサンに提示されたのは、宮廷での主席画家の地位だった。最初はためらい、イタリアのことわざ『満ち足りた者は動かない』を引用しつつ、ローマにもう15年も住んでいて、イタリア人の妻もいるので、ローマに骨を埋めるつもりですと返答した。

しかし再度の招待を受け、彼はパリに戻る決意を固めた。ところがパリでは同業者たちの嫉妬を買うことになり、たちまちローマに帰りたくなった。パリにいる間、彼は『聖ザビエル』、『洗礼式』、『最後の晩餐』などの傑作を描き、休みなく仕事を続けた。

最初は、頼まれた仕事はなんでもやっていた。聖書やヴェルギリウスの叙事詩など王室の命令で作られる本の口絵のデザイン、ルーブル美術館のフレスコ画の下絵、タペストリーのデザインまで引き受けた。しかし、しばらくすると、彼は支援者のM・ド・シャントルーにこうぼやいた。

「いろいろな本の口絵、聖母の絵、サン＝ルイの集会の絵、美術館のためのさまざまな下絵、そしてついには、王室のタペストリーのデザインまで同時にやらねばならないとは。私には2つの手と大して良くもないひとつの頭しかないというのに、手伝いもおらず、ほかの誰かに仕事を少し代わってもらうこともできない」

プッサンは成功を妬む同業者に悩まされ、彼らとの和解も叶わず、とうとうパリに来て2年もしないうちにローマに戻ることにした。ふたたびローマのピンチョの丘のつつましい住まいに落ち着き、残りの人生は勤勉に絵を描くことに専念し、ひっそりと質素に暮らした。病にひどく悩まされていたが、研究に慰めを見出し、いつもさらなる高みを目指して努力した。「年を重ねていくほどに、自分をもっと高め、これ以上ないほどの完璧さを求める気持ちが湧き上がってきた」と彼は述べている。

このように、プッサンは苦労を重ね、奮闘し、病気に耐えながら晩年を過ごした。子供はなく、妻は彼より先に亡くなり、友人たちにも先立たれた。プッサンはたくさんの死者に囲まれてローマにひとり残され、1665年に亡くなった。レ＝ザンドリの親戚には1000クラウンもの財産が遺され、後世の人類にはその才能から生み出された多くの作品が遺された。

❖才能は忍耐と努力によってよりいっそう輝く

アリ・シェフェールもまた、高い志で芸術に専念する現代の芸術家の最高の手本となる人物のひとりである。オランダのドルトレヒトで、ドイツ人画家の息子として生まれ、早い時期から絵を描く才能を発揮し始め、両親にもそれを後押しされた。

まだ小さいころに父親を亡くし、母親には限られた稼ぎしかなかったが、息子に最高の教育を受けさせようと一家はパリに移住することを決めた。シェフェール少年は、画家ゲランに弟子入りした。しかし母親の収入が少なかったので、彼は勉強だけに専念することはできなかった。母親は持っていたわずかな宝石類を売り、一切の道楽に手を出さず、ほかの子供たちの教育費に回していた。

このような状況だったので、シェフェールが母親を助けたいと思うのは自然なことだった。彼は18歳のころ、手ごろな値段で売りやすい、単純な主題の小さな絵を描き始めた。また、ポートレイトも描くようになり、経験を積みつつまっとうな方法でお金を稼いだ。彼の描画、彩色、構成の技術は少しずつ上がっていった。

『洗礼式』はターニングポイントとなる作品であった。それ以降、彼の評判は上がっていき、『ファウスト』をテーマとする作品群、そして『フランチェスカ・ダ・リミニ』、『慰める者キリスト』、『聖女』、『聖アウグスティヌスとモニカ』など、多くの壮大な作品を描いた時期に全盛を極めた。

グローテ夫人は「シェフェールがフランチェスカを描くために費やした労力、考察時間、集中力はかなりのものだったはずである。実際、彼は絵画技術について完全な教育を受けたわけではないので、自分の持っている技術や知識だけで、芸術というきつい坂道を上がらざるをえなかった。

だから、手を動かして描く間も、頭でじっくり考えた。辛抱強くたゆまぬ努力によってさまざまな手法を試したり、彩色法を変えてみたり、何度も描き直したりした。しかし天が彼に与えた才能は、芸術家としては少々不充分であった。とはいえシェフェールは自己の人格を高め、持ち前の核心をつく感受性を生かすことにより、筆を介して人々の感情に訴える作品を描くことができたのである」と述べている。

シェフェールがもっとも尊敬する芸術家のひとりは、フラックスマンであった。あるときシェフェールは友人にこう言った。「もし『フランチェスカ』の構図を他人から無意識のうちに借用しているとすれば、フラックスマンの絵のどれかで見たものに違いない」。

ジョン・フラックスマンは、コヴェント・ガーデンのニューストリートの石膏像を扱う小さな店に生まれた。子供のころは病弱で、いつも店のカウンターの奥でクッションにもたれて座り、絵を描いたり本を読んだりしていた。

ある日、親切なマシューズ牧師が店を訪れた。牧師は少年が本を読もうとがんばっているのを見て、なにを読んでいるのかと訊ねると、コルネリウス・ネポスだという。その本は父親が小さな本屋で見つけて数ペンスで買ってきたものだった。親切な牧師は、フラックスマン少年と少し話をして、その本はきみにはまだ早すぎるから、今度別の本を持ってこようと言った。

翌日、牧師が持って来たのは、ホメロスの作品と『ドン・キホーテ』の翻訳本だった。フラックスマンはそれを熱心に読んだ。彼の心のなかは、ホメロスの物語に出てくる英雄たちの雄姿でいっぱいになった。英雄アイアスやアキレウスの石膏像は彼のすぐそばにあり、店の棚に並んでいた。彼は、自分もいつか雄大な英雄たちの生き生きとした姿を描いて形にする作品を作りたいと思うようになった。

最初は誰でもそうだが、彼のデザインの技術も初期は未熟なものだった。息子を自慢に思った父親が、ある日、いくつかのデザイン画を彫刻家ルビヤックに見せると、ルビヤックは「フン」と嘲笑してそのデザイン画から顔をそむけた。

しかしフラックスマン少年は、勤勉と忍耐という芸術家として不可欠な素質を持っていた。彼は読書と絵の練習を飽くことなく続けた。そして焼き石膏、蝋、粘土を使って人物の模型を作ることにチャレンジして実力を試した。

この初期の作品は現在も保存されている。それは優秀な作品だからというより、忍耐強い天才の駆け出しのころの多大な努力の跡を示す作品として興味深いからである。彼がそれらの作品を作ったのは、一人立ちするずっと前のことで、そのころの彼は杖を使って足を引きずりながら進むのがやっとの腕前だったが、長い時間をかけて杖なしでしっかりとひとりで歩いていける力をつけたのである。

親切なマシューズ牧師は、フラックスマンを自宅に招いた。マシューズ牧師の妻がホメロスとミルトンについて教えてくれた。牧師夫妻は、彼の自己修養を手助けしようと、ギリシャ語とラテン語の手ほどきをして、彼が自宅でやってくる課題を見てくれた。

忍耐強く努力したおかげで、彼の描画はかなり上達し、ある婦人から仕事の依頼を獲得することができた。それは、ホメロスを題材にした6枚のオリジナル画を黒チョークで描いてほしいという依頼だった。そうしてはじめて報酬を手にしたのだった。

芸術家の人生でこれほど大きな出来事はない。有名になりたいと熱望する芸術家にとってはじめての報酬は、外科医のはじめての治療代、弁護士のはじめての依頼料、国会議員のはじめての演説、歌手の初舞台、作家の処女作などと同じくらい大切な経験なのである。フラックスマン少年は、ただちに注文を受けた作品の製作に取りかかり、出来上がった作品に対する大きな称賛と充分な報酬を得たのである。


フラックスマンは15歳のとき、ロイヤル・アカデミーに入学した。内気な性格であったが、彼は学生の間ですぐに有名になり、将来を期待される存在になる。その期待は裏切られなかった。15歳のときに銀賞を取り、翌年には金賞の候補になった。誰もが彼が金賞を取ると思っていた。彼より才能に優れ努力をする者などいなかったからだ。

ところが、彼は金賞を逃した。金賞はその後名前を聞くこともない学生に授与された。この挫折は若いフラックスマンにとって実に有益だった。固い決意を持つ若者は、挫折しても長い間落胆したりしなかった。むしろこの挫折が彼の真の実力を呼び覚ました。

彼は父親に「もう少し待ってください。アカデミーが賞を与えるのを光栄に思うような作品を作りますから」と言った。労を惜しまず、これまでの倍の努力をして、絶え間なくデッサンを描いて模型を作った。すぐに進歩が見られなくても地道にそれを続けた。

しかし、しばらくすると一家は貧困に直面する。石膏像の商いの儲けでは生活が苦しかった。そのため若きフラックスマンは、しばらく作品作りは我慢し、勉強の時間を削って、父親の店のこまごまとした仕事を手伝った。彼はホメロスを脇に置き、漆喰ごてを握った。単調でつまらない仕事を喜んで手伝い、実家が食べるのに困らないように支えた。

この単調な仕事は芸術の徒としての長い見習い期間のようなものだったが、彼のためにもなった。こつこつ働く習慣が身につき、忍耐の精神を養うことができたからである。この訓練は彼にとって厳しいものだったに違いないが、非常に有益でもあったのだ。

幸いにも、若きフラックスマンのデザインの腕前は、ジョサイア・ウェッジウッドの知るところとなる。ウェッジウッドは、陶磁器のパターンデザインを向上させるために人材を探しており、彼を見出したのだ。そのような仕事は、フラックスマンのような天才には物足りないのではないかと思われるかもしれないが、実際は違う。芸術家というものは、一般向けのティーポットや水差しのデザインにも真摯に仕事に取り組むものだ。人々が毎日の生活で使い、毎度の食事のときに目に触れるものは、あらゆる人たちへの芸術教育の媒体となり、最良の文化振興を促すことになる。

もっとも意欲にあふれた芸術家のこのような仕事は、人々に日常の大きな利益をもたらすものであり、一般の人々の目に触れない金持ちの家の廊下に飾られる何千ポンドもする精巧な作品を作るよりも、ずっと偉大な仕事なのである。

ウェッジウッド以前の時代の陶磁器のデザインは、図柄も実際の絵付けもかなりお粗末であった。ウェッジウッドはそのどちらも改善しようと決めた。フラックスマンはウェッジウッドの要望を実現するために最善を尽くした。

彼はおりに触れてさまざまな陶器の形やデザインを提案した。それらはおもに古代の詩や歴史から着想を得たものだった。その多くは現存しており、のちに彼が作る大理石像のデザインに匹敵するほどの純粋さや美しさを備えたものもある。博物館に展示されていたり、物好きなコレクターの棚に飾ってあったりする有名なエトルリア時代の壺は、彼にとって最良の造形の見本だった。そのデザインを独自の優美な模様で装飾していった。

その少し前に刊行された、建築家ジェイムズ・スチュアートの『アテネの古代遺跡』により、彼は古代ギリシャの道具の標本をそのままの姿で見ることができた。そのなかからとくに良いものを選び、新しく優雅で美しい形に仕上げていった。

そしてフラックスマンは、自分が一般大衆のための教育促進とも言える偉大な仕事に汗を流しているのだと理解していた。のちに彼は、誇らしげにこの分野での初期の仕事について さり気なく次のように語っている。「自分自身の美を愛でる心を養うとともに、人々の間に芸術に対する美的感覚を広め、自分の懐を潤すとともに、友人で後援者のウェッジウッドの商売繁盛を支えることもできた」

1782年、27歳になったフラックスマンは、ついに実家を出てソーホーのウォーダー街の小さな家と工房を借り、アン・デンマンという女性と結婚した。彼女は、陽気で聡明で気品のある女性だった。フラックスマンは、彼女と結婚すればもっと仕事に打ち込めるようになるだろうと思った。なぜなら、彼と同じように、彼女も詩と芸術に対する美的感覚を持っているだけでなく、夫の才能の熱烈な崇拝者だったからである。

しかし、フラックスマンが結婚して間もないとき、独身だったジョシュア・レイノルズに「ところで、きみが結婚したと聞いたのだが。もし本当なら、きみは芸術家としては終わりだよ」と言われた。それを聞いてフラックスマンはまっすぐ家に帰り、妻の横に座り、彼女の手を取って言った。

「アン、僕は芸術家としては終わってしまった」「どうしてなの、ジョン。どうしてそんなことになったの？　誰がそんなことをしたの？」「もう終わってしまったんだよ。教会で、アン・デンマンと結婚したときに」

そして、彼はレイノルズに言われたことを妻に聞かせた。レイノルズはよく知られた人物であり、もっと優れた芸術家になりたければ、朝起きた瞬間から寝る瞬間まで、芸術に集中してすべての力を注ぎ込まねばならない、そして、ローマとフィレンツェでラファエロやミケランジェロなどの傑作を勉強しなければ偉大な芸術家にはなれない、という考えを表明していた。

「僕も偉大な芸術家になりたい」とフラックスマンは小柄な身体をまっすぐに伸ばし胸を張って言った。「あなたは偉大な芸術家になるべきよ。そしてローマにも行くべきだわ。あなたが偉大な芸術家になるために必要ならば」と妻が答えた。「でもどうやって？」フラックスマンが訊ねた。「働いて節約しましょう。アン・デンマンがジョン・フラックスマンの芸術家人生を終わらせたとは、ぜったいに言わせないわ」と賢い妻は答えた。

そういうわけで、ふたりは資金が貯まりしだいローマへ行くことに決めた。フラックスマンは「僕はローマに行き、結婚生活は男にとって害悪ではなく良きものであることを証明して見せる。アン、きみも一緒に行こう」と言った。

　忍耐強く幸せなおしどり夫婦は、それから5年間、ウォーダー街の小さな家で、ローマ行きのことを片時も忘れることなく暮らした。目標を見失わず、1ペニーも無駄遣いしないで将来の必要経費に回した。ローマ行きのことは誰にも言わなかった。アカデミーにも援助を要請しなかった。自分たちでこつこつと貯める稼ぎだけで目標を追求し、達成することを喜びとしていた。

　この時期、フラックスマンはごく少数の作品しか発表しなかった。オリジナルの新しいデザインを彫るための大理石を買うことができなかったためである。とはいえ、記念碑を作ってほしいという依頼は頻繁にあり、その利益で生計を立てた。それに、金払いのいいウェッジウッドでまだ働いていた。全体としては商売繁盛で、幸せと希望に満ちていた。彼の地元での評価は高まっていき、とうとうセントアン教区の夜警団の費用の徴収を任されるまでになり、彼は集金のためにボタン穴からインク瓶をぶら下げて近所を回った。

　フラックスマン夫妻は、ようやく充分な額を貯めることができたので、ローマに出発した。ローマに着くと、ほかの貧しい芸術家たちと同じように、古美術の模造品を作ることによって生活費を稼ぎながら熱心に勉強した。

　イギリス人の旅行者らは彼の工房を探しあてて、仕事を依頼してくれた。そのころ、彼はホメロス、アイスキュロス、ダンテの物語を描いた美しい画集をまとめた。1枚15シリングという薄謝であったが、フラックスマンは金のためだけでなく芸術のために働いていたのであり、美しい絵に呼び寄せられてさらなる友人と支援者が集まった。気前のよい銀行家トマス・ホープのためにキューピッドとアウロラ、ブリストル伯爵のために『アタマスの怒り』を製作した。その後、フラックスマンはイギリスに帰る準備を始めた。彼の作風は丹念な研究によって進歩し、洗練された。イタリアを去る前、フィレンツェとカラーラのアカデミーは、彼を会員に選定し、その功績を称えた。

彼の名声は、帰国する前にロンドンに届いていたので、国に戻るとたちまち多くの仕事に恵まれた。ローマにいたとき、有名なマンスフィールド卿の記念碑の製作の依頼を受けたのだが、帰国後間もなく、その記念像がウェストミンスター寺院の北翼廊に立てられた。気高く雄大にそびえ立つ彫像は、穏やかで誠実でまじめなフラックスマン自身の才能の記念碑でもある。当時全盛期を迎えていた彫刻家バンクスがこの像を見て、「この小男はわれわれ全員より頭ひとつ飛び出している」と言ったのも当然のことである。

ロイヤル・アカデミーの会員たちは、フラックスマンが帰国したと聞き、さらにマンスフィールド卿の彫像を見てその素晴らしさに感服すると、熱心に彼を会員に加えようとした。彼は準会員の候補者リストに名前を載せることに同意し、すぐに準会員に選ばれた。

それから間もなく、フラックスマンはまったく新しい役割を果たすことになる。コヴェント・ガーデンのニューストリートにある石膏像の店のカウンターの奥で勉強を始めた子供は、いまや優れた知性を持つ卓越した芸術家として認められ、ロイヤル・アカデミーの彫刻の教授という役割を得て、学生を指導するまでになったのだ。この高名な職務に彼ほどふさわしい者はいない。人の助けを借りず自らの努力で数々の困難と格闘し、打ち勝ってきた彼は、後進を指導するのにもっとも適した人物だった。

フラックスマンはその後長生きし、穏やかで幸せな人生を歩み、老年期を迎えた。最愛の妻アンを亡くしたときは大きなショックを受けたが、妻より数年長生きし、その間に彼の二大作と言える有名な『アキレウスの盾』と、格調高い『サタンを打ち倒す大天使ミカエル』を製作した。

フランシス・レガット・チャントレーは、フラックスマンよりたくましい男だった。荒っぽいところもあったが、快活で、若いころに苦労して難局を乗り越えたことで自信をつけ、なによりも自分の独立心を誇りにしていた。

チャントレーはシェフィールドに近いノートンの貧しい家に生まれた。まだ幼いころに父親を亡くし、母親は再婚した。少年チャントレーはロバの背にミルクの缶を載せ、シェフィールド周辺の町まで行き、母が注文を取った客にミルクを売った。

ここから彼のささやかな人生が始まった。チャントレーは持ち前の精神力を発揮してそこから這い上がり、芸術家として最高の名声を手に入れたのだ。義理の父親になつかなかったので、最初はシェフィールドの食料雑貨商に奉公に出された。だが、この商売はまったく好きになれなかった。

ある日、彫刻師の店の前を通りかかったとき、店のウィンドに飾られたまばゆくきらめく作品に目を奪われる。そして、彫刻師になるというアイデアが気に入り、食料雑貨商の仕事を辞めさせてくれと頼んだ。同僚たちが同意してくれたので、チャントレーは彫刻師とめっき師の見習いとして7年間の契約で働き始めた。

新しい主人は木彫り職人であったが、同時に版画や石膏像も扱っていた。チャントレーは自らの手でそのふたつを見よう見まねで作り始め、大変な努力と精神力で勉強に打ち込んだ。時間があればいつでも絵を描き、像を作り、自己研磨に励み、夜遅くまで働くことも多かった。

見習い期間が終わる前の21歳のとき、貯められるだけ貯めた全財産50ポンドを主人に払い、奉公の契約書を無効にしてもらった。チャントレーは、芸術に自分の人生を捧げることを決意していたのだ。

そのあと急ぎロンドンへ向かい、持ち前の分別を働かせて、彫刻師の助手の仕事につき、仕事の空いた時間に絵と塑像の勉強をした。最初に一人前の彫刻師として頼まれた仕事は、詩人のサミュエル・ロジャースの食堂の装飾品だった。何年もたってからその部屋に来客として招かれるようになると、チャントレーはその友人の家のテーブルを囲む客人たちに、初期の作品を喜んで差し示したものだった。

チャントレーは仕事でシェフィールドに戻ったとき、地元の新聞にクレヨンの肖像画と縮小画と油絵の絵描きとして広告を出した。クレヨンで描いた最初の肖像画は刃物屋に1ギニーで売れ、菓子製造業者を描いた油絵の肖像画は5ポンドにもなり、長靴1足もおまけに付けてもらった。

チャントレーは間もなく、ふたたびロンドンに行き、ロイヤル・アカデミーで勉強を始めた。次にシェフィールドに戻ってきたときには、町の人々に肖像画はもちろん石膏胸像を作ると広告を出した。また、亡くなった町の教区牧師の記念碑を設計する仕事も受け、区民たちが満足するような作品を作った。

ロンドンにいるときは、厩舎《うまや》の上を仕事場として使っていた。展示品としてはじめてオリジナルの塑像作品を作った。それは巨大なサタンの頭部の像だった。晩年、チャントレーの作業場に来た友人が、部屋のすみに置かれたこの像に感銘を受けていると、チャントレーは言った。

「この像は、ロンドンに来てはじめて作った作品なんだ。屋根裏部屋でこれを作っていたときは、紙で作った帽子をかぶっていた。その当時はロウソクが1本しか買えなかったから、それを帽子につけたんだ。そうすれば、どこを向いてもロウソクの明かりが手元を照らしてくれるから」

この頭像を見て感心した人物がもうひとりいる。ロイヤル・アカデミーの展示会でフラックスマンはこの作品を見て感心し、グリニッチにある海軍の教育施設ナヴァル・アサイラムから依頼されている4人の海軍大将の胸像を制作する仕事に、チャントレーを推薦してくれたのである。

その後は次々と仕事が入ってくるようになり、絵描きのほうは諦めてしまった。だが8年前は、塑像で5ポンド稼ぐことさえままならなかったのだ。チャントレーの作品として有名な、政治活動家ホーン・トゥックの頭像の報酬は、彼の話ではなんと1万2000ポンドに達していたという。

チャントレーはいまや成功者だったが、相変わらず懸命に働き、かなりの財産を蓄えた。ロンドン市の依頼で、16人のライバルのなかから選ばれ、ジョージ3世の像も作製した。それから数年のちに『眠れる子供たち』という記念像を制作した。これは現在リッチフィールド大聖堂にあるが、非常に繊細で美しい作品だ。

これ以降、チャントレーのキャリアは誉れと名声と富に彩られるようになる。忍耐と勤勉と一途ながんばりによって大きな成功がもたらされたのだ。創造主はチャントレーに才能を授けたが、チャントレーは分別をわきまえていたので、その天賦の才を生かすことができた。彼はイギリスの男性の多くがそうであるように、倹約家で利口だった。イタリアへ旅したときに持ち歩いていた手帳には、芸術に関するメモに混じって、日々の出費記録と大理石の時価が書きつけられていた。

彼の作風はシンプルだったが、究極のシンプルを突きつめることで作品は非常に洗練されたものになった。ハンズワース教会にあるジェームズ・ワット像は究極の芸術作品のように思われるが、同時に極めて素朴でシンプルな作品でもある。

困っている芸術家仲間に対する気前のよさはあっぱれなものだったが、控えめで気取らない人柄だった。そして、イギリスの芸術を促進するために、財産のほとんどをロイヤル・アカデミーに遺した。

チャントレーのように生涯を通して誠実でたゆまぬ勤勉さが抜きん出ていたのは、スコットランドの画家デイヴィッド・ウィルキーである。スコットランドの聖職者の息子だったディヴィッドは、子供のころから絵の才能の片鱗が見られた。勉強は苦手で学者肌ではなかったが、人の顔や姿は熱心に描いた。おとなしい少年で、静かに集中して情熱を燃やす性格だった。

それは大人になってもずっと変わらない特徴だった。機会を見つけては絵を描き、牧師館の壁や川辺のさらさらした砂の上は、おあつらえ向きのキャンバスだった。また、身の回りのものはなんでも描く道具にしてしまった。イタリアの画家ジョットのように、燃えさしの小枝は鉛筆に、なめらかな石はキャンバスに、通りで出会うぼろをまとった乞食は絵の題材にした。誰かの家を訪れたときはたいてい、訪問の記念のようにその家の壁に絵を描いて帰るので、きれい好きな家の奥さんに不評を買うこともあった。

牧師である父は、絵描きなどという〝罪深い〟職業を毛嫌いしていたのだが、ウィルキーはその頑固な性格ゆえに、その障壁にひるむことなく険しい絶壁を勇ましく乗り越えて芸術家になったのである。

とはいえ、エディンバラにあるスコットランド・アカデミーの入学候補者として最初に応募したときは、作品の出来が粗野でずさんだったため不合格になった。だが、彼は忍耐強くよりよいものを作り続け、最後には合格を勝ち取った。その進歩は遅々としたものだったが、必ず成功するという決意を持って、懸命に人々の姿を描き続けた。将来に対し確かな自信があるようだった。

天才と自負する若者にありがちな、いっときの気まぐれやその場限りの熱意とは異なる、常に揺るぎない熱意を保っていた。そのためあとになって、彼自身も自分の成功は天賦の才ではなく、頑なと言えるほどの根気のおかげだったと考えるようになった。「私の鉛筆を前へ前へと突き動かした要素はただひとつ。粘り強い勤勉の精神だった」

エディンバラでいくらか奨学金を受け、報酬が高く安定しているという理由でポートレイトへの転向を考え、やがてその分野に潔く身を投じ名声を得た。そして、秀作『ピットレシーの市』を描いた。さらに、思い切ってロンドンに出る決心を固めた。勉強するにも仕事をするにも、そちらのほうがフィールドを広げられると考えたのだ。そして、貧しいスコットランドの若者はロンドンに腰を落ちつけると、週18シリングの粗末な下宿屋で暮らしながら、『村の政治家』を描いた。

この絵は称賛を浴び報酬も得たが、ウィルキーは相変わらず貧しかった。絵を描くためにかけた時間と労力に、作品の価格が釣り合っていなかったのだ。そのあと何年も低い報酬のまま仕事を続けた。どの絵も周到に研究し構成を練り上げてから描き始め、一気に描き上げることはなく、何年もかけて完成させることが多かった。修正し、また修正し、何度も手を加えた挙句にやっと筆を置くのだ。

レイノルズと同様に、彼のモットーは「働け！　働け！　がむしゃらに働け！」で、またレイノルズと同じくおしゃべりな芸術家を嫌った。おしゃべりな人は種をまき散らすだけだが、寡黙な人は黙って実を収穫するのだ。〝われわれは常になにかをしているべきだ〟という言葉は、無駄口を非難し怠惰をさとす遠回しな彼なりの表現である。

ウィルキーは友人の風景画家コンスタブルに、スコットランド・アカデミーで勉強しているときの話をしたことがあった。学生たちはいつも、美術院の創始者グレアムから、レイノルズの「もしきみに才能があるなら、努力でその才能に磨きをかけられる。もし才能がないなら、努力でそれを埋め合わせることができる」という言葉を聞かされていた。ウィルキーは言った。「だから、僕は人一倍努力しようと心に誓った。才能などなかったから」

また、ロンドンで勉強していたころの話もした。学生仲間のリンネルとバーネットが芸術を語り合っているときはいつも、ふたりに近づいて話を漏らさず聞くようにしていたそうだ。「ふたりはとても物知りだったけれど、僕はほとんどなにも知らなかったから」。これは、常に謙虚なウィルキーらしい正直な言葉である。

『村の政治家』をマンスフィールド卿に売って30ポンドというまとまった金を得ると、当時はまだ余裕がなかったにもかかわらず、家にいる母と妹にまずプレゼント――ボンネットやショールやドレス――を買った。幼いころから貧しかったため、財布の紐をしっかり締める習慣がついていたが、気高い気前の良さも同時に持ち合わせていた。それは、友人の版画家エイブラハム・レインバッハの自伝に多く示されている。

ウィリアム・エティも、芸術に邁進《まいしん》する努力とたゆまぬ根気を示す素晴らしい手本である。彼の父親はヨークでジンジャーブレッドなどの菓子を作る職人で、母親は力が強く個性的な女性で、縄職人の娘だった。エティ少年は幼いころから絵を描くのが大好きで、壁や床、テーブルに絵を描いてその才能を示していた。はじめはクレヨンの代わりに小さなチョークのかけらを使い、次に炭や焦がした木切れを使うようになった。母親は芸術をまったく理解せず、息子を印刷屋の奉公に出した。

しかしエティは、仕事のあい間に絵を描き続けた。そして奉公の期間が終わったとき、好きな道――もちろん画家、それしかない――に進もうと決めた。さいわい、叔父と兄には財産があり、喜んで援助の手を差しのべ資金を提供してくれたので、ロイヤル・アカデミーに入学して学生になった。

風俗画家レズリーの自伝によれば、エティはほかの学生たちから、立派な人物だが退屈で生まじめすぎると見られていて、ひとかどの男になるとは思われていなかった。だが彼には、生まれながらに労苦をいとわない性質があり、一流の芸術家という高みを目指して己の道を懸命にこつこつ進んだのである。

多くの芸術家が貧困に苦しみ、勇気と極限の忍耐力を試されたのちに成功を勝ち取っている。だが、その道の途中でくじけてしまった人々は数多い。とはいえ、画家のジョン・マーティンが生涯で味わったようなつらい運命を定められた人はほとんどいないだろう。最初の大作に挑戦しているときに、彼は一度ならず餓死しかけたのだ。伝えられた話では、あるとき、有り金が1シリング硬貨1枚になってしまった。そのつやつやした硬貨はあまりにきれいに輝くので取っておいたのだが、パンを手に入れるためにとうとうそれを使わねばならないときがきたのだ。

パン屋に行ってパンを買い、持って帰ろうとしたとき、パン屋の主人にふいにパンを取り上げられ、支払ったシリングを投げ返された。輝くシリングはこの重大なときに彼を裏切った。なんとまがい物だったのだ！　下宿に帰ったマーティンは、かばんのなかを引っかき回してパンのかけらを探して空腹を満たすしかなかった。どうしても一流の域に達するのだという熱い思いに突き動かされるようにして、マーティンは精力的に芸術を追い求めた。また、懸命に取り組んだあとに時機を待つ勇気もあった。

そして数日後、絵を展覧会で見せる機会をつかみ、そこで評判を得た。困窮していたとしても、勤勉さに裏打ちされた才能はそれ自体を守る役目を果たす。本当に優秀な人のところには、遅れることはあっても、名声という女神は必ずやってくる。ほかの多くの偉大な芸術家と同じく、マーティンの人生もそのことをはっきりと示している。

学校で教わった方法でいくら注意深く訓練し練習を重ねても、本人が積極的に努力しなければ、芸術家にはなれない。教養のある人は誰でもそうだが、ほとんどの知識は独学で得るものだ。

建築家のピュージンは、父親の仕事場で育った。そこで建築について一般的に学べることはすべて学んだが、その知識はわずかなものだと気づき、基本からじっくりと努力してやり直すべきだと考えた。若いピュージンは、コヴェント・ガーデン劇場で一般の大工として働き、舞台の下の奈落から始まって、次には舞台のそで、さらには舞台の上で作業するようになった。

このようにして劇場の仕事に慣れ、建築学的な感覚も磨いた。これらは大きなオペラ劇場のさまざまな機械を扱うときに必要だった。シーズンオフで劇場が閉まっている間は、帆船で働き、ロンドンとフランスの港の間を行き来し、同時に商売もして稼いだ。ことあるごとに陸に上がり、目に入った古い建物やとくに教会関係の建築物は片っ端からすべてスケッチした。その後、建物をスケッチする目的だけで大陸を旅し、数多くの描画を携えて家に戻った。このようにして絶えず努力し続け、才能と名声を確実に自分のものにしたのである。

建築の分野でピュージンと同じように、こつこつ努力をした例をもうひとり挙げよう。エディンバラにある壮麗なスコット記念塔の建築家ジョージ・ケンプだ。ケンプは貧しい羊飼いの息子で、エディンバラの南西にあるペントランド・ヒルズの南側の丘陵に住んでいた。人里離れた牧歌的な自然に囲まれ、芸術作品を見る機会などまったくなかった。

しかし、そのチャンスがやってきた。10歳のとき、父親の雇い主である農家の主人に使いを頼まれてロスリンに出かけ、そこで美しい城や礼拝堂を目にしたのだ。それが強烈で忘れがたい印象を少年の心に刻みつけた。おそらく大好きな建築関係の仕事に関われると考えたのか、父親に建具屋にならせてくれと頼み込み、隣村の大工の見習いになった。

見習いの期間が終わると、仕事を求めてガラシールズへ向かった。大工道具を背負ってトゥイード川の谷を歩いているとき、エリバンクの塔のあたりで1台の馬車が近づいてきた。きっと馬車のなかにいた主人に言われたためだろうが、御者はどこまで行くのかとジョージ・ケンプに訊ねた。そして、ガラシールズに向かっていることを知ると御者台に乗せてくれたのだ。

その馬車に乗っていた親切な紳士が、誰あろう作家のウォルター・スコット卿で、セルカークシャーの州長官として公務で旅をしているところだった。ケンプはガラシールズで働き始めると、メルローズ修道院やドライバラ修道院、ジェドバラ修道院に足しげく通って、それらをじっくり研究した。さらに建築への愛が嵩じて、大工としてイギリス北部の広い範囲を巡りながら仕事をするようになった。そして、行く先ざきで刺激的な素晴らしいゴシック建築のスケッチを描いた。

ランカシャーで仕事をしていたときは、ヨークまで約80キロメートルの道のりを歩き、1週間かけてヨーク・ミンスターをつぶさに観察し、同じ道のりを歩いて戻った。そのあとグラスゴーに行ってそこで4年間暮らし、空いた時間は美しいカテドラルを研究して過ごした。ふたたびイングランドに戻ってくると、次は南部へと働きに出かけた。カンタベリー、ウィンチェスター、ティンターンなどで有名な建築物を研究した。

1824年、やはり建築物を研究する目的でヨーロッパへの旅を計画した。旅費の足しにするために仕事をしながらの旅だった。フランスのブローニュに着くと、アベヴィル、ボーヴェに寄りながらパリを目指した。それぞれの土地で数週間過ごしてスケッチを描き、そこの建築物を研究した。職人としても腕が立ち、とくに工場製の木工製品に関する知識が深かったので、どこでも行きたいところに行って勤め口を見つけることができた。それでいつも、素晴らしいゴシック様式の古い建築物の近くで職場を見つけ、暇な時間ができるとその建物を研究した。

こうして、働きながら各地を巡って研究し、海外で数年間過ごしたあと、スコットランドに戻ってきた。ケンプは研究を続け、いつしか線画と遠近法は達人の域に達していた。彼のお気に入りはメルローズ修道院の遺跡で、その遺跡の精巧な絵もいくつか描いていた。そのうちのひとつ〝復元した〟状態の修道院の絵は、のちに版画にもなっている。

また、建築デザインの模型製作者としての仕事を受けたり、ブリトンの著作『イングランドの古き大聖堂』から着想を得て、エディンバラの版画家が作り始めた作品の原画を描いたりした。これは彼の性質に合っていたらしく、熱心に仕事に打ち込んだおかげで急速に腕を上げた。スコットランドの半分ほどを歩き回って建築物を研究し、一般の職工として生活しながら、芸術の分野で優れた作品として評判になるはずの絵を描いた。

だが、その仕事を企画した人が突然亡くなり、出版は見送られ、ケンプは別の仕事を探さねばならなくなった。彼は非常に無口で常につつしみ深かったので、その才能を知る人はほとんどいなかった。

そんなとき、スコットの記念塔制作委員会が優秀なデザインに賞を授与すると発表した。競争相手は古典的な建築で名を馳せている人も含め、けっこうな人数だった。だが、満場一致で選ばれたデザインはジョージ・ケンプのものだった。委員会の決定を知らせる手紙が届いたとき、彼は数キロ離れたエアシャーのキルウィニング修道院で仕事をしていた。ところが、なんと哀れなケンプ！　この出来事のあと間もなく早すぎる死が訪れ、はじめての偉業を目にすることはなかった。それは、ケンプの不断の努力とたゆまぬ自己修養の結晶であった。建造された記念塔は、文学の天才にふさわしい非常に美しい建物だった。

ジョン・ギブソンも芸術への純粋な情熱と愛情に満ちた芸術家で、そのおかげで、手っとり早く金を稼ごうとする下品な行動に駆り立てる卑しい誘惑をはねつけることができた。ジョン・ギブソンは北ウェールズのコンウィに近いジフィンで生まれた。父親は庭師だった。小さなころから、普通のポケットナイフで木を彫るのがうまかった。父親はその才能に気づき、リバプールの家具職人で木彫り職人でもある人のところに見習いに行かせた。

彼はまたたく間に仕事を覚え、彼が作った木彫り作品は非常に称賛された。このようにして自然に彫刻への道を進むと、18歳のときに蜜ろうで作った時をつかさどる神「時の翁《おきな》」の小さな像で相当の注目を集めた。

その後、リバプールで彫刻の制作を行っているフランシーズ社が、家具職人から見習い奉公の契約書を買い取ってくれたので、ジョン・ギブソンはフランシーズ社で見習いとして6年間働いた。その間、彼は才能を発揮し多くのオリジナル作品を作り上げた。それからロンドンに出てローマに移ると、その名はヨーロッパ中に知れわたった。

ロイヤル・アカデミー会員の画家ロバート・ソーバーンも、ジョン・ギブソンと同じく貧しい靴職人の家に生まれた。ロバートには兄弟がふたりいて、そのうちのひとりは熟練の木彫り師だった。

ある日、ひとりの貴婦人が靴屋にやって来た。そこにはまだ幼いロバートがいて、スツールをテーブル代わりにして夢中になって絵を描いていた。貴婦人はその絵を見て可能性を感じ、絵の仕事をさせてやりたいと考え、ほかの人々に彼の支援を呼びかけて絵の勉強ができるようにしてくれた。ソーバーンは、勉強熱心で勤勉な落ち着いた無口な少年で、仲間とつるむことはほとんどなく、親しい友人はいるにはいたが少なかった。

1830年ごろ、幾人かの町の紳士たちが資金を出してくれたので、ソーバーンはエディンバラに移り、スコットランド美術学院に入学した。優れた指導者から教えを受ける機会に恵まれ、ソーバーンはめきめきと腕を上げた。その後、エディンバラからロンドンへ移ると、幸運なことにバックルー公爵の引き立てで注目を集めた。

しかし言うまでもないことだが、後ろ盾のおかげで上流階級の人々と知り合いになり、いかなる支援が受けられたとしても、それだけでは偉大な芸術家にはなれない。なんと言っても、天賦の才能とたゆまぬ努力が必要なのだ。

名の通った画家ノエル・ペイトンは、ダンファームリンとペイズリーで芸術家としてのキャリアを開始した。最初の仕事はテーブルクロスや綿モスリンに手作業でつける刺繍の図柄を描く仕事だ。仕事をしながら、人物のデッサンなど芸術的な作品も懸命に描いた。ターナーのようにどんな類の仕事でも進んで引き受け、1840年には、まだ若いながらも、ほかの仕事の合間に『レンフルーシャー年報』の挿絵の仕事に携わっていた。一歩一歩前進し、ゆっくりとだが着実に前進を続けたが、まだ名前は知られていなかった。

とはいえ、それは国会議員たちの風刺画で賞を受賞し一般に公開されるまでのことだった。1等を獲得した彼の絵『信仰の精神』は、天才画家としての彼の才能を世界に知らしめることになった。それ以後、彼が発表した『オベロンとティターニアの和解』、『わが家』、『逢引き』などの作品を見ると、芸術家としての能力と教養をしっかりと高めていったことがわかる。

❖家族の愛に支えられ才能を開花させた画家シャープルズ

身分の低い生まれから、根気と努力で芸術の才能を養った素晴らしい例を挙げてみよう。ブラックバーンで鍛冶屋をしていたジェイムズ・シャープルズである。シャープルズは1825年、ヨークシャーのウェイクフィールドで生まれた。兄弟は12人いて、父親は鋳鉄製造業者をしていたが、その仕事の関係で一家でベリーに移った。

子供たちは学校に行かせてもらえず、みな大きくなるとすぐ働きに出された。10歳くらいでジェイムズも鋳物工場に行かされ、そこで鍛冶の見習いとして約2年間働いた。そのあと父親が鍛冶職人として働いていた蒸気機関の工場に行かされた。ボイラー製造工のために目釘を加熱して運搬するのがシャープルズ少年の仕事だった。労働時間は非常に長く、朝6時から夜8時まで働くことも多かったが、仕事のあとで父親から少しずつ勉強を習い、いくらかは文字を覚えた。

ボイラー製造工とともに働いていたこの時期に起こったある出来事によって、シャープルズの心にはじめて絵を学びたいという思いが呼びさまされた。シャープルズはときおり作業現場の監督に頼まれて、工場の床にチョークでボイラーの設計図を描く手伝いをすることがあった。

そのうち、監督から指示されて自分が図を描くようになった。彼はこの作業をじきに上手にこなせるようになり、監督に従ってよく働いた。家にいるときも暇ができると、母親の部屋の床にボイラーの設計図を描く練習をすることがなにより楽しかった。

ある日、親戚の女性がマンチェスターから家族に会いに来ることになり、彼女を迎えるために家中がきれいに整えられた。夕方、シャープルズ少年は工場から戻ると、いつものとおり床に設計図を描き始めた。

チョークで大きなボイラーの設計図を描いていると、母親が客と一緒に帰ってきた。母親は、身体も洗わずに床じゅうにチョークで図を描いている息子を見てうろたえた。だが、親戚の女性は少年が懸命に描いている様子を見て喜び、描いた図を褒め、チョークとブラシを手にしている少年を〝小さな掃除屋さん〟と呼び、紙と鉛筆を与えるよう母親に勧めたのである。

兄からも応援され、シャープルズは人物画や風景画を練習したり、リトグラフを模写したりし始めたが、遠近法や光と影の原理などはまだなにも知らなかった。それでも描き続け、だんだんと模写の腕を上げていった。16歳になると、絵画の授業を受けるためにベリーの職工学校に入学し、床屋を生業にしている素人の画家から絵を学んだ。授業は１週間に１回で期間は３ヵ月だった。

その先生の勧めでバーネットの『絵画の実践書』という本を借りたが、まだ満足に文字を読むことができなかったので、本の文章を母親や兄に読み上げてもらい、そばにすわって聴くことにした。しかし、字が読めないのは不便だと感じ、バーネットの本の内容もしっかり身につけたいという思いで、学校の絵画クラスは一学期で辞めて家で読み書きの練習に励んだ。

読み書きはすぐに覚えてしまったので、ふたたび職工学校に入り、もう一度バーネットの本を手に取った。今回はひとりで読めるのはもちろん、あとで読み返せるように本の内容を一部書き写すこともできた。その本を使って熱心に勉強した。朝４時に起きて本を読んだりその文章を書き写したりしてから、朝６時に工場に行き、夜６時かときどきは８時まで働き、それから家に戻ってやる気満々で、またバーネットの本をじっくり読みふけった。勉強は夜遅くまで続くこともあったし、読書の代わりに絵を描いたり模写したりする夜もあった。そうやって描いた模写のひとつに、レオナルド・ダ・ヴィンチの『最後の晩餐』がある。これはひと晩で描き上げた。途中でベッドに入っても、この絵のことで頭がいっぱいになって眠れず、起き出してふたたび鉛筆を取り、最後まで描き上げたのだ。

次に試したのは油絵だ。生地屋でキャンバス地の布を買ってきてそれを枠に張り、白鉛を塗ると、家屋塗装業者から買った絵具で絵を描いてみた。だが、キャンバスの布地の目は粗くでこぼこだらけだったし、絵具がなかなか乾かず大失敗に終わった。ほかに頼る人もいないので、以前習った床屋の先生に相談した。そしてはじめて、枠に張ったキャンバスを手に入れればいいこと、油絵用の特別な絵具やニスがあることを知った。

すぐにあるだけの金を集めて、わずかながら必要な道具を買い、一からやり直した。素人先生から油絵の描きかたを教わったが、生徒はみるみる上達し、すぐに先生より上手に模写が描けるようになった。シャープルズがはじめて描いた油絵は『羊毛刈り』と呼ばれている版画の模写で、半クラウンで売れた。1シリングで買った油絵入門の本に助けられながら、空いた時間に油絵を描き続け、徐々に油絵の道具に関する知識も増えていった。

イーゼルやパレット、パレットナイフ、それに道具入れは手作りし、絵具や筆やキャンバスは残業で稼いだ金で購入した。絵に使うために両親から許されたのは、わずかな残業代だけだった。大家族を養う負担は大きく、それ以上の出費は無理だった。2、3シリング分の絵具やキャンバスを買いに、夕方マンチェスターまで歩いて夜中に帰ってくることも多かった。

往復約30キロメートルの道のりを歩き、雨でびしょ濡れになったり、疲れきってしまったりすることもあったが、尽きることのない希望と揺るがぬ決意に支えられ、がんばり続けた。この独学の画家がこの後どのようにして進歩を遂げたかは、私宛てに書かれた彼からの手紙にある言葉がもっとも簡潔に言い表わしている。

「次に描いたのは、月光に照らされた風景や果物の絵などでした。そのあと『鍛冶工場』

を描くというアイデアについて考えてみました。実はずいぶん前から考えていたことだったのですが、イメージを絵にするまでには至っていませんでした。ですが、今回は紙に工場の下絵を描き、キャンバスに描き始めています。

この絵は、実在の工場を描いているわけではなく、私が昔働いていたような大きな作業場をシンプルに描き出したものです。したがって、この絵はまったくのオリジナルのアイデアです。絵の輪郭を大ざっぱに描いてみると、描き進める前に解剖学的な知識を身につけなければならないことに気づきました。でなければ、人物の筋肉を正確に描写できないと。この時期、兄のピーターが支援してくれていたのですが、その兄がフラックスマンの『解剖学的研究』を買ってくれました。

この本は24シリングで、その当時の私の持ち金ではとても足りませんでした。この本は私にとって大切な宝物です。この本から懸命に学んでいます。朝の3時に起きて、この本にある絵を描き写します。

ときどき兄のピーターが早朝にもかかわらず、モデルとして私の前に立ってくれます。こうやってだんだんと私の技術は上達していきましたが、あの絵に取りかかれるほど充分な自信がついたのは、もう少しあとのことです。

それにまず遠近法の知識を得たいという思いが、あの絵に向かう私の気持ちを押しとどめていました。ブルック・テイラーの『線遠近法の原理』をじっくり研究して、こつこつと遠近法の手法を習得してから、あの絵の制作を再開しました。遠近法の勉強に没頭していたときは、工場でいつもより重い鉄の鍛冶作業をさせてくれと願い出て許可をもらいました。重い鉄を打つには、軽い鉄より長い時間をかけて鉄を熱しなければならないので、仕事中でも数分間手の空く時間ができます。私はその時間を利用して、溶鉱炉に入れた鉄の様子を見守りながら、紙に遠近法で線図を描く練習をしました」

こうして勤勉に働きながら研究し、ジェイムズ・シャープルズは絵の基本的な知識を確実に身につけ、練習を積んで腕を上げた。そして、見習い期間が終わってから18ヵ月ほど経ったころ、父親のポートレイトを描いたのだが、それが町で相当な注目を浴びた。そのすぐあとに『鍛冶工場』の絵も仕上げた。それも評判になった。ポートレイトの出来が良かったので、作業場の監督から家族の絵を描いてくれと頼まれた。その絵も素晴らしい出来だったため、監督は約束の18ポンドに30シリングを追加して支払ってくれた。

この家族のポートレイトを描いている間に、シャープルズは工場の仕事を辞めた。鍛冶屋の仕事からきっぱり退いて、絵描きの仕事に専念しようと考えたのだ。そしていくつか絵を描いた。そのなかには、自らのアイデアによる等身大のキリストの頭部の絵や、ベリーの風景などがあった。

だが、安定した収入をもたらしてくれるはずのポートレイトの仕事が思ったより入ってこなかったため、分別よくもう一度革のエプロンを着けて、地道な鍛冶の仕事を続けることにした。空いた時間には自作の『鍛冶工場』の版画を作製し、刷った絵を売った。版画を彫るきっかけはマンチェスターの画商の言葉だった。

この絵を見せたとき、ベテランの彫り師にこれの版画を彫らせればいいものができるだろうとその画商が言ったのだ。シャープルズは即座に自分で彫ろうと決めた。とはいえ、版画についてはなにも知らなかった。目の前に立ちはだかるこの問題をどのようにして見事に解決し、自分の計画を実行したのかは、彼自身の言葉で次のように語られている。

「シェフィールドの板金製造業者の広告に、さまざまなサイズの金属板が値段とともに一覧で書かれていて、そこにちょうどいい大きさがありました。それで金属板の代金を払い、いくらか追加料金も払って版画用の道具も送ってくれと頼んだのです。

必要な道具がどれかもわかりませんでした。そもそも、そのときは版画を作る工程さえまったく知らなかったのですから。すると、金属板と一緒に彫刻刀が3、4本とエッチング針が届きました。とはいえ、エッチング針は正しい使いかたを習得する前に使いものにならなくなってしまいましたが。

この金属板で版画を作っているとき、合同機械工組合が組合のエンブレムのデザインを募集し、優秀な絵には賞金を与えると発表しました。私はこのコンペに参加しようと決め、幸いなことに賞を獲得しました。そのあと間もなく、ブラックバーンに移り、蒸気機関の鍛冶工としてイェーツ社に入り、以前と同じように仕事以外の時間を使って、デッサンをして絵を描き、版画を制作し続けました。

私は版画を彫っていましたが、なかなか進みませんでした。まともな道具を持っていなかったからです。それで目的に合わせて自分で道具を作ることにしました。いくつか失敗しましたが、うまく作れた道具も多く、いまでもそれらを使って彫っています。拡大鏡もまともなものがなくて非常に困りました。金属板の一部を彫るのに、父の眼鏡では間に合わなくて。それでもあとになって、ちゃんとした拡大鏡を手に入れることができました。それも非常に役立っています。

ある日、金属板を彫っているとき、事件が起きました。もう少しで版画をやめてしまうほどの事件でした。ほかの仕事が忙しくなると、版画の作業を長いこと中断せざるをえないことがときどきありました。そういうときは、錆《さび》がでないように、彫った部分に油を塗るようにしていました。

ところが、そんなふうに作業の間隔があいてしまったとき、その金属板を見ると、油が黒くてべとべとする物質に変質していて取れなくなってしまっていたのです。針でほじくり出そうとしましたが、時間がかかりすぎて、もう一度彫り直したほうが早いくらいでした。私はすっかり絶望してしまいましたが、ふと、重層を加えた沸騰した湯に漬けて、そのあと歯ブラシでこすってみたらどうだろうと思いつきました。嬉しいことに、この計画は非常にうまくいきました。

こうして最大の難局を乗り越えると、これまでの苦労が報われるためには、もう忍耐と根気で彫り続けるだけでした。この版画を完成させるまでに誰の助言も支援も受けませんでした。だから、この作品になにか価値があるとすれば、それは私自身の手で得たものだと堂々と主張できます。そして、この作品を通して、たゆまぬ努力と強い決意によってどれほどのことを達成できるかを示すことができれば、なにより誇りに思います」

ここで版画作品として『鍛冶工場』の批評をすることは本書の目的から外れてしまう

し、その価値はすでに美術雑誌などで高く評価されている。この作品を完成させるために、シャープルズは5年間もの間、仕事が終わったあとの夜の時間を費やしてきたのだ。シャープルズがはじめてほかの人の版を見たのは、彫り上げた金属板を持って印刷屋に行ったときだった。

この飾り気のない勤勉で才能にあふれた画家について、もうひとつ紹介しておきたいことがある。それは家庭でのエピソードである。「結婚して7年になりますが、結婚生活で一番楽しい時間は、工場から日々の労働を終えて家に戻り、ふたたび鉛筆や彫刻刀を手にしたときです。夜遅くなることも多かったのですが、その間妻は、私のそばにすわって、なにか面白い本を読み聞かせてくれるのです」

これは、この興味深い優れた職工が、普通の人と同じような感覚を持つ非常に誠実な人物であることを示す、素朴で美しいエピソードである。

❖情熱と忍耐で名曲を生み出した音楽家たち

絵画と彫刻の分野で名声を得るには、これまでと同じく努力と根気が必要であることはわかっていただけたと思うが、音楽というもうひとつの芸術でも、同じように努力と根気が必要とされる。美術が色と形で紡がれる詩だとすれば、音楽は天上の音で語られる詩である。

ヘンデルは疲れを知らない一途な働き者で、挫折してもへこたれることなく、むしろ逆境になればなるほど負けん気を奮い立たせるようなタイプだった。破産して負債者になるという屈辱を受けたときも決して諦めず、1年間で『サウル』、『エジプトのイスラエル人』、ドライデンの頌歌に曲をつけた『聖セシリアの日のためのオード』、自作の『12の合奏協奏曲集』、オペラ曲『アルゴスのジュピター』など優れた曲を作った。伝記作家は彼についてこう述べている。「彼はなにがあっても恐れることなく困難に立ち向かい、12人分の仕事をひとりでやり遂げた」

ハイドンは、作曲とは「テーマをすくい上げて、それを探究することだ」と言い、モーツァルトは「労すること。それが最大の喜びだ」と言っている。ベートーベンが好んだ格言は、「野心的で勤勉な者の前に『この先に進むべからず』と注意書きした柵は建てられない」というものだった。

ベートーベンは、チェコの作曲家でピアニストのイグナーツ・モシェレスから、オペラ曲『フィデリオ』のピアノ用楽譜を受け取ったとき、最後のページの下のほうに「神の助けを借りて終わる」と書かれているのを見つけ、すぐその下に「とんでもない。自力でおやりなさい！」と書き足した。それは、ベートーベンの作曲家人生を通じてのモットーでもあった。

バッハは自分のことを次のように評した。「私は勤勉にやってきた。誰でも私と同じくらい勤勉な人は、同じくらい成功できるだろう」。だが、バッハの音楽への情熱は生まれながらのもので、それが勤勉さの源泉となり、成功の秘訣であったことは疑いようもない。バッハがまだほんの子供だったころ、兄が彼の才能を別の分野で生かそうと考え、バッハが勉強のために集めた楽譜を捨ててしまったことがあった。その楽譜はロウソクを禁止された彼が、月明かりを頼りに書き写した楽譜だった。これはバッハ少年の偉大な天賦の才能を示している。

ドイツの作曲家マイアベーアについては、伝記作家のベールが1820年にミラノで次のように書いている。「それなりに才能はあるが、天才とは言えない。独り住まいで、1日のうちの15時間を音楽に費やしている」。数年後、マイアベーアの労を惜しまぬ努力が結実し、『悪魔のロベール』、『ユグノー教徒』、『預言者』などで見事な才能が花開いた。これらは近年に作られた数々の偉大なオペラのなかでも群を抜いて優れている。

作曲という芸術分野において、名を成したイギリス人はまだそれほど多くない。イギリス人は、ほかのより実用的な分野にエネルギーの大部分を注いでいるからだろう。しかし、この特別な芸術を根気よく追求し続けた実例がないわけではない。

トマス・アーンの父親は室内装飾業者で、息子を法律家にさせるつもりだった。だが、トマスは音楽を深く愛していたため、その道を諦めることができなかった。弁護士事務所で仕事をするようになってからも、資金は限られていたがその思いを満足させるために、お仕着せを借りて召使いのふりをし、オペラハウスの桟敷によく入り込んでいた。それに、父親が知らないうちにバイオリンも習って、またたく間に腕を上げていた。

父親がはじめてそれを知ったのは、たまたま近所の紳士の家を訪問したときだった。なんと息子が音楽団でバイオリンを演奏しているではないか。この事件でアーンの運命が決まった。父親はそれ以降アーンの意志に反対するのをやめたのである。こうして世界からの所蔵庫に多くの素晴らしい作品が加わることとなったのである。

ウィリアム・ジャクソンは、オラトリオ『バビロンから脱出するイスラエル人』の作曲家である。このオラトリオは、彼の故郷ヨークシャーのいくつかの町で演奏されて評判になった。この音楽家の人生も、音楽の分野を追求し、不屈の精神で困難を乗り越え勝利を手にした興味深い実例のひとつである。

彼は、ヨークシャーの北西端、ウレ川の谷間に位置する小さな町マシャムの製粉業者の息子だった。音楽好きは家族の遺伝のようなもので、父親はマシャムの義勇兵の楽隊でファイフという横笛を演奏し、教会区の聖楽隊で歌っていた。祖父もマシャム教会の歌手であり鐘つきだった。ジャクソンがもっとも早くに親しんだ音楽は、日曜日の朝にすぐそばで鳴り響く教会の鐘の音だった。また礼拝のときは、オルガン奏者が操作する手回しオルガンの演奏に驚嘆し、興奮を覚えた。

教会の奥まで音が響きわたるように、オルガンの扉が開けはなたれていたため、ストップ、パイプ、バレル、ピン、鍵盤、ジャックなどが、聴衆のうしろにすわっていた小さな少年にもしっかり見えた。もちろん、誰よりもそれに見入っていたのはジャクソンだった。

8歳になるころに父親の古いファイフを吹き始めたが、その横笛は「レ」の音が鳴らなかった。すると、母親が、キーがひとつ付いたフルートを買ってくれたので、その問題は解決した。しばらくすると、近所の紳士が銀のキーが4つ付いているフルートをくれた。ジャクソンは学校の成績はからっきしで、授業よりクリケットやファイブス、ボクシングなどを好んだため、村の教師は〝できの悪い生徒〟だと見放した。

そのため両親は、彼をペイトリーブリッジにある学校に行かせた。その学校にいる間に、ブライハウスゲートの村の人々が参加している合唱団に入った。そこで気の合う仲間を見つけ、彼らと古いイギリスの曲をベースにドレミの全音階を学んだ。こうして楽譜を読む訓練を充分にこなすと、すぐにこの方法をマスターしてしまい、その上達ぶりには合唱団の人々も舌を巻くほどだった。こうして、ジャクソンは音楽への野心をいっぱいにふくらませて家に戻る。

そして次は、父の古いピアノの弾きかたを学び始めたが、そのピアノは音らしい音がほとんど鳴らなかった。だから指で弾くオルガンが欲しくてたまらなかったが、先立つものがない。ちょうどそのとき、近所の教会の職員が壊れて音の出ない小さな手回しオルガンをわずかな金で手に入れていた。そのオルガンは興業の巡回で使われ、北部の県を巡ってきたのだった。

その教会職員はオルガンを修理しようとしたが失敗し、結局、ジャクソンのところに持ってきた。ジャクソンは、以前この職員の教会のハンドオルガンにいくつか手を加えて上手に修理にしたことがあったので、その腕を見込まれたのだ。職員は、ロバが引く荷車にそのオルガンを載せてジャクソンの家に持ってきた。ジャクソンがたちどころにその楽器を修理してみせ、オルガンがふたたび元どおりに曲を奏で始めると、教会職員はすっかり満足した。

このあと、ジャクソンは自分で手回しオルガンが作れるのではないかという思いにとりつかれた。それで作ってみようと決意し、父親とともに作業にとりかかった。大工仕事をしたことはなかったが、骨を折りながら多くの失敗を重ね、ようやく完成にこぎ着けた。そのオルガンは10の曲を立派に奏でることができ、近所中で評判になった。

そうしてジャクソンは、教会の古いオルガンの修理やバレルに新たな曲を追加する作業などをひんぱんに頼まれるようになった。仕事を依頼した人々はみなその出来栄えに満足した。やがて、ジャクソンは古いハープシコードの鍵盤を再利用して、手回しオルガンではなく指で弾く4ストップのオルガンを作った。

その後は、夜は作曲家カルコットの『通奏低音の文法』を読みながらオルガンを弾く練習をして、日中は製粉の仕事に励んだ。ときおり、ロバに荷車をつけて行商人として国中を巡ることもあった。夏季は畑で働き、カブの時期、干し草の時期、収穫期を畑で過ごしたが、夜は音楽の慰めなしには過ごせなかった。

次に作曲に挑戦し、教会の合唱曲アンセムを12曲作った。それらは「製粉業者の14歳の息子が作曲した」という触れ込みで、ヨーク・ミンスターのオルガン奏者カミッジに届けられた。カミッジはこれらの曲を気に入り、修正すべき部分に印をつけ、「きみには素晴らしい名声が待っている。作曲を続けなさい」という励ましの言葉をつけてジャクソンに返した。

マシャムに村の楽団が結成されると、ジャクソンはそれに参加し、やがてリーダーに選ばれた。すべての楽器を順に演奏し、実践的な音楽の知識を身につけた。また、楽団で演奏するためにさまざまな曲を作曲した。そして、教区教会のオルガンが新しくなると、その奏者に選ばれた。そのあと、製粉業から手を引き獣脂ロウソクを製造し始めたが、空いた時間には相変わらず音楽の勉強を続けていた。

１８３９年にはじめて自作のアンセム『喜びに満ちた豊かなる谷の歌』を発表し、その翌年にハダースフィールド・グリー・クラブから『リー姉妹』という曲で最優秀賞を受けた。ほかには、『神よ、我を憐れみたまえ』とオーケストラのための二重合唱つき『詩編１０３番』がよく知られている。

ジャクソンはこれらの小品に取り組んでいる最中に、オラトリオ『バビロンから脱出するイスラエル人』の作曲も開始していた。彼の作曲方法は、頭に曲が浮かんだらその場でアイデアを簡単にメモしておき、ロウソク店の仕事を終えてから、夜に楽譜に書き起こすというものだった。彼はこのオラトリオを１８４４年とその翌年に数回に分けて発表し、最後の合唱部分は29歳の誕生日に発表した。

この作品は大きな評判を呼び、北部の町で幾度も演奏されて高い評価を受けた。やがてジャクソンはブラッドフォードで音楽の教授に落ち着き、ブラッドフォードはもちろん、その近隣で音楽文化の発展に少なからず貢献した。

それから数年後、光栄にもバッキンガム宮殿のヴィクトリア女王の前で、自ら組織したブラッドフォード合唱団を指揮した。このときクリスタル・パレスでも自作の合唱曲をいくつか披露したが、いずれも素晴らしい出来栄えだった。

これは独学で学んだ音楽家の生涯の要約であり、ひとりの人間の生涯を通して自助の力を示したひとつの手本であり、勇気を持って努力すれば、若者は厳しい困難や障害を乗り越えられることを示す一例である。

第7章

商人と貴族

「運命を恐れすぎている者は、功績が少ない
成功するか失敗するかを恐れ、挑戦する勇気がないのである」
——初代モントローズ侯爵ジェームス・グラハム

「権力のある者をその座から降ろし、身分の低い者を引き上げた」
——ルカによる福音書

❖地位や名声はひとところにとどまってはいないもの

低い身分に生まれた庶民が不屈の精神と勤勉の力によって、高い地位へ達したという例をいくつか見てきたが、ここでは、貴族たちのなかにも同じように有益な例があることを示してみよう。

イギリスの貴族階級が自身の地位を順調に保ってこられたのは、他国の貴族と違って、まさに「イギリス人の肝臓であり心臓であり、脳でもある」勤勉さという気質を、ことあるごとに刷り込まれながら育ったからである。ギリシャ神話の巨人アンタイオスが、母なる大地に触れると生気を吹き込まれ活力を取り戻したように、貴族たちは、太古からある貴き階級、つまり労働者階級と混じり合うことで生気を吹き込まれ、活力を得てきたのだ。

人間はみな、その血を等しく遠い祖先から受け継いでいる。系譜が直接には祖父のところまでしかたどれないという人もいるだろうが、いずれにせよ、政治家のチェスターフィールド伯フィリップ・スタンホープが家系図の先頭に〝アダム・スタンホープ、イブ・スタンホープ〟と書いたように、誰であれ系図の一番上は人種のもっとも古い先祖に行き着くはずだ。

どの階級に属していようとも、永遠にそこにとどまるわけではない。身分の高い者が転落し、身分の低い者が高い地位を得ることもある。新しい家系が古くからある家系の座を奪い、由緒正しい名家が庶民の階級に埋もれていく。

アイルランドの系譜学者ジョン・バークの『貴族たちの栄枯盛衰』には、さまざまな一族の栄光と没落が鮮やかに描かれていて、貧しい者よりも裕福で高貴な者のほうが、災難によってより大きな打撃を受けることを示している。

筆者は、マグナカルタの儀式の執行を託された25の男爵の家系のうち、いまも貴族院に名を連ねているそれらの子孫はひとりもいないと指摘する。内戦や反乱によって多くの伝統的な名門が破滅し、家族がばらばらに分散してしまったのだ。多くの場合、子孫は生き残っているのだが庶民階級に混じってしまっている。

歴史家のトマス・フラーはその著書『イギリスの名士たち』でこのように書いている。「ブーンやモーティマー、プランタジネットといった王家や貴族由来の姓を持つ人たちも、いまでは大多数の庶民のなかに紛れ込んでしまった」

そしてバークによれば、イングランド王エドワード1世の6男であるケント伯爵直系の子孫に、肉屋と通行料の徴収員になっている人がひとりずついるという。クラレンス公爵の娘マーガレット・プランタジネットのひ孫は、シュロップシャー、ニューポートで靴修理屋をしている。

また、エドワード3世の息子グロスター公爵の直系の子孫は、ハノーヴァー・スクエアのセント・ジョージ教会の寺男をしていた。イングランドの古くからの男爵家シモン・ド・モンフォール直系の子孫も、いまはツーリー・ストリートで馬具職人をしているとされる。かつてノーサンバーランド公爵の継承者であると主張した〝誇り高きパーシー家〟の末裔は、ダブリンで革鞄の職人になっているし、パース伯爵の継承者であることを主張していた者のひとりは、数年するとノーサンバーランドの炭鉱夫になっていた。

地質学者のヒュー・ミラーが石工としてエディンバラの近郊で働いていたとき、その下働きとして雑用をしている者のなかに、クロフォード伯爵の継承者だと主張する者がいた。当時そう主張する者は大勢いて、この男もそのうちのひとりだったが――その主張を通すために足りないのは、失くした結婚証明書だけらしい――、作業している間、1日に何度も「ジョン・クロフォード伯爵よ、石灰の箱をもうひとつ運んでくださいませ」とからかう声が採石場の壁に響きわたっていた。清教徒革命の指導者オリバー・クロムウェルのひ孫のひとりは、スノーヒルの食糧雑貨商となり、ほかの末裔たちはひどい貧困状態で亡くなった。

誇り高い名前や称号を持った貴族の子孫の多くが、家系《ファミリーツリー》という木にナマケモノのようにのさばり、葉をすっかり食い尽くして滅びていくのだ。あるいは、災難に見舞われるとそれを乗り越えることができず、やがて困窮し、無名の庶民のなかに埋もれてしまう者もいる。このように、地位や富はひとところにとどまっていないものなのである。

現在のイギリスの貴族は、称号を見る限り、どちらかと言えば新しい家柄が多い。しかし、名誉ある産業の経営者階級から貴族の地位を得た者が多いとはいえ、彼らが高潔さで劣るわけではない。昔、ロンドンはエネルギッシュで進取の精神のある人々によって富と商業が生み出されており、それによって貴族の地位を得る人が多かった。

たとえば、コーンウォリス伯爵家の基礎を築いたのはトマス・コーンウォリスというチープサイドの商人だったし、エセックス伯爵家のもとはウィリアム・カペルという服地商、クレーブン伯爵家の先祖はウィリアム・クレーブンという仕立屋である。

19世紀のウォーリック伯爵は、ばら戦争の主要人物で「キングメーカー」と言われたウォーリック伯爵の子孫ではなく、羊毛商人ウィリアム・グレヴィルの末裔である。また、現在のノーサンバーランド公爵家の先祖はパーシー家ではなく、ロンドンの名の知れた薬剤師ヒュー・スミッソンである。ダートマス家は毛皮商、ラドノー家は絹糸製造業者、デューシー家は商人で仕立屋、ポンフレット家は港町カレーの商人がそれぞれの始祖であった。

また、タンカーヴィル家、ドーマー家、コベントリー家という貴族の始祖はみな織物商である。ロムニー伯爵、ダドリー卿、ウォード卿の先祖は金細工や宝石細工の職人だったし、ダクレス卿はチャールズ1世時代、オーバーストーン卿はヴィクトリア女王時代に銀行家であった。

リーズ公爵家の先祖エドワード・オズボーンは、ロンドン橋のそばの裕福な織物商ウィリアム・ヒューエットのもとで見習いをしていたとき、テムズ川で溺れかけているヒューエットのひとり娘を川に飛び込んで救い出し、やがてその娘と結婚した。

もと商人の貴族たちは、ほかにフィッツウィリアム家、リー家、ピーター家、クーパー家、ダーンリ家、ヒル家、キャリントン家などが挙げられる。なかでも、フォーリー家とノーマンビー家の始祖は、さまざまな面で注目に値する人たちで、行動力あふれる性質は実例としてふさわしく、その生涯は語るに足るものである。

❖不屈の精神・行動力・愛国心で貴族の称号を得る

フォーリー家の始祖リチャード・フォーリーの父親は、チャールズ1世の時代にはスタウアブリッジ近郊の小規模な自作農民だった。当時、スタウアブリッジはイングランド中部地域の製鉄業の中心地で、リチャードも成長すると、製鉄業の一分野である釘の製造所で働き始めた。釘を製造するためには鉄の棒を切断する必要があったが、その工程が当時はまだ洗練されておらず、大変な労力と時間がかかっていた。

スウェーデンから輸入される釘は国内の市場価格より安かったため、スタウアブリッジの釘業者は徐々に取引を失っていった。スウェーデンでは、イギリスで利用されている人力の鉄棒処理の工程はすっかり廃れていて、その代わりに切断用の機械が用いられていた。そのため、ずっと安く釘を製造することができるらしかった。

リチャード・フォーリーもその機械の話を聞き、この新しい工程を取り入れようと心に決めた。そして、彼はスタウアブリッジ周辺からとつぜん姿を消し、何年も音沙汰がなくなった。誰も、家族でさえ彼の行方を知らなかった。フォーリーは失敗することを恐れて、家族にも計画を教えていなかったのだ。

ポケットにはわずかな金しかなかったが、フォーリーはどうにかイングランド東部の港町ハルにたどり着き、スウェーデン行きの船で働き口を見つけると、船上で船賃を稼ぎながらスウェーデンに向かった。唯一の荷物はバイオリンで、スウェーデンの地を踏むと、バイオリンを弾いてチップを貰いながら、ウプサラという町近くのダンネモラ鉱山を目指した。

音楽家として腕は一流だったし、気持ちのよい性格だったのであっという間に鉄工職人たちと打ち解け、作業所への出入りを許された。どこでも自由に入ることができたので、このチャンスを逃さず、鉄を切断する仕組みを観察して記憶にとどめ、習得しようと努めた。そして、この作業所にしばらく滞在して目的を果たすと、鉱山の親切な友人たちの前から突然姿を消した。どこへ行ったのか誰にもわからなかった。

フォーリーはイギリスに戻ると、スタウアブリッジの有力者たちにスウェーデンへの旅の結果を話した。彼らはフォーリーの話を信用し、新たな工程で鉄を切断する機械とその工場建設に必要な資金を用立ててくれた。

しかし、作業を開始してみると、その機械はうまく動かず、どうやっても鉄の棒を切断できなかった。誰もがひどくがっかりし、いら立ちを感じたが、とくにフォーリーの失望は大きかった。そしてふたたびフォーリーは姿を消した。失敗した恥ずかしさと悔しさでいたたまれず出て行き、もう永遠に戻ってこないだろうと誰もが考えた。

しかし、そうではなかった。フォーリーはバイオリンを片手にふたたびスウェーデンに向かっていたのだ。そしてなんとか以前の鉄工所にたどり着くと、鉱夫たちから大歓迎された。そして、今回はバイオリン弾きがどこへも行かないようにと、どこあろう切断工場のなかに泊めてくれたのだ。バイオリンを弾くこと以外になんの能力もなさそうに見えたため、鉱夫たちはこの吟遊詩人の目的を疑いもせず、彼の演奏を楽しんでいた。

それで、フォーリーは人生をかけた目的を達成することができた。今回は作業をじっくり調べた。すると間もなく失敗の原因が明らかになった。製図についてはずぶの素人だったが、できる限り正確に機械の図面を描いた。自分の観察に間違いがないか確かめ、機械の構成をしっかり鮮明に心に刻みつけたあと、ふたたび鉱山を去り、港へ向かいイギリス行きの船に乗った。

これほど決意の固い男が成功しないわけがない。イギリスでは驚く友人たちに迎えられながら、機械の調整をすませると今回は見事に成功した。その手腕と努力によってまたたく間に大きな富を築き、同時にスタウアブリッジ周辺の釘製造業を復活させた。彼は生涯にわたってこの事業を続けながら、周辺地域のあらゆる慈善事業の促進と支援にも力を尽くした。そして、スタウアブリッジに学校を設立し資産を寄付した。

彼の息子トマスも、キダーミンスターの町に大いに貢献し、ウースターシャーの長官を務め、清教徒革命で長老派が追放され独立派による長期議会が行われているころ、子供たちが無料で教育を受けられるよう、オールドスウィンフォードに寄宿学校を設立し資産を寄付した。その施設はいまも存在している。初期のフォーリー家はみな清教徒だった。

清教徒の牧師リチャード・バクスターは、フォーリー家のさまざまな人々と親しく付き合いがあり、その著作『人生と時代』でフォーリー家の面々について何度も触れている。トマス・フォーリーは州長官に任命されたとき、バクスターにいつもの説教をしてほしいと頼んだ。バクスターは前述の著書のなかで彼のことをこう述べている。「清廉潔白な仕事ぶりで、一度でも彼と関わったことのある人はみな、彼の誠実さや正直さを称賛したが、それに疑問を差しはさむ者は誰ひとりいなかった」。フォーリー家はチャールズ2世の治世に爵位を賜った。

マルグレイブ家やノーマンビー家の始祖ウィリアム・フィップスも、リチャード・フォーリーに負けないほど非凡な人生を送った。父親は丈夫なイギリス人の鉄砲鍛冶で、当時イギリスの植民地のひとつだったアメリカのメイン州ウーリッジに住んでいた。フィップスは1651年、少なくとも26人は子供のいる家族の一員として生を受けた（うち21人が息子だった）。一家の財産は、ずぶとい精神と腕っぷしの強さだけだった。

フィップスにはバイキングの血が少々混じっていたのか、最初の数年間に従事していた羊飼いの静かな生活にはなじめなかった。根っから大胆で冒険好きだったフィップスは、船乗りになって世界中を巡りたいと思っていた。船上での仕事を探したが見つからなかったため、造船技師の見習いになった。そこで造船技術を徹底的に学びながら、空いている時間に読み書きの勉強もした。

見習い期間が終わるとボストンへ移住し、いくらか財産を持っていた未亡人に言い寄って結婚した。その後、自身の小さな造船所を設立して船を建造すると、それを海に浮かべ、材木取引を開始し、約10年間こつこつと努力しその仕事を続けた。

ところがある日、ボストンの路地を歩いているとき、船乗りたちの話が偶然もれ聞こえてきた。つい最近、バハマ諸島の沖でスペインの船が難破したのだが、その船には相当な額の金銭が積まれていたという。フィップスの冒険心は一気に燃え上がり、すぐさま乗組員になれそうな人を集めると、バハマを目指して出航した。沈没船はかなり沿岸で難破していたため、たやすく見つかった。大量の積荷を回収できたが、積まれていた金はわずかなもので、かかった費用をどうにかまかなえるほどしかなかった。

だが、この小さな成功でフィップスの冒険心は大いにかき立てられた。それで、半世紀以上も前にアルゼンチンのラ・プラタ港近くで難破した船には、前回よりずっと多くの積荷が載せられていたらしいという噂を聞きつけるやいなや、その沈没船を引き揚げ、なんとしてもその財宝を手にしてやろうと決意を固めた。

ところが、フィップスには先立つものがなく、強力な後押しがなければこの大冒険を始めることができそうになかった。そこで、協力を得られることを期待して、まずはイギリスに向けて船を出した。イギリスでは、彼が到着する前から、バハマ沖での難破船引き揚げに成功したという噂が広まっていた。

フィップスが政府に直談判したところ、その強い熱意で、普段はなかなか処理が進まないお役所仕事が順調に進んだ。そして、チャールズ2世の判断で〝ローズ・アルジェ号〟という船と銃18丁と95人の水夫が集められ、フィップスは船長に任命された。

フィップスは、スペイン船を発見して財宝を引き揚げる航海に出発した。間もなくカリブ海のイスパニョーラ島沿岸には無事にたどり着いた。だが、問題は沈没船をどうやって見つけるかだった。その船の難破は50年以上も前のことで、手がかりは昔から伝わる噂だけだった。調べなければならない沿岸部は広大で、その商船がどのあたりの海底に横たわっているのかを示す痕跡はなにもない。

だがフィップスの決意は固く、心は希望にあふれていた。まず引き綱を使って海岸沿いの海中を探させた。水夫たちは何週間も作業を続けたが、引き揚げられたのは海藻や砂利や小さな岩ばかりだった。乗組員にとってこの作業はなによりつらく、次々に不平を漏らす者が現われ、船長は自分たちに無駄なことばかりさせているというぼやきが聞こえ始めた。

そして、とうとうその不満が頂点に達し、乗組員たちはあからさまな反抗を開始した。ある日、反乱分子の一団が船尾甲板に集まって、この航海を終わりにするよう要求したのだ。だが、フィップスは脅しに従うような男ではなかった。首謀者をひっ捕らえると、ほかの者は仕事に戻るように命令した。

またあるとき、船の修理のために小さな島に寄って錨を下ろすことになった。船を軽くするために、積載しているものの多くが陸に揚げられた。乗組員はなおも不満を募らせていたため、島に揚がった者の間で、新たな企てが生まれていた。船を乗っ取って、フィップスを海に投げ入れ、南洋でスペイン船を襲撃し海賊行為を働こうというのだ。

しかし、これには船大工頭から協力を得る必要があった。この船大工頭は計画を聞くと水先案内人にそれを漏らした。その男はフィップスに忠実で、すぐに船長に危険が知らされた。フィップスは自分の味方を集めると、船に積んでいる銃に弾を込めて海岸のほうを狙わせ、船と岸を結ぶブリッジを引き上げさせた。

反逆者らが岸に姿を現わすと、フィップスは彼らを呼び止めて、海側にそれ以上近づいたら撃つと告げた。彼らが後ろに下がると、味方に銃で護衛させながら荷物をふたたび船に積み込んだ。反逆者たちはなにもないその島に取り残されるのを恐れて武器を投げ捨てると、もと通り仕事をさせてくれと哀願した。

フィップスはその願いを聞き入れたが、今後は反乱が起きないように充分に警戒した。そして、次に港に寄る機会を見つけると、そこで反逆に加わった乗組員たちを陸に揚げ、代わりの者を雇い入れた。ここでもう一度力を入れて沈没船の探索を始めたいところだったが、その前に、一度イギリスに戻り船を修理する必要が出てきた。このときには、スペインの宝船が沈没している地点について、さらに正確な情報をつかんでいたので、まだ障害はあるものの計画はやがて成功するだろうと、フィップスはこれまで以上に自信を深めていた。


ロンドンに戻ると海軍本部に航海の結果を報告した。海軍本部は彼の尽力に満足していると伝えてきたが、任務には失敗したので、新たな船を出してはもらえなかった。そのころイギリスでは、王政復古によりジェームズ2世が王座についたばかりで政府は問題を抱えていたので、フィップスが財宝探しの計画を訴えても対応してもらえなかったのだ。

そこでフィップスが試したのは、一般の人々から必要な資金を募ることだった。最初は笑い者にされただけだったが、諦めずに根気よく訴え続けると、だんだん話を聞いてもらえるようになり、4年後には彼の計画が有力者の耳にも入り——その間、彼は窮乏した生活を送っていたが、ようやく努力が結実した。清教徒革命の王政復古時に大きな役割を果たしたモンク将軍の息子、アルベマール公爵が筆頭株主となって沈没船の探索に必要な資金の大部分を提供してくれることになり、20株で会社が設立されたのだ。

フォーリーのように、フィップスも1回目より2回目の航海のほうが幸運に恵まれた。船はなんの問題もなくラ・プラタ港に到着した。その港近くの岩礁地帯が、難破の現場だと見られていた。最初の目標は、8〜10本のオールを備えた頑丈な船を作ることだった。これを組み立てるさいにはフィップス自身も手斧をふるった。

さらに、海底を探索するために、潜水鐘《せんすいしょう》に似た潜水装置も作ったと言われている。このような装置は複数の本で紹介されているが、フィップスはほとんど本を読まなかったので、沈没船探しの目的に使うために、その装置を自分で考案したと言われている。

また、彼は真珠採りが得意で海中での作業に長けたアメリカ・インディアンの潜水夫を雇った。小型の給仕船とボートが岩礁地帯にたどり着くと、男たちは仕事にとりかかった。潜水鐘を海に沈め、さまざまな方法で海底を探索した。それらの作業を何週間も続けたが、成功の予兆はまったくなかった。しかし、フィップスは見込みが低くても雄々しく希望を持ち続けた。

そしてある日、ボートの周りの透明な海を見わたしていた水夫が、岩の割れ目らしきところから珍しい海草が生えているのを見つけた。水夫はインディアンの潜水夫を呼び、潜って採ってくるよう指示した。その海草を採って戻ってきた潜水夫は、その場所には船用の銃器がいくつも沈んでいると報告した。

その報告ははじめ疑われたが、さらに調べたところ、たしかに銃器が沈んでいた。そのあたりで探索を始めると、間もなくひとりの潜水夫が銀の延べ棒を両腕に抱くようにして戻ってきた。フィップスはその銀塊を見て叫んだ。「ああ！　これで俺たちもいっぱしの男だ！」。潜水鐘で作業する者も潜水夫たちも張りきって作業に取り組み、数日間で引き揚げられた財宝の価値はおよそ30万ポンドになった。

それを船に積んで、フィップスはイギリスに帰った。イギリスに戻ってみると、フィップスの船とその積荷を没収せよと国王に主張する者がいた。国王の許可を得るときに、事業に関して正確な情報を知らせなかったからというのだ。

しかし国王は、フィップスが正直な男であることはわかっているので、たとえ持ち帰った財宝が今回の倍あったとしても、すべての財宝はフィップスとその仲間で分け合うべきだと述べた。

フィップスの分け前は約2万ポンドだったが、それに加えて、この大冒険をやり遂げた行動力と誠実さを称えられ、国王からナイトの称号を賜った。また、アメリカ、ニューイングランドの長官に任命され、在任中は、ジャマイカのポート・ロイヤルやカナダのケベックに遠征し、フランスに対抗して母国と入植者たちの権利を守った。さらには植民地マサチューセッツの総督も務め、そのあと本国のイギリスに帰り、１６９５年にロンドンで息を引き取った。

フィップスは後半生にわたって、低い身分の出身であることをためらうことなく公言していたし、一介の船大工という立場から身を立ててナイトの称号を得て、植民地の総督を務めるに至ったことを心から誇りにしていた。公務で悩ましい問題を抱えたときは、斧を振るっていたころのほうがよっぽど楽だったと打ち明けることも多かった。彼は清廉で正直で勇敢な国を愛する男で、その性質の多くが貴い遺産としてノーマンビー一族にしっかりと受け継がれている。

ランズダウン家の始祖ウィリアム・ペティも行動力が抜群で、その時代に大きな社会貢献を果たした人物である。1623年、ハンプシャーのロムジーで貧しい織物業者の息子として生まれた。

地元のグラマー・スクールでまずまずの教育を受けたあと、フランスのノルマンディーにあるカーン大学で勉学に励もうと決意した。父親からの支援が得られなかったため、商品を少し仕入れては細々と売る行商人のような仕事をして学費などを稼いだ。

イギリスに戻って来ると海軍に入り、ある海軍大佐のもとで実習を始めるが、その大佐はペティの視力が良くないからと理由をつけロープで打ちすえるような人物だった。そのため、ペティはうんざりして海軍を去り、医学の勉強を始めた。その後、パリで解剖の仕事に従事していたとき、『リヴァイアサン』（光文社）の著者トマス・ホッブズのために図を描いたこともあった。当時、トマス・ホッブズは眼に関する論文を書いていた。

そのころのペティは非常に困窮していて、クルミだけで2～3週間過ごしたこともあった。しかし、ふたたびささやかな商売を始めて誠実に金を稼ぎ、ポケットにいくらかお金のある状態でイギリスに帰ることができた。ペティには機械を考案する才能もあり、複写機の特許を取った。

さらに、芸術や科学に関する著作を始め、化学や医術などにも貢献し、またたく間に高い名声を勝ち取った。科学者たちと交流したときは、科学を振興させるための学会の設立計画を話し合い、ロンドン王立協会の前身となる会議をペティの下宿ではじめて開いた。また、オックスフォード大学では、解剖の実習を毛嫌いしている解剖学教授の代理をしばらく務めたことがあった。1652年にはその努力が認められ、軍医に任命されアイルランドに向かった。そこでジョン・ランバート、チャールズ・フリートウッド、ヘンリー・クロムウェルという3代のアイルランド総督の主治医を務めた。

当時、清教徒革命で没収された多くの土地が清教徒派の軍人に授与されていたが、ペティはそれらの土地の測量がかなりずさんであることに気づいた。そこで、多くの副業の合間に、自分で土地の測量を行った。任される仕事が増えるにつれ収入も増えたが、それを妬む者から違法行為を行っていると告発され、すべての任務を辞めさせられた。しかし、王政復古のおりにふたたび取り立てられた。

ペティは誰よりも根気強い企画者であり、発明家であり、産業の創設者であった。彼の発明のひとつに、風や潮流に逆らって前進できる二重底の船がある。論文も発表しているが、そのテーマは、染色、海軍の原理、毛織物製造、政治算術など多岐にわたった。製鉄業を創設し、鉛鉱山を開き、イワシの水産業を始め、材木取引も行った。それらに従事しながら、時間を見つけてはロンドン王立協会についての話し合いに参加し、その設立に大きな貢献を果たした。そして息子たちに充分な財産を残し、長男はシェルバーン男爵の称号を賜った。

彼の遺書は風変わりなもので、彼の性格を非常によく表わしている。そこには人生のおもな出来事と、だんだんと財産が増えていく様子が詳しく記されている。貧困についての見解も次のように非常に独特だ。

「貧しい人へ財産を残すかどうかについては、心を決めかねている。職業として自分から進んで物乞いをしている者にはなにも遺すつもりはない。生まれつき虚弱な者は公的に支援されるべきであり、親から受け継いだ仕事や土地や資産のない人は親族が面倒をみるべきである。(中略)

これまで貧しい親類たちをみな支援し、多くの人が自立できるように尽力し、公共事業のために骨を折り、新たな慈善の対象を工夫して探してきた。そのことには満足している。それゆえ、私の財産を受け継ぐ者はみな、ときどきは、自分の負担を承知のうえで同じように活動してくれることを願う。

とはいうものの、慣習にしたがって、また念には念を入れるためにも、私が息絶えた教区内でもっとも困窮している者に20ポンドを遺贈する」

彼が埋葬されたのはノルマン様式の古く美しい教会で、それは彼が貧しい家の息子として生まれた町、ロムジーにある。その教会の聖歌隊席の南側には飾り気のないプレートがいまも据えられていて、そこには無学な職人の手で次のような銘文が刻まれている。

〝ウィリアム・ペティ卿、ここに寝むる〟

❖発明によって貴族の称号を得る

近年、発明と商売によって貴族に成り上がった一族に、ダービーシャー、ベルパーのストラット家がある。特権階級への仲間入りが将来ほぼ確実となったのは、ジェデダイア・ストラットが1758年にリブ編みの靴下製造機を発明したときだった。その発明によってストラット家は財を成し、その名を引き継いだ者は富をさらに増やし、立派な目的にそれを活用した。

ジェデダイアの父親は農家で麦芽の製造者だったが、子供たちは教育らしい教育を受けさせてもらえなかった。それでも、全員が長じて成功者となった。ジェデダイアは次男で、幼いころから父の農場の仕事を手伝っていた。若いときから機械いじりが得意で、その時代のまだ完成度の低い農機具にさまざまな改良を加えた。

叔父が亡くなったあと、長年一族が保有していたノルマントン近くのブラックウェルにある農場を継ぎ、その後間もなくダービーにある靴下製造業者のウラットの娘と結婚した。妻の兄弟からリブ編みの靴下を製造する試みが何度も失敗していることを聞き、ほかの人が達成できなかったことを成し遂げてやろうというつもりでこの分野の勉強を始めた。

それで、靴下編み機を手に入れ、その構造と仕組みを理解し、そこに新たな工夫を施して、単に輪編みを行う機械に異なる動きを取り入れた。それによってリブ編みの靴下が製造できるようになった。改良した機械の特許を取り、ダービーに移住すると、リブ編み靴下の製造に本格的に乗り出し大きな成功を収めた。

その後、アークライトの発明にすっかり感服していたことから、彼と提携を結び、アークライトが特許を取得できるよう方法を見つけ出したり、ダービーシャーのクロムフォードに大きな綿紡績工場を建てたりした。

アークライトとの提携契約が終了したあと、ベルパーにほど近いミルフォードに広大な綿紡績工場を建設した。これによって、現在の一族の長が男爵の称号を獲得するにふさわしい家柄となった。

ジェデダイアの息子たちは父親と同じく、機械技術の才能に富んでいた。長男のウィリアム・ストラットは自動ミュール紡績機を考案したが、当時の機械技術では、考案した機械の製造ができなかったため成功には至らなかった。ウィリアムの息子エドワードも機械技術の才能では抜きん出ており、若いときに車輪のサスペンションの仕組みを発見し、その仕組みを取り入れて手押しの一輪車1台と荷車を2台作り、ベルパー近郊の自分の農場で使っていた。

ストラット家については、自らの努力と技術で得た財産を、尊い目的に活用したことでも有名だったことをここに付け加えておく。彼らは雇用している労働者たちのモラルや社会的な環境を改善するために、あらゆる方面で尽力した。また、立派な目的があれば気前よく寄付した。ジョゼフ・ストラットが町の人々へのプレゼントとして寄贈した美しい公園、ダービー・アーボリータムも、その多くの行為のほんの一例である。この有益な贈り物をしたときに彼が行った短いスピーチの結びの言葉は、記憶にとどめておく価値があるのでここで紹介しておこう。

「私の生涯は太陽に明るく照らされたものでした。ですから、私が暮らしているこの地域の人々の福祉が向上するよう、所有している財産をいくらかでも活用しなければ、私はとんだ恩知らずになってしまうでしょう。私はこの地域のみなさんの勤勉さに助けられているのですから」

❖法曹の分野で活躍し貴族の称号を得る

いまも昔も変わらず、勇敢な人々は勤勉さと行動力を示してきた。そのような人々は陸や海で勇気を示すことで貴族の称号を得た。封建領主たちは武力によってその地位が左右され、国家間の戦争でしばしばイギリス軍の先陣となってきた者が多いが、そういった封建領主たちのことは言うまでもなく、近年もネルソンやジョン・ジャーヴィス、ライアンズなどの提督や、ウェリントン、ヒル、ハーディング、クライドなどの将軍をはじめとする多くの人物が、優れた活躍によって貴族階級の地位を得ている。

とはいえ、こつこつと努力して大きな成果を上げ貴族になるという例がほかのどの分野よりも多いのは、法律の分野である。ふたつの公爵家を含む70もの貴族の始祖が、名を成した法律家なのである。弁護士をしていたマンスフィールドとアースキンの場合、もともとは貴族の一族だったが、アースキン自身の家族で貴族の者はいない。

一方、マンスフィールドのほうは、大部分が弁護士や食糧雑貨商、聖職者、商人など、勤勉に働く中産階級であった。法律の世界から身を起こして貴族になった一族には、ハワード家やキャベンディッシュ家があるが、両家の創始者はいずれも裁判官だった。

ほかに、エイルズフォード家、エレンバラ家、ギルフォード家、シャフツベリー家、ハードウィック家、カーディガン家、クラレンドン家、カムデン家、エルズミア家、ロスリン家がある。より最近の一族としては、テンターデン家、エルドン家、ブルーアム家、デンマン家、トルーロ家、リンドハースト家、セント・レナーズ家、クランワース家、キャンベル家、チェルムズフォード家などがある。

リンドハースト卿の父親はポートレイトの画家で、セント・レナーズ卿の父親はバーリントン通りで調香師と美容師をしていた。エドワード・サグデンは若者のころ、最初はキャベンディッシュ・スクエア近くのヘンリエッタ通りにあった公認の不動産譲渡専門弁護士グルーム氏の事務所で下働きをしていた。のちにアイルランド大法官になるサグデンは、最初にここで法律の概念を得た。

テンダーテン卿は先ほど挙げたなかでもとりわけ低い身分の出かもしれないが、それを恥じてはいなかった。自分が高い地位に達することができたのは、まじめに勉強し努力してきたからだったし、それをすべてやってのけたのは自分自身だからである。

彼についてはこんな話がある。あるときテンダーテン卿は息子のチャールズを、当時カンタベリー大聖堂の西正面の向かいにあった掘っ立て小屋のような小さな店の前に連れて行くと、その店を指さしてこう言った。「チャールズ、そこに小さな店があるだろう。この店を見せるためにここへ連れて来たんだ。昔、この店でお前のおじいちゃんは、1回1ペニーでひげを剃る仕事をしていた。私が一番誇りにしている思い出なんだ」

少年のころ、テンダーテン卿はカンタベリー大聖堂で歌を歌っていた。ところが、不思議な巡り合わせで、彼を失望させる出来事が起こり、そのせいで運命が変わってしまった。のちに、リチャーズ判事とともに巡回裁判区に向かい、礼拝に出ようとその大聖堂に立ち寄ったとき、リチャーズ判事が聖歌隊で歌っている男性のひとりの声を褒めた。するとテンダーテン卿は言った。「ああ、あの男は私が唯一妬ましく思う相手です。この町の学校に通っていたころ、私かあの男のどちらかが聖歌隊に入れることになり、彼が選ばれたのです」

同じく高等法院の首席裁判官という地位へと華麗に立身出世を果たした注目すべき例としては、無骨なケニヨンと堅実なエレンバラも負けてはいない。イングランド大法官を務めたこともあり、最近、高等法院の首席裁判官になったばかりの明敏なキャンベル卿もまた、注目に値する人物である。

キャンベル卿はスコットランド、ファイフの教区牧師の息子で、長じてからしばらく新聞記者として懸命に働きながら、法律家になるための準備を着々と整えていた。法律の仕事を始めたばかりのころは、巡回裁判のために、こちらの州からあちらの州へと歩いて町を回ったと言われている。そのころはまだ貧しくて馬車で旅するような贅沢はできなかったのだ。
キャンベル卿は、一段一段ゆっくりと着実に出世の階段を上がり、大法官という高い位に達した。法律の分野でもほかのすべての分野と同じく、高い志を持ってエネルギッシュに努力を続け、高みを追い求めれば成果は必ずついてくるものなのだ。

キャンベル卿と同様に努力によって成果を上げ、名声と栄誉の急坂を駆けのぼり、大法官になった例はほかにもある。エルドン卿ジョン・スコットの生涯は、ひょっとするともっとも目を引く例かもしれない。

ジョン・スコットはニューカッスルの石炭運搬商の子に生まれた。勉強よりもいたずらが得意な少年で、学校では相当な問題児とされ、幾度も激しいむち打ちの罰を受けた。というのも、未来の大法官は果樹園に泥棒に入るのが大好きだったからである。父親は当初、食料雑貨商へ奉公に行かせようと考えていたが、あとになって、自分がしている石炭運搬商の仕事を継がせようと思い直した。

しかしちょうどそのとき、奨学金を得てオックスフォード大学に入っていた長男のウィリアム（のちにストーエル卿となる）が、父に次のような手紙を書き送ってきた。「ジョンを私のところへ寄こしてください。そのほうが彼のためになるでしょう」。それでジョンはオックスフォードに向かい、そこで兄の影響を受け、また自分でも努力し、奨学金を獲得した。

ところが、休暇で故郷に帰ったとき、大変不幸なことに——いや、結果的にはむしろ大変幸いなことに——ジョンは恋に落ち、駆け落ちしてスコットランドで結婚した。友人たちはこれで彼の人生は終わったと思った。結婚したときは、家も故郷も失い、1ペニーの稼ぎもなかった。奨学金も取り消され、目指していた聖職者としての出世の道も閉ざされた。それゆえ、法律の分野に関心を向けるようになった。彼は友人に宛てた手紙で次のように書いている。「結婚は軽率だったかもしれない。けれど僕は懸命に働いて、愛する女性を養っていこうと決めたんだ」

ジョン・スコットはロンドンに移り、カージター・レーンの小さな家を手に入れ、法律の勉強に没頭した。固い決意で懸命に努力を重ね、朝4時に起きて夜遅くまで勉強し、ときには眠らないようにタオルを濡らして頭に巻きつけることもあった。貧しかったので弁護士のもとで勉強する余裕はなく、判例集の原稿をノート3冊分書き写して勉強した。

ずいぶんあとに大法官になってから、カージター・レーンを通りかかったとき、秘書にこう言った。「ここが私のスタート地点だ。夕食のイワシを買うために、6ペンスを握ってこの通りを歩いたことをよく思い出すよ」

やっとのことで弁護士の資格を取っても、なかなか仕事は回ってこなかった。最初の1年で稼いだ額はたった9シリング。4年間ロンドンの裁判所や北部の巡回裁判を回って働いたが、大きな成功は味わえずにいた。故郷の町でも、困窮者の弁護以外の仕事はほとんどなかった。このような状態にすっかり意気消沈してしまい、ロンドンでの仕事のチャンスを諦めて、田舎の法廷弁護士としてどこか郊外の街に移住しようかと考え始めた。

兄のウィリアムは故郷に送った手紙にこのように書いている。「気の毒なジョン。仕事がうまくいっていないのです。本当に全然だめなのです」。ところが、食料雑貨商の道も、石炭運搬商の道も、田舎の聖職者の道も免れてきた彼は、このあと、地方の法律家の道も免れることになる。

とうとう、骨を折って身につけてきた膨大な法律の知識を披露する機会が巡ってきた。担当した裁判で、彼は事務弁護士や自分の依頼人の要望とは異なる主張をした。控訴院で民事を統括する記録長官はスコットの主張に反する判決を下したが、上訴したところ、大法官のサーロー卿は、スコットが主張したまさにその論点を根拠に判決をくつがえした。

その日、裁判所を出ようとしたスコットは、ひとりの事務弁護士に肩を叩かれた。「きみはもう一生生活に困ることはないだろうね」。

その予言どおりだった。もと首席裁判官のマンスフィールド卿はよく、法律の仕事は、まったく仕事がないか年報3000ポンドかで両極端だったと言っていたが、スコットにもそれが当てはまるのかもしれない。

その後はあっという間に出世し、1783年にはまだ32歳で勅選弁護士に任命され、北部巡回裁判区の長になり、イングランド西部ウェオブリー選挙区選出の国会議員の椅子を手に入れた。法律の世界に踏み込んだ当初は、退屈で骨の折れる仕事ばかりで苦労したが、それが将来の成功の基盤になったのだ。

ジョン・スコットが成功を勝ち取れたのは、根気強く知識を蓄え、熱心に腕を磨いてきたからである。その後は法務官からそのまま法務長官になり、堅実に出世の階段を上り続け、国王が任命する最高の官位、イングランド大法官となり、四半世紀もの間その任を務めた。

ヘンリー・ビッカーステスは、イングランド北西部ウェストモーランド、カークビーロンズデールの外科医の息子で、彼自身もその分野の教育を受けた。エディンバラで医学生をしているときは、その安定した腕と、わき目もふらず医学に打ち込む姿勢で一目置かれていた。カークビーロンズデールに帰ってからは、父親の診療所を積極的に手伝ったがその仕事が好きなわけではなく、田舎町で無名のままでいることにしだいに不満が募っていく。それでもなお勉強は熱心に続け、生理学のより専門的な道へ進みたいと思い始めた。

父は息子の希望どおり、ケンブリッジ大学に行くことを許した。ケンブリッジ大学では、その都市で開業することを目標に医学の博士号を取るつもりだった。しかし勉強に打ち込みすぎて健康を損ねてしまい、体力を回復させるためにオックスフォード卿の旅行に付き添う医師の仕事を引き受ける。

海外ではイタリア語を習得し、イタリア文学に強い感銘を受けたが、医学には以前ほど愛着が湧かなかった。それどころか、医師の仕事はもうやめようと決意していた。それでもケンブリッジに戻ると学位を取った。その学年で主席1級合格者となった事実を考えると、懸命に勉強していたことがうかがえる。

その後陸軍に入隊しようとしたが入れず、弁護士に方向転換し、インナーテンプル法曹院の学生になった。ビッカーステスは、医学の勉強をしたときのように法律も一生懸命に勉強した。父親に宛てた手紙でこう述べている。「誰もが私にこう言います。『きみはきっと最後に成功を収めるよ――やり続けさえすればね』。どうすれば成功できるのかはわかりませんが、できるだけ成功を信じて、精一杯やってみるしかありません」

28歳で弁護士の資格を取ったが、まだ人生の道のりは長かった。収入はわずかなもので、友人たちの手助けで生活していた。数年間、学びながら待ち続けた。それでも仕事は来なかった。娯楽や衣服、生活必需品までもきり詰め、ひるむことなくあらゆる苦難と戦った。とはいえ、家族への手紙で「正直言って、能力を発揮するチャンスが訪れるまで奮闘し続けられるかどうかわかりません」と打ち明けている。

なおも功績を上げられないまま3年が経ったとき、ビッカーステスは友人たちへの手紙に、もうこれ以上負担をかけるよりは、いまの仕事を諦めてケンブリッジに戻ってもいいと思うと書いた。「ケンブリッジなら支援も得られるし、いくらか収入も得られるから」と。すると、故郷の友人たちが少ないながらさらに送金をしてくれたので、ビッカーステスはなんとか耐え抜いた。

やがて仕事が来るようになり、小さな仕事で信頼を勝ちとっていき、とうとう重大な仕事も依頼されるようになった。ビッカーステスは、機会は必ず捕らえたし、自分を向上させるいいチャンスは決して逃さない男だった。

そして間もなく、たゆまぬ努力の甲斐あって、収入が増え始めた。数年もすると、故郷からの支援に頼らずにやっていけるようになり、さらに借りていたお金も利息をつけて返せるまでになった。雲が晴れるように、その後のヘンリー・ビッカーステテスの生涯は、誇りと富と高い名声に満ちたものとなった。

最終的には記録長官という職をまっとうし、ラングデール男爵として上院にも籍を置いた。彼の生涯は、人格を磨き、骨を折って最大の成功を勝ちとるための糧となる、忍耐と根気と地道な努力の力を示したもうひとつの手本である。

本章で見てきたのは、立派な仕事を果たしながら道を歩み最高の地位に上りつめ、その功績によって豊かな報酬を勝ちとった優れた人物たちの例である。彼らが成功したのは、勤勉と努力によって、平凡な人々が持つさまざまな性質を強化し、最大限に活用してきたからである。

第8章

やる気と勇気

「勇者に、不可能なことなし」

――ジャック・クール（最初の資本家と言われるフランスの豪商）

「世界は勇者のものである」

――ドイツのことわざ

「彼は自分が始めたすべての事業を……心を尽くして進め、成し遂げた」

――旧約聖書　歴代誌下　31章21節

❖やる気が人を成長させ才能を伸ばす

古代スカンジナビアの老人の有名な言葉に、「神も悪魔も頼らない。頼りはおのれの体力と精神力のみ」というものがある。これは、ゲルマン系テウトニ族の特徴をうまく言い表わしている。1本のツルハシと「道なくば、作るのみ」という銘の入った古代の紋章もある。

これも同じく、古代スカンジナビア人の特徴である強い独立心を表わしているが、この特徴は今日でもその子孫らに息づいている。北欧神話でもっとも特徴的なのは、ハンマーを手にした神の存在ではなかろうか。

人の性格はちょっとしたことで露わになる。とすれば、ハンマーをどう使うかを見るだけで、その人物のやる気がある程度はわかるかもしれない。だからこそ、ある著名なフランス人も、友人が住居として買おうとしていた土地に暮らす人々の性質を、簡単に言い表わすことができたのかもしれない。

「その土地を買うなら用心したまえ。あの地域の人間を知っているよ。そこからパリに出てきて、僕のいる獣医大学に通っている生徒たちがいるんだ。彼らはハンマーを台に打ち下ろすことさえままならない。やる気がないんだ。そんな土地にいくらか投資したところで、満足のいく見返りなど得られないぞ」

人の性質を言い表わした鋭く的を射たこの言葉は、この人物がよく気のつく観察者であることを示しているし、国家に活力をもたらし、耕す土地そのものの価値さえも高めるのは、個人のやる気であるという事実も見事に表現している。フランスのことわざにあるとおり、〝土地の価値はそこに住む人間の価値で決まる〟のである。

やる気という性質を育てるのはとても大切なことだ。それは、価値のある目標を追い求めるぞ、という断固とした決意であり、重要な人の性質を形づくる要素となる。どういう身分であろうとも、やる気があれば、厄介な苦役も煩わしい雑事もくぐり抜けて自らの道を進み、より高みへと自分を成長させることができる。

やる気があれば、才能を手にすることができるだけでなく、そこに至るまでの挫折や危機も半分になる。どういう仕事であれ、確実に成功するために必要なのは、天賦の才ではない。やり抜くための活力はもちろん、精力的に根気よくがんばろうという意志が必要なのだ。つまり、意志の力は人の性質の核と言える。言いかえれば、それがその人自身なのだ。

意志がすべての行動を引き起こし、努力の原動力となる。希望はやる気に支えられていて、希望は人生に本物の潤いを与える。バトル修道院にある壊れたかぶとの紋章に「希望こそ我が力なり」という言葉があるが、このモットーは誰が掲げてもおかしくない。

シラの子イエスは「無気力な者は禍《わざわ》いだ」と言った。そのとおり。強い気持ちが持てることほど幸運なことはない。たとえ試みが失敗に終わったとしても、ベストを尽くしたという気持ちがあれば、それで満たされるものだ。

身分の低い者であれ、忍耐強く困難に立ち向かい誠実に勝利を収めた人や、足は血にまみれ腕が動かなくなっても、勇敢に歩み続ける人を目にすることは、なによりも励みになり心が洗われる。

❖一度決めたら全身全霊をかけてそれに取り組む

希望や願望はすぐに行動に移さなければ、若者の心は萎んでしまう。多くの人がしてきたことだが、ブリュッヒャー陸軍元帥のような援軍が来るまで待っているだけではいけない。ナポレオンを破ったウェリントン将軍のように、援軍を待ちながらも戦いを続け、その場を持ちこたえなければならないのだ。

いったん目標を定めたら、わき道にそれずにそれに向かって敏速に行動するべきである。人生は山あり谷あり。骨の折れることやつらい困難に直面することもある。だがそんなときこそ、自分を成長させる絶好の機会と考えて、明るい気持ちで切り抜けるべきだ。

画家アリ・シェフェールはこのように述べている。「人生に、頭や身体を働かせずに成果を得られるものなどない。奮闘に奮闘を重ねよ。人生とはそういうものだ。その点で私の人生は満たされたものだった。ひとつ誇りを持って言えることがある。それは、なにがあっても勇気を失わなかったことである。強い精神と気高い目標を持っていれば、まず間違いなく望んだとおりのことをやり遂げられるものだ」

地質学者のヒュー・ミラーは、自分がまともにものを学んだ学校は「世間という学校だけだ。そこには〝骨折り〟と〝困難〟という名の厳しいけれど尊い先生たちがいる」と語っている。不屈の精神がぐらつき、くだらない理由をつけて仕事をさぼる者の道の先には失敗しかない。どんな仕事も、適当に流そうなどと考えずに真摯に引き受けるべきだ。そうすれば、じきにてきぱきと気持ちよく取り組めるようになる。

スウェーデンのカール9世は、若いころから意志の力というものを強く信じていた。末の王子に難しい任務を与えたときも、王子の頭に手を置き「お前ならできる、お前がやらねばならぬのだ」と言い聞かせたという。

ほかの習慣と同じく、努力も習慣になれば、やがて苦でなくなる。そのようにして、並みの能力しかない人でも、全身全霊をかけて根気よく一度にひとつずつ取り組めば、大きなことを達成できるようになる。

奴隷制度の廃止に尽力した政治家ファウエル・バクストンは「並みの手段で並外れた努力をする」ことを信条としていた。彼は、聖書にある言葉「何にもよらず、手をつけたことは熱心にするがよい」を実践し、自分が成功したのは「一度にひとつのことを全力で」実行したからだとしている。

真に価値のあることを成し遂げるには、勇気を持って行動しなければならない。ある人が成長できるかどうかは、困難が降りかかってきたときに強い気持ちで果敢に立ち向かえるか——つまり奮闘できるか——にかかっている。とても実現できそうにないと思えたことが、この奮闘によってどれほど多く実現できることか。それは驚くほどの数である。

強い意志を持つだけで可能性は現実味を帯び始める。強く願っていればそれが呼び水となって、願いを実現できることが多い。それとは逆に、および腰で決断できないでいるとなにもできないように思えてきて、その考えに囚われて手も足も出せないままになる。

ここで、ある若いフランス人将校の話をしよう。この若者は自分のアパートメントを歩き回っては、「いつかフランス陸軍の元帥になり、立派な将軍になるぞ」と大声で宣言していた。この熱い思いが成功を呼び込んだ。この若き将校は優れた指揮官となり、最後はフランス軍元帥として生涯を終えたのである。

病に苦しみながら定期刊行誌『オリジナル』を発行したトマス・ウォーカーは、意志の力に絶対の信頼を置いていた。あるとき、元気になるぞと決意したら本当にそうなったと語っている。これは、一度くらいは効くかもしれない。たしかに、多くの薬を飲むよりも意志の力が効くこともあるだろうが、いつもうまくいくとは限らない。意志の力は肉体の力よりも強いのは間違いないが、ずっと気持ちを張りつめていると、そのうち肉体の力とともに崩れてしまうこともある。

ムーア人の指導者ムーレイ・モラクについて伝えられているところでは、モラクは病に倒れ床に伏していた。重い病で死の淵をさまよっていたとき、ポルトガルとの間で戦いが起こり、重大な局面を迎えた。モラクは当初担いだかごに横たわって指揮をとっていたが、やがて起き上がって軍を導き勝利した。そしてその直後、疲労し尽くして倒れ、帰らぬ人となった。

❖強い意志があれば、望んだことはなんでもそのとおりになる

なんであれ、こうなろう、こうしようと心に決めたことを実現できるのは、意志の力であり、やる気である。ある聖者は言っている。「望んだことはなんでもそのとおりになる。

それが意志の力なのだ。真剣に誠意を込めて強く願えば、神の力がそこに加わり、現実のものとなる。ただし、従順で忍耐強く、気前がよくつつしみ深い人になるという願いも同時に強く持たなければ、願いは叶わない」

ここでひとりの大工の話をしよう。ある日、大工は治安判事の椅子にカンナをかけて修理をしていた。いつにもまして慎重に削っているのを見た人がわけを訊ねると、彼はこう答えた。「自分がこの椅子にすわる日がきたとき、気持ちよくすわれるようにしているんだ」。不思議なことに、その男は実際に治安判事になり、まさにその椅子にすわることになったのである。

理論学者たちが自由意志について、いかなる論理的な結論に達していたとしても、人はそれぞれ、現実の世界で、善悪を自由に選んでいると感じている。水に浮かべた麦わらのように流れに漂うばかりではなく、人はしっかりと泳ぐ力を備えていて、逆巻く波が立っていても、自分の行きたい方向へ進んでいくことができるのである。

われわれの意志を絶対的に制約するものはなく、行動に関しても呪縛かなにかのような縛りは受けていない。われわれはそう感じているし、そう理解している。そうでなければ、優秀な人物になりたいという願望にまったく意味がなくなってしまう。人々の本分や行為はすべて、国の規則や社会的な取り決めや、社会制度といった制約に従ってはいるものの、意志は自由であるという実際的な確信に基づいて維持されている。

意志が自由でないのなら、責任も生じないのではないか。それに教育や助言、説教や叱責、矯正がなんの役に立つのか。法律にしても、変わらぬ事実として、法を守るか守らないかは個人が決めているということが普遍的に認められていなければ、法律を定める意味などあるのだろうか。

日々の生活のなかでなにかを判断するたび、意志は自由であることが示される。意志こそが完全にわれわれのものであり、正しい方向を選ぶのか間違った方向を選ぶのかは、個人に委ねられている。

われわれは習慣や誘惑の奴隷ではない。われわれが習慣や誘惑を支配しているのだ。一度は誘惑に負けたとしても、良心はまだ抵抗できると語りかけてくる。抵抗するためには、習慣や誘惑を自分が支配してやるのだと決意すること。そうするためには、支配できると自分で認めるだけでいい。そのほかに固い決意などいらないのだ。

放蕩生活を送っている若者に、フランスのカトリックの聖職者ラムネーは言った。

「いまこそ決断のときだ。自分の意志で決めなければならない。これを逃したら、自分で掘った墓のなかで墓石を押しのける力もなくなって、うめき声を上げる羽目になる。意志を持つという習慣をつけることは難しいことではない。そのあとで、強く断固とした意志を持って生きることを学びなさい。うわついた生活をしっかり安定させて、風が吹くたびにあちこちに飛ばされる落ち葉のような日々を送るのは、もう終わりにしたまえ」

ファウエル・バクストンも、若者は固い決意を持ち続けさえすれば、ほぼ望みどおりの人間になれると確信を持っていて、息子に宛てた手紙で次のように助言している。

「お前はいま、右と左に分かれた人生の岐路に立っている。いまこそ自分の信念や決意、心の強さを証明するのだ。そうでなければ、怠惰な生活に流され、漫然とした習慣や性質が染みついた無気力な若者になってしまうぞ。そしてそこまで堕落してしまったら、もう一度立ち上がるのはたやすいことではない。

若者は望みどおりの人物になれる。私自身がその実例で……私の幸せと成功の多くは、いまのお前くらいのときに自分が変わった結果なのだ。やる気を出して勤勉に生きようと真剣に決意すれば、お前の人生は喜ばしいものになるだろう。なぜなら、その決意に基づいて人生を送り行動することができるほど、お前は充分に賢明であるということだから」

目指す方向にかかわらず、意志とは単なる一貫性、堅実さ、根気と見なすことができる。それならば余計に、正しい方向を選び正しい動機を保つことが重要なのは明らかだ。感情的な楽しみに向けられた強い意志は悪魔と化し、知性はただの奴隷に成り下がる。しかし、良い方向へ向けられた強い意志は名君となり、知性は大きな幸福をもたらす名参謀となる。


「意志あるところに道は開ける」という古い格言があるが、まさに核心をついている。なにかをやろうと決心したら、それだけで取り払われる障害も多いので、目的の達成がそれだけ確実になるのだ。できると思えば、もう半分はできたも同じ。なにかを達成すると決意するだけで、たいていのことは達成できてしまう。したがって、心の底からの決意には、無限の力が加わるように思えることがある。

ロシア帝国最後の大元帥スヴォーロフの強さは意志の力に基づくものであり、意志の固い人々によく見られることだが、彼も常日頃から意志の力を称えていた。そして、なにか失敗した者には「やる気が足りない」と叱った。

フランスの宰相リシュリューやナポレオンのように、スヴォーロフの辞書にも「不可能」という言葉はなかったのかもしれない。「わかりません」「できません」「無理です」という言葉をなによりも嫌い、「学べ！　やれ！　試せ！」といつも言っていた。伝記作家は彼についてこう述べている。「どんな人間にも、少なくとも才能の芽は備わっている。その芽を育てて充分に活用すれば、どれほどの効果があることか。スヴォーロフの生涯がそれをはっきりと示している」

ナポレオンが好んだ格言のひとつに「真の賢者とはしっかり決心できる者である」というのがある。周りから突出していた彼の人生そのものが、ためらいなく強く決意すれば、どこまでのことを達成できるかを鮮やかに示している。

ナポレオンは、身も心も戦いに捧げ、すべての力を注ぎ込んで、愚かな統治者たちとその国々を次々と打ち破った。軍の行く手をアルプス山脈が阻んでいると聞いたときは「アルプスなど問題ではない」と言い、シンプロン峠に新しい道を作ってしまった。ナポレオンは言った。「不可能という言葉は愚か者の辞書にしかない」

ナポレオンはすさまじくよく働く男で、従者を４人に増やしても、４人ともいっぺんにへとへとになるほどだった。誰のことも容赦せず、自分自身に対しても厳しかった。また、周りを感化して士気を高め、人々に活力を与えた。自ら「私は幾人もの木偶坊《でくのぼう》を将軍に育て上げた」と言っていたほどだ。

だが、やがてその偉業はすべて水の泡と消えてしまう。あまりに身勝手な行動が自らだけでなく、フランスをも破滅に追いやり、社会は秩序を失った。ナポレオンの生涯はひとつの教訓である。善の心を伴わない気概は、どれほどエネルギッシュに発揮されようとも、本人にも影響を受けた人々にも致命的な結果をもたらす。善意の抜けた落ちた知識や狡猾《こうかつ》さは、人間の姿をした悪魔を生むのである。

一方、イギリスのウェリントンは、はるかに偉大な人物だった。ナポレオンに引けを取らない意志の強さや断固たる態度、粘り強さを備えているだけでなく、ナポレオンよりずっと自己犠牲の精神に富んでいて、誠実で、心から国を愛していた。

ナポレオンの目的は「栄光」を手にすることだったが、ウェリントンの合言葉は、ネルソン提督と同じ「義務」だった。ウェリントンが記した通信文などに、「栄光」という言葉はひとつも見当たらない。

しかし、「義務」という言葉は頻繁に使われている。だが、それは決して大げさな文面などではなかった。彼は大きな危機が訪れても、戸惑ったり、おじ気づいたりしなかった。それどころか、乗り越えねばならない障壁が大きければそれだけ、やる気をみなぎらせるのだ。イベリア半島の戦いでは、いら立たしい障害や難局を前にして、忍耐力や潔い態度、意志の強さを発揮してそれらを切り抜けた。これは、おそらく史上に残る非常に崇高な行いと言えるだろう。

スペインでは、戦術の才能はもちろん政治家としての才覚も見せた。彼はもともと非常に短気な性格だったが、責任感の強さでその気性を抑え込み、周りの人々からは、彼の忍耐力は尽きることがないと見られていた。

出世欲や欲がない人物で、欲の深さで優れた人格が輝きを失うことはなかった。とても個性が強く、またさまざまな才能にも恵まれていた。ナポレオンに劣らぬ統率力、クライヴに負けぬ瞬発力や気迫、大胆さ、クロムウェルと並ぶ政治手腕、ワシントンに匹敵する純粋で気高い精神を持っていた。

偉大なるウェリントンは、困難な戦いに勝利し永久不変の名声を手に入れたが、その勝利は、枯れることのない不屈の強さ、驚くべき大胆さ、そしてなにより、忍耐と卓越した戦術の才が組み合わさって成し得た偉業である。

やる気があるかどうかは、反応の良さや決断力におのずと表われる。アメリカの探検家レッドヤードは、アフリカ協会から「アフリカへ向かう準備が整うのはいつだ?」と問われ、即座に「明朝」と答えた。プロイセンの陸軍元帥ブリュッヘルは、その決断の早さゆえにプロイセン軍内では「即決元帥」と呼ばれていた。イギリス海軍元帥ジョン・ジャーヴィス(のちの初代セント・ヴィンセント伯爵)は、いつ船に乗り込めるかと訊かれ「すぐにでも」と答えた。

イギリスの陸軍元帥クライド・コリン・キャンベル卿も英領インド軍の司令官に任命され

たとき、いつ出立できるかという問いに「明日」と返答した。その後の成功を予感させる言葉である。即断は敏速な行動につながり、その行動力によって敵のミスを間髪入れずに利用することができ、多くの戦いに勝利できるようになる。

「アルコレの戦いでは」とナポレオンは語った。「私は25人の騎兵だけで戦いに勝利した。敵の一瞬の気の弛みを突いて突撃のラッパを吹き鳴らし、少数精鋭で勝利を手にした。ふたつの軍隊は、ふたりの人間が互いににらみ合って相手をおじ気づかせようとしているようなものだ。敵がひるんだ隙を逃さぬこと。それが優位に立てる瞬間だ」

また、別の機会ではこう言っている。「一瞬の油断が命取りになる」。また、オーストリア軍を叩きつぶすことができたのは、彼らが時間の大切さを理解していなかったからだと述べた。オーストリア軍はぐずぐずしている間に、ナポレオンに打ち負かされてしまった。

18世紀のインドは、イギリス人の覇気を示す絶好の場だった。ベンガル知事クライヴからインド大反乱で活躍したハヴロック、クライドと、インドでの統治や戦いで活躍した人々の名前を挙げればきりがない。たとえば、ウェルズリー、メトカーフ、ウートラム、エドワーズ、ローレンス兄弟など。

また、名を上げたがその名に傷もつけた人物として、初代インド総督のウォーレン・ヘイスティングズがいる。彼は不屈の精神とたゆまぬ勤勉さを併せ持つ男だった。ヘイスティングズ家は由緒正しい名門だったが、名誉革命でスチュアート王家が追放されたことで運命が暗転し、彼らに忠義を示していたことがあだとなって苦境に立たされ、数百年にわたって管理してきたデイルズフォードの地所を手放さねばならなくなった。

最後のデイルズフォードの領主となった当主は、次男に土地家屋を遺した。何年かのち、その家で孫のウォーレンが生まれた。ウォーレン少年は、村の学校で小作農の子供たちと一緒に文字を学び、かつては父たちが所有していた畑で遊んだ。デイルズフォードの領主だったヘイスティングズ家の忠誠心と勇敢さは、この少年にも受け継がれていた。

その少年の心に野心が芽生えたのはある夏の日で、そのときはまだ7歳だったと言われている。少年は、領地内を流れる川の土手に寝転んで、このヘイスティングズ家の土地をきっと取り戻すと心に決めた。それはまだ幼い少年の無邪気な空想だったが、のちに現実のものとなる。

夢は情熱となり、少年の人生に根を張った。少年は大人へと成長する間もその目標に向かって走り続けた。その穏やかだがしたたかな意志の強さは、彼の性格の一番の特徴だった。親を早くに亡くした孤独な少年はやがて、時代を代表する偉大な人物となり、家族が失った財産を取り戻し以前の領地を買い戻して、そこに一族の邸宅を再建した。歴史家のトマス・マコーリーはこのように語っている。

「異国の太陽のもとで、5000万人のインド人を統治し、戦いを統括し財政を管理し、立法制度の確立に力を注いでいたときも、彼の思いは変わらずデイルズフォードにありました。そして、善と悪、栄華と汚名に彩られた長い公人生活からようやく退くと、デイルズフォードで隠居生活を送り、そこで人生の幕を閉じたのです」

❖意志が強ければ何十倍もの敵をも撃破できる

チャールズ・ネイピア将軍も、インド軍の指導者として際立った勇気と決断力を備えていた。敵軍に包囲されて危機に直面したときも「やつらは足元のぬかるみをひどくしただけだ」と言っていた。ミーアニーの戦いにおける彼の武勇は歴史に残る偉業である。自軍は2000人、そのうちヨーロッパ人はたった400人。対するバルーチ族は完全武装した頑強な3万5000人の大軍である。一見すると向こう見ずで無鉄砲な戦いだが、ネイピアは自分自身と部下を信頼していた。

彼の軍は、防壁を築き高台に陣取ったバルーチ軍の中心に攻撃をしかけ、3時間にわたって死闘を繰り広げた。小隊の兵士らはみな、指揮官に鼓舞され勇者と化していた。バルーチ軍の兵士は20倍近い数だったが、強力な敵を前にして後退するしかなかった。勇気と粘り強さ、そして揺るぎない不屈の精神は、兵士たちの戦いに勝利をもたらしたが、これらがもたらす戦いの勝利は戦争に限ったことではない。

競争で勝つのは頭ひとつでもゴールに近い者であるし、作戦に勝つのは一歩でも多く行軍した者、戦闘に勝つのは5分でも長く勇気を保った者である。戦力が劣っていても、その力を相手より長く保ち、相手より強く集中できれば、敵と対等になれるのはもちろん、敵より勝ることも可能だ。古代スパルタ人のある父親は、剣が短すぎるとぼやく息子にこう答えた。「もう一歩踏み込め」。これは人生のあらゆる場面に通じる言葉である。

ネイピアが自らの勇敢な精神で兵士たちを鼓舞する方法は理にかなっていた。ネイピアは階級にかかわらず、どの部下よりも熱心に働いた。彼はこのように語っている。「軍隊をうまく統率するには、苦労を同じように共有することである。任務に全身全霊で打ち込んでいない者が、自分の隊を勝利に導くことなどできない。困難が大きいのなら、もっとがんばればいい。危険が増せば、もっと強い勇気を示せばいい。そうすればなんにでも打ち勝つことができる」

カッチー丘陵での戦いで、ネイピアとともに行動した若い将校が次のように語っている。「あのかたが老体に鞭打って常に馬の背にまたがっておられるのに、若くて丈夫な私が怠けているわけにはいきません。あの方の命令とあらば、装填された大砲のなかにでも入りましょう」。この言葉はネイピアの耳にも入った。そのとき、彼は苦労が報われたと述べたらしい。

ネイピアがインドの奇術師と対決したときの逸話は、彼の度胸だけでなく、驚くほど純粋で正直な面を示している。インドでの戦いが終わったある日、有名な奇術師が軍の陣営にやってきて、ネイピアやその家族、部下たちの前で奇術を披露した。さまざまな芸のなかで、助手の手に乗せたライムやレモンを剣のひと振りで真っ二つに切るというものがあった。それを見たネイピアは、奇術師と助手が示し合わせて、なにか仕掛けを使っているのだろうと考えた。

あんなに小さなライムを手のひらに乗せて、その手を切らずに剣でライムをふたつに切ることなど、とても信じられなかった（とはいえ、ウォルター・スコットが『護符』という物語のなかで、同じようなエピソードを語ってはいたが）。

疑いをはっきりさせるために、ネイピアは試しに自分の右手を差し出して、この手を使ってみろと言った。奇術師はその手をじっくり調べてからできないと答えた。「やはり仕掛けがあるのだな」とネイピアは叫んだ。

「いえいえ、お待ちください」と奇術師は言った。「左手を見せてください」ネイピアが左手を差し出すと、奇術師はきっぱり言った。「この腕を伸ばして、動かずじっとしてくださるなら、さきほどの技をお目にかけましょう」「なぜ左手ならよいのだ？ 右手はだめと言ったくせに？」「閣下の右手は中心がくぼんでいますので、親指を切り落としてしまう危険があるのです。左手は中心が盛り上がっているので、その危険が少ないと見ました」それを聞いてネイピアは背筋が寒くなった。

「私は怖くなった」とのちにネイピアは語っている。「あの芸は、優れた剣士による本物の見事な剣さばきだったのだ。部下のいる前で奇術師に文句などつけなければよかったと思った。そうでなければ正直なところ、この対決から下りていただろう。

しかし、私は手のひらにライムを乗せて腕をしっかり伸ばした。すると奇術師は適度な間合いをとり、剣をひと振りしてライムをスパッとふたつに切った。剣先が手のひらに触れたとき、ひんやりした糸が手のうえを滑っていくような感じがした。だが（と彼は付け加えた）、インドにこれほど勇敢な剣士がいることを思えば、われわれの軍がミーアニーの戦いで彼らを打ち負かしたということが、なおいっそう素晴らしいことに思えた」

これまでのイギリス史のなかでも、最近起きたインドでの激しい戦いは、イギリスの国民性である頑なまでの気概と独立独歩の精神が、もっとも強く表われた出来事だったのかもしれない。イギリスは官僚主義によってうっかり方向を見誤り、大きな危機に陥ることが多いのだが、そういった危機から脱してこれたのはたいていの場合、国民の崇高とさえ言えるような英雄精神のおかげだった。

1857年5月、晴天の霹靂《へきれき》のごとく突如インドで反乱が起こったとき、イギリス軍は極めて少数に縮小されていたばかりか、インド全体に散らばっていて、その多くが中心から遠く離れた野営地にいた。さらに、ベンガル人の兵士たちは次々と上官に反抗し、部隊から離れてデリーへ逃げた。州という州で謀反や反乱が起こり、助けを求める声が全国で湧き起こった。イギリス人はばらばらのまま包囲され、追いつめられ、抵抗もままならない状態に見えた。イギリスが敗北するのは明らかだったし、破滅の原因もわかっていた。

それはイギリス人が以前から言われていたことで、当時もそう言われていた。つまり「イギリス人は引き際を知らぬ」のだ。普通なら、その場で避けようもない運命に屈するしかなかっただろう。

反乱の結果がどうなるかまだはっきりしないとき、インド王族のうちのひとりの王子が、占星術師に相談を持ちかけた。その答えは次のようなものだった。「最後にひとりしか残らないほどまでヨーロッパ人を殺し尽くしても、そのひとりが戦い続け、インドはふたたび征服されるでしょう」

戦いはいっそう激しさを増し、反乱の中心地だったラクナウはもちろんほかの地域でも敵に包囲され、ひとにぎりの兵士と女性を含めた民間人とで持ちこたえているような状態だった。だが、誰も絶望を口にしたり、降伏を考えたりしなかった。

味方と何ヵ月も連絡が取れず、インドは陥落したのか持ちこたえているのかさえわからないのに、彼らは同胞たちの勇気と忠誠心とを信じる気持ちを片時も失わなかった。インドにいる自国民が団結している限り、見捨てられて滅びることはないとわかっていた。この困難を乗り越え最後には勝利すると信じていた。そしてもし最悪の事態が起こったとしても、持ち場で倒れるだけのこと。務めを果たして死ぬのだと考えていた。

ここでインド大反乱で活躍したハヴロック、イングリス、ニール、ウートラムといった真の英雄として手本となる人たちの名前を思い出していただきたい。彼らはそれぞれ、騎士の精神と信者の魂と殉教者の気迫を備えていた。フランスの歴史家モンタランベールは、彼らのことを「人類の誇り」と評した。とはいえ、あの恐ろしいまでの試練をくぐり抜けてきた者は誰もが――女性も民間人も兵士も、将軍から一兵卒やラッパ吹きまで立場や階級にかかわらず――偉大な人物だった。

彼らは選ばれた者ではない。いつもの街角や仕事場、畑や趣味の場で普段出会うわれわれと同じ普通の人々である。それでも、晴天の霹靂のような災いが降りかかると、それぞれがおのおのの能力と気力を十二分に発揮し、言わば、各人各様の方法で英雄になったのである。

「誰ひとり……」モンタランベールは述べている。「身を縮めて震えている者などいなかっ

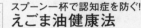

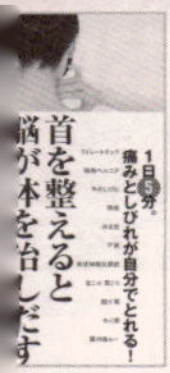

首を整えると脳が体を治しだす

大反響・9万部突破!

島崎広彦／著

全国の生協で2万部超売れた本が、写真解説つきで待望のリニューアル!
「この痛みはなくならないのか…」
あきらめるのはまだ早い!
18万人を治療した、安全で効果的な「痛み・しびれ」改善プログラムです。

◆ 対象:一日も早く体の不調・しびれを克服したい方

ISBN978-4-905154-79-2　B6変型判・並製本・176頁　本体1100円+税

デキる男の超・肉食習慣

異例の発売前増刷!

長谷川香枝／著

■アンジャッシュ・渡部建氏推薦!!「僕も、キレッキレになりたい時こそ肉を食べます。やはり間違ってなかった!」■肉・卵・チーズのMEC食で注目の医師・渡辺信幸氏推薦!!「肉メインの食事を29回噛んで食べるだけ一肉ダイエットプログラムには、私の提唱する肉・卵・チーズのMEC食と共通点があります。」

◆ 対象:メタボリック症候群・現役または予備軍の方

ISBN978-4-905154-81-5　四六判・並製本・248頁　本体1300円+税

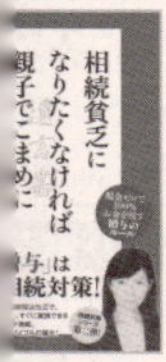

相続貧乏になりたくなければ親子でこまめに贈与しましょう

2万部突破!

-税金ゼロで100%お金を残す贈与のルール-

久野綾子／著

相続貧乏シリーズ第二弾「贈与編」では、早めに対策するほど得する贈与の仕組みを解説。正しい贈与は、最強の相続対策です!

◆対象：贈与に興味はあるが詳しいやり方がわからないという親子

ISBN978-4-905154-70-9　四六判・並製本・264頁　本体1280円+税

相続貧乏になりたくなければ親子で不動産を整理しなさい

5万部突破!

-もめずに100%お金を残す相続のルール-

志賀公斗／著

相続貧乏シリーズ第一弾「不動産編」では、相続で避けて通れない不動産の整理法を解説。親子で使える、安心の相続バイブルです!

◆対象：2015年からの税改正で相続貧乏にだけはなりたくない親子

ISBN978-4-905154-64-8　四六判・並製本・232頁　本体1370円+税

一生折れない自信のつくり方

大人気ベストセラー・15万部突破!

青木仁志／著

自信に満ちた自分の姿をイメージしてみてください。そこが自信形成のスタート地点。今のあなたが持つ“マイナス”の思い込みを“プラス”に変えることができれば、あなたの人生は必ず好転します!

◆対象：自信を持った毎日を過ごし、前向きに充実した人生を歩みたい方

ISBN978-4-902222-79-1　四六判・並製本・196頁　本体1300円+税

グラッサー博士の選択理論

全米ベストセラー!

-幸せな人間関係を築くために-

ウィリアム・グラッサー／著
柿谷正期／訳

「すべての感情と行動は自らが選び取っている！」
人間関係のメカニズムを解明し、上質な人生を築くためのナビゲーター。

◆対象：円滑な人間関係を構築し、人生を前向きに生きていきたい方

ISBN978-4-902222-03-6　四六判・上製本・578頁　本体3800円+税

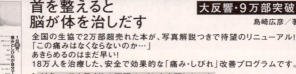

た。軍人も民間人も、若者も老人も、将軍も一兵卒も、すべての人が冷静に、揺らぐことのない大胆さで抵抗し、戦い、命を失った。このような厳しい状況のなかで、極めて大きな価値を見せつけたのはイギリスの公教育であった。

この教育によって、イギリス人は若いころから、自分の強みと自由を最大限に生かし、人と協力し、困難に立ち向かい、なにも恐れず、なにがあっても動揺せず、人生のあらゆる難局を己の力で乗り越え、自分で自分を助ける術を身につけているのだ」

デリーを奪還してインドを取り戻せたのは、ジョン・ローレンス卿の人格のおかげだと言われている。当時のインド北西部地方では、「ローレンス」という名前は大きな力を意味した。ローレンスは日ごろから人一倍責任感が強く、熱意があり、誰よりも努力家で、彼の下で働く者は誰もがその彼の精神に影響を受けるようだった。彼ひとりの人格は軍隊ひとつ分の価値があると言われていた。

そして兄のヘンリーも弟に劣らぬ人物とされていて、彼が組織したパンジャブ軍はデリー攻略で重大な役目を果たした。兄弟は愛情と信頼とで互いを刺激し合っていた。また、ふたりは英雄の大切な資質のひとつである優しさも兼ね備えていた。ふたりは生活のなかで、周りの人々に永久に続きそうな強力な影響を与えた。

ふたりの下で働いたエドワーズ大佐の次の言葉を取り上げておく。「ローレンス兄弟は若者たちの心に手本の姿を焼きつけ、若者たちはその手本をまねて行動した。彼らは信念を示し、教えを伝えた。それは今日もなお息づいている」。ジョン・ローレンス卿のそばには、モンゴメリー、ニコルソン、コットン、エドワーズが控えていた。彼らはローレンス卿と同じく行動が早く、決断力があり、高潔な心を持っていた。

そのなかでもジョン・ニコルソンは、洗練されていて勇ましく高貴な男だった。インドの人々は彼のことを「究極の賢者」と評し、インド総督を務めたダルハウジー侯爵は「頼りになる男」と称えた。ジョン・ニコルソンはなにをやるにも全身全霊で取り組み、さまざまな能力を発揮した。

インドの苦行僧たちと親交を結び、その結果、彼を熱狂的に崇拝する者が現われ、「ニカル・セイン」というカルト集団まで作られた。ニコルソンは彼らの行為を愚かなこととして一部の者を罰したが、それでも活動は続いた。ニコルソンの果てることのないやる気と根気は、セポイの反乱の55人目の反逆者を追いかけたときのエピソードが物語っている。そのとき彼は20時間連続で馬の背に乗り、走った距離は110キロを超えた。

デリーで反乱軍が蜂起したとき、ローレンスとモンゴメリーは、彼らに好意と信頼を寄せているパンジャブ州の人々の支援を頼みにして、神経をすり減らしながら州の秩序を維持した。

その一方で、デリーでの戦いに備えて、ヨーロッパ人であれ、インド人のシク教徒であれ、できる限りあらゆる兵士を駆り集めた。ローレンス卿はデリーの総司令官に、「デリー手前で反乱者どもの鼻づらをしっかり押さえておけ」という言葉を送った。

一方、ニコルソンの指揮する部隊はデリーに向けて強行軍を続けていた。「数キロ離れていても軍馬のひづめの音が聞こえるほどでした」と、のちにニコルソンの墓前で普段は荒々しいシク教徒が、泣きながら語りかけていたという。

デリーの包囲と猛攻撃は、このインドの大反乱で起こったなかでももっとも有名な出来事だろう。とはいえ、ラクナウの包囲攻撃のほうがわくわくするし、興味をそそるかもしれない。ラクナウの攻防のときは、20万人の武装した敵に対し、勇敢なイングリスの指揮のもと、わずかな数の兵士しかいないイギリス第32連隊が6ヵ月持ちこたえたのだ。

デリーのほうはと言えば、表面的にはイギリス軍が包囲する側だったが、実のところ包囲されているのはイギリス軍のほうだった。公にされているところでは、イギリス軍勢は、ヨーロッパ人とインド人を合わせてわずか３７００人足らず。そこへ、一度に７万５０００人もの軍勢で反乱軍が連日攻撃を仕掛けてくるのだ。しかも、反乱軍の兵士はイギリス軍の指揮官らによってヨーロッパ式の訓練を受けた兵士で、武器弾薬をほとんど無尽蔵に備えていた。

一方、灼熱の太陽に焼かれながらデリーの町の前に陣営を張っていたのは、勇敢なイギリス軍の小隊だった。死も負傷も熱病も、彼らの決意を曲げさせることはできなかった。圧倒的な数の敵軍から30回攻撃されても、防御線の向こうへ30回追い返した。自身も非常に勇敢に戦ったホドソン大尉は言った。「あえて言いますが、世界のほかの国だったら、デリーに残ろうとはしなかったでしょうし、もし残りたいと思ったとしても、敗北は避けられなかったでしょう」

英雄たちは、自分の任務に一瞬もひるまず、あっぱれな持久力で持ちこたえ、気を張って戦い続けた。そしてついに突破口が開けた。決死の突撃によって町は奪還され、デリーの城壁にふたたびイギリス国旗がひるがえった。一兵卒も将校も将軍もなく、全員が英雄であった。困窮した生活に慣れていた名もなき兵士たちも、豪奢な邸宅で大事に育てられた若い将校たちも、同じように雄々しく、同じように誇り高く戦い、厳しい難局を乗り越えてきたのである。

このデリーの攻防戦ほどイギリスの国民性であり、イギリス式の訓練と躾《しつけ》の賜物でもある強さと堅実さを強く示している出来事はない。そして、イギリスの国民こそがイギリスが生み出したもっとも価値の高いものであることも明確に示している。イギリスの歴史の節目となる1章を紡ぎ出したこの戦いでは、甚大な犠牲を払うことになったが、戦いの生存者やあとに続く人々が、この戦いから教訓や手本を得られたなら、その犠牲も大きすぎたとは言えないのかもしれない。

❖崇高な自己犠牲の精神で布教活動を行った宣教師たち

とはいえ、インドや東洋の国々で気概や勇気を示したのはさまざまな国の人々も同じであるし、その活躍は戦争に限らず、より平和的で有益な分野でも見られる。剣を手にした英雄たちが記憶に刻まれるのなら、神の福音をもたらした英雄たちも心にとどめておくべきであろう。

フランシスコ・ザビエルからヘンリー・マーティン、ジョン・ウィリアムズまで、輝かしいキリスト教伝道の功績が数多くある。彼らは世俗的な名声のためでなく、道に迷い堕落した同胞を見つけて救出したいという願いにのみ突き動かされ、崇高な自己犠牲の精神で布教活動を行った。

何者にも負けない勇気と尽きることのない忍耐に支えられ、窮乏に耐え、危険に立ち向かい、疫病のなかを歩き、労苦や疲労や苦痛に耐え、殉教の旅でしかないような道を喜びと誇りを持って突き進んだ。

なかでも第一人者としてもっとも有名なのが、フランシスコ・ザビエルである。名家に生まれ、快楽や権力、名声などがすべて手の届く範囲にあったが、人の世には高い身分よりも崇高な目標、富の蓄積よりも高貴な大望があることを彼は身をもって示した。振る舞いも考え方も、まさに紳士そのものだった。勇敢で誇り高く、寛大で、従順でありながら指導力もあり、説得に応じやすいが説得するのも得意で、忍耐強く、決断力があり、精力的な人物だった。

22歳という若さで、彼はパリ大学の哲学の教師として生計を立てていた。パリ大学でザビエルはイグナチオ・デ・ロヨラという同僚と親友になり、その後間もなく、いく人かの仲間とともにイエズス会を結成し、はじめてローマへの巡礼の旅へ出た。

ポルトガル国王のジョアン3世が、自国の勢力下にあるインドの領土にキリスト教を根づかせようとして、最初に選んだ宣教師はボバディーリャという男だった。しかし、ボバディーリャは病に倒れて役目を果たすことができなくなり、代わりに指名されたのがザビエルだった。ザビエルはぼろぼろになった法衣をまとい、祈祷書以外はなにも持たず、すぐさまリスボンへ立ち、そこで東へ向かう船に乗り込んだ。

インドのゴアへ向けて出帆したその船には、インド総督とともに、インドに駐屯するために1000人もの増援兵が乗り合わせていた。自由に使える船室があったにもかかわらず、ザビエルはその船旅の間ずっと、巻かれたロープを枕に船員たちに混じって甲板で寝ていた。船員たちが楽しめるように無害な気晴らしを考え出したり、病人の世話をしたりして、船員たちの望みに応えたためその心をつかみ、深い尊敬を集めた。


ゴアに到着したザビエルは、人々の堕落した生活ぶりにショックを受けた。しかも、現地の人だけでなく移住してきた人々さえもそんな生活を送っていたのだ。いや、むしろ移住者が、自国社会の束縛がないために悪癖を持ち込み、その悪習を現地の人々がすんなりと真似てしまっているようだった。

ザビエルはハンドベルを鳴らしながら町中の通りを歩き、勉強を教えるので子供たちを寄こしてほしいと人々に呼びかけた。間もなく大勢の生徒が集まった。ザビエルは子供たちに毎日丁寧に勉強を教え、その合間にハンセン病などを患った人を見舞い、階級を問わず不幸な人々を慰めた。

それはひとえに彼らの苦悩を和らげ、正しい道へ導くためだった。人々の苦しみの声が聞こえれば、なにかせずにはいられなかった。インド南部のマンナール湾の真珠採りたちが堕落して困窮した状態にあると聞けばそこへ出かけていき、ハンドベルを鳴らして救いの道へと誘った。

ザビエルは人々に洗礼を施し、教えを説いたが、説教は通訳を通してしか行えなかった。とはいえ、彼の教えで人々がもっとも心を動かされたのは、困っている人や不幸にあえいでいる人に救いの手を差しのべる行為そのものに対してだった。

ザビエルはインド最南端のコモリン岬にも出かけた。岬の海岸に沿ってベルを鳴らしながら歩き、あたりの町や村、寺院や市場を訪れ、現地の人に集まるように呼びかけて教えを説いた。教理問答書や信徒信経、モーセの十戒、主の祈り、教会で行う祈祷の形式などを現地語に翻訳してもらい、それを現地語のまま丸暗記して子供たちがすっかり覚え込んでしまうまで、何度も話して聞かせた。

そのあと、子供たちにその言葉を親や近所の人々に伝えるように教えた。コモリン岬では、このようにして30人の伝道師を任命して指導し、30のキリスト教会を管理させた。教会とはいえつつましいもので、ほとんどが屋根に十字架をつけただけの小屋にすぎなかった。その後、ザビエルはインド南西部のトラバンコール王国を目指し、村から村へベルの音を響かせながら、疲れて手が上がらなくなるまで洗礼を施し、声が枯れるまで洗礼の式文を唱え続けた。

ザビエル本人の言葉であるが、この伝道師としての活動は予想を大きく上回る成功を収めた。純粋で誠実で潔い生きかたはもちろん、行いそのものの圧倒的な説得力も手伝って、行く先ざきでキリスト教への改宗者が現われた。また、彼の思いやりの深さは絶対的な力があり、彼に会って話を聞いた人は、知らず知らずのうちに彼の熱意に引き込まれるのだった。

当時は、マタイの福音書にある「収穫は多いが、働き手が少ない」つまり、布教の成果は大きいが、活動を行う人が少ないという問題があった。そのため今度はマラッカや日本へと向かった。そこで出会ったのは、別の言語を話すいままでとはまったく異なる新たな人種だった。

これらの地では、病人のそばで嘆きながら祈ったり、枕を整えて見守ったりするくらいしかできなかった。時には法衣の袖を水に濡らして絞り、滴をしたたらせて、この世を去ろうとしている人に洗礼を施すこともあった。

そんな状況でも、ザビエルは希望に満ちていたため恐れはまったく感じなかった。神に仕えるこの勇敢な戦士は、信念とやる気に突き動かされるようにして前へ進み続けた。「どのような死や責め苦が待ち受けていようとも、魂をひとつでも救えるのなら、1万回でもその責め苦を受けましょう」とザビエルは語っている。

ザビエルは飢えや渇き、窮乏、その他あらゆる危険と闘いながら、休むことなくひたむきに愛に満ちた伝道を続けた。

そして、11年の布教活動のすえ、中国に渡る方法を模索している途中で熱病にかかり、マカオの近くの上川島《サンチェン》で天に召された。ザビエルほど崇高かつ純粋で献身的な勇者が、この地上に降り立ったことがこれまであっただろうか。

ザビエルに続いてほかの伝道師たちも海外布教に努めた。たとえばインドに渡ったシュワルツ、ケアリー、マーシュマン、中国で活動したギュツラフとモリソン、南太平洋の小さな島を巡ったウィリアムズ、アフリカに渡ったキャンベル、モファット、リヴィングストンなどがいる。南太平洋のイロマンゴ島で殉死した宣教師ジョン・ウィリアムズは、もともとは金物屋の見習いをしていた。

周りからは冴えない少年だと思われていたが、金物屋の仕事は器用にこなし、技術を覚えるのも早く、通常より細かい作業が必要な鍛冶の仕事をいつも任されていた。鐘の取り付けなど店から離れた場所でする作業も進んで行っていた。

そんなとき、偶然耳にした説教に強く心を動かされ、その後日曜学校の教師になった。教会での集会で何度か聞いた伝道という活動に注意を引かれ、この任務に身を捧げようと決心する。彼の活動はロンドン伝道会に受け入れられ、金物屋の雇用主からは見習い期間が終わる前に店を去ることを許された。

ウィリアムズがおもに活動していたのは、太平洋に浮かぶ島々だった。とくにタヒチのフアヒネ島とライアテア島、クック諸島のラロトンガ島など。キリストの十二使徒のように、鍛冶屋や庭師や船大工として自ら労働に打ち込みつつ、島の人々に文明生活の術を教え、同時に神の真理も説いた。イロマンゴ島の海岸で野蛮な現地人に虐殺されたのは、疲れを知らぬ布教活動のただ中だった。彼こそまさに誇り高い殉教者そのものである。

多くの宣教師のなかでも、リヴィングストン博士の人生は非常に興味深いものである。

その生涯については、彼の性格をそのまま映し出したようなつつましく気取りのない筆致で自ら語っている伝記がある。リヴィングストンの先祖は、貧しいが正直なスコットランド高地人で、その祖先についてはこんな逸話が残っている。その男は賢く思慮分別に富んでいると、その地域で有名だった。

いよいよ命がついえるというときに、男はベッドの周りに子供たちを呼び寄せて話をした。その言葉が、彼が後世に遺した唯一の遺産となった。

「わしは一生かけて、わが家の家系を丹念にさかのぼって歴史を細かく調べたが、われわれの先祖に不正直な者はひとりも見当たらなかった。つまり、お前たちやその子供らのなかに不正直に生きる者が現われたとしても、それは血筋のせいではない。不正直はお前たちの性質にもともと備わっているものではないのだから。わしがお前たちに遺すのはこの言葉のみだ――常に正直であれ」

リヴィングストンは10歳になると、グラスゴーに近い綿紡績工場に〝糸継ぎ工〟として働きに出された。はじめて手に入れた週給を使ってラテン語の文法書を買い、ラテン語の勉強を始めると、夜間学校に数年間通ってその勉強を続けた。毎朝6時には工場に働きに行かねばならなかったが、母親に寝なさいと言われない限り、12時を過ぎても熱心に勉強していた。

このようにして、彼は詩人のウェルギリウスとホラティウスの作品をこつこつと読み通し、小説以外（それは勉強の邪魔になった）のさまざまな分野の本を読みふけった。とくに科学研究と旅行の本はよく読んだ。空いた時間はほとんどなかったが、それでも手が空くと近所を巡って植物を集め、植物学の研究もしていた。うなりを上げる工場の機械のそばにいるときでさえ本を手放すことはなく、担当するジェニー紡績機の上に本を広げておき、その前を通り過ぎるたびに一文ずつ読み進めた。

こうして、リヴィングストンは多くの有用な知識を根気強く積み上げていった。そして成長するにつれ、未開の地の宣教師になりたいという思いが心を満たすようになった。こうして目標が定まると、宣教師になるにはなにか秀でた能力があったほうがいいと考え、医学教育を受ける準備をした。給料を節約して、なるたけ多くの資金を貯めた。

そして、冬季の間だけグラスゴー大学で医学とギリシャ語と神学を学び、1年の残りの期間は綿紡績工場で働くという生活を数年間続けた。大学在学中にリヴィングストンを支えたのは自分自身であり、工場で職工として得た収入だけですべてをまかない、ほかの人からはまったく援助を受けなかった。

「振り返ってみると……」とリヴィングストンは正直に打ち明けた。「あのころのつらい生活があったからこそ、早くから自分の核となる部分が形づくられたのだと感謝している。できることなら、もう一度底辺の生活からやり直して、同じように厳しい試練をくぐり抜ける人生を生きてみたい」

リヴィングストンは医学課程を修了し、ラテン語で論文を書き、試験に合格し、内科と外科の医師資格を手にした。当初は中国に行くつもりだったが、そのころイギリスと中国の間ではアヘン戦争が勃発しかけているところだったため、その計画は実現しなかった。

その後、ロンドン伝道会に奉仕を申し出ると、アフリカへの派遣が決まり、１８４０年、アフリカの地に立った。もともと中国へは自費で行くつもりだったのに、今回はロンドン伝道会の費用でアフリカに向かうことになったため、それだけが唯一の心残りだとリヴィングストンは言った。

「自分なりの方法でやることに慣れた人間にとって、ある意味ほかの人に頼らなければならない状況は、まったく気持ちのよいものではなかった」

アフリカに着くと、強い意気込みで仕事に取りかかった。人がやっていた仕事を引き継ぐだけでなく、まったく独自の領域も切り開こうと考え、その準備のために建築や手工業などで肉体労働をこなしながら、伝道の仕事をしていた。これは、本人も言っていたように、「紡績工場で働いていたころと同じくらい疲れ果てて、夜の勉強がはかどらないことが多かった」

現地のツアナ族の人々に混じって働いていたとき、リヴィングストンは運河を掘り、家を建て、畑を耕し、家畜を育て、信仰だけでなく仕事の尊さも現地の人たちに教えた。ツアナ族の人たちとはじめて徒歩で長い旅に出発したとき、自分の見た目と筋力について彼らが噂しているのを耳にした。「体力があるようには見えないね。ずいぶん痩せているだろう。あの袋（ズボンのこと）を着ているから太く見えるだけだ。すぐにへばってしまうだろうよ」

これを聞いて、スコットランド高地人の血が騒がないはずがない。それから数日間は歩行のスピードをいっぱいまで上げて、疲れ切っているツアナ族を涼しい顔で眺めていた。とうとう、彼らもリヴィングストンの脚力に関する意見を変えるまでになった。

リヴィングストンがアフリカでなにをして、どのように活動を広げたのかについては、彼自身が著した『南アフリカを巡る宣教師の旅と研究』でいろいろと知ることができる。これは、それまでに出版されたこの種の書籍のなかでも、とくに心が惹きつけられる読み物である。リヴィングストンの性格を余すところなく表現している晩年のエピソードを、ひとつ紹介しよう。

アフリカに来るときに乗ってきた蒸気船バーケンヘッド号が故障したとき、リヴィングストンは本国に別の船の建造を注文した。その費用は推定２０００ポンドだったが、リヴィングストンはその全額を旅行記の出版で得た収入で支払うと申し出た。その金はもともと自分の子供らのために取っておいたものだった。その金を船の建造費に回すようにという伝言を家に送るとき、実際に次のような言葉を子供たちに伝えた。「子供たちも、自分の世話は自分で見ること」

刑務所改革運動を行ったジョン・ハワードの生涯も、忍耐強い意志の力を示す素晴らしい手本である。彼の崇高な人生は、たとえ身体が弱くても、責任感を持って目標を追求することで困難を取り除けることを示した。

ハワードは、囚人たちの環境を改善したいという考えで頭がいっぱいになり、憑《と》りつかれたように活動に夢中になった。そして、いかなる苦労や危険や身体の苦痛に襲われても、この生涯をかけた壮大な目標を見失うことはなかった。彼は天才ではなく、能力は人並みだったが、純粋な気持ちと強い意志を備えていた。

存命中も彼が成し遂げた成果は目覚ましいものであったが、その死後も影響は消えることなく、今日に至るまでイギリスだけでなく、ほかの文明国の法律に多大な影響を及ぼし続けている。

❖大胆で忍耐強く、慈愛に満ちた活動家ハンウェイ

慈善家のジョナス・ハンウェイも忍耐と根気でイギリスを形づくった男のひとりである。こうした人物は、次の詩のように、気概を持って任務をこなし、任務を遂げたあとは感謝の念を持って、永遠の眠りにつければそれでいいと考えているのだ。

〝記念碑ではなく、よりよき世界を遺すために、その命をまっとうした〟

ジョナス・ハンウェイは1712年にポーツマスで生まれた。父親は造船所で売店を営んでいたが、ハンウェイがまだ幼いうちに事故で亡くなった。母親は子供らを連れてロンドンへ移り住むと、苦労しながら子供たちを学校に入れて立派に育てた。ハンウェイは17歳になると、リスボンの商人のところへ奉公に出される。そこで、ビジネスに対する鋭い機転と几帳面さを発揮し、信頼に足る誠実な仕事ぶりで、周囲の人から一目置かれるほどになった。

1743年にロンドンに戻ったハンウェイは、誘いを受けてロシアのサンクトペテルブルグにあるイギリス人の貿易会社の共同経営者になった。その会社はまだ発展途上のカスピ

海貿易を専門にしていた。

ハンウェイは事業を拡大するためにロシアに行き、そこに到着すると間もなく、イギリス製の大量の布を載せた20台もの荷車で隊列を組み、ペルシャを目指した。カスピ海北岸の町アストラハンに着くと、船でカスピ海南東岸の町アスタラバード（いまのゴルガーン）へ向かった。

だが、陸に揚げることのできた荷物はほとんどなかった。船で反乱が勃発して商品の大部分が奪われてしまったのだ。そのあと、商品はほぼ取り戻すことができたが、期待していた利益の多くを失ってしまった。さらに、彼自身を含めた一行を陸路で襲う計画が進行していた。

そこでハンウェイは、海路をとり、多くの危険に直面しながらどうにか無事にギーラーンにたどり着いた。このときの脱出の体験から、〝決して絶望するな〟という言葉が彼のなかに息づき、その考えがいつしか人生の教訓となった。その後、ハンウェイは事業を順調に営みながら、サンクトペテルブルグで5年間暮らした。

しかし、親類からまとまった遺産を譲り受け、自分自身の資産も相当な額になったため、ロシアを離れ、1755年に故郷に戻った。故国に戻ってきたのは、本人の言葉によると「（ひどく弱い）自分の身体を医者に診てもらうためと、自分のためにも人のためにもなることをできる限り実現するため」だった。その言葉どおり、晩年は、慈善事業とイギリス国民の利益になる活動に時間を費やした。収入の多くを慈善事業に回すため、自身は非常につつましい生活を送っていた。はじめのころに取り組んだ公共事業のひとつがロンドンの幹線道路の整備で、これは大成功だった。

１７５５年、フランス軍が攻めてくるという噂が広まると、ハンウェイは、水兵の人員を確保するいい方法はないかと考えるようになった。そして、王立取引所で貿易商と船主の会合を設け、自分たちの協会を立ち上げて、国王の船で兵役につく志願兵や少年兵を国民から募集しようと提案した。この提案は熱烈な賛同を得た。そして、ハンウェイが全体的な活動を指導しながら、協会が結成され、役員らが任命された。

こうして１７５６年に海洋協会が設立され、以後イギリスの国益に大きく貢献し、いまもなお重大な役割を果たしている。設立から6年間で、５４５１人の少年と４７８７人の志願者が協会で訓練を受けて海軍に加わった。現在でも協会の活動は続いており、年間約６００人の困窮した少年たちが充分な教育を受けたあと、おもに商船で見習い船員として働いている。

ハンウェイは、少しでも空いた時間ができると、ロンドンの重要な公共施設の改良や設立などほかの活動にも貢献した。当初は、トマス・コーラムが何年も前に始めた孤児養育院であるファウンドリング・ホスピタルに強い関心を示したが、慈善団体に頼って我が子を捨てる親を増やしてしまうのではないかという恐れから、益より害悪が多いと考えた。そして、この害悪を断ち切るために対策を行う決意をした。その当時、孤児院はもてはやされていた慈善事業であったため、その流れと真っ向から対立する行為だったが、ハンウェイは目標からぶれることなく活動し、ようやくファウンドリング・ホスピタルを従来の目的にかなった状態に戻すことができた。年月が経ち、実績ができるにつれハンウェイが正しかったことが示された。また、売春婦更生施設であるマグダレン・ホスピタルも彼の精力的な活動によって設立されたものである。

とはいえ、ハンウェイがもっとも骨を折り、根気よく取り組んだのは、貧しい地区に生まれた子供たちのための活動だった。貧困地区の子供はみじめに放置されたまま育ち、彼らの死亡率は恐ろしいほど高かった。ところが、孤児への慈善活動とは異なり、貧しい子供たちの苦しみを和らげるための活動はまったく行われていなかった。

そこで、ハンウェイはありったけの力を傾けてその活動を開始した。まずは、誰からも手を借りることなくひとりで脚を使って調べて回り、この害悪の程度を確認した。ロンドンの貧困層が暮らしている地域を調査し、救貧院の病棟を訪ねて、ロンドンやその近辺にあるすべての救貧院の管理状況を細かく見て回った。次に、フランスやオランダに出かけ、貧しい人々を受け入れている施設を訪れ、イギリスでも利用できそうな有益なアイデアはなんでもメモした。

こうして5年間この調査に打ち込み、イギリスへ戻ると観察した結果を発表した。その結果、多くの救貧院で改良と改善が行われた。その後、1761年にハンウェイはある法令を実現させた。ロンドンのすべての教区に毎年乳児の受け入れ、放出、死亡の記録を義務づける法である。それだけでなく、その法令が確実に機能するよう気を配り、自らその運用を監督し根気よく見守った。午前中は救貧院を一軒ずつ巡り、午後は議員たち一人ひとりと話をした。毎日毎日、毎年毎年、拒絶に耐え、異議に応酬し、気まぐれな意見にも対応した。

そうしてとうとう、ほかに類のないほどの粘り強さと10年近くもの苦労の甲斐あって、ハンウェイはもうひとつの法令（7 Geo. III. c. 39）をたったひとりで実現した。当時、死亡者数が急増した教区は、毎週死亡報告書で発表されることになっていた。

この法令は、その死亡報告書に掲載された教区の乳児は、教区内の救貧院で育てるのではなく、町から数キロメートル離れた場所に送られ、6歳に達するまでの間、3年ごとに選ばれる保護者のもとで育てられることを義務づけるものだった。貧しい人たちはこれを「子供救済法」と呼んだ。法令施行後の数年間とそれ以前の登録簿を見比べてみると、何千という子供の命が救われたことがわかる。それは、この善意にあふれた分別のある人物が賢明な活動を続けたおかげなのだ。

ロンドンで慈善活動が行われている場所には必ず、ジョナス・ハンウェイの手が差し伸べられていた。煙突掃除の少年を保護するための初の法令も、ハンウェイの尽力のもとで制定された。

カナダのモントリオールと、西インド諸島バルバドスのブリッジタウンで大火があり大きな被害が出たときは、すぐに被害者支援の寄付金が集められた。慈善事業者リストには常にその名前があり、公平で誠実な活動が至るところで見られた。少しでも財産があれば、ほかの人の役に立つように使った。

銀行家のホアが中心となってロンドンの名士5人が、ハンウェイには内緒で当時の首相ビュート卿のもとを訪れ、ハンウェイがこの国のために行っている公平無私の貢献に対してなにか引き立てをしてもらえないかと、国民の総意という形で要請した。それから間もなく、ハンウェイは海軍の食糧供給委員に選ばれた。

歳を重ねるにつれ、ハンウェイの健康状態はひどくなり、やがて食糧供給委員も引退しなければならなくなったが、なにもせずに時間を過ごすことなどできず、当時はまだ定着していなかった日曜学校の設立に力を尽くし、貧困にあえぎながらロンドンの通りを放浪している多くの貧しい黒人を助けたり、世間から省みられることのない貧困層の苦しみを和らげたりした。体調を崩していることが多かったのにもかかわらず、ハンウェイは非常に快活な人だった。

とはいえ、その陽気さがなければ、非常に繊細なその身体では、自分に課した膨大な量の仕事をこなすことはできなかっただろう。彼にとって無気力ほど恐ろしいことはなかった。身体は弱くても、大胆で忍耐強く、第一級の勇気の持主だった。

余談だが、はじめて雨のときに傘を差してロンドンの通りを歩いたのはハンウェイだ。当時の傘は女性が使う日傘が主流だった。どうでもいい話かもしれないが、たとえば現代のロンドンの商人が、円錐形の中国の笠をかぶってコーンヒル通りを歩いてみろと言われたら、かなりの勇気がいるだろう。ハンウェイが傘を差し続けて30年、ようやく雨傘として使う方法が一般に見られるようになった。

またハンウェイは、信用をとても大切にする、誠実で筋の通った有言実行の男だった。正直な貿易商であることをなにより重要なことと考え、その信念はほとんど信仰に近いほどだった。そしてこのことに関しては誇ってもいい部分だと思っていた。言ったことは必ず実行し、貿易商としてもそのあと務めた海軍の食糧供給委員としても、その行動には一点の曇りもなかった。業者からの袖の下の類はどんな小さなものでもいっさい受け取らず、食糧供給事務所宛てに送られてきた贈り物は、「委員会に関係するかたからはなにも受け取らないと決めております」と丁寧に断って送り返した。

そして、いよいよ身体が弱りきったと気づいたときは、まるで国中を巡る旅に出かける前のように陽気に、永遠の旅路につく準備を始めた。使いをやってすべての取引先への支払いをすませ、友に別れを告げ、身の回りを整理した。そして潔く死と向き合い、穏やかに心安らかに、74年の生涯を終えたのである。

彼が遺した財産は2000ポンドにも満たなかったが、相続を望む身内がいなかったので、生前に親交のあった身寄りのない子供や貧しい人々に分け与えられた。このように、ジョナス・ハンウェイの尊い人生を簡単に述べたが、彼は正直でエネルギッシュな働き者で、誰よりも誠実な人物だった。

❖奴隷制度廃止運動に人生を捧げた男たち

グランヴィル・シャープの人生も、ハンウェイと同じく個人の意志の力というものを示すもうひとつの素晴らしい手本である。この意志の力はその後、奴隷制度廃止のために尽力した高潔な人々に連綿と受け継がれた。

その一団のなかでもとくに優れていたのが、クラークソン、ウィルバーフォース、バクストン、ブルームだ。奴隷制度廃止運動において、彼らの存在は非常に大きかったが、グランヴィル・シャープこそがこの活動の第一人者であり、根気とやる気と豪胆さではほかの誰にも負けてはいない。

シャープがはじめて働きに出たのは、ロンドンのタワーヒルにあるリネン服地商の見習いになったときだった。見習い期間が終わるとそこを出て、今度は軍需品の調整を行う軍需局の事務員になった。

その地味な仕事に従事しながら、空いた時間に黒人解放運動にかかわるようになった。彼は見習いとして働いていたころから、有益な目的のためならいかなる程度であれ、奉仕活動に喜んで加わっていた。

リネンの服地商の見習いとして学んでいたとき、同じ下宿家で暮らしていた同僚の見習いのひとりが、三位一体の教理を否定するユニテリアン派の信者で、この青年が宗教的なテーマでしょっちゅう議論をふっかけてきた。ユニテリアン派の青年は、三位一体説を信じているシャープに、「きみは聖書のある部分を誤解しているが、それは新訳聖書で使われているギリシャ語の知識が足りないからだ」と言った。

そう言われたシャープはすぐさま夜間を勉強時間にあて、あっという間にギリシャ語に精通してしまった。また見習い仲間にユダヤ人がいて、その彼とは預言の解釈についての議論が起こり、シャープは同じようにヘブライ語という壁にも取り組み、そちらもマスターしてしまった。

とはいえ、生涯の仕事となった奴隷制度廃止運動へとシャープを導いたのは、寛大で慈悲深い彼の心だった。兄弟のウィリアムは、ロンドンのミンシング・レーンで外科医をしていて、貧しい人たちを無料で診察していた。

治療を受けようとやってくる大勢の患者のなかに、ジョナサン・ストロングという貧しいアフリカ人がいた。ストロングは主人から残虐な扱いを受けて身体が不自由になり、目も見えなくなって働けない状態だった。

彼の主人は西インド諸島のバルバドスの弁護士だったが、当時はロンドンに滞在していた。その弁護士は、この奴隷にもう価値がないと見るや家から追い出したのである。哀れなストロングは、山ほどの病に苦しみながら飢えと戦い、しばらく物乞いをして命をつないでいたが、ウィリアム・シャープのことを知り、やっと診療所にたどり着いたのである。ウィリアムは彼に薬を与えると、すぐにセントバーソロミュー病院に入院させて治療が受けられるようにした。

シャープ兄弟はストロングが退院したあとも、彼がふたたび通りの物乞いに戻らないように支援し続けた。その時点では、まさかストロングの所有者だと主張する者が現われるとは夢にも思っていなかった。ふたりはストロングに薬剤師のもとで働ける職場も見つけてきた。

彼はそこで2年ほど働いたが、ある日、薬局の女主人が乗っている四輪馬車に付き添って後ろを歩いているところを、もとの主人であるバルバドスの弁護士に見つかってしまった。この弁護士は彼の健康が回復しているのを見て、ふたたび奴隷として価値が高くなったと踏み、この奴隷の所有権を取り戻そうと考えた。

そしてロンドン市役所のふたりの職員を使ってストロングを逮捕させた。ストロングは西インド諸島へ向かう船に乗るまでの間、債務者刑務所に留め置かれた。刑務所のなかでストロングは、数年前に困窮にあえいでいたとき、親切なグランヴィル・シャープがいろいろ世話をしてくれたことを思い出し、助けを求めて彼に手紙を出した。シャープはストロングの名前を忘れていたが、ことの真相を確かめるために刑務所に使いをやった。だが看守はそんな人物はいないと否定した。疑わしく思ったシャープはただちに刑務所に出向き、ジョナサン・ストロングに会わせろと主張した。

所内に入ると、そこにいたのは哀れなあの黒人で、身柄を拘束され、また奴隷に戻されようとしていた。シャープは危険を覚悟のうえで、刑務所の所長に、これから市長に面会し話をつけてくるのでそれまでは誰であろうとストロングを引き渡さないようにと伝え、すぐに市長のところに向かい、逮捕状なしにストロングを捕らえて刑務所に入れた人物に対する召喚状を得た。

ほどなく市長の前に関係者が集められた。話し合いが進むうちに、バルバドスの弁護士が、すでにストロングを新たな所有者に売り渡してしまったことが明らかになった。新しい主人は売買の証文を取り出して、ストロングは自分のものだと主張した。

だが、ストロングはなにかの罪で訴えられているわけではなく、そもそも市長には、ストロングが自由かどうかに関して疑問を差しはさむ法的な権限もなかったため、ストロングを釈放した。

こうしてストロングはシャープに連れられて法廷を出て行った。誰もストロングに指1本触れる者はいなかった。とはいえ、ストロングの所有者は奴隷を奪われたと主張し、その奴隷の所有権を取り戻すための措置を取るとシャープに通知してきた。

1767年ごろのイギリスでは、個人の自由は理論的には認められていたものの、実際にはあまり守られることはなく、ほぼ毎日のように侵害行為が行われていた。水兵の強制徴募はしょっちゅう実施されていたし、強制徴募隊に加えて、ロンドンをはじめとする大きな街では、東インド会社の仕事をさせる人材を確保するため、人を拉致する集団も幅をきかせていた。

そして、インドで用済みとなった人たちは、当時植民地だったアメリカでプランテーションを経営している地主のもとへ船で送られた。黒人奴隷は、ロンドンとリバプールの新聞に堂々と広告が載せられ売りに出されていた。また、逃亡した奴隷を連れ戻して川を下る奴隷用の船へ送り届けることで報酬を得ている者もいた。

イギリスにおけるストロングの立場はあやふやで危ういものだった。奴隷に関する過去の判例も定まった原則はなく、案件によって判決はまちまちで一貫していなかった。一般的な考えかたとしては、イギリスに奴隷はいてはならないというものだったが、真っ向からこの意見に反対する名の通った弁護士もいた。

シャープはジョナサン・ストロングの一件で訴えられたため、自分を守るために弁護士に相談したが、大部分の弁護士が奴隷制度に賛成の者だった。さらにジョナサン・ストロングの所有者が言うには、高名な首席裁判官マンスフィールドをはじめ有力な勅選弁護人はみな、イギリスに連れてこられた奴隷の開放はできないし、プランテーションに強制的に連れ戻されることは合法であるというのが一致した意見らしかった。

この情報を聞いて普通の人なら絶望してしまうところだが、勇気と熱意にあふれるシャープの意志はますます強まり、少なくともイギリスにおける黒人の自由は守ろうと、戦いへの決意を新たにした。シャープは語っている。

「専門の弁護士たちに弁護を拒否されたため、法律に関して定まった後ろ盾がないまま、自分で自分を弁護するしかなかった。訴訟や法律の基本的な知識もなく、それまでの人生で聖書以外に規範や法が書かれた本は開いたことさえなかったが、やるしかない。私は贔屓《ひいき》にしている書籍商が最近購入したという法律関係の蔵書目録に、しぶしぶ目を通すことにした」

シャープは軍需局のなかでも非常に忙しい職に就いていたため、日中はほぼその仕事でつぶれた。そのため、慣れない法律の勉強は夜中か早朝に進めるしかなかった。ある意味、自分が奴隷になったような気分だったとシャープはのちに本音を吐露している。

聖職者の友人への手紙で、返事が遅れたことを詫びながら次のように書いている。「手紙の返事を書く時間がまったく取れません。睡眠を削って夜中や早朝にどうにか時間を作っていますが、それは法律上の論点の調査にあてています。これは遅れが許されない作業であるだけでなく、非常に念入りな調査や検証が必要とされるのです」

シャープはそれから2年もの間、時間を見つけては個人の自由に関するイギリスの法律をじっくり研究した。そっ気なく冷淡な文献の山に猛然と取り組み、重要な法律、法廷の判決、高名な弁護士の意見などから必要なものを抜き出していった。この退屈で延々と続く調査を行っている間、誰からも指導や支援や助言を受けることはなかった。シャープの取り組みに賛同してくれる弁護士がただのひとりも見つからなかったのだ。

とはいえ、研究の結果はシャープを満足させ、法曹界の紳士たちを仰天させるものだった。「ありがたいことに」と彼は書いている。「イギリスの法律や法令で、人を奴隷にすることを正当化するものは――少なくとも私が見た限りでは――ひとつもなかった」。当初から固い決意で始めた活動だったが、もはや疑いはなにもなかった。

シャープは研究の結果を簡潔にまとめた。『イギリスにおける奴隷制度容認という不正行為について』という題名の、平易でわかりやすく、断固とした筆致で書かれた論文だった。これの写しを自分で大量に作り、当時もっとも名の知られていた弁護士たちに配布した。

ストロングの所有者はようやく、自分が相手にしている人間がどのような男かということに気づき、いろいろと口実をでっち上げては裁判を延期し、やがて和解を提案してきた。

だがシャープは拒絶した。

シャープはなおも自分の論文を弁護士たちに配布し続け、とうとうジョナサン・ストロングに対する原告側の弁護士らは訴訟の継続を思いとどまった。その結果、ストロングの所有者は今後ふたたび訴えを起こさないよう3倍の訴訟費用を支払わされた。その後、シャープの論文は1769年に出版された。

この間にもロンドンでは黒人が誘拐され、奴隷貿易のために西インド諸島に送られるという事件がいくつも起こっていた。シャープはそういう情報が入るたびに、ただちにその黒人を助けるために訴訟を起こした。

そういうわけで、ハイラスという男のアフリカ人の妻が拉致され、西インド諸島のバルバドスに送られたときも、ハイラスの代理で拉致した者に対し法的手続をとり、損害賠償付きの判決を得て、ハイラスの妻を解放させてイギリスに無事連れ戻した。

1770年、もうひとつ残虐な黒人拉致事件が起こった。このときもシャープはすぐさま拉致した者の軌跡を追った。ルイスという名前のアフリカ人が、ある闇夜に漁師ふたりに拉致されたのだ。漁師たちはこの黒人を川に引きずり込みボートに引き上げると、さるぐつわを噛ませて手足を縛った。

そしてボートを漕いで川を下り、ジャマイカ行きの船にルイスを乗せた。ジャマイカに着いたら奴隷として売られるのだ。しかし、哀れな黒人の悲鳴は近隣の人々の注意を引き、そのうちのひとりが、そのころには黒人の味方として知られていたシャープのところへ駆けつけて、この非道な拉致行為を知らせた。

シャープはあっという間にルイスを取り戻すための令状を取ると、テムズ川下流のグレーブゼンドの港に向かった。だがシャープが着いたとき、船はすでにテムズ川河口沖のダウンズ錨地に向かって出発していた。そこで、シャープは人身保護令状を手に入れ、次の停泊地であるワイト島近くのスピットヘッドに送った。船がイギリスの海岸を離れる前にその令状は送り届けられた。

このとき、ルイスはメインマストに鎖でつながれ、涙を流しながら悲しみに沈んだ表情で、引き離されようとしているイギリスの地を見ていたという。彼はただちに解放されロンドンに送り返された。

そして、漁師を雇った不法行為の張本人には逮捕状が出された。この事件の対応でシャープが示した頭の回転の早さや機転、行動の俊敏さは誰にも真似できないものだったが、それでも本人は行動が遅かったと反省していた。

この事件の裁判は、マンスフィールド卿が担当することになった。思い出していただきたいのだが、マンスフィールド卿の見解は前述したとおり、シャープの考えとは明らかに相対するものだった。

しかし、彼は裁判官として争点に疑義を唱えることはせず、またこの奴隷の個人の自由に関する法的な疑問に賛成も反対も示さず、ただ、被告がルイスの所有者であることを示す文書などの証拠がないという理由でルイスを釈放した。

したがって、イギリスにおける黒人の個人の自由に関する問題には、まだはっきりした答えが出ていなかった。その間もシャープは一貫して奴隷救済活動を続けた。その尽きることのない努力と機敏な行動によって、さらに多くの人々の名前が、救済された者のリストに加わった。

やがて、ジェイムズ・サマセット事件という重要な裁判が起こる。この事件は、マンスフィールド卿とシャープの互いの要望によって、黒人の自由という大きな問題に法的な判断を下すために選ばれたと言われている。ジェイムズ・サマセットは、主人にイギリスに連れてこられたあと逃亡した。主人はサマセットを捕まえてジャマイカに売り払おうとした。

シャープは、例のごとくただちにサマセットの裁判に着手し、彼を守るために弁護士を雇った。マンスフィールド卿は、この事件が一般大衆の注目を集めるだろうと考え、この件に関しては、すべての裁判官の意見を集めて判断すると発表した。

このときシャープは、自分と対抗しているあらゆる勢力との戦いを覚悟したが、彼の決心は一瞬たりとも揺るがなかった。彼にとって幸運だったのは、この激しい戦いの場でこれまでの努力が実を結び始めていたことである。

この事件に対する関心がどんどん高まるなか、多くの高名な法律家らがシャープの側につくと公に宣言したのである。

いまや個人の自由という大義の行方は、マンスフィールド卿と彼を支える3人の裁判官の公正な判断にかかっており、「イギリスで暮らす人は何人たりとも、法によって略奪されない限り、個人の自由という基本的かつ憲法上の権利が保証される」という原則に基づいて審理された。

この重大な裁判についてここで説明を始める必要はないだろうが、議論は長期化し、審理期間は延長され、何度も休廷を挟んだとだけ言っておこう。そしてついに、マンスフィールド卿による判決が下された。マンスフィールド卿の見解は、シャープの論文に基づいた弁護団の意見に影響を受けて少しずつ変化していた。

このとき彼は、法廷はひとつの結論に達したため、12人の陪審員に審議を委ねる必要はないと述べた。そして、次のようなことを告げた。「奴隷制度についての主張は支持できるものではなく、イギリスでは主張された奴隷に対する所有権は使用されたことがないし、また法律によって認められてもいない。したがって、ジェイムズ・サマセットは釈放することとする」

この判決を勝ち取ることによって、シャープはそれまでリバプールやロンドンの街中で大っぴらに行われていた奴隷売買を完全に廃止させた。それだけでなく、いかなる奴隷もイギリスの地を一歩入った瞬間に自由の身になるという素晴らしい大原則まで確立したのだ。マンスフィールド卿が下したこの偉大な判決も、シャープが最初から最後まで揺らぐことなく断固たる態度で、勇敢にこの大義を追求し続けたことが大きく影響していることは間違いない。

これ以降のシャープの人生は、簡単に説明するにとどめよう。その後も彼は休むことなく人の役に立つ活動を続けた。救済した黒人たちの避難場所として、アフリカのシエラレオネに移民地を建設するのに尽力し、またアメリカの植民地では、先住民の環境改善に貢献した。さらに、イギリス国民には政治権力の拡大や拡張を訴え、水兵の強制徴募の廃止を実現しようと力を尽くした。

シャープは、イギリスの水兵もアフリカの黒人と同じく法によって保護されるべきであり、船乗りとしての人生を選んだからといって、イギリス国民としての権利や恩恵——とりわけ個人の自由——がどのような形であれ、取り消されるものではないと考えていた。また、イギリスとその植民地であるアメリカとの友好関係を回復させようと骨を折ったが、これは実を結ばなかった。アメリカ独立戦争という身内で殺し合う戦いが始まると、一本気で誠実なシャープは、いかなる形であれ、この非人道的な仕事にはどうしても関われないと決意し軍需局の職を辞した。

シャープは最後まで、奴隷制度の廃止という人生を賭けた大きな目標に取り組んだ。この取り組みを続けていくために、また、徐々に増えてきたこの大義に賛同する人々の運動を組織化するため、奴隷貿易廃止促進協会を設立した。協会には、シャープのこれまでの活躍と熱意に感化された人々が、彼の活動を手伝けしようと新たに集まってきた。シャープの強い意志はそれらの人々に受け継がれ、彼が長い間ひとりで積み重ねてきた努力を支えた自己犠牲の精神は、やがて国そのものに満ちていったのである。

シャープの意思はクラークソン、ウィルバーフォース、ブルーム、そしてバクストンへと伝わっていき、シャープがやってきたように、それぞれが気概と断固とした決意を持って努力を続けたおかげで、ようやくイギリス領全域で奴隷制度が廃止された。

奴隷制度廃止という偉大な運動を成し遂げた人々としては、この4人の名前が挙げられることが多いかもしれないが、もっとも重要な功労者がグランヴィル・シャープであることに疑いの余地はない。シャープが奴隷制度廃止運動に着手したとき、励ましてくれる世間の称賛の声は皆無だった。利口な法律家や当時は根強かった世間の偏見に孤立無援で立ち向ったのだ。

たったひとりの力で、誰からも資金援助を受けることもなく、イギリスの制度と国民の自由のために、近代史に残るもっとも忘れがたい戦いを闘い抜いたのである。そのあとに生じた成果のほとんどは、彼が休むことなく続けた努力の結果である。グランヴィル・シャープが灯した松明《たいまつ》は人々の心を燃え立たせ、その火は手から手へと伝わり、世界を明るく照らしたのだ。

シャープが亡くなるまでに、トマス・クラークソンはすでに黒人奴隷の問題に注目していて、それを大学の論文のテーマに選んでいたほどだった。心から振り払おうとしても払えないほど、彼はこの問題にすっかり夢中になった。

そしてある日、ハートフォードシャーのワズミルの近くで、クラークソンは馬から降りたち、道の脇にある芝生に陰鬱な表情ですわり込んで長いこと考えた挙句、奴隷制度廃止運動に全身全霊をかけて取り組もうと決意する。まずは自分の論文をラテン語から英語に翻訳し、新たな実例を付け足して出版した。

すると、共感した仲間が彼の周りに集まってきた。彼は知らなかったが、そのときすでに奴隷貿易廃止促進協会が結成されていた。それを耳にしたクラークソンはすぐさま協会に入会した。彼は自分の将来をすべて犠牲にして、奴隷制度廃止運動にのめり込んだ。

仲間のウィルバーフォースは、議会でこの運動を先導する役割を託されたが、一方クラークソンは、奴隷制度廃止の裏付けになるよう提供された大量の証拠をまとめて整理する役割をおもに任された。クラークソンは捜索犬並みに粘り強い性格だった。

それにまつわる興味深いエピソードをここで紹介しよう。奴隷制度の支持者は奴隷制度を守ろうとして、戦争中に捕らえられた黒人だけは奴隷として売ることができるようにしておくべきだと主張した。そうでなければ、その黒人たちは自分の国でもっと恐ろしい運命が待ち受けているからと言うのである。

奴隷を売買している商人が、奴隷狩りを行っていることはクラークソンも知っていたが、それを立証するための目撃者がいなかった。どこに行けば見つけられるだろうか。そう悩んでいたとき、たまたま旅先で出会った紳士のひとりが、若い水兵についての情報をくれた。その紳士が1年ほど前までいた会社にその船員はいたのだが、そのような奴隷狩りの旅に実際に参加したことがあったらしい。

とはいえ、紳士はその水兵の名前を聞いておらず、人相や風貌の記憶もあいまいだった。いまどこにいるかもわからないし、普段は軍艦に乗っていたということだけが唯一の情報で、どこの港にいる軍艦かも不明だった。
そんな断片的な情報しかなかったが、クラークソンはこの水兵を見つけ出して証人になってもらおうと決心した。船が通常停泊している港町をひとりでみな回り、すべての船に乗り込んで調べたが、その水兵はなかなか見つからなかった。やがて港町は最後のひとつになった。なんと、そこに探していた若者がいた。最後の最後に調べた船だった。クラークソンにとってその若者は、非常に貴重で有効な証人となった。

クラークソンは、数年間で４００人以上の人間と連絡を取り合い、５万６０００キロメートル以上の距離を旅して証拠を集めた。こうして休みなく活動を続けた結果、とうとう疲れ果てて病に倒れ、身体が動かなくなった。それでも、彼は奴隷制度廃止という活動の場から退くことはなかった。彼の熱意は大衆の心をかき立て、善良な人々の奴隷に対する強い共感を呼び覚ました。

何年も続いた闘いの果てに、ようやく奴隷売買は廃止された。しかし、まだ解決していない重要な問題がもうひとつ残っていた。イギリスの領土全域にわたる奴隷制度の廃止である。ここでもまた、断固とした意志の強さが勝利した。この運動を先導した人たちのなかで誰よりも優れていたのは、ファウエル・バクストンであろう。バクストンはウィルバーフォースが下院議員として果たしていた役割を引き継いだ人物である。
子供のころのバクストンはのろまで不器用だった。また、非常に我が強いのも特徴で、子供のうちはその性格が乱暴で自分勝手な行動として表われた。父親は幼いころに亡くなっていたが、幸い母親は聡明な女性で、細やかな心遣いでバクストンの意志の力を磨いた。従順に言うことを聞くように躾ける一方で、任せられることに関しては、自分で決めて行動する習慣をつけさせた。

母親は、我の強さも、価値のあることに目標を定めて適切に手助けしてやれば、きっと勇ましい有益な性質になると信じていた。そして、その考えに沿って行動した。他人からバクストンの強情さを指摘されると、「ご心配なく。たしかにいまはただの意地っ張りですけど、いい性質になってくるでしょうから」と答えた。

バクストンは学校でほとんど勉強せず、愚かな怠け者と思われていた。ほかの生徒に自分の宿題をやらせて、本人はあたりで遊びほうけていた。15歳で寄宿学校から家に戻ってきたバクストンは、身体が大きく育ち盛りの扱いにくい若者になっていた。ボート漕ぎや狩猟、乗馬などの野外スポーツばかりを好み、ほとんどの時間を猟場の管理人とともに過ごした。

この管理人が心根の良い人で、読み書きはできなかったが、生物や自然に対する知恵と鋭い観察眼を持っていた。バクストンにはもともと優れた素地が備わっていたが、それを磨き、整え、育てる必要があった。このころが人生の分かれ目で、その気質はまだ良いほうにも悪いほうにも進む可能性があった。

そんなとき、彼は運よく銀行家のガーニー家の人々と親しくなった。ガーニー家は社会的地位が高いだけでなく、教養もあり、慈善活動も行っていることで一目置かれている名家だった。のちにバクストン自身も言っているとおり、ガーニー家との親交がバクストンの人生に大きな影響を及ぼした。彼らは、自己修養に努めるようバクストンを励ました。

バクストンはダブリン大学に入学すると、優秀な成績で賞を勝ち取ったが、そのとき、熱意を込めて生き生きとこう述べた。「この賞はガーニー家の人たちに捧げたいと思います。あの人たちの励ましがあったからこそ、私はこの賞を手にすることができたのですから」。バクストンはガーニー家の娘のひとりと結婚し、ビール醸造を営む叔父のハンバリーのもとで、事務職員として新たな生活を始めた。

子供のころはそのせいで扱いにくいと見られていたが、いまではその意志の強さは彼の性格を支える柱であり、いったん引き受けたことはなんであれ諦めずに粘り強くやり遂げるという性質を形づくった。バクストンは身長が2メートル近くあり、「ゾウのバクストン」と人から呼ばれるほどの巨体だった。その巨体を使い力を尽くして仕事を行った。そしてエネルギッシュで有能な男になった。

彼はこう言っている。「1時間ビールの醸造をして、そのあと会計の計算をして、そのあと狩猟にも出かけた。そのどれにも全身全霊で打ち込むのさ」。なにをするにしても、揺るがぬ気概と決意を持って取り組んだ。

ビール醸造業のパートナーとして認められると、経営者として積極的に活動した。彼が運営するこの巨大な事業は、あらゆる面で彼の影響を受けているかのように業績を大きく伸ばした。ぼんやりと過ごす時間は作らず、夜はせっせと自己修養に励み、法学者のブラックストーンや思想家で法律家のモンテスキューの著作、イギリスの法律に関する堅実な解説書などをじっくり読んで勉強した。読書についての彼のモットーは次の3つだった。「一度開いた本は最後まで読み通せ」「中身を充分理解するまでは読破したというべからず」「なにを学ぶにも全力で挑め」である。

32歳という若さで下院議員に当選したバクストンは、世界的に見ても一流の紳士の集団であるイギリスの議会のなかで、間もなく、誠実で熱意あふれる博識な人物として頭角を現わした。彼が身を捧げて取り組んだおもな課題は、イギリス植民地での奴隷の完全な解放だった。彼が早くから奴隷制度廃止運動に関心を持ったのは、ガーニー家のひとりプリシラ・ガーニーの影響だったと彼自身よく言っていた。

プリシラは知的で心の温かい美徳にあふれた女性だった。1821年、彼女は死ぬ間際に幾度もバクストンを呼びよせ、「奴隷制度廃止運動を人生の目標にするべきよ」と勧めた。プリシラは最後にもう一度この重要な任務のことを伝えようとしたが、その前に帰らぬ人となった。

バクストンは彼女の助言を決して忘れなかった。彼女の名前をとって娘のひとりをプリシラと名づけたが、その娘が結婚して家を離れたのはまさに奴隷解放が実現した日、1834年8月1日だった。娘のプリシラが子の役割から〝解放〟されて夫とともに家を出て行ったあと、バクストンは腰を下して友人に手紙を書いた。「娘は先ほど嫁いでいった。なにもかもうまくいった。ようやくイギリスの植民地から奴隷はひとりもいなくなったのだ!」

バクストンは才能に恵まれているわけではなかったし、聡明で偉大な指導者でも、先駆者でもなかった。ただ、熱心で正直で、決意が固くやる気をみなぎらせた人物だった。彼自身の次の言葉を見ればその人柄がよくわかる。そしてこれは、すべての若者の心に深い印象を残すだろう。

「長く生きるほどに、弱者と強者、偉大な人間ととるにたらない人の差はなにかということがはっきりとわかってきた。それはやる気、すなわち揺るぎない決意があるかどうかだ。いったん目標を定めたら、あとは勝利か死か。やる気があれば、この世でできないことはなにもない。やる気がなければ、才能があろうと、環境が良かろうと、チャンスに恵まれようと、人間はただの2本足の動物でしかない」

第9章 実務家たち

「勤勉に働く者を見よ。その者は王たちの前に立つであろう」

——ソロモンの箴言より

「実務の場で自らを磨かない者は、社会の底辺に甘んじるしかない」
——オーウェン・フェルサム（イギリスの作家）

❖天才はビジネスに向かないという誤解

文筆家のハズリットは、あるエッセイのなかで実務に関わる人間のことを、荷車で運ばれて農具につながれる牛のように、商売や職業に縛りつけられたみじめな人間だと表現している。そういう人間に求められるのは、ただ決められた道を踏み外さずに進むことだけだと断言し、こうも言っている。

「ビジネスをうまくやっていくのに、想像力やアイデアは不要だ。必要なのは、型にはまった考えかたと、ごく目先のことに対する関心だけである」。だが、これほど一方的で事実に反した定義はないだろう。たしかに、ビジネスマンのなかには視野の狭い者もいるが、それは科学者でも物書きでも政治家でも同じだ。

一方で、大局に立ってものを考え、大きなスケールで行動することのできるビジネスマンも大勢いる。政治哲学者のバークは、インド法案についてのスピーチのなかでこう述べている。「物売りの精神で仕事をする政治家もいれば、国を治める精神で働く商人もいる」

どのような分野であれ、重要な事業を成功に導くのに必要なのは、その仕事に対する適性に加えて、危機対応能力、大勢の人を束ねる才覚、人間全般に対する深い理解、たゆまぬ自己修養、そして人生経験である。

そう考えれば、ビジネスの世界がどこかの物書きの決めつけるような狭いものではないのは明らかだろう。作家のヘルプスの言葉のほうがはるかに核心をついている。「有能なビジネスマンというのは、偉大な詩人と同じくらい希少だ。ひょっとしたら、真の聖人や殉教者の数より少ないかもしれない」。〝仕事が人を作る〟とはよく言われることだが、その言葉がこれほどよく当てはまる職業はないだろう。

しかしながら、「天才はビジネスに向かない」とか、「ビジネスは天才の本分に反する」などという愚かな考えが昔からまかり通っている。数年前、〝ひとかどの人間になるために生まれてきたのに、雑貨屋になるしかなかった〟という理由で自殺した不幸な若者がいた。彼は、雑貨屋という仕事の尊さに釣り合わないのは、自分の精神のほうだということを示したも同じである。

人の値打ちは職業によって決まるのではなく、人が職業の価値を決めるのだ。頭を使うものであれ身体を動かすものであれ、正当な収入を得るものであれば、仕事はすべて尊い。たとえ指が汚れても、心が汚れることはない。人は外からではなく内側から汚れる。人間を堕落させるのは、煤《すす》ではなく強欲、泥ではなく悪徳なのだ。

昔から偉人たちは、生計を立てるために地道に働きながら、さらに高い目標を追求し続けた。古代ギリシャ七賢人の筆頭であるタレスや、アテネを再興したソロン、数学者のヒュペラテスは、いずれも商人だった。その優れた英知ゆえに神とも称されたプラトンは、エジプトへの旅の道中、油を売って旅費を稼いだ。哲学者のスピノザはガラス磨きの仕事で生計を立てながら哲学の真理を探求し、偉大な植物学者のリンネは革をなめして靴を作りながら研究を続けた。

シェイクスピアは劇場の経営に腕を振るった。自分の書いた戯曲や詩よりも、経営者としての手腕を誇りにしていたようだ。詩人のポープによると、シェイクスピアが文学を研鑽した第一の目的は、真の自立を果たすことだった。

たしかに、文学的名声にはなんの関心もなかったようで、自ら戯曲の出版を推し進めたという記録はいっさいなく、そもそも出版する気があったのかさえわかっていない。さらに、作品が書かれた年代もいまだに謎のままである。ひとつ確かなことは、彼が事業で成功を収め、引退後は生まれ故郷のストラトフォード・アポン・エイヴォンで悠々自適の生活を送ることができたということである。

詩人のチョーサーは、若いころは軍務に携わり、のちには関税局長官や王領森林の視察官として有能な働きぶりを見せた。同じく詩人のスペンサーは、アイルランド総督の秘書を務めたのちにコーク州長官となったが、その仕事ぶりは隙がなく完璧だったという。また詩人のミルトンは、もともと学校の校長だったが、共和国時代には議政官の秘書官に登用されるまでなった。現存する議事録や数多く残された手紙を見ると、ミルトンの有能な働きぶりがよくわかる。アイザック・ニュートンが実務の面でも有能だったことは、造幣局長として自らが陣頭指揮を執って1694年に貨幣制度の刷新を行なったことでも証明される。

詩人のクーパーは時間に正確なことを自負しており、そんな詩人は自分くらいでほかに知らないと打ち明けている。だが、これにはワーズワースとスコットという例外がある。ワーズワースは印紙の販売者で、スコットは民事控訴院の事務官だったが、ともに偉大な詩人でありながら、時間に厳しく仕事をきちんとこなす人物だった。

経済学者のデヴィッド・リカードは、ロンドンの株式仲買人という本業で財を築きながら、好きな研究にも没頭し、その結果、政治経済学の原理を確立した。それができたのは、やり手のビジネスマンと真理を追究する学者というふたつの人格を自分のなかで融合させることができたからである。著名な天文学者であるベイリーもまた株式仲買人で、化学者のアレンは絹織物の製造に携わっていた。

いまの時代でも、優れた知性と日常的な業務を精力的かつ有能にこなす能力を両立させている例は枚挙にいとまがない。ギリシャ史の研究家であるグロートは、ロンドンの銀行家だった。また、現代におけるもっとも偉大な思想家のひとりであるジョン・スチュアート・ミルは、つい近年まで東インド会社の審査局で働いていた。彼が仕事仲間から高く評価されていたのは、哲学者としての深い洞察力のためではなく、職場での効率の良い仕事ぶりと高い協調性のおかげだった。

❖成功の秘訣は、実践によって知恵を積み重ねていくこと

ビジネスを成功に導くのは、たいていの場合、当たり前のことを当たり前にすることだ。一生懸命地道に働くことが、知識を得たり技術を身につけたりするのと同じくらい必要となる。古代ギリシャ人はこんなことを言っている。「どんな職業でも、有能な人間になる

ためには3つのものが欠かせない。それは、才能と勉強と実践だ」

ビジネスでは、実践によって知恵を積み上げていくことが成功の大きな鍵となる。なかにはまぐれでうまくいく場合もあるかもしれないが、ギャンブルで当てた金と同様、そんな偶然の成功は身を滅ぼすもとになるだけだ。哲学者のベーコンは、ビジネスを道にたとえて常々こう言っていた。「近道はたいていの場合、最悪の道だ。まともな道を行きたければ、ある程度遠回りをしなければならない」

時間はかかるかもしれないが、働くことの喜びと、成果を手にしたときの満足感は、より純粋なものになるだろう。どれほど単調でつまらない仕事でも、日々やるべき仕事があることで、残りの人生は喜びに満ちたものになる。


ヘラクレスが12の難行に取り組んだ寓話は、あらゆる人間の行動と成功を具現化したものだ。幸せで豊かな生活は、他人の手助けや援助によるのではなく、自分自身の努力によって手に入れるべきだ。若者はみなそれを自覚しておかねばならない。

イギリスの首相を務めたメルバーン卿は、政治家のジョン・ラッセル卿に宛てた手紙のなかで、詩人のムーアの息子に資金を援助してやってくれないかという依頼に答えてこんな役に立つアドバイスをしている。

「親愛なるジョン。ムーアからの手紙をお返しする。援助をする財力はあるから、きみの頼みに応えられないことはない。だが、援助するのであれば、その相手はムーア氏本人であるべきだ。そのほうが道理が通るし、わかりやすい。たとえ少しであっても、若者に直接金を渡すことはどう考えても正しいことではない。なにより本人のためにならない。身のほど知らずの考えを抱き、努力を惜しむようになる。若者にはこういった言葉こそ聞かせなくてはいけない。〝道は自分で切り開くものだ。飢えようが飢えまいが、それはきみ自身の努力次第なのだ〟と。どうか私を信じてくれ」

頭を使って一生懸命取り組んだことは、必ずその努力に見合った成果を生む。努力は人を成長させ、人格を形成し、他人の行動にも刺激を与える。誰もが同じように成功できるわけではないが、全体としてはそれぞれが努力した分だけ向上できる。トスカーナ地方の格言にもこのようなものがある。「誰もが広場に面した家に住めるわけではないが、誰もが太陽の恩恵は受けられる」

一般的に、楽な道のりばかりだと人間はだめになる。なにもかも先回りして与えられ、高枕でいられる人生よりも、額に汗して質素に暮らす生き方のほうがいい。人生のスタート時点は貧しいくらいのほうが働く意欲が湧くものだ。そういう意味で、貧困は成功するための必須条件だと言っていいくらいだ。ある高名な裁判官が、法曹界で成功するためにはなにが大切かと問われてこう答えている。

「優れた才能や、人脈や、幸運のおかげで成功する者もいる。だが大多数は、裸一貫で始めたからこそ成功を手に入れられたのだ」

ある優秀な建築家について、こんな話が伝えられている。その男は長い間勉強して力をつけ、ギリシャやローマを旅して回った。やがて故郷に帰り建築の仕事を始めたとき、彼は雇ってもらえるならどんな仕事でもしようと心に決めていた。

最初についたのは廃屋修繕の仕事で、建築の仕事としては三流で報酬も低かったが、彼には高望みしないだけの分別があり、努力して仕事の腕を磨こうと決意した。そう考えると悪くないスタートだった。

7月のある暑い日、屋根にまたがって黙々と廃屋の修繕をしているところに友人が通りかかった。彼は汗だくの顔を手でぬぐいながらこう叫んだ。「はるばるギリシャまで行ってきた男が、こんな立派な仕事をしているのさ！」そう言いながら、彼はどんなにつまらない仕事でも手を抜かず、完璧にやり遂げた。そして徐々に報酬のよい仕事をさせてもらうようになり、ついに一流建築家への階段を上りつめたのである。

❖労働は個人の成長、国家の発展に欠かせないもの

働かざるを得ない状況は、個人にとっての成長、国家にとっての発展の根源であり、原動力である。まったく努力をしなくてもすべての望みが叶えられるなら、人間は希望も意欲もなくしてしまうだろう。それほど不幸なことはない。目標も動機もない人生というのは、まともな神経の持ち主には耐えがたいものだろう。

イギリスの軍人ホレス・ヴィラは、スペインのスピノラ将軍に兄の死の原因を訊ねられてこう答えた。「兄が死んだのは、なにもすることがなかったからです」。するとスピノラ将

軍はこう言ったという。「なんと気の毒な！　いかなる将軍も、することがなければ命が持たぬだろう」

人生がうまくいかなくなると、人は往々にして自分はなんの罪もない被害者で、周りの人間のせいで不幸に陥れられたという結論に走りがちである。ある著名な作家は最近出版した本のなかで、過去に何度も事業に失敗したことにふれて、自分は掛け算もまともにできないと無邪気に認めながらも、うまくいかなかったのは当時の拝金主義の風潮のせいだと結論づけている。

フランスの詩人ラマルティーヌも金勘定は卑しいものだと公言してはばからなかったが、それほどの偏見がなければ、この名高い詩人の晩年の生活を支えるために、信奉者たちが寄付を集めて回ることもなかっただろう。

このように、自分は悪い星の下に生まれて、なんの落ち度もないのに世間の逆風にさらされていると思い込む人たちがいる。こういう連中のなかには、もし自分が帽子屋になったら、みんな頭なしで生まれてくるだろうと言う者さえいると聞く。しかしロシアには「不運は愚か者の隣に住んでいる」ということわざもある。自分には運がないといつも嘆く者たちは、自らの怠慢ややりかたのまずさ、見通しの甘さや努力不足の結果でそうなった場合が多い。

文学者のジョンソン博士がロンドンにやってきたとき、ポケットのなかには1ギニーしかなく、ある貴族に宛てた手紙には「食うにこと欠く者」と署名したほどだったが、彼は率直にこう述べている。「世間が悪いと愚痴をこぼすのは間違っている。優れた人間が見過ごされた例を私は知らない。成功できないのは、たいていその人に原因がある」

アメリカの作家ワシントン・アーヴィングも同じような意見の持ち主だ。「自分は謙虚だから評価されないというのは、多くの場合たわごとだ。無精で引っ込み思案な人間が、成功できないことを世間のせいにする言い訳にすぎない。

謙虚というが、実は消極的で怠慢でひとりよがりなだけだ。成熟して確立された才能は、きちんと発揮される限り間違いなく世間が放っておかない。家にこもって求められるのを待っていてはいけない。

一方、成功するのはずうずうしい出しゃばりで、謙虚で控えめな人は評価されないという誤った考えも広く流布している。だがたいていの場合、そういう積極的な人間は迅速に行動するという性質を持っている。すばやく行動できなければ、せっかくの才能が無駄になる。よく吠えるイヌは、眠っているライオンより役に立つということだ」

❖ビジネスを成功させる6つの資質

どんな仕事であれ、うまく運営するために必要な性質が6つある。注意深さ、勤勉、正確さ、計画性、時間管理、スピードである。これらは一見すると小さなことに思えるかもしれない。だが人が世の中の役に立ち、自らの幸福と豊かさを得るためには欠かせない性質だ。たしかにどれもささいなことかもしれないが、人の暮らしはそもそも些末なことで成り立っている。

小さな行動の積み重ねが人間の人格を作り上げるだけでなく、国家の格をも形成する。ほんの小さな〝ひび〟のせいで大きな岩が割れてしまうように、人間や国家がだめになるのは、ささいな出来事を見過ごしてしまったせいであることが多い。どんな人間にも果たすべき責務がある。それが家庭の切り盛りであれ、ビジネスであれ、国を治めることであれ、それを成し遂げる能力を磨くことが必要なのだ。


これまで産業や芸術や科学など、さまざまな分野の偉人たちの例を紹介してきた。だから、人生のどんな局面でもこつこつと真摯に取り組むことが大切だということについては、これ以上言葉を重ねる必要はないだろう。日々の経験からもわかることだが、ささいなことへの注意を怠らないことが、人間の進歩の根幹であり、勤勉こそが幸運の母である。

正確さも非常に重要で、訓練を積み重ねてきたことを示す変わらぬ指標になる。物事を観察するうえでも、意見を述べるうえでも、実務をこなすうえでも、正確さは欠かせない。ビジネスにおいては、なにをするにも完璧が求められる。小さな仕事を完璧に仕上げることは、その10倍大きな仕事を中途半端に仕上げるよりずっといい。ある賢者の口癖はこのようなものだった。「丁寧にしたほうが、仕事は早く終わる」

ところが、正確さという大変重要なことが実際には過小評価されている。実践科学の分野で有名な人物が、最近こんなことを言っている。「驚くことに、物事の本質を正確にとらえることのできる人間は経験上極めて少ない」

だが、ビジネスにおいては、たとえどんなに小さな仕事でも、きちんとできているかによって評価が決まることが多い。たとえ人柄が良く、能力があり、行いが立派でも、しょっちゅうミスをしているようでは誰からも信用されない。そんな人のやった仕事はやり直さなければならず、人をいらつかせ、結局は足手まといになってしまう。

政治家のチャールズ・ジェームズ・フォックスは、どんなことに対しても努力を惜しまない人物だった。国務大臣に任命されたとき、字が汚いと言われて奮起し、小学生のように教師について文字の書きかたを練習し、きれいな字を書けるようになった。そのでっぷりした体型に似合わず、テニスのカットボールを機敏に返すので、どうしてそんなに的確に返せるのかと人に聞かれると、茶目っ気たっぷりにこう答えた。「何事もきちんとしないと気がすまない性分なのでね」

小さなことも正確にこなすその姿勢は、より大きく重要なことに対しても同じように貫かれ、その結果、有名な画家のように「どんな細部も手を抜かない」ことで高い名声を得た。

計画性も非常に大切で、その能力があれば多くの仕事をうまくこなすことができる。聖職者のリチャード・セシルはこう言っている。「計画性というのは、ひとつの箱に物を詰める作業のようなものだ。詰めるのが上手な人は、下手な人より1・5倍多くものを詰めることができる」。セシルの仕事の早さは並外れていたが、彼のモットーは「多くの仕事をこなす一番の近道は、一度にひとつのことしかしないことだ」というものだった。

彼は、どうせあとでもっと暇な時間ができるだろうとあてにして、仕事をやりかけのまま放置するようなことは決してなかった。仕事が詰まってくると、仕事の一部をはしょるのではなく、食事や休憩の時間を削ることを選んだ。

オランダの政治家デ・ウィットのモットーもセシルと似ている。「一度にやるのはひとつだけ」というのがそれで、こう説明している。「たとえば、仕上げなければならない書類があるときは、それが終わるまでほかのことは考えないし、対処しなければならない内政問題があるときは、片づくまではそれだけに注力することにしている」

あるフランスの大臣は仕事をてきぱきとこなすことで有名だったが、一方で、娯楽の場所にもよく顔を出すことでも有名だった。そのふたつを両立させる秘訣を訊ねられ、彼はこう答えた。

「今日するべきことを明日に延ばさない、それだけのことだ」。法学者のブルーム卿によると、あるイギリスの大臣はそれとはまるで逆で、「明日に延ばせることは今日しない」をモットーにしていたという。その大臣は、いまや名前すら忘れられている。

しかし、これは彼に限ったことではなく、残念ながら多くの人が同じことをしている。怠け者や負けイヌほど先延ばしにする癖がある。そういう人は他人に頼りがちだが、他人はいつもあてにできるとは限らない。大事なことは自分で責任を持ってすることが大切だ。こんなことわざもある。「仕事をきちんと片づけたいのなら、自分でやることだ。いい加減でよければ他人に任せておけ」

ある怠け者の田舎地主がいた。彼の土地からは1年におよそ500ポンドの作物が穫れた。借金で首が回らなくなった地主は土地の半分を売り、その残りを20年の契約で働き者の農民に貸すことにした。

契約期限が終わるころ、賃料を払いにきた農民が、地主に土地を売る気はないかと訊ねた。「土地を買いたいのか?」地主が驚くと、農民は言った。「ええ、金額が折り合えばですが」「いったいどういうことだ」地主は言った。「私はお前の2倍の土地を耕していたのに生活できなかった。しかも賃料なしでだ。お前は毎年200ポンドの賃料を払いながら、何年かのうちに土地を買えるという。いったいどうしたらそんなことができるのか教えてくれ」。すると農民は答えた。「理由は簡単です。あなたはただじっとすわって金が入るのを待っていた。私は自分の足で金を稼ぎにいった。あなたが自分の財産にあぐらをかいてベッドで寝ている間に、私は早起きして仕事に精を出した。それだけのことです」

❖時間の価値をよく理解して行動する

ウォルター・スコットは、働き口が決まって助言を求めてきた青年に、こんな理にかなったアドバイスを書き送っている。

「だらだらと時間を浪費する癖をつけないよう気をつけることだ。女性たちのよく言う〝ぐうたら〟にならないように。とにかく〝目の前の仕事に精を出す〟ことをモットーにすべきだ。やるべきことはすぐに片づけて、遊びはそのあと。逆になってはいけない。軍隊が行進しているとき、列の後ろが詰まってくることがあるが、それは先頭の足並みが乱れたり立ち止まったりするからだ。

仕事でも同じことが言える。最初に来た仕事にさっさと手をつけ、てきぱきと片づけないと、あとから来た仕事がつかえてしまう。それがいっぺんに押し寄せてきたら、どんな人間の脳でもとても処理しきれない」

時間の価値をよく理解していれば、行動はおのずと迅速になる。あるイタリアの哲学者は、時間が自分の財産だと常々言っていた。その財産は、正しく耕してやらないとなんの価値も生み出さないが、うまく耕せば、必ず手をかけただけの見返りがある。もし無駄に放っておけば、雑草やたちの悪い植物が根を張ってしまう。

日々の仕事を持つ効用のひとつは、悪いことを寄せ付けずにすむということだ。怠惰な脳は悪魔の格好の仕事場で、なまくらな人間は悪魔のねぐらになってしまう。やるべきことがあるということは、間借り人が入っている状態で、やることがないのは空き家と同じ。心のドアが開いていると、誘惑はそれをめざとく見つけて、よからぬ考えを次から次へと送り込んでくる。海の上でもそれは同じで、暇なときほど船員は賭事にふけったり、上官にたてついたりするものだ。だから老船長は船員の手が空いているときには、錨を磨き上げるよう命令するのだ。

ビジネスマンがよく口にする言葉に「時は金なり」というのがある。だが実際は、時間には金以上の価値がある。時間を正しく使うことは、自分を磨き、成長させ、人格を育てることになる。

これまで無駄なことに使ったり無為に過ごしたりしていた時間を、1日にほんの1時間だけでも自分を磨くことに振り当てれば、無知な人間でも何年もしないうちに知恵を身につけることができる。

また、立派な仕事に時間を注げば、人生は実り多いものになり、人生が終わるころには、世の中のためになる功績を残すことができるだろう。1日のうち15分を勉強にあてるだけでも、1年後には違いを実感できるはずだ。知識や経験は場所を取らずどこにでも持っていける。金もかからず荷物にもならない。時間を効率よく使うことは、余裕を手に入れる最良の方法だ。余裕があれば仕事に追われることなく、仕事をスムーズに進めることができるだけでなく、前倒しで次の仕事にも着手できる。

反対に時間を読み違えると、いつも時間に追い立てられ、頭が混乱し、何事もうまくいかなくなる。そうすると、いつも急場しのぎのことしかできず、いずれは収拾がつかなくなる。ネルソン提督はこんなことを言っている。「私の成功の鍵は、いつも15分早めに行動したことにある」

金がなくなってからはじめて金の価値に気づく者がいるが、同じように過ぎた時間の価値にあとで気づく人も多い。無為に過ごせば時間はあっという間に過ぎていき、人生が残り少なくなってはじめて、もっと時間を有効に使うべきだったと気づく。だが、そのころには怠け癖が身体にしみついていて、抜け出せなくなっている。失った金は仕事で取り戻せるし、忘れた知識は勉強で補える。失った健康は節制や薬で回復することができる。だが、失った時間は永遠に戻ってこない。

時間の価値について真剣に考えれば、おのずと時間を守る習慣に行きつく。ルイ14世はこう言っている。「時間を守ることは、王としての礼儀だ」。それは紳士の務めであり、ビジネスマンにとっては必要不可欠なものである。時間を守ることは信用を得るための一番の近道であり、時間にルーズなことは信用を失う一番の近道だ。

約束を守り相手を待たせない人は、自分の時間と同じくらい相手の時間を尊重していると示すことになる。つまり、仕事で人と会うときに時間を守ることは、相手を尊重していると宣言するひとつの手段となるわけだ。時間を守ることはある意味、誠実さの現われでもある。

たとえ口約束であれ、約束というのは契約であるから、約束を守らないことは裏切りであり、他人の時間を盗むことにもなる。そういう不誠実な人は間違いなく信用をなくす。こう見てみると、時間にルーズな人は仕事にもルーズで、大切なことを任せられる人間ではないという結論に自然とたどり着く。

ワシントン大統領は、秘書が遅刻を時計のせいにしたとき、静かにこう言った。「では新しい時計を手に入れなさい。さもなければ、私が新しい秘書を手に入れることになる」

時間の使い方に無頓着な人は、たいてい周りの人たちのペースと平穏をかき乱す。初代ニューカッスル公チェスターフィールド卿は、当時の首相についてこんなウィットに富んだ言葉を残している。「閣下ときたら、朝に失った1時間を1日中探し回っているのだから」

時間にルーズな人と一緒にいる人間は、いつも振り回されるはめになる。時間を守らないという習慣だけはなぜか必ず守るため、いつも決まって遅れてくる。それが決まりごとのようにだらだらし、時間を過ぎてからその場に現われ、列車が出てから駅に到着し、郵便回収が終わってからポストに手紙を投函する。

その結果、仕事は混乱状態に陥り、巻き込まれた全員がいらいらさせられる。いつも時間に遅れる人は成功にも乗り遅れる。そういう人は世間から相手にされず、その結果、自分には運がないと不満を漏らす人間がまたひとり増えることになる。

❖さらに一流になるための3つの要素

ここまで、ビジネスマンに欠かせない6つの資質——注意深さ、勤勉、正確さ、計画性、時間管理、スピード——について述べてきたが、それらの資質に加えて、一流のビジネスマンになるためには、瞬時に状況を捉える能力と、計画をやり抜く強い意志の力が必要となってくる。

臨機応変に行動する機転も大切な要素だ。これには持って生まれた性質という部分もあるが、人を観察し、自ら経験することによって身につけていくこともできる。機転のきく人間は、いまなにをすべきかをすばやく判断し、目標を定め、迅速に行動して成功を招き入れる。この状況判断力、決断力、機転という3つの素質は、戦場で軍隊を指揮する場合のように大勢の人間を動かす仕事にはとくに重要で、必要不可欠なものだ。

軍隊を率いるには、兵士として優れているだけでなく、ビジネスマンとして優れていることが必要なのだ。優れた機転と人間に対する深い洞察力に加えて、大勢の人間に食糧や衣服など、陣地を守り戦いに勝つために必要な物資を与え、その行動を統率する能力が必要となってくる。これらの点でナポレオンとウェリントンは、実務家としても一流の人物だった。

❖実務家としても一流だった英雄たち

ナポレオンの細部へのこだわりは尋常ではなかったが、極めて想像力に長けた人物でもあった。その想像力によって行動がもたらす結果を見越すことができ、大きなスケールのなかで細部を活かせるよう、素早く的確に判断することができた。また、人を見る目も優れており、自分の作戦をやり遂げるのにふさわしい人材を間違いなく選ぶことができた。ただし、重大な影響を及ぼすここ一番という局面を他人に任せることはほとんどなかった。

このような彼の性格は、出版されている『ナポレオン書簡集』の15巻に如実に現われている。そこには、アイラウの戦いの直後の１８０７年に、ポーランドの国境地帯にある小さな城フィンケンシュタインでナポレオンが書いた手紙や指示書、報告書などが収められている。

当時、ナポレオンの率いるフランス軍は、パッサルゲ川沿いに陣地を張り、川を挟んで敵のロシア軍と対峙していた。右翼には味方のオーストリア軍を、後方にはナポレオン軍に敗れたプロシア軍を従えており、本国フランスとの間に長い補給路を維持する必要があったが、それには敵国を通らなければならなかった。

だが、ナポレオンの細心の注意と鋭い洞察力のおかげで、フランス軍はひとつの基地も失うことがなかった。軍を移動したり、遠く離れたフランス、スペイン、イタリア、ドイツから援軍を前線に送り込んだり、運河を掘り、道をならしてポーランドやプロシアから農産物を自軍の野営地に迅速に運び込めるようにしたさいには、自ら指揮を執ってどんな細部にも絶えず目を配った。

書簡を見れば、馬の入手経路を指示したり、鞍が滞りなく補給されるよう手配したり、兵士の靴を発注したり、パンやビスケットや酒の配給量や、それを野営地に運び込むのか、倉庫に保管するのかまでこと細かに指示していたのがわかる。

その合間にパリに手紙を書いて、フランスの大学の改変を指揮したり、教育制度についての計画を立てたり、広報やモニトゥール紙の記事を口述筆記させたり、予算の細部の修正を指示したり、チュイルリー宮殿やマドレーヌ寺院の改修について建築家に変更を指示したり、批評家のスタール夫人やパリのジャーナリズムにときおり皮肉を投げかけたり、オペラ座でのいざこざを仲裁したり、トルコのスルタンやペルシャの王と手紙のやりとりをしたりした。身体はフィンケンシュタイン城にいながら、頭はパリやヨーロッパや世界中のあちこちで働いていたのである。

ネイ元帥に宛てた手紙では、送ったマスケット銃をちゃんと受け取ったかを確かめ、また弟のジェロームにはシャツや外套、上着や靴や軍帽や武器をヴュルテンベルクの連隊に支給するよう指図している。さらに、側近のカンバセレスに宛て、軍に2倍の穀物を至急送るよう指示した手紙のなかでは、「『もし』や『しかし』はいらない。とにかく速やかに動いてくれ」と書いている。

それから、補給総監のダリューには、軍隊がシャツを欲しがっているが手に入らないとぼやき、軍司令官のマッセナには「パンやビスケットの手配が完了したか知らせてくれ」と書き送っている。

ベルク大公には、重騎兵の装備についてこんな指示を出している。「サーベルが足りないと不満が出ている。担当者をポーゼンに派遣して入手させろ。冑《かぶと》も欲しいそうだ。エブリンで作らせるよう手配しろ……寝ていては少しも前に進まないぞ」。このように、どんな細かいことも抜かりなく手配し、全員が最大限の力を発揮できるようにした。

ナポレオンの日課の多くは、自軍の視察に費やされていたが、そのときは1日に200キロ近くも馬で移動することがあった。

行事や式典、政務などに忙しく、実務にはわずかの時間しか充てられなかったが、それを言い訳に些末をおろそかにすることはなく、必要とあれば夜を徹して予算を精査したり、指令書を口述筆記させたり、帝国政府の運営に関わる多くの細々とした事柄に注意を払った。このように、帝国政府の指揮管理系統のほとんどが、ナポレオンの頭脳に集中していたのである。

ナポレオンをワーテルローの戦いで破ったウェリントン公アーサー・ウェルズリーも、ナポレオンと同様、一流の実務家だった。彼が負け知らずの将軍だったのは、その天才的とも言える実務能力のせいだと言っても過言ではないだろう。

ウェリントンはまだ準大尉だったころ、昇進が遅いことに不満を感じていた。歩兵隊から騎兵隊への異動を二度も繰り返し、地位が上がらないまま元の隊に戻されたとき、当時のアイルランド総督のカムデン卿ジョン・プラットに、管理局か予算局で雇ってもらえないかと打診している。もしそれが実現していたなら、彼は間違いなくその部署で第一級の指導力を発揮したことだろう。また、商人や職人になったとしても頭角を現わしていただろう。だが、希望は聞き入れられず、ウェリントンは軍隊に残り、やがてイギリス史上もっとも偉大な将軍となった。

ウェリントンはデューク公とヴァルモーデン将軍のもと、フランダースとオランダの戦線で軍人としてのキャリアをスタートさせた。いずれの戦いも作戦は失敗し敗退したが、ウェリントンはその過程で、お粗末な実務処理と指導力の欠如がいかに現場の士気を低下させるかを学んだ。

入隊から10年後、ウェリントンは大佐としてインドに派遣され、上官から、疲れを知らずによく働く将校で、軍務の細部にまで目を配り、部下の規律を高めるよう努めていると高く評価された。

1799年に上官のハリス将軍は手紙でこう書いている。「ウェリントン大佐の隊は模範的な連隊だ。彼の軍人としての姿勢、規律、教育、秩序のとれた行動、そのどれをとっても申し分ない」。こうして、ウェリントンはより高い地位にふさわしい人間であることを自ら証明し、ほどなくインドのマイソールの総督に任命された。

そして、インドの豪族マラータ族との戦いで、ウェリントンははじめて将軍として指揮を執るよう命じられ、34歳の若さで、有名なアッサイェの戦いで勝利を収めた。わずか1500人のイギリス人兵士と5000人の傭兵からなる部隊が、2万人を超える歩兵と3万人の騎兵を擁するマラータ軍を破ったのだ。しかし、ウェリントンはその勝利にも決して浮かれず、誠実な人柄は変わらぬままだった。

この勝利のすぐあとに、ウェリントンが統治者としての手腕を発揮する機会が訪れた。マイソール王国の首都セリンガパタムを占領して間もなく、ある重要な地域の統治を任されたのだ。彼の最初の仕事は、軍の規律と秩序を整えることだった。勝利に沸き立った兵士たちは、統率を失い暴徒と化していた。

ウェリントンは本部にこう書き送っている。「憲兵司令官を寄こして私の指揮下に置いてください。略奪者の何人かを縛り首にでもしない限り、秩序と安全は守れません」。この恐ろしいまでの厳格な姿勢があったからこそ、彼の部隊は数々の戦役を切り抜けることができたのだ。

ウェリントンの次の仕事は、市場を復興し、補給源をふたたび確保することだった。ハリス将軍はインド提督に宛てた手紙のなかで、ウェリントン大佐が市場を統制した手腕を絶賛し、「物資補給に関しても見事な手腕を発揮し、おかげで自由市場はにぎわいを取り戻し、さまざまな商売が活気に沸いています」と書いている。こうした周到な注意と細部にわたる統制は、インド赴任中の彼の特徴を示している。

クライヴ卿に宛てては、作戦の指揮についての実践的な情報を満載した優れた報告書を何通も書き送っている。注目に値するのは、そのひとつが書かれたとき、彼の指揮する部隊はトゥームブッドラ川を渡っている最中だったということだ。対岸には圧倒的に優勢なドゥーンディアの盗賊団が陣取るなかでの行軍で、しかも、彼の頭のなかにはほかにも検討しなければならない問題が山のようにあった。

これこそが彼のもっとも卓越した特性で、目の前の状況から即座に意識を切り替えて、まったく別の仕事に全力を注ぐことができた。そんなときは、どんな困難な状況にあっても、あわてたり尻込みしたりしなかった。

イギリスに帰国すると、その指導力を買われたウェリントンはすぐさま次の仕事に迎えられる。1808年、フランスに侵攻されたポルトガルを解放するため、1万人の部隊が派遣されることになり、その指揮を任されたのだ。ウェリントンはポルトガルに上陸すると、

2つの戦いで勝利を収め、フランス軍の撤退を取り決めたシントラ協定を締結した。

ポルトガル駐留軍総司令官のジョン・ムーア卿の死後、ウェリントンは新たなポルトガル遠征隊の司令官に任命された。しかしこの半島戦争で、イギリス軍は圧倒的に不利な戦いを強いられた。

1809年から1813年にかけて、ウェリントンの指揮するイギリス軍の兵はせいぜい3万人だったが、対するフランス軍は35万人の兵を擁し、そのほとんどが経験豊富なベテランで、おまけに指揮を執るのはナポレオン軍の有能な将軍たちだった。

このような圧倒的な敵とどのように戦えば勝ち目があるのだろうか。ウェリントンは、優れた判断力と深い見識で、それまでフランス軍と戦っていたスペイン軍とは違った戦略をとる必要があると見てとった。スペイン軍は開けた平地で戦いを仕掛けては、撃退されるという戦を繰り返していた。

ウェリントンは、いまの陣容ではフランス軍を相手に勝ち目はないとわかっていた。1809年のタラベラの戦いで勝利を収めたあと、圧倒的に力で優るフランス軍に包囲されると、ウェリントンはポルトガルに退却し、かねてから心に決めていた作戦を実行に移すことにした。

その作戦とは、ポルトガル軍をイギリスの司令官の指揮下に置き、イギリスの兵士たちと組んで戦えるよう訓練し、訓練が終わるまでは敗北の危機を避けるため、あらゆる戦闘を回避するというものだった。そうすれば、勝つことによって保たれていたフランス兵の士気が萎えるのではないかと考えたのだ。そして、イギリスとポルトガルの連合軍が力をつけて準備が整い、フランス軍が戦意を失ったと見ると、ウェリントンは持てる力のすべてを注いで、敵に攻撃を仕掛けた。

こうした歴史に残る数々の作戦で、ウェリントンが示した類まれな資質は、彼の残したいくつもの報告書をじっくり読まなければ、真に理解したことにはならない。その報告書には、彼が成功を築く礎《いしずえ》となった多種多様のエピソードが、飾り立てることなく率直に綴られている。

ウェリントンにとって、逆風となり試練になったのは、彼が救いに行ったスペイン人やポルトガル人の自分勝手、臆病、虚栄心だけではない。当時のイギリス政府の無能さ、デマ、陰謀は、それ以上に彼を悩ませた。ウェリントンがスペインでの戦争に勝利することができたのは、どんな逆境にあっても意志を曲げることなく、信念を貫き通したからにほかならない。彼は経験豊富なナポレオンの軍隊との戦いを余儀なくされただけでなく、スペインやポルトガルの政府をけん制する必要があった。

とりわけ困難だったのが、兵士たちの食糧や衣服の確保だ。タラベラの戦いでは逃走したスペイン兵が、戦闘のさなかに味方のイギリス軍の物資を略奪するという信じられない事態まで発生した。ほかにもさまざまな困難があったが、ウェリントンは崇高な忍耐力と自制心を持って耐え、恩知らずや背信や反抗に直面しても取り乱すことはなかった。

また、何事もなおざりにせず、重要なことは細事に至るまで自ら気を配った。自軍にイギリスからの食糧が届かず、食糧を自分たちで確保しなければいけないとわかると、ただちにリスボンのイギリス大使と手を組んで大規模な穀物取引のビジネスを始めた。また手形を発行し、それによって地中海や南アメリカの港から穀物を買い集めた。こうして倉庫がいっぱいになると、余剰分は食糧不足で困っていたポルトガルの国民に売り渡した。

何事も行き当たりばったりにせず、もしもに備えての準備を怠らなかった。軍の仕事の細部にまで目を配り、時には持てる力のすべてを、靴ややかん、ビスケットや馬の餌の補給といった雑用に思えるような仕事に注ぐこともしばしばで、その丁寧な仕事ぶりは隅々にまで行き届いていた。こうしたあらゆる不測の事態に備えた周到な準備や、細部に至る目配りが彼の大いなる成功の基盤になったことは疑いの余地がない。

このようにして、経験の乏しい召集兵たちの寄せ集めをヨーロッパ一の軍隊へと変貌させ、「我が軍はどこに出しても恥ずかしくない」と言えるまでになった。

ここまで紹介してきたように、ウェリントンには、どれだけ仕事に熱中していても、すぐさま頭を切り替え、まったく違う仕事に力を注ぎ込めるというたぐいまれな能力があった。それについては、ネイピア将軍が次のような例を挙げている。

サラマンカの戦いの準備を進めながら、本国の大臣たちに借金に頼るのは愚かなことだと苦言を呈し、戦場となっていたサンクリストバルの丘の上では、ポルトガルに銀行を設立するのは馬鹿げたことだと論証し、ブルゴスの塹壕では、ポルトガル領マデイラ諸島の都市フンシャルの財政計画の分析を行い、教会の敷地を売却するのは愚策だと指摘した。ウェリントンは軍隊組織を隅々まで把握していたが、それと同じくらい、これら一つひとつの問題にも精通していた。

ウェリントンがビジネスマンの鑑《かがみ》であることを示すもうひとつの性質は、馬鹿がつくほど正直者だったことだ。敵国フランスのスールト将軍が、スペインの数々の貴重な絵画を略奪して本国に持ち帰ったのに対して、ウェリントンはどんなささいなものも私物化することはなかった。たとえ敵国であっても、手に入れた物には対価を支払った。

フランスの国境を越えたときのこと、引き連れていた4万人のスペイン兵はひと儲けしようと略奪を始めた。ウェリントンはまず彼らの上官を叱責したが、それでも効果がないと見ると、スペイン兵全員を国に送り返してしまった。注目に値するのは、フランス国内でフランスの農民たちが自国の兵士から逃れて、自分たちの財産を保護してくれとイギリスの陣営に駆け込んできたことである。

ところが同じ時期に、ウェリントンはイギリス政府にこんな手紙を書き送っている。「借金がかさんでどうにもなりません。借金取りが家にまで押しかけてくるので、外に出るのもままならないほどです」

ウェリントンの評伝を書いたジュール・モーレルはこう評している。「これほど気高く、型破りな告白があるだろうか。30年の軍歴を持つ老兵にして、連勝を誇る鉄の男、将軍として大軍を率いて敵国に名を轟かせた男が、借金取りを恐れるとは！　古今の征服者や侵略者で、このような不安に悩まされた者は皆無に等しいだろう。戦争の歴史上、これほど高潔な実直さはほかに例を見ないのではないだろうか」

だが、当のウェリントンがこれを聞いたら、即座に首を振るだろう。立派な振る舞いをしたつもりは毛頭ない。自分はただ仕事を進める上で、きちんと借金を返すのが最善でまっとうなやり方だと考えただけだと。

❖正直、誠実さが人々の信用を得る

古くから「正直は最善の策」と言われている。日々の暮らしでもそれを実感することは多いが、ビジネスにおいても誠実で正直であることが成功につながる。スコットランドの地質学者ヒュー・ミラーは、尊敬する叔父から常々こんなアドバイスを受けていた。「人と取引するときは、相手に得をさせることだ。聖書にあるように、〝与えよ、さらば与えられん〟だ。そうすれば、最終的には全部自分のところに戻ってくる」

ある有名なビール醸造業者は、自分が成功したのはモルトを気前よく使ったからだと言っている。大樽に上って味見をすると、必ず職人にこう言ったという。「まだ物足りないな。モルトをもうひとすくい入れてくれ」。その気前の良さがビールに反映され味を良くし、イギリスだけでなくインドなどの植民地でも評判になり、莫大な財産を築くもとになった。

誠実な言動はあらゆるビジネスの基本である。軍人に名誉が、クリスチャンに慈悲の心が大切なように、職人や商人や製造業者には誠実さが欠かせない。どんなに身分の低い職業でも、誠実な人格を磨く余地はあるだろう。先ほど挙げたヒュー・ミラーは、かつて石工見習いをしていたのだが、そのときの師匠は「並べる石の一つひとつに魂を込めていた」とミラーは語っている。

本物の名人は完璧で堅実な仕事をすることに誇りを持ち、志の高い請負人は、請け負った仕事を一つひとつ誠実に仕上げることを誇りにする。誠実な製造業者は質の高い製品を作り上げることが名声や評判を得るだけでなく、大きな成功につながることを知っているし、商人は本当に良い物を売ることに誇りを抱く。

まさにそういうことだ。フランスのデュパン男爵は、イギリス人の誠実な国民性がイギリス発展の鍵だとして、このように述べている。

「一時的な成功なら、不正や偶然や強引な手段で手に入れられることもあるだろうが、息の長い成功はまったく逆の手段でしか手に入らない。イギリスの製品や国民性が優れているのは、商工業者が果敢で利口で行動力があるからだけではない。賢明でつつましく、なにより誠実であることがその大きな理由である。もし有能なイギリス国民がこのような美徳をなくすようなことがあれば、商品の質は劣化し、そんな粗悪品を載せた船はどこの国の港からも締め出され、世界中の海――イギリスが優れた工業製品と引き換えに手に入れた宝の海――からあっという間に姿を消すことだろう」

たしかに、ビジネスほど個人の人格が問われる営みはないだろう。正直さ、無私の心、公正さ、誠実さが厳しく判定される。そんな厳しい判定をくぐり抜けたビジネスマンは、戦火や危機のなかで勇敢に戦った兵士と同じくらい称賛に値する。さまざまな分野のビジネスに関わる人の多さを考えれば、ほとんどの人がその判定に立派にパスしているはずであろう。

少し考えてもわかることだが、わずかな給料しかもらっていない従業員の手に、毎日巨額の金が任されているのだ。店員や仲買人や銀行員の手元では絶えず現金が行き交っているが、出来心が起きてもおかしくない状況にもかかわらず、信頼を裏切る行為はほとんど起きていない。わざわざ自慢するようなことではないと思うかもしれないが、この日常的な誠実さこそが、人間の本質のもっとも誇れる部分であると言えよう。

ビジネス上の取引でも、同じような信頼関係が築かれている。たとえば信用取引の制度は、相手を信頼していないと成り立たない。ビジネスの世界ではごく一般的になっているが、よくよく考えてみると驚くべきことだ。それについては、神学者のトマス・チャーマーズ博士の的確な言葉がある。

「商売というのは暗黙のうちに信頼で成り立っている。地球の裏側ほど遠く離れた相手と取引するのは珍しいことではないし、信頼できる相手だという評判だけで、一度も会ったことのない人間に大金を任せることもある。それはおそらく人間がお互いに示す敬意の最高の形だろう」

幸いなことに、一般的な人たちの間では誠実さはいまだ健在で、ビジネスの世界でも人々が誠実な仕事ぶりでそれぞれの職業に打ち込み、概して健全に機能していている。だが、いつの時代にもあることだが、道徳心のかけらもない濡れ手で粟を狙う自分勝手な連中による言語道断の不正や詐欺行為も横行している。混ぜ物をした物を売る商人や、手抜き工事をする業者、純毛や純綿を装って再生糸で衣服を作ったり、混ぜ物のある鉄を鋼鉄と偽ったり、穴のない針や切れないカミソリを作ったりするやからがあとを絶たない。

だが、そういうことはごく一部の例外だということは肝に銘じなければいけない。そういうことをする心の卑しい貪欲《どんよく》な人間は、金を手にすることができるかもしれないが、その金が喜びをもたらすことはなく、人からの信頼や金よりずっと大事な心の安らぎを呼び込むことはまずありえない。

ラティマー主教は、ある刃物屋から1ペニーの値打ちもないナイフを2ペンスで売りつけられ、こんなことを言った。「あの詐欺師は私ではなく、自分の良心を欺いたのだ」。他人を騙して得た金は、浅はかな者の目をほんのいっときはくらませるかもしれない。だが、恥知らずな詐欺師がふくらましたシャボン玉は、膨らむだけ膨らめばあとははじけて消えるだけだ。実際に、サドラーも、ディーン・ポールも、レッドパスも、詐欺師はみな哀れな末路をたどっている。また、たとえうまく逃げおおせて手元にいくばくかのものが残ったとしても、それがもたらすのは恩恵ではなく災いであろう。

まじめで正直な人は、悪徳で不誠実な連中ほど手っ取り早く財をなすことはできないかもしれない。だがごまかしや不正に頼らずに築いた成功は本物の成功である。たとえ、一時は成功から見放されたとしても、正直であることをやめてはいけない。人格をおとしめるくらいなら、全財産を失うほうがましである。なぜなら、人格はそれ自体が財産だからだ。

志の高い人間が勇気を持って信じた道を進めば、必ず成功を手にすることができる。それだけでなく、なによりも素晴らしい見返りが自分の核として残るだろう。詩人のワーズワースは、人生における「幸福な戦士」の姿を次のように見事に歌い上げている。

その男は自らのなすべきことを知り
ただひとつの目標にひたむきに取り組む
へつらったり焦がれたりして
富や名誉や世俗の地位にぬかづいたりしない
それらはおのずと彼のもとを訪れる
まるで恵みの雨が頭上に降り注ぐように

志の高い実業家の例として、有名なデヴィッド・バークレーのことを短く紹介しよう。著名な『クエーカー教徒の弁明』の作者であるロバート・バークレーを祖父に持つ彼は、ビジネスの上では常に正直で、人格は極めて公明正大で裏表がなく、なにをするにも誠実そのものだった。

ロンドンのチープサイドにある広大な屋敷の長として、彼は長年、おもにアメリカとの貿易を手がけていた。だが、奴隷制度に反対したグランヴィル・シャープのように、イギリスのアメリカ植民地支配反対運動にのめり込み、貿易の仕事からはきっぱり手を引いてしまった。

実業家としての彼は、才覚と知識と誠実さと行動力でよく知られていたが、事業をやめたあとの彼は、愛国心と惜しみない慈善の心で知られるようになる。正直と誠実を絵に描いたような人物で、口にしたことは必ず守る良きクリスチャンにして真の紳士だった。社会的地位が高く人格者だった彼は、時の大臣たちからたびたびアドバイスを求められるほどで、下院の議会が始まる前にアメリカとの戦争についての意見を聞かれたとき、彼の示した見解は極めて明快でわかりやすく、アドバイスには説得力があった。そのため首相のノース卿は、ロンドン中の誰よりもデヴィッド・バークレーから有益な情報を得られたと公言していたほどだった。

事業から引退したあとも、安楽で贅沢な暮らしを楽しむのではなく、人の役に立つ新たな道へと進んだ。豊かな資産を持つ自分は、世の中に奉仕して人の手本になる義務があると考えたのだ。彼は住まいのあるウォルサムストウの近くに福祉作業所を設立し、充分な資金提供を行った。

そして数年をかけて、地域の貧しい人たちの自立を助けるだけでなく、安心して過ごせる場所を提供することに成功した。そして、1万ポンドもの大金をかけてジャマイカの土地を手に入れたときは、そこで奴隷として働いていた人たちを解放することを真っ先に決め、現地に使者を派遣して船をチャーターさせ、奴隷の一団をまるごとアメリカ北部の自由州へと移住させた。

奴隷たちはその地に根を下ろし繁栄していった。それまでは黒人は無教養で、自由を与えては危険だと考えられていたが、バークレーはその考えが間違っていることを身を持って世間に示して見せた。

また、彼には莫大な財産があったが、死後に血縁者に分け与えるのではなく、自らが遺言執行人となって、生きているうちに彼らに気前よく援助する道を選び、それぞれの仕事を見守って成功を助けた。彼はただ基盤作りをしただけでなく、自らの援助で設立された会社がロンドンでも有数の企業に成長するのを自分の目で見届けた。

ガーニー、ハンベリー、バクストンといった何人もの卓越した実業家が、デヴィッド・バークレーの資金援助のおかげで最初の一歩を踏み出すことができ、彼の助言や励ましのおかげで事業を軌道に乗せることができたと、いまも感謝の意を示している。

バークレーこそが正直で誠実なイギリスの実業家の象徴であり、これから先もビジネスマンの手本となる人物である。

第10章

金——毒にもなれば薬にもなる

「生垣のなかに隠すためではなく、
車掌に渡すためでもない。
自立して生きるという輝かしい特権を得るためにある」
——ロバート・バーンズ（スコットランドの詩人）

「金の貸し借りには手を出すな。
貸せば金のみならず友まで失い、
借りれば倹約の気持ちが鈍ってしまう」
——ウィリアム・シェイクスピア

「金を軽々しく扱ってはならない。
金は人格そのものである」
——エドワード・ブルワー＝リットン（イギリスの作家）

❖金を通してその人の人間性が垣間見られる

金をどう稼ぎ、どう貯め、どう使うか——金とのつき合いかたを見れば、その人に生きる上での知恵があるかどうかがよくわかる。金こそが人生の目的という考えはもちろん正しくない。

だが、物質的な豊かさや社会の繁栄に大きく役立っていることも事実で、金など重要ではないと悟りきった態度を取るのも間違っている。実際、人間の美徳のいくつかは、金を正しく使うことと密接に関わっている。寛容、正直、公正、献身などがそうだし、倹約や将来への備えといった実際的な美徳もそうだ。

一方で、金は悪徳とも大きく関わっている。私利私欲に溺れる人間には、強欲、ペテン、不正、利己主義がつきものだし、金を乱用したり金に依存したりする人間には、浪費、贅沢、放蕩といった悪徳がつきものだ。詩人のヘンリー・テイラーは『人生ノート』のなかで良いことを言っている。「金儲け、貯蓄、支出、金銭の収受や貸し借り、相続のしかたを見れば、その人がどれほどの人物であるかは一目瞭然だ」

豊かさを追い求めることは、手段さえ間違わなければ決して悪いことではない。物質的に充足することは人間性の向上の基盤になるし、それがあれば家族を養っていくこともできる。キリストの十二使徒のひとりが言うように、家族を養えない者は「信仰なき者にも劣る」

さらに、家族を持つことは人間にとって重大な関心事なので、家族をどう養うかで世間の目は相当大きく変わる。家族を立派に養うことが、人間として成長している証と見なされるのだ。家庭生活を立派に営むために努力することは、それ自体がひとつの教育である。自尊心を生み、地に足のついた生活能力を育て、忍耐や根気といった美徳を養ってくれる。先を見越して用心深く心を配ることで、思慮深さも備わる。目先のことだけでなく、先のことを考えて将来に備えるようになるからだ。

そうなれば、当然節制を心がけるようになり、克己心が磨かれることだろう。この克己心という美徳ほど、人格に強さを与えてくれるものはない。批評家のジョン・スターリングの言葉は真理を言い当てている。「たとえ最悪な教育であっても、克己心を教えるのであれば、ほかのあらゆることを教えるが克己心は教えない教育に優る」。古代ローマでは、美徳という言葉には勇気という意味もあった。つまり、自分に打ち克つ勇気を持つことは、最高の美徳と見なされていたのだ。

とはいえ、将来のために目の前の楽しみを犠牲にするという克己の精神は、学んだからといって簡単に身につくものではない。身を粉にして働く労働者階級の人間なら、せっかく稼いだ金を大事にしそうなものだが、いざ金を手にすると、無計画に飲み食いして使い果たし、どうしようもなくなってから他人に泣きつく者が多い。

一方、資産家階級では、働かなくても何不自由なく暮らせるだけの財産を持ちながら、気がついたときには明日の金にさえ困るという者もよくいて、社会問題の大きな原因になっている。

あるとき、労働者階級への課税問題を交渉するため、代表者が首相のジョン・ラッセル卿のもとを訪れた。すると、ラッセル首相はここぞとばかりに切り返した。「安心したまえ。きみたちが喜んで払っている酒代に比べれば、政府が課す税金など雀の涙ほどだ」

実際、さまざまな大きな社会問題のなかでもっとも憂慮すべきは、克己心を持って生活を改革することの大切さを労働者に説く声がさっぱり聞こえてこないことだろう。たしかに、「克己心と自助の精神」は、政治の場で取りあげる題目としてぱっとしないかもしれない。また、国の隆盛を誇る昨今の風潮では、そのような日常的な事柄は、個人的な家計のやりくりの問題だとして重要視されない恐れもある。しかし、労働者階級の真の自立は、克己心を養い、倹約を実践することでしか手に入れることができないのだ。

靴屋から身を起こした哲学者のサミュエル・ドリューはこんなことを言っている。「堅実、倹約、やりくり上手は、困難なときを乗り切る達人である。普段は家のなかでひっそりとして目立たないが、生活に困ったときには、これまで国会で議決されたどんな改革法案よりも役に立つ」。またソクラテスもこう言っている。「世界を変えたければ、まずは自分が変わることだ」

古い詩にもこのような一節がある。

ひとりひとりが
行いを改めれば
いかにやすやすと

国は改まることだろう

しかし、人は概して、自分の悪習を改めるよりも、教会や政府を変えるほうがよほどたやすいと思い込みがちだ。また、改める必要があるとなれば、最初に改めるべきは自分ではなく、周囲の人間だと考えるのもよくあることだ。

その日暮らしに甘んじているような人間は、身分に関係なく、いつまでたっても社会の底辺から抜け出すことはできない。無力で無能のまま、社会のへりにぶら下がって、時代の波に翻弄されるしかない。自尊心を得ることもできず、当然、他人からの尊敬など得られるはずもない。

世の中が不況になれば、たちまち窮地に陥る。わずかな蓄えでもあればなんとかがんばろうという底力も湧いてくるだろうが、それもないので、他人の慈悲にすがるしかない。そんなことになれば、まともな神経の持ち主なら、妻子の行く末を考えて恐怖におののかずにはいられないはずだ。

かつて、政治家で実業家のリチャード・コブデンは、ハダーズフィールドの労働者たちを前にこんな言葉を述べている。

「世の中には、常に二種類の人間が存在する。金を貯める人間と、使う人間――つまり倹約家と浪費家だ。いつの世も倹約家は、家や工場を建て橋や船を造るなど、われわれに発展と幸福をもたらすさまざまな偉業を成し遂げてきた。

一方、なにも考えずに金を浪費する者は、常に倹約家のしもべであった。そうなるのは自然の摂理であり、神のおぼしめしである。将来に備えず、なんの計画もなく、ただぶらしている者にいつかは成功できるなどと約束することはできない。そんなことを言えば、私は詐欺師になってしまう」

1847年にロッチデールで開かれた労働者集会では、政治家のジョン・ブライトも同様に理にかなったアドバイスをしている。

「正直さということに関しては、いずれの階級にも差はない。どんな人であれ、いまの暮らしに満足ならばそれを維持し、そうでなければ改善するために確実な方法がひとつだけある。それは、勤勉、倹約、節制、誠実という美徳を実践することだ。精神的にであれ物質的にであれ、現状に満足できないのなら、これらの美徳を実践する以外にそこから抜け出す近道はない。実際、多くの人たちがそれを実践することで、少しずつ自らを成長させ、暮らしを向上させているのだ」

ごく普通の労働者が、人の役に立ち、尊敬され、幸せな生活を送れない道理はない。労働者階級でも、倹約に努め、道徳心を持ち、知恵があり、余裕のある暮らしを送っている者はたくさんいる。ごく一部の例外を除いては、誰もがそのような暮らしを手に入れることができる。実際にできている人がいるのだから、誰でも簡単にできるはずだ。同じやり方をすれば、同じ結果がついてくる。

日々の労働によって生計を立てる人たちはどこの国にもいるが、それは神のおぼしめしであり、まぎれもなく賢明で正しい姿だ。だが、この階級の人間が倹約もせず、生活に不満を持ち、知恵もなく、幸福からほど遠い暮らしを送っているとすれば、それは神の望まれた姿ではなく、ひとえにその人間の弱さと身勝手とひねくれが生んだ結果である。

労働者たちの間に健全な自助の精神が培われれば、どんな手段を使うよりも階級全体の暮らしは向上するだろう。そして、他人の足を引っぱるのではなく、自分自身を向上させようと努力することで、宗教心や知性や道徳心までもが高められる。あのモンテーニュも言っている。

「道徳哲学は、優れた人たちのみならず、ごく普通の人たちの暮らしにも当てはまる。人は誰でも、人としてあるべき姿を自分のなかに持っているものだ」

人が将来に目を向けるとき、そこには心して備えねばならない不測の事態が3つあることに気づくだろう。失業、病気、そして死である。はじめのふたつはどうにか避けられても、最後のひとつからは逃れることができない。

たとえどんな不測の事態が起きたとしても、自分自身のみならず、自分を頼って暮らす人たちができるだけ苦しまず、安心して生活できるよう備えておくことは、分別のある人間にとっての義務である。

そういう意味でも、正しく稼いだ金を、倹約して使うことがなにより重要だ。正直に稼ぐとは、どんな困難があってもこつこつと努力を続け、誘惑に打ち克ち、その対価を得ることである。

そして、正しく金を使うことができれば、優れた人格の根幹を成す分別や先見性、克己の精神を示すことになる。金はただの紙切れにすぎないが、使いかたによっては、衣食住の満足のみならず、自尊心や自立といった大きな価値のあるものを与えてくれる。

労働者にとって蓄えは、貧困から身を守る砦である。蓄えがあれば生活の足場を固めることができ、良い時期が巡ってくるまで心穏やかに希望を持って待つことができる。さらにしっかりした足場を築こうと努力することは、それ自体が尊いことで、それによって人は強くなり、向上もする。そしてなにより、蓄えがあれば行動の自由が広がり、将来の取り組みに向けての力を備えておける。

一方、常に困窮ぎりぎりのところをさまよっているようでは、人は奴隷の境遇とさほど変わらない。自分の行動さえ自分では決められず、他人に束縛され、言いなりになってしまう危険に常にさらされる。現実とまともに向き合う勇気もなく、いざというときには他人や国のお情けにすがるしかないから、卑屈にならざるを得ない。職を失っても、ほかの仕事に移る手だてもない。岩にへばりつくフジツボのように、生まれた場所に縛りつけられ、どこに移り住むこともできない。

❖節約こそ人生をより豊かにする美徳

自立を手に入れるには節約に励むこと、ただそれだけだ。節約にはずば抜けた勇気も、優れた美徳もいらない。ごく普通の心構えと、人並みの意志の力があればいい。節約とは、基本的には家庭生活をきちんと管理することにほかならない。つまり、自立して規則正しい生活を送り、賢く無駄を省いていくことだ。

キリストは節約の精神をこんな言葉で表わしている。「残った物をかき集め、ひとつも無駄にしてはならない」。全能のキリストは、生活のなかのささいなこともおろそかにしなかった。無限の力を大衆に示しながら、その一方では、足元を見つめて生活せよという含蓄に富んだ教えを説いたのである。

節約はまた、将来のことを考えて目の前の楽しみを我慢する力のことであり、それはつまり、動物的本能に理性が勝っていることを示している。節約とケチとはまったく別のものである。節約によって余裕が生まれると、人はケチケチしなくなる。節約とは、金を崇拝するのではなく、役に立つ手段と見なすことだ。

『ガリバー旅行記』で知られるジョナサン・スウィフトは言っている。「金は頭で使うもので、情で使うものではない」。節約は分別の娘、自制の姉であり、自由の母である、節約の基本姿勢は守りである。人格を守り、家庭の幸せを守り、社会の安定を守るものだ。つまり節約とは、自助の精神が最高の形で現われたものなのだ。

政治家のフランシス・ホーナーの父親は、息子が社会に出るにあたってこんなアドバイスを授けた。「お前には、あらゆる点で幸せになってほしい。だからこそ、節約についてはどれだけ言っても言い過ぎることはない。節約は誰にとっても欠かせない美徳だ。それを軽んじる浅はかな人間もいるが、節約することは間違いなく自立につながり、高い志を持つ人間にとっては、自立こそが大きな目標なのだから」

この章の冒頭で紹介したロバート・バーンズの詩は、ある意味では真理を言い当てている。だが、残念なことに、彼の行動は詩の内容ほど立派ではなかった。つまり、理論に実践が伴わなかったのだ。バーンズは死の床で友人に宛てて手紙を書いている。「ああ、クラーク、最悪の気分だ。残された妻と6人の子供たちは、いったいどうなるのだろう。ここでこうしている私は、女の涙のように無力だ。万事休す。死んでも死にきれない」

人は誰でも、収入の範囲で生活できるよう工夫しなければいけない。それこそが誠実に生きるための基本である。もし自分の収入の範囲で生活できなければ、必然的に誰かの金を当てにすることになる。金の使いかたに無頓着な者は、自分の楽しみだけを追いかけ、他人の迷惑は顧みない。

そして往々にして、手遅れになってはじめて金の大切さに気づく。もともとは気前が良くても、最後にはたいてい卑しい行いに手を染めることになる。金だけでなく時間も大切にせず、将来の稼ぎを当てにして借用書を書き、やがては借金の山に身動きが取れなくなり、自由で自立した生活を送れなくなってしまう。

かのフランシス・ベーコンがこんな金言を残している。「金が入り用になったときは、けちな金儲けに身を落とすよりも、少しずつでも貯金するほうが賢明だ」。自由になる金が入れば、無駄に使うどころかドブに捨てる者も多い。だがそれを元手にすれば、財を築いて自立した生活を手に入れることも可能なのだ。

浪費家はよく「世の中が悪い」などと文句を言うが、実際の敵は自分自身だ。自分すら味方につけられないのなら、誰が味方になってくれるだろう。たいした収入がなくても、金をきちんと管理する人なら、他人を助けられるくらいの金はポケットに残っているものだ。

一方、なにも考えず金を使い果たす人には、他人を助ける機会など一生巡ってこない。だが、ケチな人間は金にも見放される。目先のことしか考えない人は、たいてい生活や仕事でも先が読めず失敗することが多いからだ。ことわざにもあるように、1ペニーを惜しむ者は、2ペンスの人間にはなれない。

気前良く寛容であることは、結局のところ、誠実さと同様、生きる上で最良の策ということだ。ゴールドスミスの小説『ウェイクフィールドの牧師』（岩波書店）に登場するジェンキンソンは、親切な隣人のフランボローから、毎年あの手この手で金を騙し取っているが、こんな台詞を口にしている。「フランボローは年々金持ちになっていくのに、このおれときたらすっからかんで、しかも刑務所送りだ」。寛容で正直に生きることが素晴らしい結果を生む例は、小説のなかだけでなく実生活にもあふれている。

❖借金は転落人生の始まりを意味する

「空の袋はまっすぐ立たない」ということわざがあるが、借金のある人間にも同じことが言える。また「嘘は借金の背中にしがみつく」と言われるように、借金のある人が誠実であるのは難しい。返済を待ってもらおうと苦しい言い訳をするうちに、ありもしないことをでっち上げざるを得なくなる。

健全な意志の力を働かせれば、最初の借金を回避するのはそう難しいことではないはずだ。だが、いったんその容易さを味わってしまうと、二度目の借金に安易に手を出してしまう。

そうこうするうちに、気がつけば借金地獄に陥り、そうなるとどれだけがんばっても抜け出せない。最初の借金は、最初の嘘と似ている。一度嘘をつくと、ごまかすために次々と嘘を重ねるのと同じで、いったん借金に手を染めると、次々に借りざるを得なくなる。

画家のヘイドンは、はじめて借金をした日が転落の人生の始まりだったと記している。彼は、「借金は不幸の始まり」ということわざを身を持って実感することになった。日記にはこんな記述がある。「はじめて借金をしたあの日以来、ずっとその生活から抜け出せないでいる。生きている限り抜け出すことはできないだろう」。彼の自伝を読むと、金銭問題を抱えることで、人がどれほどもがき苦しみ、仕事が手につかなくなり、屈辱感に打ちひしがれるかが痛々しいほどわかる。

あるとき、ヘイドンは海軍に入隊するという若者に向けて、こんなアドバイスを書き送っている。「借金をしなければ手に入らないような楽しみは、決して追い求めてはいけない。借金は絶対にするな。身を滅ぼすもとだ。人に金を貸すなとは言わないが、そのせいで自分の支払いに支障が出るようなら、貸すべきではない。だがとにかく、なにがあっても借金だけはしてはいけない」。当時貧しい学生だったその若者は、のちに哲学者となるフィヒテだが、貧しい両親からのプレゼントさえ受け取らなかったという。

詩人で批評家のサミュエル・ジョンソンも、若いころの借金は、身の破滅につながると考えていた。彼の残した言葉には重みがあり、心に留めておく価値がある。

「借金があると不自由だ、などと軽く考えるのは間違っている。借金は災いそのものだ。また、金に困ると、善行を成すにもその手段の多くが奪われ、考え方も行動も悪に染まりやすくなる。だから、貧乏になることだけはなんとしても避けなければならない。

まずは貧乏にならないように手当し、それから借金をしないことを指針にすべきだ。貧乏にだけはならないと心に決め、できるだけ出費を抑えることだ。貧乏は人の幸福にとって最大の敵だ。自由が奪われ、正しい行いをしようにもできなくなる。質素倹約は、穏やかな生活だけでなく、善行の基盤にもなる。助けを必要としている人が、他人を助けることはできない。余裕があってこそ、人に分け与えることができるのだ」

どんな人でも、自分の現状にしっかり目を向け、金銭の出入りをきちんと記録しておく必要がある。そんなちょっとした算術が、のちのち大きく役に立つのだ。節約するには、自分の生活レベルを収入という物差しの目盛りぴったりではなく、少しばかり下に合わせる必要がある。それは、支出が収入に見合うよう計画を立て、忠実に実行することでしか実現できない。哲学者のジョン・ロックは、このやり方を強く勧めている。「自分の収支を常に目の前に見せつけられれば、人は嫌でも自分の身の丈に合った生活をするようになるものだ」

ウェリントンは、入った金と使った金を、すべて正確に記録していた。彼は従軍作家のジョージ・グレッグにこう語っている。「私は請求書の支払いを自分でするようにしているが、同じやり方をみなに勧めたい。以前は召使いを頼りにして任せていたが、ある朝、驚いたことに2年分に近い滞納金の督促状が届いて、それからそのやり方を改めることにした。その召使いは私の金を投機に使って、支払いをしていなかったのだ」

借金についてはこんなことを言っている。「借金は人を奴隷にする。私は金がなくて困ったことは何度もあるが、借金には絶対に手を出さなかった」

ワシントンも、ウェリントンに負けず劣らず、実務面では細かいところにまで気を配り、収入に見合った生活をしようと心がけていた。そして驚くべきことに、アメリカ大統領という最高の地位に就いてからも、家計のわずかな支出もチェックすることをいとわなかったという。

海軍提督のジャン・ジャーヴィスは、若いころの苦労を語ったなかで、借金をしないと決意したいきさつについて触れている。「わが家は大家族だったが、父の収入は限られていた。社会人になったときに父から20ポンドをもらったが、それが最初で最後だった。海軍でしばらく働いたのち、もう20ポンド入り用になって手形を切ったが、その手形が不渡りになった。あれは屈辱だった。

それ以来、確実に払えるあてのない手形は二度と切らないと誓いを立て、いまもそれを守っている。それまでのいい加減な暮らしを改めるためにひとり暮らしを始め、海軍の手当だけで生活すると決めると、それで充分やっていけることに気づいた。洗濯も繕いものも自分でやり、ベッドカバーでズボンを作った。そうして、名誉を取り返すだけの金を蓄えると、手形の支払いをすませ、それ以来ずっと、収入の範囲で生活するように気をつけている」

ジャーヴィスは6年間、爪に灯をともすような生活を続けながらも品位を守って軍務に励み、果敢な戦いぶりと功績により着実に出世し、ついに最高位にまで上り詰めた。

政治哲学者のデイヴィッド・ヒュームがあるとき下院で行った演説は、嘲笑によって迎えられたが、当を得たものだった。

「イギリス国民の暮らしぶりは贅沢に傾きすぎている。中流階級の人々は、収入以上とまではいかなくとも、収入を目一杯使おうとしがちで、その結果、生活様式に変化が現われ、その不健全な上流志向は社会に悪影響を及ぼしている。自分たちの息子を紳士というより紳士風に育てようという野心を持っているが、結果を見るとただの〝エセ紳士〟ができ上がっているだけだ。服装や生活様式にこだわり、贅沢や娯楽にうつつを抜かしていては、本当の意味での紳士の品格は身につかない。

かくて、中身のない紳士気取りの若者が大量に世の中に送り出される。それは、海を漂う廃船に、サルがぽつんと乗っているさまを思い起こさせる」

たしかに、近ごろの上流志向は目に余るものがある。正直さを犠牲にしてまで見栄を張り、金がなくても金持ちに見られないことには気がすまない。うわべだけは立派に着飾っても、品のなさは隠しようがない。

神から与えられた境遇のなかで、こつこつ努力して成長しようという気概もなく、流行りの生活を滑稽なほど必死に追い求める。それもただ単に実体のない上流もどきの一員になって、虚栄心を満足させるためだけに。

彼らは、社会という円形劇場の最前列を求めて、常に押し合いへし合いを繰り広げることになる。そのただなかでは、克己心を持とうという気高い決意は踏みつぶされ、人間の美徳の多くは圧死させられてしまう。見せかけだけの世俗的な成功で他人を幻惑させようという欲望が、どれほどの浪費と悲劇と破綻を生んでいるかは言わずもがなである。

無残な結果は、至るところに転がっている。貧乏に見られるのを恥だと思うのに、不正直であることはなんとも思わない連中が引き起こす愚劣な詐欺が横行し、一攫千金を狙って無茶な儲け話に手を出す者もあとを絶たない。この場合、失敗して破滅するのは本人の勝手だが、巻き添えになる家族はたまったものではない。

チャールズ・ネイピア卿は、インド総司令官の職を離れるにあたって、インド軍の将校たちに向けて、最後の一般命令書を出し、多くの若い将校が乱れた生活を送り、不名誉な借金を重ねていることを強く非難した。有名なその文書のなかで、ネイピア卿は強い調子で改革を迫っている。

「誠実であることは一流の紳士の条件である。それを忘れてもらっては困る。シャンパンやビールをつけで飲み、馬車につけで乗るのは詐欺師のすることで、紳士のすることではない。分不相応な贅沢のために借金を重ね、自分の使用人から裁判所に訴えられる者すらいる。そんな人間は、身分は将校であっても紳士ではない。常に借金を抱えていると、紳士としてのまともな感覚が麻痺してしまう。

戦えることだけが将校の資格ではない。戦うだけならブルドッグでもできる。約束を守ること、払うべきものをきちんと払うこと、そういった名誉に関わることこそが、本物の紳士として、軍人としての立場を輝かしいものにするのだ。

フランスの伝説の騎士バヤールを引き合いに出すのは古いかもしれないが、イギリス軍人たるもの、バヤールのように勇敢で名誉を重んじる人間であってほしい。諸君が恐れを知らない軍人だということはよくわかっている。だが同時に、後ろ指をさされない人間であることを切に望みたい。

若く勇敢な将校たちは、降りそそぐ弾丸のなかを突き進み、勇敢に戦うことはできる。ところが、目の前のつまらぬ誘惑に抵抗する勇気はない。快楽への誘いにきっぱり〝ノー〟と声を上げる勇気がない。それでいて、仲間にあざ笑われるくらいなら、喜んで死ぬ勇気は持ち合わせているのだ」

❖誘惑に負けたら最後、堕落は避けられない

若者が人生を歩むとき、道の両側にはさまざまな誘惑が列をなして待ち受けている。誘

惑に負けたら最後、程度の差こそあれ堕落は避けられない。若者は本来、神に与えられたエネルギーに満ちあふれているものだが、誘惑に触れることでそれが少しずつ失われていく。誘惑を退けるただひとつの方法は、きっぱり「ノー」と言い、そう態度でも示すことだ。迷ったり断る理由を考えたりしてはいけない。「迷う女は決断を間違える」ということわざは、若者にも当てはまる。

決断できずぐずぐず考える者は多いが、そんな場合は、決断しないことが答えになっているのだ。「われらを誘惑から守りたまえ」という祈りの言葉は、人間の本質を見事についている。しかし、誘惑は間違いなくやってきて、若者の強さを試すだろう。

そして一度誘惑に屈してしまえば、抵抗する力はだんだん弱まっていく。一度屈するたびに、美徳はひとつ消え去る。逆にきっぱりと退けることができれば、最初の決断が人を強くしてくれる。それを繰り返すうちに、誘惑を退けることが習慣になるだろう。若いころに身につけたこうした習慣は、悪をはねのける真の強さになる。

なぜなら、道徳的な行いというのは、習慣化することで強化されていくものだからだ。習慣になれば、その行いのもとになる道徳原理が損なわれることはない。良い習慣というのは、何気ない日々の行動にも入り込んでくるものだ。そうした行動の積み重ねによって、人は自然に道徳的な振る舞いができるようになる。

ヒュー・ミラーは、若いころの決心のおかげで、きつい生活にはつきもののある強い誘惑から身を守ることができたという。ミラーが石工として働いていたころ、仕事仲間はみな酒を飲むのを日々の楽しみにしていた。ある日のこと、ミラーは誘われてウィスキーをグラスに2杯飲んだ。そして家に帰って愛読書の『ベーコン随筆集』(一穂社)を開いたところ、活字が目の前で踊り出し、意味がさっぱり頭に入ってこなかった。

ミラーはのちに語っている。「あのとき自らが招いた状態、これが堕落というものだと感じた。自らとった行動のせいで、いっときにせよ、頭がいつものように働かなくなってしまった。なにかを決断するのにふさわしい状態ではなかったが、私はそのとき心に誓った。もう二度と酒のせいで知的な喜びを犠牲にするような真似はしないと。ありがたいことに、今日までその決意を守ってこられた」

このような決断が人生の転機となり、将来の基盤となることがよくある。そのとき、強い決意で誘惑を断ち切らなければ、ミラーの人生は暗礁に乗り上げていたかもしれない。若者であれ、誰であれ、このような誘惑には警戒の目を光らせていなくてはならない。なかでも飲酒は、浪費と並んで若者の行く手を阻む危険な誘惑のひとつである。

詩人のウォルター・スコットは、常々こう言っていた。「あらゆる悪徳のなかで、飲酒ほど成功と相性の悪いものはない」。そればかりでなく、飲酒は節約や品格、健康や正直な生き方とも相容れない。節度のある飲みかたができないなら、若者は酒に手を出さないことだ。「私は禁酒ならできる。だが、ほどほどに飲むなんてことは到底できない」。サミュエル・ジョンソンのこの言葉には、多くの人が共感するだろう。

だが、悪習に敢然と戦って勝つには、一般的な思慮分別だけでは充分ではない。もちろんそれも役には立つが、さらに高い道徳心を身につける必要がある。誓いを立てるといったことも助けにはなるだろうが、もっといいのは自分の考えや行動の基準を高いところに置き、悪習を改めるのと合わせて、自らの信条を磨き上げるよう努めることだ。

そのためには、若者は自分自身を知る必要がある。自分の思考や行動を観察して、それが自ら定めた基準と合致しているか確認するのだ。自分を知れば知るほど謙虚になり、自分の強さを過信することがなくなるはずだ。

将来のより大きく崇高な喜びのために、目先のささいな快楽に屈しないことで得られた自律の心というのはもっとも貴いものだ。それこそが、人間にとって最高の自己修練である。ある詩人はこう歌っている。

真の栄光は
自己に打ち勝つ静かな努力から生まれる
それなくしては、いかなる征服者も
ただの奴隷となにひとつ変わらない

❖小銭を大事にすれば、大金はおのずと貯まる

世の中には、金儲けの秘訣を伝授する本が数多く出回っている。だが、そんな秘訣が実際には存在しないことは、世界各地に伝わる次のようなことわざを見ればよくわかるだろう。「小銭を大事にすれば、大金はおのずと貯まる」、「勤勉は幸運の母」、「労なくして益

なし」、「汗かかざれば楽もなし」、「働かざるもの食うべからず」、「粘り強く働く者が世界を征する」、「借金背負って起きているより、晩飯抜きで寝たほうがまし」

こうした処世訓には、長い時間をかけて蓄えられた経験と知恵がつまっており、人を成功に導く最良の道が示されている。書物ができるずっと前から口から口へと伝えられ、ほかのことわざ同様、民衆の道徳律とされてきた。

さらに、時の試練に耐えてきたため説得力があり、これらの言葉が正しいことは、日々の生活のなかでも実感できる。また、旧約聖書のソロモンの箴言《しんげん》にも、勤勉の力と金の功罪についての教訓が満ちている。

「怠け者は浪費家の弟である」、「怠ける者よ、アリのところへ行け。そのやり方を見て学ぶがよい」、「貧困は旅人のように怠け者を訪れ、困窮は兵士のように襲いかかってくる」、「勤勉の手が、富を生み出す」、「よく飲みよく喰らう者は財布を空にし、眠りをむさぼる者はボロをまとう」、「勤勉に働く者を見よ。その者は王たちの前に立つであろう」

しかし、極めつけはこれである。「黄金よりも知恵を求めよ。知恵はルビーに優る。この世で望みうるいかなるものも、知恵には及ばない」

特別な能力がなくても、仕事があり勤勉と倹約に努めさえすれば、どんな人でも収入の範囲で自立して暮らせるはずだ。貧しい労働者でも、稼いだ金を注意深く節約して、不必要な出費を抑えれば充分自立できる。

1ペニー硬貨にはわずかな価値しかないが、家族が幸せに暮らせるかどうかは、これをどう使い、どう貯めるかにかかっている。せっかく額に汗して働いて得たなけなしの銅貨を、ビールに数ペニー、あれやこれやに数ペニーと、指のすき間からこぼすような使いかたをしていては、ただこき使われる家畜と変わらない。

逆に、ペニー硬貨でも大切に扱えば、大きな見返りをもたらしてくれるだろう。家の修繕や子供の教育など、先々のことを考えて、毎週いくらかずつでも保険や貯蓄に回し、残りを妻に預けて計画的に使うようにするのだ。そうすれば、資産は増え、生活は向上し、将来の不安から解放される。

一介の労働者でも、高い志と崇高な精神があれば、自分自身を助けるだけでなく、生涯を通して人の役に立つこともできる。その精神には、世俗的な資産とは比べものにならないほどの価値がある。

町工場の工員にもそれができることは、マンチェスターの慈善家トマス・ライトが成し遂げた偉業を見ればよくわかる。彼は鋳物工場で週給を得て働きながら、多くの犯罪者の更正に取り組んで成功させた。ライトはふとしたきっかけから、刑務所から出所した犯罪者がまともな職業に就くことが、いかに難しいかという現実に目を向けることになる。

間もなく、彼はその問題に没頭するようになり、その問題を解決することが人生の目標になった。朝の6時から夜の6時まで工場で働きながら、毎日わずかばかりの時間と日曜日にはさらに多くの時間を、当時はいまよりはるかに顧みられていなかった受刑者のために使ったのだ。1日のほんのわずかな時間でも、上手に使えば大きなことができる。

彼は自ら決めた目標に打ち込み、信じがたいことに10年の間に300人もの犯罪者を悪の道から救い出した。やがてマンチェスター刑務所で受刑者に道徳指導を行うようになり、牧師でさえさじを投げた犯罪者もたびたび改心させた。同じように不良少年たちを更生させ、親元に返すことにも取り組んだ。ライトがいなければ、永遠に戻ることはなかったかもしれない息子たちであり、娘たちであった。

出所した犯罪者には仕事を世話し、まじめな暮らしができるよう力を尽くした。決して簡単な仕事ではなかった。資金や時間、努力や根気はもちろんのこと、それ以上に優れた人格と、確固たる信念がなければできることではない。

注目に値するのは、ライトが鋳物工場の仕事で得られる少ない収入だけで、社会から見放された貧しい人々を数多く救い出したことである。彼の年収は100ポンドで、労働者の平均にも満たなかった。

そんなわずかな収入のなかから、犯罪者たちに多くの援助をしたのである。義務でも打算でもなく、ただ人を助けたいという人間なら本来誰でも持っている奉仕の精神が、彼を行動に駆り立てたのだ。

彼は家族もきちんと養い、質素倹約に努めて、老後のための貯金もしていた。毎週給料をもらうと、衣食などの生活必需品にいくら、家賃や学費にいくら、助けが必要な人たちのためにいくらと、用途別に分配した。そして決めた予算内で家計をやりくりした。

このようにして、一介の工員であるライトは、実り多き偉業を成し遂げたのである。目的を持つことがどれほどの力を生むか、少ない資本でも計画性を持って注意深く使えばどれだけのことができるか、そしてなにより、誠実でひたむきな人間が多くの人の人生や行動にどれほど大きな影響を与えるか、ライトの生き方はその鮮やかな見本である。

職業に貴賤《きせん》はない。土を耕す仕事、物を作る仕事、布を織る仕事、物を売る仕事、どれも立派な仕事だ。若いうちは、物差しを扱ったり、リボンの長さを計ったりするだけの単純な仕事しか与えられないかもしれないが、それは恥じることではない。だが、物差しやリボンの寸法に納まるような気概しか持てないとすれば、それは恥ずべきことだ。

「まじめに働いているのならなにも恥じることはない。恥じる必要があるのは働かない者だ」。歴史家のトマス・フラーはそう言っている。また、ホール主教は「額に汗する仕事であれ、頭を使う仕事であれ、働くことは喜びを味わうことだ」と言っている。身分の低い仕事から身を起こした人は恥じる必要はなく、むしろ数々の困難を乗り越えたことを誇りにするべきだ。

あるアメリカの大統領は、家の紋章《コート・オブ・アーム》はなにかと訊ねられ、若いころに木こりをやっていたことにちなんで、「シャツの袖《アーム》だよ」と答えたという。ニームのフレシエ主教は、若いころにロウソク職人だったことをある医者にからかわれて、こう返したという。「もしあなたが私と同じ境遇に生まれていたら、いまでもロウソクを作っているでしょうな」

❖ただ貯め込むだけのケチケチ人生もつまらない

世の中には高い志を持つこともなく、ただ金を貯め込むことだけに血道を上げるものが少なくない。身も心も捧げてせっせと励めば、当然金は貯まるだろう。頭を使う必要はほとんどない。稼いだ金より少なく使い、けちけち小銭を積み上げていけば、やがて金貨が積み重なるだろう。パリの銀行家、オスターウォルドは、若いころ貧しかった。

毎晩居酒屋に行っては1パイントのビールを夕食に飲み、床に落ちているコルクを拾い集めた。8年間で拾い集めたコルクを売ると、ルイ金貨8枚になった。それを元手に、おもに株の売買で財を成し、300万フランの遺産を遺して死んだという。

随筆家のジョン・フォスターは、行きすぎた蓄財がどんな結果を生むかについて印象的な例を挙げている。ひとりの若者が放蕩三昧の生活で親の遺産を使い果たしてしまった。一文無しになり絶望した彼は、こうなったら死ぬしかないと家を飛び出し、丘の上で足を止めた。そこからはかつて所有していた土地が一望に見渡せた。そこに腰を下ろして、しばらく思いを巡らせたあと、彼は立ち上がった。土地を取り戻そうと決意したのだ。

町に戻ると、ある家の前に荷車から下ろされた石炭の山があるのを見かけ、家に運び込む手伝いを申し出た。そうして小銭を稼ぎ、食事もごちそうしてもらい、もらった小銭は使わずに貯めた。この仕事を続けることで、わずかな金を稼いでは少しずつ貯めていった。

やがてまとまった金が貯まると、牛を何頭か買い、買った値段よりも高値で売った。そして次第に取引を大きくしていった。最終的には、かつての土地を買い戻してもまだ余るほどの金を手に入れた。だが、けちな根性は死ぬまで直らなかった。やがて死が訪れて埋葬されたときは、ひとつの肉体がまた土へ戻っただけのことだった。それほどの意志の強さがある人間なのだから、崇高な精神さえあれば、自分だけでなく他人にも恩恵を施すことができたはずだ。だが結局彼は、ぱっとしない人生を送り、同じようにぱっとしない最期を迎えただけだった。

❖金がなくても、貧しさを相手にしなければ豊かでいられる

他人に分け与え、自分も生活を楽しみ、老後に備えることは、称賛されるべき立派なことだ。一方、金をせっせと貯め込むだけというのは、心の狭いしみったれた人間のすることだ。賢明な人間なら、必要以上に貯め込む習慣が身につかないよう充分注意すべきである。さもないと、若いころは節約という美徳だったものが、年をとるにつれて貪欲という悪徳に変わってしまう。

諸悪の根源は金そのものではなく、金に対する執着である。この執着は人の心を狭くし、豊かな生活や寛容な行動から遠ざけてしまう。

ウォルター・スコットは、小説の登場人物にこんなことを言わせている。「抜き身の剣が人を殺すより、ペニー銀貨は多くの魂を奪う」。ビジネスにのめり込むことで陥りがちな落とし穴は、それがいつの間にか人間を型にはめてしまうことである。ものの考えかたが限定されて、ひとつの価値観から抜け出せなくなる。そうなれば、周りの人間のことを自分の目的を達成するための道具としか見られなくなる。こんな人間の人生の価値は、帳簿のなかにしか残らない。

どれだけ金を貯めたかで判断される世俗的な成功は、たしかに魅力的だ。どんな人間も程度の差こそあれ、そういう成功に憧れるのは自然なことだ。辛抱強く、利口で、目端が

利き、少しばかり無節操な人間なら、チャンスを狙っていつも目を光らせていれば、まず間違いなく成功を収めることができるだろう。

だが、そういう人たちが人格的に優れていて、人として尊敬できるかと言えば、そうでもないことが多い。金という基準でしか物を考えられない人は、金持ちにはなれるかもしれないが、いつまでたっても人間としては貧しいままだ。富は決して人間の道徳的価値の証明にはならない。ホタルが自分の発した光で自らの地の姿をさらすように、見かけを飾りたてても、それは本人の中身のなさをさらすだけということがままある。

金への執着のせいで多くの人が身を滅ぼす様子を見ていると、強欲なサルの話が思い出される。アルジェリアのカビル族の農民は、木にしっかりとくくりつけたひょうたんの中に米を入れておく。ひょうたんの口は、ちょうどサルの手が入るくらいの大きさしかない。

夜になると、サルが木のところにやってきて、ひょうたんに手を突っ込んで米をつかむ。そして、手を引き抜こうとするが、握ったままなので抜けない。米を離せば抜けるのだが、そこまで知恵が回らない。そうこうするうちに朝になり、サルは生け捕りにされてしまう。まぬけなことに、サルはまだ米をしっかり握りしめている。この話の教訓は、われわれの生活にも広く当てはめて考えることができる。

金の力は、だいたいにおいて過大評価されている。これまで世の中のためになる偉業を成し遂げてきたのは、金持ちや寄付金名簿に名を連ねた人たちではなく、ごくつましい財の持ち主であることが多い。キリスト教を世界の半分の地域にまで広めたのは、もっとも貧しい階級の人たちである。また、偉大な思想家や探検家、発明家や芸術家はだいたいが金には恵まれず、暮らし向きという点では単純労働者とそう変わらない。これから先も、それは変わらないだろう。

富は行動を起こす刺激になるより、むしろブレーキになることが多い。そして多くの場合、富は恩恵であると同時に厄災にもなる。若いときに大きな財産を相続すると、楽な生活に流されてしまう。あまりに満ち足りているため、なにかを求めてがむしゃらになることもなく、やがて時間を持て余すようになる。そうなると、道徳的にも、精神的にも眠っているのと同じだ。社会のなかで彼の存在は、波に身を任せるイソギンチャクと変わらない。こんな詩もある。

彼の仕事は、ただ時間をつぶすだけ
なんとむなしく、なんと悲惨な仕事だろう

とはいえ、金持ちでも正しい心を持っていれば、怠惰を恥ずべきことと考えて寄せつけないだろう。富と財にはそれなりの責任が伴うと自覚すれば、貧しい人より立派な仕事をすべきだと考えるかもしれない。だが、残念なことにそんな例は実際にはめったにない。

そういう意味では、旧約聖書のなかで、アグルが神に願った望みは、実に賢明だったと言える。「私を貧乏にも金持ちにもせず、ただ必要なだけの糧をお与えください」。マンチェスターのピール公園に下院議員だったジョゼフ・ブラザートンの記念碑があるが、そこには彼の生き方を象徴する素晴らしいモットーが刻まれている。「私が豊かでいられるのは、持っているものが多いからではなく、求めるものが少ないからだ」

ブラザートンは、工場の下働きという貧しい身分から身を起こし、正直さと勤勉、几帳面さと克己心という小さな美徳の積み重ねによって、社会に貢献する高い地位につくまでになった。晩年になると、議会のないときは、自分の所属するマンチェスターの小さな教会で牧師を務めた。

彼にとっての栄光は、注目を集めることでも称賛されることでもなく、日々の暮らしの小さなことにまで、誠実さと愛情を持って取り組んでいるという自覚を持つことだった。彼の私生活を知る人たちの目には、そういう彼の姿がはっきりと映っていた。

「立派さ（respectability）」は、良い意味で使われると素晴らしいことである。この言葉のもとになるラテン語〝respectus〟の意味は〝振り返ること〟だが、立派な人物なら文字どおり振り返って見る価値のある人物ということになる。ただ、その立派さが見せかけだけなら、わざわざ見る価値などまったくない。

金持ちの悪人より貧乏な善人のほうが、人間としてはるかに尊敬できる。立派な身なりで馬車を乗り回す口のうまいぺてん師より、貧しい身なりの謙虚で寡黙な人のほうがよほど信用できる。身分に関係なく、安定した精神と深い知恵を持ち、世の中の役に立とうと努めるほうが、月並みの安っぽい立派さを身につけるよりはるかに価値がある。

人生のもっとも崇高な目的は、人格を磨き、精神や肉体、知性や良心をできうる限り最良の状態まで高めることである。それこそが最終目的で、それ以外のことは、そのための手段にすぎない。

だから、快楽や金、権力や地位、名誉や名声をいくら手に入れたところで、成功した人生とは言えない。人間性を高め、世のために尽くし、人としての義務を果たすことこそが、真の成功と言えるのだ。確かに金にはそれなりの力がある。だが、知性や公共心や道徳心にも力はあり、こちらのほうがずっと尊い力だ。

海軍提督だったコリングウッド卿は、友人への手紙にこう書いている。「年金を求めて申し立てをするのは、ほかの者たちに任せておくよ。金がなくても、貧しさを相手にしなければ豊かでいられる。年金欲しさに、これまで国のためにしてきたことをおとしめるつもりはない。庭師のスコットと菜園でも耕せば、生活費もそれほどかからないしね」。別の機会にはこうも言っている。「私には私の流儀がある。それを年金と引き換えに諦めるつもりはない」

財産を築くことで、人はいわゆる上流社会への切符を手に入れることができる。だがそこで尊敬されるには、優れた人格、作法、精神の持ち主でなければならない。それがなければ、単に金を手にした成金でしかない。今日の上流社会には超のつくほどの大金持ちが何人もいるが、彼らはなんの評価も尊敬も得てはいない。それはなぜか。

彼らが単なる金の入った袋で、その力は金庫のなかにしかないからだ。社会で本当に影響力を持つのは、世論の指針となり、真の成功を得て世に貢献する人物だが、なにも金持ちとは限らない。高潔な人格を備え、規律と経験と高い道徳心を身につけている人物こそが、真の名士なのだ。

慈善家のトマス・ライトのように、世俗的な富には恵まれない人物でも、人間性を磨き、機会をうまくとらえて活用すれば、素晴らしい使命に人生を賭けることができる。そんな人物から見れば、世俗的な成功によって金や土地を手に入れただけの連中は、うらやましいどころか哀れな存在に映ることだろう。

第11章

自己修養——試練を生かせ

「誰もがみな二種類の教育を受ける。ひとつは他人から受けるもの、それより重要なもうひとつの教育は、自ら行うものである」

――ギボン（イギリスの歴史家）

「困難に気落ちし、嵐に身をかがめる者は、役立たずである。困難に打ち勝ち、嵐に立ち向かう者は決して挫折しない」

――ジョン・ハンター（イギリスの外科医・解剖医）

「賢く行動的な者は、あえて困難に立ち向かい、それを乗り越える。怠惰で愚かな者は、面倒で危険なものをひと目見るなり縮み上がり、それを恐れるあまり、できることもできなくなる」

――ニコラス・ロウ（イギリスの桂冠詩人）

❖自己修養こそが自らの才能を引き出し、持久力を養う

作家のウォルター・スコットは言う。「誰もが受けられる最良の教育とは、自らが与える教育である」。外科医のベンジャミン・ブロディーはこの言葉を好んで心に留めていた。そして、専門的な知識を自力で学べたことに喜びを感じていた。しかし、これはもちろん、文学や科学、芸術の分野で名声を勝ちえた人たちすべてに当てはまることである。学校や大学で受ける教育はただの始まりにすぎない。その価値は、おもに心を鍛え、継続的に努力して勉強することを習慣づけることにある。

他人から教わったことはいつも、自分が苦労し根気よく取り組んでやっと学んだものほど身につかない。苦労の末に得た知識はしっかりと身体に浸み込み、自身の財産となる。自ら学んだことのほうが、鮮やかで長持ちする印象が心に刻まれ、このようにして得た知識は、単に伝え聞いた情報では決して成しえない方法で、しっかりと頭のなかにも記憶されるのである。

この種の自己修養はまた、能力を引き出し、持久力も養ってくれる。問題をひとつ解決することで、別の問題を解決する糸口がつかめる。そのようにして知識が積み重なることで能力となるのである。自分が能動的に取り組むことが欠かせない要素なのだ。どれだけ良い学校や、本や、先生が用意され、どれほど多くの授業で機械的にものを覚えたところで、この能動的な自らの努力を省略することはできない。

優れた教師は自己修養の大切さをいち早く認め、生徒たちが自分自身の力で能動的に考

え行動することで知識を吸収できるように導く。話を聞かせるよりも、身体や頭を使わせる訓練に重きを置き、目の前の課題に自ら積極的に取り組ませようとする。そのほうが、断片的で細かい知識をただ聞いているよりも、ずっと深い知識を吸収させることができる。

ラグビー校の校長を務めたトマス・アーノルドが実践した教育の姿勢が、まさにこれである。彼は、生徒たちが自分たちだけの力で、自発的に努力し知識を身につける方法を教えようとした。そして彼自身は、ただ生徒を導き、進む方向を教え、刺激し、励ますことしかしなかった。

彼は言う。「私としては、子供たちをオックスフォードに送って、せっかく得た機会を生かそうとさえせずに遊んでばかりいる生活をさせるよりも、自ら食べるパンのために働かざるを得ない流刑地のヴァン・ディーメンズ・ランド［訳注：現在のオーストラリア］に送り込むほうがずっといいと考えている」

またときにはこうも言っている。「この世でひとつ本当に感嘆することがあるとするなら、それは、生まれつきの才能がなかったとしても、正直に誠実に熱心に勉強し続ければ、天の恵みに匹敵する能力が身につくことだ」。実際にこのような子に会うと「身が引き締まるような気がする」と彼は言う。

とはいえ、アーノルド自身も、かつてレールハムで飲み込みの悪い少年を教えていたとき、つい厳しいことを言ってしまったことがあった。そのときその生徒は、彼の顔を見上げて言った。「先生、なぜ怒るんですか？　僕は本当に精一杯やっているのに」。何年かあとに、この話を自分の子供たちに何度も話して聞かせ、最後にこう付け加えたそうだ。「いままであれほど胸に突き刺さるような思いをしたことはなかった。あのときの少年の表情と言葉が、ずっと忘れられないんだ」

❖労働や運動は健全なる心身を育む

すでに見てきたように、貧しい生まれから身を起こし、科学や文学の分野で優れた功績を残した人物の例にはこと欠かない。そうした例でも示されていたように、労働と高い教養とは両立しないわけではない。適度な労働は健康にいいし、身体も鍛えられる。勉強で精神が育まれ、労働で身体が育まれる。一部の人が働いている間にみなが休み、一部が休んでいる間にみなが働くというという社会が最良の状態である。

有閑階級の人であっても、多少は身体を動かさずにはいられない。退屈を紛らわせるためという場合もあるだろうが、たいていは、耐えがたい本能的な欲求を満足させるために動くのである。イングランドの郊外でキツネ狩りをする者もいれば、スコットランドの高地でライチョウ撃ちをする者もいる。あるいは毎年夏になると、スイスへふらりと出かけ、山歩きをする人も多い。それゆえ、パブリックスクールではボート漕ぎ、ランニング、クリケットや陸上競技が行われており、その環境で若者は心と身体の両方を同時に健康的に鍛えることができる。

ウェリントン公はあるとき、若いころに多くの日々を過ごしたイートン校を訪れ、グランドでスポーツに励む若者たちを眺めながら言った。「このグランドがあったからこそ、ワーテルローの戦いで勝つことができたのだ！」

植物学者のダニエル・マルサスは、息子トマスに大学では勤勉に知識を深めることがまず一番だと勧め、また勇ましいスポーツにも取り組むようにと申しわたした。スポーツはあらゆる面を支える精神力が鍛えられるだけでなく、知的な喜びを満たしてくれる最善の方法だからと。

彼はこう言っている。「さまざまな知識や自然や芸術との出会いが楽しみにもなり、お前の心を豊かにもしてくれるだろう。それと同じように、クリケットをすることでお前の身体が強くなれば、これ以上喜ばしいことはない。スポーツで活躍する姿を見てみたいものだ。私自身、精神的な喜びのよき伴侶、つまり肉体がもっとも喜びを味わえるのは、2本の足で立っていることだと思うから」

運動にはさらに重要な利用法があることを、神学者のジェレミー・テイラーが述べている。「怠惰に過ごす時間をなくし、少しでも空き時間があるなら、まじめで有意義なことに使いなさい。頭を使わず身体も休ませて身も心も空っぽにしていると、つまらぬ欲望がいつの間にか入り込んでくる。身体は健康そのもので、気楽な怠け者は誘惑に抗うことができない。その悪魔を追い払うには、肉体を動かす労働がいずれも非常に有効で、絶大な効果を示す」

人生における実際的な成功は、一般的に考えられているより健康に大きく左右される。インド大反乱で活躍した〝ホドソンの馬〟のホドソンは、イギリスの友人への手紙でこのように書いている。「もし僕がインドでうまくやっていけたとすれば、それは物理的に言って丈夫な胃腸のおかげだろう」

いかなる職業であれ、長く働くなら健康な身体が必要である。したがって、知的労働に従事している者も健康に気を使わねばならない。最近の学生を見ていると、不平や不満が多く、怠惰で、現実逃避をしている傾向――そういう態度で、現実の生活を侮蔑し慣習を嫌っていることを示している――が多く見られる。

つまりイギリスでは「バイロン的気質」、ドイツでは「ウェルテル的気質」と言われる傾向であるが、これはひょっとすると、肉体的な運動をないがしろにしているせいかもしれない。アメリカでも同じような傾向が広まっていると、アメリカの牧師チャニングが指摘し次のように述べている。「わが国では、絶望という学校で成長した学生が多すぎる」。この若者に特有の病の治療法はひとつしかない。それは身体を動かす運動や活動や仕事、肉体労働をすることである。

若いときから機械を扱い労働に打ち込むことの効用は、ニュートンの少年時代のエピソードにはっきりと示されている。ニュートンはどちらかというと出来の悪い生徒だったが、ノコギリやカナヅチ、手斧を使ってなにかを作ることには熱心で、「下宿の部屋でトントンやっていた」。そのようにして風車や馬車やさまざまな機械の模型を作った。

大人になってからは、友人のために小さなテーブルや食器棚を喜んで作った。土木工学技師のスミートンやワット、スティーヴンソンもまだほんの少年のころから、ニュートンのように道具を器用に使いこなした。若いころにそういった自己修養を積んでいなければ、大人になってからあれほど多くの功績を成し遂げることができたか疑問である。

これまでのページでも、若いうちから訓練を積んだ偉大な発明家や機械工たちのことを述べてきた。彼らが発明品を工夫したり考案したりできたのは、早くから常に手を使って実践的な訓練を行っていたためだ。

労働者階級に属していた人がそこから身を起こし、もっと頭脳を使う仕事をするようになった場合でも、若いころ受けた訓練があとの仕事にも役に立つ。元鍛冶屋でのちに言語学者となったアメリカのエリヒュー・バリットは、効率よく勉強ができるようになるには、重労働が必要だと気づいた。それで、健全な心と身体を保つために、一度ならず教職や研究をいったん中止し、ふたたび革のエプロンをつけ鍛冶屋の炉と金床の前に戻った。

若いときに道具を使う訓練をすることで、常識を同時に学べるだけでなく、手や腕の使いかたを体得し、健全な作業に慣れ親しむことができるようになる。形のある実用的な機械を扱う技能を磨き、知識を得て、有用な能力を身につけ、粘り強く取り組む習慣を身体に覚えさせることができる。

この点では、労働者階級は、有閑階級より確実に有利であると言える。早くから機械を使った作業やなにかで身体を動かす仕事をする必要にかられていることで、手先は器用になり、身体の使いかたも身につけることができるからだ。

とはいえ、労働者階級にも大きな不利益がついて回る。それは肉体労働をしなければならないことではなく、身体を使う作業ばかりしているために、道徳的な考えや知的な技能が軽んじられてしまうことである。有閑階級の若者は、労働とは独創性のない作業だと教えられるので、労働を避け、実務的な知識がないまま成長する。

一方、貧困層の若者は労働者ばかりの集団で育つため、多くの若者が読み書きのできないまま成長する。だが、肉体的な訓練や労働と知的な研鑽を組み合わせれば、このふたつの害は避けられるのである。実際ヨーロッパ大陸では、このようなより健全な教育システムを採用するところが徐々に現われ始めている。

❖偉大な人物は、優れた精神と優れた肉体を備えている

専門的な知的職業に従事している人の成功さえも、身体的な健康に大きく依存しているものだ。ある記者は「偉大な人物は、優れた精神はもちろん優れた肉体も備えている」とまで言っている。法律家や政治家として成功するには、あふれる知性も必要だが、それと同じくらい丈夫な呼吸器官も不可欠である。

脳を充分に活性させておくためには、血液を循環させなければならないが、そのためにはまず大きく息を吸って、肺に取り込んだ酸素を血液に送り込む必要がある。法律家は、出世するために、空気のこもった暑苦しい法廷で何度も弁論を繰り返さなければならないし、政治のリーダーは、人でいっぱいの議場で長く気の張る議論を繰り広げ、疲労と興奮に耐えねばならない。

したがって法律家が充分に経験を積み、政治家が充分な活動を行うためには、知性より

も身体的な持久力と活力がはるかに重要なのである。このような力を著しく発揮した人物として、法律家ではブルーム、リンドハースト、キャンベルらがおり、政治家ではピール、グラハム、パーマストンらがいる。いずれも立派な胸板を持つ人物だった。

ウォルター・スコットは、エディンバラ大学在学中「ギリシャ語下手《べた》」というあだ名がつくほど成績が悪かったが、足が不自由であるほかは非常に健康な若者で、トゥイード川では最高の漁師に負けないくらい見事にサケを突いたし、ヤロウではどのハンターにも負けず劣らず暴れ馬を上手に乗りこなした。のちに文学の世界に身を投じてからも、野外スポーツへの情熱は失わなかった。『ウェイヴァリー』(万葉舎)を執筆していたときは、午前中に原稿を書き、午後はウサギ狩りをよくしていた。

詩人で鳥類学者のアレキサンダー・ウィルソンはまさにアスリートそのもので、専門の論文や詩と同じくらい見事にハンマー投げをしていたし、詩人のバーンズも若いころは跳躍や砲丸投げやレスリングで活躍していた。

高名な聖職者たちのなかにも、若いころは優れた身体能力を誇っていた人たちがいる。神学者のアイザック・バローはチャーターハウス校にいたころ、試合で何人もの相手の鼻を折った悪名高いボクサーだったし、バプテストの牧師アンドリュー・フラーも、ケンブリッジシャーのソハムで農作業の手伝いをしていた少年のころ、ボクシングがうまいと評判になった。メソジスト派の神学者アダム・クラークは子供のころ、大きな石を動かせる腕力が唯一の取り柄だった。大人になって偉大な思想を前へと動かすことができた秘訣は、そのような力強さにあるのかもしれない。

つまるところ、まずは身体的な健康というしっかりした土台作りが必要だが、学生を教育するためには、集中力を高める習慣をつけさせることも同じように重要である。「努力は万事に勝る」という格言があるが、知識を得るときとくに当てはまる。

学びの道は、知識を蓄えるのに必要なだけ努力し、研究に励もうとする人々に等しく開かれている。目標に向かう断固とした決意があれば、どれほど大きな困難でも乗り越えられないものはない。

詩人のチャタートンが彼独特の言葉で、神は人間をこの世界に送り出されるとき、労をいとわなければなんでもつかめるほど長い腕をお与えになった、と表現した。仕事と同じく、勉学においてもやる気は非常に重要だ。ウェルギリウスの詩にあるように、〝熱を帯びるほど作業に打ち込む〟必要がある。鉄は熱いうちに打てというが、鉄が熱くなるまで打ち続けることも必要である。

やる気と根気があれば、自己修養で驚くほど多くのことが成し遂げられる。だがそのためには、注意深く機会をしっかりととらえ、ぼんやりして時間を無駄にせぬようわずかな時間も有効に活用する必要がある。ファーガソンはこれを実践し、高地の丘で羊の皮にくるまって夜空を見つめながら天文学を学んだ。エドマンド・ストーンは庭師として働きながら数学の勉強をしたし、サミュエル・ドリューは靴修理の合間に高度な哲学の研究をした。そして、ヒュー・ミラーは採石場で日雇いの労働者として働きながら独学で地質学を学んだ。

❖いつの時代も勤勉さと努力が成功のカギを握る

すでに話したように、画家のジョシュア・レイノルズは勤勉の効果を心から信じていて、勤勉に忍耐強く働く根気があれば、どんな人でも素晴らしいことを成し遂げられると考えていた。骨の折れる退屈な作業こそが才能を高める道であり、芸術家の実力に限界などない。限界は労を惜しむその心にあると考えていた。

そして、いわゆるインスピレーションというものは信じておらず、ただ勉強と努力の力のみを信じていた。彼はこう言っている。「卓越した才能とは、生まれながら与えられたものではなく、努力に対する報酬として得られるものである。優れた才能があれば、努力によってそれはさらに磨かれる。並みの才能しかなくても、努力がそれを補ってくれる。目的を持って努力すればできないことはなにもないが、努力しなければなにも得られない」

政治家のファウエル・バクストンも、レイノルズに負けないくらい努力の力を信じていて、人の2倍の時間と労力を費やせば少なくとも人と同じことはできる、というつつましやかな考えを持っていた。彼の信条は「並みの手段で並外れた努力をする」ことだった。

医師のジョージ・ロスは次のように述べている。

「いつか天才と呼ばれるようになるかもしれない人を何人か知っている。彼らはみな勤勉で誰より熱心な努力家だ。天才は功績があってこそ天才と認められるものであり、功績のない天才はただの妄信であり、口のきけない予言者と同じである。

そして、優れた成果というのは時間と労力を費やした結果であり、計画や願望だけで達成できるものではなく……偉大な功績はいずれも膨大な準備作業の賜物である。努力することによって、難しいことも容易になる。最初からやさしいものなどなにもない。歩行でさえもはじめは難しかったのだから。

演説家は、演説を始めるとたちまちにぱっと燃える炎のように目に熱を込め、その唇からは高潔な言葉があふれ出る。意外な言葉で聴衆を驚かせ、その知恵と真実を見せつけて聴衆を高揚させる。しかし、その技術は忍耐強く繰り返し練習し、多くの挫折を味わったあとに習得されたものなのである」

徹底的かつ正確にというのが、勉学において目指すべき二大原則である。政治家のフランシス・ホーナーは、自己修養のさいのルールとして、ひとつのテーマを決めたらそれに集中して完全にマスターすると決め、それを習慣づけた。読む本を数冊に限定し、多くの本に手を付け、〝どれも気まぐれに読み進めるという習慣〟に陥らないよう、固い意志で自分を律した。知識の価値とは、どれだけ大量に蓄えたかではなく、その知識がどれほど役に立つかである。したがって、ほんの少しの知識でもそれが正確で完璧なものであれば、膨大な量の表面的な知識よりも、実用面では価値が高い。

「一度にひとつの仕事を完璧にこなす者は、誰よりも多くの仕事をする」。これは、イエズス会の創始者のひとりイグナチオ・ロヨラの格言である。あまりに多くのことに手を付けると力が分散してしまい、一つひとつにかける力が弱くなり、作業が遅れ、あっちをしたりこっちをしたりと断続的で非効率な仕事のやり方が習慣になってしまう。

法律家のセント・レナーズは、ファウエル・バクストンへの手紙で、自分の勉強法について書き、成功の秘訣をこのように説明している。「法律の本を読み始めるとき、得た知識をすべて完全に自分のものにするために、1冊の本の内容を完全にマスターするまでは次の本を開かないと決意した。ライバルたちの多くは私が1週間かけて読む量を1日で読んでしまう。だが1年もすると、私が得た知識は本を読んだ日と同じくらい鮮やかに記憶に残っているのに、ライバルたちの知識は記憶からすっかり抜け落ちていた」

人の賢さは、その人がどれほど勉強したのか、どれほどの数の本を読んだかで決まるのではない。目的に合った勉強をしているか、勉強しているテーマについてある程度の期間、気持ちを集中させられるか、そして、精神力をコントロールするための習慣的な訓練ができているかが大切である。

外科医のアバネシーは、自分の頭には飽和状態になる一定のポイントがあり、それを超えるような量の知識を詰め込もうとしたら、別の知識が頭から抜けてしまうとさえ言っている。また、医学の勉強に関して次のように述べている。「なにをしたいのかさえはっきりしていれば、その目的に合う手段を選ぶのはさほど難しくはない」

効率よく勉強したいなら、目的や目標をしっかり掲げて行うことだ。いかなる分野であれ、その知識をしっかりマスターしていれば、どんなときでもそれをうまく使いこなせる。したがって、さまざまな本をただ持っているだけ、あるいはどこを読めばほしい情報が手に入るのか知っているだけでは充分ではない。家にたっぷりお金を貯めていたとしても、ポケットにコインが1枚もなければ不便である。つまり、知識というコインをまとめて常に持ち歩き、いつでも使えるようにしておくべきである。そうでなければ、せっかく知識を発揮するチャンスがあっても、どうすることもできない。

決断力とすばやい行動力は、仕事の上でも自己修養においても欠かせない。このふたつの性質を育てるには、若者に自分で考えて行動する癖をつけさせることである。そうするには、若いうちから可能な限り多くの行動を自由にさせてやるのがいいだろう。手を貸しすぎたり、制限しすぎたりすると、自助の精神がなかなか育たない。泳ぎを教わっていない者に浮き輪を与えるようなものだ。

自信の欠如も、一般に考えられている以上に人の成長の障害になりうる。人生における失敗の半数は、馬が飛び出そうとしているときに手綱を引いてしまうことで起こると言われている。ドクター・ジョンソンと呼ばれた文学者サミュエル・ジョンソンは、常日頃から、成功の鍵は自分の能力に自信を持つことだと言っていた。心からのつつしみ深さと自分の取柄を充分にわかっていることとは、ちっとも矛盾したことではないし、自分の長所をすべて否定する必要はない。

暗号を解こうとしてでたらめな数字を並べるように、自分に嘘をついて根拠のない自信を持つ人もいるが、自信がなく、自分を信頼できないせいで迅速な行動ができないのも性格的な欠点であり、これは人の成長を大きく妨げる。成し遂げた功績が非常に少ない人がいるが、その理由は、一般的に試みた行為の数が少ないからである。

自己修養の末に達成したい希望にはこと欠かないが、そのために払わねばならない犠牲、つまり努力を嫌う人が多い。サミュエル・ジョンソンは「勉強するための忍耐力の不足は、現代人の心の病気だ」と見なしていたが、それはいまだに当てはまる。

われわれは「学問に王道なし」とわかってはいるが、1本くらい「抜け道」があるはずだと思っているふしがある。だからこそ、教育の場でも、少ない労力で学べるプロセスを考え出したり、科学への近道を探し求めたり、〝12回のレッスンで学べる〟方法や〝先生いらず〟の方法で、フランス語やラテン語を習得しようとするのだ。

上流階級のあるご婦人は、語学を学ぶときに「動詞や分詞で私を悩ませないこと」という条件で先生を雇ったというが、われわれだって似たようなものだ。同じような方法で生半可な科学の知識を得ているではないか。実験が目玉の短期講座を聴講して化学を学ぶ。笑気ガスを吸ったり、緑色の水が赤色に変わる様子や酸素のなかで燐《りん》が燃えるのを観察したりして、中途半端な化学の知識を仕入れるのだ。

そういう知識の多くは、なにも知らないよりはましと言えるかもしれないが、いずれにしろなんの役にも立たない。このように、なにかを学んでいるつもりで、実はただ楽しんでいるだけということも多い。

❖楽しく学ぶことの弊害

若者が努力も労力もかけずに知識を得ようとして取り入れるこのような便利なシステムは、教育とは言えない。それに心が奪われても、心が豊かになることはない。その場限りの刺激が得られ、ある種の知的な勘や聡明さは得られるが、単なる娯楽以上の目的や高度なテーマを掲げているわけではないので、しっかりした知識は得られない。

そのようにして得た知識は、つかの間の感銘や刺激を与えはするが、それだけのことである。それは単なる知性のつまみ食いとでもいうもので、知的な雰囲気は漂うが、知性とはまったく別物だ。

人間の最良の性質である知性は、懸命な努力や自発的な行動でしか目覚めず、普段は深い眠りについていて、永遠に目覚めないことも多い。ただし、突然の災難や困難によって手荒く揺り起こされることはある。その場合は、災難も天の恵みとなる。それがなければ眠り続けていたはずの勇ましい精神を目覚めさせるのに役立つからだ。

娯楽という装いをまとった知識を得ることに慣れてしまうと、若い人たちは間もなく、自ら勉強したり努力したりする機会を拒否するようになるだろう。遊びながら勉強していると、そのうち勉強のほうも遊びになってしまう。

そうして知性を浪費する癖がつき、やがてひどく軟弱な頭と人格が作り出されるのは間違いない。聖職者のフレデリック・ウィリアム・ロバートソンはこう言っている。「手当たり次第の乱読は、喫煙と同じく精神を弱くさせる。それは惰民の言い訳であり、怠惰のなかでもっとも怠惰な習慣で、ほかのなによりも人を無気力にさせる」

この楽しく学ぶ教育という害悪は大きく成長してきていて、さまざまな形で影響が出ている。もっとも小さな弊害は、その教育の底の浅さであるが、より重大な弊害は、堅実な努力を嫌悪する傾向を生み出し、精神の弱体化を促していることである。われわれが本当に賢明ならば、祖先がやってきたようなたゆまぬ努力を続けられるよう、注意深く自分自身をその環境に置かねばならない。

努力というのはいまも、そして今後もずっと、すべての価値あるものを得るために必要な対価なのである。目的を持って働くことに満足を覚えるべきであるし、その成果が出るまで我慢強く待たねばならない。

最良のものほど、それを手にするには時間がかかる。しかし、誠実に熱心に取り組む者には、やがて必ず報いがある。勤勉の精神を日常の生活で実践していれば、いずれは自分自身のためだけでなく、より尊く、より広範な人が利用できるような目的のために、その力を発揮できるようになる。

しかし、それでもなお、努力は続けなければならない。自己修養という作業は決して終わらないのだ。「なにかに打ち込んでいる者は幸せだ」と詩人のトマス・グレイは言った。また、カンバーランド主教は「さびつくくらいなら、すり減るほうがいい」と言い、フランスの神学者アルノーは「誰だってあの世でいくらでも休めるではないか」と主張した。そして、〝沈黙公〟として知られるオランダのウィレム1世の友人で、快活な働き者の神学者マルニックス・ド・サント・アルデゴンドのモットーは「ここで休むな」だった。

❖重要なのは知り得た知識をどう使うか

自らに与えられた才能を発揮してこそ、人から尊敬を得ることができる。才能がひとつしかなく、それを正しく使う者は、10の才能を持つ者と同じように尊敬される。優れた知能を備えているだけでは、莫大な遺産を受け継いだのと同じで、個人の美徳にはならない。その才能をどのように使うか、つまりその財産をなにに費やすかが重要である。価値のある目的がなくても、大量の知識を頭に詰め込むことはできる。しかし、善良でまっすぐな性格の人が賢く使うのでない限り、知識は生きてこない。

スイスの教育家ペスタロッツィは、すべての知識は正しく律された精神という土壌に根付かせ育てなければならないと主張し、知的な訓練だけを行う教育は有害だとさえ言った。たしかに、知識を得ることで卑劣な重罪を犯すことは免れるかもしれないが、知識を支える健全な信念や習慣がなければ、利己的な悪習までは防げない。

だからこそ、日常生活で、物知りだが性格が破綻している人を多く目にするのである。こういう人々は学校で学んだ知識はたっぷりあるのだが、実用的な知恵がほとんど身についておらず、お手本というより反面教師としての役割を果たしている。

このところよく使われる言い回しに〝知は力なり〟というものがあるが、狂信、圧政、出世欲も力である。知識は賢く使われない限り、悪人はさらに危険な存在になるし、知識こそもっとも価値があると見なす社会は秩序を失うだろう。

近ごろは、文学による自己修養の重要性を過大評価しすぎているふしがある。図書館や教育施設、博物館が数多くあるという理由で、自分たちが大きな進歩を遂げたかのように考えがちだ。しかし、このような施設は、非常に高度な自己修養を行っている人にとっては助けになるより妨げになっていることが多い。財産があるからと言って気前が良くなるわけでないのと同じで、図書館を自由に使えるからと言って知識が身につくわけではない。

われわれが立派な施設を備えていることは間違いないが、それでもやはり、知恵や判断力を身につけるには、これまでと同じく、よく観察し、集中し、根気よく努力するという昔ながらの道のりを進むしかないのだ。知識という材料しか持っていないことと、知恵や見識を備えていることには大きな差がある。

知恵や見識を得るには、読書よりずっとレベルの高い自己鍛錬が必要になる。読書というものは、ほかの人の考えを受動的に受け入れるだけに終始することが多く、自分の頭で積極的に考えるという作業はほとんど、あるいはまったくない。

つまり、どれほど本を読もうとも、知識という杯をちびちび飲んで楽しんでいるだけで、さしあたっては快い刺激を与えてくれるかもしれないが、精神を高めたり、心を豊かにしてくれたり、人格を形成する効果はまったくない。読書をすることで教養を深めているとうぬぼれて自分を甘やかしている人は多いが、彼らはただつまらないことに夢中になって時間を無駄にしているだけなのだ。この暇つぶしの効用は、悪事から人々を遠ざけておけることぐらいである。

もうひとつ心にとどめておく必要があるのは、本で読んだことは役に立つことも多いが、本質的には頭で学んだ知識でしかないということである。一方、実生活を通して得た経験は実のある知恵となる。実体験での経験は量が少ないが、読書で重ねた経験よりずっと価値が高い。政治家のボリングブルック卿は、これを見事に言い表わしている。

「直接的であれ間接的であれ、あることを勉強したのにより優れた人間や国民へと成長できないのであれば、それはせいぜい、見かけ倒しの巧妙に仕掛けられた怠惰である。そこから得た知識は、もっともらしく見えてなんの役にも立たない」

優れた書物は有益でためになるが、それでもやはり精神を鍛練するひとつの手段にすぎず、実際に経験したことや、良い手本を目にすることに比べて、人格の形成にはさほど役に立たない。イギリスには、読書する大衆が存在するはるか前から、賢明で勇敢で誠実な人々がいたのだ。マグナカルタ（大憲章）の制定に関わった人たちは、文字ではなく記号を使って署名した。原理を表わすために紙に書かれた文字を解読する術に長けていなくても、その原理そのものを理解し、良いものと認め、そのために勇敢に戦った。

こうして、イギリスの自由の基礎が築かれたのは、文字は読めないが素晴らしい人格を備えた人々のおかげである。だいたい自己修養の大きな目的は、ほかの人の考えで頭を満たすことでも、ものごとについて人が感じた印象をそのまま受け入れることでもなく、個々の知性を伸ばし、自分が従事している分野で役に立つ有能な人になることなのだ。それをまず認めなければならない。

イギリスで名を成したエネルギッシュで社会に貢献した人々の多くは、読書にあまり時間を割かなかった。技師のブリンドレーやスティーヴンソンは、大人になるまで読み書きを学ばなかったが、それでも偉大な功績を残し、高潔な人生を送った。

外科医で解剖医のジョン・ハンターは、20歳のころでもまだ読み書きが苦手だったが、テーブルや椅子は、その道の職人のように上手に作ることができた。この偉大な解剖医は講義のとき、学生たちに言った。「私はこれに関する本を読んだことがない」。ハンターは目の前の遺体の部位を示しながら言った。「優秀な医者になりたいのなら、研究すべきはこの遺体そのものだ」。またあるときハンターは、死語と呼ばれるラテン語やギリシャ語の素養がないことを同世代のひとりが批判していると聞いて、こう答えた。「あの男にこう言ってやろう。死語であれ、生きた言葉であれ、こと死体に関してはきみこそなにも知るまい、と」

どれだけ多くのことを知っているかではなく、その知識をなんのために使うかが重要である。知識を得るのは、知恵を豊かにして人格を磨き、より良い、より幸福で人の役に立つ人間になるためだ。高い目的を追いかけ、慈悲深く、エネルギッシュに、より効率よく活動できる人になるためだ。

〝品位を重視せずに、能力の高さばかりを褒めたたえ奨励するような悪習に陥ったら、あらゆる堕落に向かう道を進むことになる。宗教や政治についての意見はその人の品位が形になったものだから〟

われわれは自分自身で考え、行動すべきである。人の意見や行為を読んで、それについて考えるだけで満足していてはいけない。知識は生活に取り入れてこそ、考えも行動に移してこそ最大限に生かされる。

ドイツの作家リヒターが言うように、少なくともこれくらいのことは言えるようになるべきである。「原料からなにかを作るように、私は、私自身を材料にしてできるだけいいものを作り出しました。誰もそれ以上のことは望めないでしょう」

自分に与えられた責任と才能にしたがって、神の助けを借りながら自分を律し、導くこと。それが万人の務めなのである。

❖自尊心は人が装うことのできるもっとも尊いマント

自分を律しコントロールするということは、実用的な英知を身につけるための第一歩である。それらの根っこにあるのは自尊心だ。希望もそこから芽を吹く。希望は活力の伴侶であり、成功の母である。強く望む人は、自分のなかに奇跡を起こす才を得る。たとえ身分が非常に低い者でもこう言うことはできる。

「自尊心を持ち、自分を成長させること。これが私の一生の務めである。また、社会組織の一員として必要不可欠な信頼に足る人物であり、その偉大な社会やこの世界を作られた神に対し、自らの身体や精神、素質の価値を低めたり、傷つけたりしないようにする義務がある。むしろ、力を尽くして自分を形づくっているそれらの要素を、出来る限り完璧で最高の質になるよう鍛えなければならない。悪しき心を抑えるのはもちろん、善良な性質を呼び覚ますべきである。自分自身に敬意を抱くように、他人にも敬意を払わねばならないし、その人たちからも彼らの義務として敬意を払われるべきだ」

人々がこのように考え、互いの信頼や正義や秩序が生まれれば、法律は単なる記録であり、約束ごとでしかなくなるだろう。

自尊心は人が装うことのできるもっとも尊いマントであり、なによりも気持ちを高め、精神を活気づける糧となる。ピタゴラスの『金言詩』にあるいくつかの格言のなかのひとつで、弟子に命じた言葉として「自分自身を尊敬せよ」というものがある。この高潔な自尊心を備えていれば、肉欲にふけって身体を汚すことも、卑屈な考えかたで自分の精神をおとしめることもない。この考えを日常生活に活用できれば、清潔、節制、貞節、道徳心、信心などすべての美徳がそこに根づく。

「神を敬うように自分自身を敬うこと」詩人ミルトンは言った。「それは根に滋養を与える潤いや源泉となり、やがて健全で立派な精神が、どこからともなく湧いてくるのだ」。自分を卑下する人は自分自身の評価も低いが、他人からの評価も低くなる。考えかたが自虐的になると、行動もそうなる。下を向いている者に野心など抱けない。

身を起こしたいのなら、上を見なければならない。この気持ちを常に持っていれば、身分の低さや貧しさにも耐え忍ぶことができる。自尊心を保つことで、貧困自体から抜け出すことができるかもしれない。貧しい人がまっすぐ前を向き、誘惑になびくことなく、自分の品位を落とすような下劣な行為を拒絶する様子は、なにより尊い光景である。

❖なぜ教養を得るのか？

自己修養を「立身出世」の手段としかみなさないのは、自己修養の価値を下げることになる。この「立身出世」の観点で見るなら、教育が時間と労力の最高の投資先であることは間違いない。どの分野であれ、知性があれば環境になじみやすくなり、仕事の方法を改善し、さまざまな面で機転の利く腕のいい有能な人間になれる。

手はもちろん頭も働かせて仕事をする人は、より澄んだ目で自分の仕事を評価できるようになり、自分の能力が上がったことにも気づきやすい。それは、なによりも励みになる大切な感覚かもしれない。そうすれば、やがて自助の力も強くなり、自尊心が高くなるにつれ、下劣な道楽に負けない強さも身につく。社会とその動きについてまったく新たな関心が湧き、人に対する同情心も広く強くなり、自分のためだけでなく人のために働くことに関心を抱くようになる。

とはいえ、これまでさまざまな例で見てきたように、自己修養を積んだ先に、必ずしも名声が待っているわけではない。いつの世も、いくら教養豊かであっても、多くの人は平凡な職について働かねばならない。地域社会全体の教育レベルがどれほど高くても――それが望ましいものであろうとなかろうと――その社会における日々の仕事をなくすことはできないし、その仕事は果たされなければならない。

しかし思うに、それでもなにかを成し遂げることは可能である。日々の労働と高潔な思考を組み合わせることによって、労働自体の地位を高めることはできる。そしてその高潔な思考こそが、上流階級の人であれ、労働者階級の人であれ、その人に品を与えるのだ。どれほど貧しく身分が低い者でも、ひとたび思考を巡らせれば、昔もいまも偉大な思想家たちがその人のそばへ来てかたわらにすわり、しばしの間相談相手になってくれる。相手がどれほどみすぼらしい家の住人であっても関係ない。

したがって、善い目的を持って読書をする習慣を身につければ、本を読む喜びが得られるだけでなく、人として成長することもできる。そして、その習慣は穏やかな影響力を発揮して、人の人格や行動のあらゆる方面にわたって非常に有益な結果をもたらす。自己修養したからと言って富が得られるわけではないが、高潔な思想には親しめるようになる。かつて、ある貴族が軽蔑を込めて賢者に訊ねた。「これまで学んだ哲学であなたはなにを得たのです?」。賢者は答えた。「少なくとも、自分自身をよく知ることができるようになりました」

だが、多くの人が自己修養の結果にがっかりしたり落胆したりしがちである。期待していたほど早く名を上げることができないからだ。こういう人たちは、ドングリを植えれば、またたく間にカシの大木に育つとでも思っているらしい。ひょっとすると、知識を市場で売る商品のように見なしていて、期待したように売れないので打ちのめされてしまうのかもしれない。

評論家のトレメンヒーアは、1840年から1841年にかけて発表した『教育報告書』のなかで次のような話を紹介している。ノーフォークのある学校の校長は、生徒数が激減したため、その原因を調査させた。子供を退校させた親のほとんどが理由を訊かれて、次のように答えた。「教育を受けさせれば、前よりいい暮らしができるようになると期待していたが、実際にはなんの役にも立たないとわかったので、子供に学校を辞めさせた。今後いっさい教育などに煩わされるつもりはない！」

自己修養に対するこのような浅はかな考えかたは、貧困階級に限らずすべての階級に蔓延している。そして、大なり小なり、社会の風潮として常に存在している誤った人生観が、その考えかたをますます増長させている。

しかし、自己修養を、人格を洗練させ精神を豊かにする力としてではなく、世間の人々より先んじる手段や知的な気晴らしや遊戯としてしか見なさないのは、自己修養を非常に低い地位におとしめる行為である。

ベーコンの言葉を用いるなら、「知識は金儲けをしたりものを売ったりするための店ではなく、創造主の栄光を称えたり、階級の差から人々を解き放つためのもの」である。立身出世するため、階級の階段を上るために努力する人は尊敬すべき人であることは疑いがないが、自らをおとしめてまで行うべきではない。精神を単に身体の一部として扱い、単純労働しかさせないのは卑しむべき行為である。

結局、成功というものは知識の有無ではなく、細かい部分にまで配慮し勤勉に務めることで得られるものであり、成功を勝ち取れなかったからと言って己の不運を嘆き悲しむのは器が小さく心が貧しいことの証である。

このような気性の持主を誰よりも的を射た言葉で批判したのは、詩人のロバート・サウジーだ。彼は助言を求めてきた友人に次のような返事を書いた。

「役に立つというのなら助言をさせてもらうけれど、自分で病気になろうと決めた人を治す薬はないよ。善良で賢明な人も、時には世の中に腹を立てたり、嘆いたりすることがある。だが、自分の本分を果たしている人なら、世の中のせいにして不平を並べ立てたりはしない。教育があって、丈夫な身体や両目と両手があって、空いた時間もあるのに目標がないというのなら、全能の神は恵みを与える価値のない人物に、それらの恵みを与えてしまったということになる」


教育をおとしめるもうひとつの例は、教育を単なる知的な気晴らしや遊戯の手段に使ってしまうことである。昨今は、多くの人がこの風潮をもてはやしている。大衆文学がさまざまな形で表現している軽薄な刺激が熱病のように流行している。そして、この大衆の好みに合わせるために出版される本や雑誌は、いまやひどく刺激的で、滑稽で面白く、汚い言葉がふんだんに盛り込まれていて、あらゆる原理や人間性や神の教えを乱用している例が見受けられる。

劇作家のダグラス・ジェロルドは、この傾向について次のように述べている。

「世間もきっと、このなにに対してもばか笑いばかりしている風潮にそのうち飽きるはずだ。少なくとも私はそう願う。結局、人生とはなにかしら深刻な部分があるものだ。人類の歴史のすべてが喜劇であるはずがない。そのうち誰かがキリストの『山上の説教』の喜劇版を書き始めるだろう。『喜劇イギリスの歴史』や『滑稽なアルフレッド大王』、『おもしろトマス・モア卿』はどうだろう。トマス・モアの本は、娘が処刑された父の頭部を胸に抱きしめながら棺に入るという茶番劇だ。きっと、世の人々はそんな冒涜的《ぼうとくてき》な話にうんざりするはずだ」

批評家のジョン・スターリングも同じような趣旨で次のように述べている。「雑誌や小説というものは、いまの時代のすべての人、とりわけ精神が未熟で形成過程にある人たちにとって、伝染病や、水を汚染する毒や、寝室に群がる害虫以上に大きな影響を及ぼす新たな脅威である」

苦役や重大な仕事のあいまの骨休めや息抜きとして、優れた作家による良質の物語を読むのは知的な楽しみであり、階級や年齢を問わず、人の本能に強く訴えるものがある。それが文学というものである。そのような適切な量の読書の楽しみまで禁じる必要はない。

しかし、一部の者がしているように、偏った種類の本しか読まないのは考えものだ。貸本屋の棚にぎっしり並んでいるゴミのようなくだらない本を読みあさり、それらの本によく出てくる常識外れの人生を研究して余暇の大半を使ってしまうのは、なにもしないでただ無駄に時を過ごすよりなお悪い。そういう読書は明らかに害悪である。小説ばかり読んで嘘の感情に身を任せていると、健全で有益な気持ちがゆがめられたり、麻痺してしまうという大きな危険性がある。

ある陽気な男が、ヨーク大主教に言った。「悲劇はぜったい観に行きません。心が疲れきってしまいますから」。小説を読んで哀れみを誘われたとしても、それは行動にはつながらない。それが引き起こす感情によって現実に誰かの世話を焼いたり、自分に負担がかかったりするわけでもない。

だから、作り話に感動してばかりいると、そのうち現実の出来事に無感覚になってしまうかもしれない。人格という鋼《はがね》が徐々にすり減っていき、知らぬ間に重要な弾力がなくなってしまう。「頭のなかでいくら美しい美徳の絵を描いても」バトラー主教は言う。「必ずしも美徳がその人の習慣として身につくわけではない。むしろ、頭が固くなり、やがてなにも感じなくなる」

❖娯楽に溺れ、ふやけきった精神ほど有害なものはない

適度な娯楽は健康的なことであるし、勧められるべきことだ。しかし、過度の娯楽はその良さがすっかり失われてしまうので、注意深く避けるべきである。「勉強ばかりして遊ばない子はだめになる」という格言がよく引用されるが、遊んでばかりで勉強しない子はもっとだめになる。娯楽に溺れてふやけきった精神ほど若者に有害なものはない。精神のもっとも美しい部分が損なわれ、一般的な楽しみでは物足りなくなり、質の高い楽しみを追う欲求が失われる。

そうなると、やるべき仕事や果たすべき義務を前にしたとき、湧き起こるのは嫌悪感や

うんざりした気持ちだけという結果になる。放蕩者は生命力を無駄に使い果たしてしまい、真の幸せの源泉を枯らしてしまう。そういう人は源泉をふさいでしまうので、人格や知性の健全な成長が止まる。純真さのかけらもない子供、世慣れた少女、誠実さのない少年は、やりたい放題で若さを無駄使いしてしまった人に負けず劣らず哀れなものだ。

フランス革命の中心的指導者ミラボーは、自分自身についてこう語った。「若いころのたった数年間で、その後の生活に残すはずのかけがえのないものを使い果たし、生命力の多くを無駄にしてしまった」

今日、人に悪いことをすれば、明日はわが身に返ってくるものである。同様に、若者のころにしでかした罪に、大人になってから苦しめられる。「力というものは年寄りになるまで保っておくべきものだが、多くの人が若いころに使いすぎてしまう」。ベーコンのこの言葉は、身体的な面はもちろん、日常の振る舞いに大きな影響を与える精神面についても当てはまる。

イタリアの詩人ジュスティは、友人へ宛ててこう書いた。「はっきり言って、僕は生活するために大きな代償を払っている。人生は思いどおりにならないと言うが、まさにそのとおりだ。始めは天からの無償の恵みだと思っていたら、あとできっちり勘定が送られてくるのだから」

青春時代の軽率な行いでもっとも大きな害は、健康を損なうことではなく、自らの人格を傷つけてしまうことだ。放蕩の限りを尽くした若者は性根の腐った大人になる。そうなるといくら本人が望んだところで、健全な心を取り戻すのは難しい。治る見込みがあるとすれば、責任感という熱い精神をその頭に吹き込み、人の役に立つ仕事に精魂込めて打ち込ませるしかない。

才能あふれるフランスの作家で生まれつき聡明だった男、それはバンジャマン・コンスタンだ。だがコンスタンは20歳にして人生に嫌気がさし、普通に努力して自制心を保っていれば達成できたであろう偉業を成しえぬまま、その後の人生を延々と嘆き悲しむだけで終えてしまった。さまざまなことをやろうと決心するものの、なにもやり通したことがなかった。人々は彼のことを「コンスタン・ザ・インコンスタン（気まぐれなコンスタン）」と呼んだ。流麗な文を書く優秀な作家で、いつか〝世に残る〟作品を書きたいという野心もあった。だが残念ながら、胸に高い理想を抱きながらも、実際の生活は荒みきっていた。本の内容は高尚だったが、実体はそれに伴わず低俗な生活を送っていた。宗教に関する本の執筆準備をしながら賭博場に通い、代表作の『アドルフ』（岩波書店）を書いている間も、いかがわしい密通を続けていた。知性は光っていたが、人格は破綻《はたん》していた。美徳など信じていなかったのだ。

彼は言った。「名誉や尊厳がなんだ。歳を取るほどに、そんなものには露ほどの価値もないことがはっきりしてきた」。これぞ負けイヌの遠吠えというやつである。コンスタンは自分のことを次のように表現した。「悲惨と憂うつを連れて地上を影のように這う塵《ちり》や灰のようなものだ」。フランスの哲学者ヴォルテールのような力強さに憧れ、才能よりも強さがあればと願っていた。だが、目的に向かう意志の強さはなく、願望はただの願望でしかなかった。

若くして活力を失った彼の人生は、中途半端な仕事の連続だった。彼自身、自分のことを風に吹かれてふらふらしている一本足の男と表現し、信念も一貫した倫理観もないと認めている。それゆえ、素晴らしい才能を備えていたにもかかわらず、なにかを成し遂げる努力をせず、何年も惨めな生活を続けたのち、力尽きて哀れな最後を遂げた。


フランスの歴史家で『ノルマン征服史』の著者オーギュスタン・ティエリの人生は、コンスタンの人生とは対照的である。彼は生涯にわたって常に根気強い努力家で、自己修養を欠かさず、知識への飽くなき探究心に満ちた男で、手本とするにふさわしい人物である。研究の途上で視力を失い、健康な身体も失ったが、真実を求める心は失わなかった。あまりに身体が弱り、部屋から部屋へ移動するときも赤ん坊のように看護師に抱えてもらわねばならなくなってからも、勇気を捨てずめげなかった。目が見えず、身体も弱っていたが、歴史家としての人生を次のような高潔な言葉で締めくくっている。

「学問が国益として見なされるならば、戦場で手や足を失った兵士に負けないくらい私も国への貢献を果たしたと言える。私の著した書物の運命がどうなるかはわからないが、私の人生は手本としてこの先も残ることを願う」

それによって、この時代の病とも言える倫理観の低下に抵抗できれば幸いだ。崇拝や賛美の対象を見つけられず、それに対する信頼を失い、なにをすべきかわからず、あてどなく探し回るものの、やはり見つからないと不平を漏らす無気力な魂を持つ人たちを、正しい人生の道へと連れ戻す一助となることを願う。なぜ、それほど苦々しげにこの世は息苦しいとか、頭を使う場所がないなどと言うのか。穏やかにまじめに勉強する余地はないのか。そこに心の拠り所や希望はないのか。誰もが到達できる場所ではないのか。一生懸命に勉強していれば、知らぬ間に悪夢のような日々は過ぎていく。誰でも自分の運命は自分で切り開くことができるし、誰でも自らの人生を尊いものにすることができるのだ。

これこそが私の成し遂げたことで、もう一度人生をやり直さなければならないとしても、同じ人生を歩むだろう。今日の私があるのは、これまでの人生があってこそなのだから。失明し、治る見込みのない病に苦しみ、安息の日などほとんどないに等しいが、自分の信じるこの言葉を伝えたい。この世界には、肉欲的な喜びや財産や健康よりも素晴らしいものがある。それは知識の追求である」

❖才能豊かでも勤勉さが欠けていてはただの人

詩人のコールリッジは、いろいろな面でコンスタンとそっくりだ。コンスタンのように豊かな才能を持っていたが、同じように目標に向かう意志の力が弱かった。優れた知的才能に恵まれていたが、勤勉という性質が欠けていて、こつこつ努力するのが嫌いだった。また独立心もなく、自分の妻と子供の面倒を義兄で詩人のサウジーに見てもらっていながら、それを不名誉とも考えず、自分はハイゲートグローブの屋敷に引きこもって弟子たちと哲学を論じ、ロンドンの騒音と煙にまみれながら、誠実に働いている人たちを高台から見下して軽蔑していた。

仕事で得た自由になる金があるのに、友人からの施しを平気で受けた。哲学については高尚な考えを持っていたが、多くの労働者さえたじろぐような、へりくだった卑屈な態度を取った。サウジーの精神とは似ても似つかない。

サウジーは自分が選んだ仕事だけでなく、退屈でつまらない嫌な仕事も引き受けた。混じり気のない知識欲から、熱心に知識を追い求めて蓄積した。毎日、毎時間、なにかするべきことがあった。締め切りが厳しい出版社と契約し仕事をして、大家族を養うための費用を捻出した。ペンを止めている間に育つ収穫物はなかったからだ。彼はよくこう言っていた。「私の進む道は国道のように広いが、私の財産はインクスタンドのなかにある」

詩人のロバート・ニコルは『コールリッジの思い出』を読んだあと、友人への手紙にこう書いている。「あの男はなんと素晴らしい知性を無駄にしたことか。少しのやる気と少しの決意、それが足りなかっただけなのに」

ニコル自身は、誠実で勇敢な精神の持ち主だった。若くしてこの世を去ったが、人生でさまざまな困難に直面し、それに打ち勝った。最初は小さな本屋をやっていたが、わずか20ポンドの借金に押しつぶされそうになっていた。ニコル自身の言葉で言うと、〝肩に大きな石うすが乗っているような〟気分を味わった。そして彼は「この借金を払ったら、もう金輪際、誰からも借金などしない」と言った。

そのころ母に宛てた手紙でこのように書いている。「母さん、僕のことは心配にはおよびません。僕の精神は日に日に強くなり、頼もしくなってきているのを自分でも感じるのです。じっくり腰をすえて思索していると――本を読むのではなく考えるのが僕の仕事だから――裕福になれるかどうかはわからないけれど、どんどん賢くなってきているのはわかります。金持ちになるより賢くなるほうがずっといい。

苦痛や貧困、その他の困難が野獣のように襲ってきたとしても、ほかの人なら恐れおののくかもしれませんが、僕は震え上がったりしません。自尊心や運命を信じる心や信仰を失ったりせず、大胆にその野獣の顔を見つめ立ち向かうことができます。人生にはなにか峠のような地点があるように思います。

そこは精神的な苦痛や苦労という犠牲を払ってやっとたどり着けるのですが、いったんたどり着いたら、旅人がそびえ立つ山からふもとを眺めるように、下界を見下ろすことができるのです。下では嵐が吹き荒れているのに、そこでは日の光を浴びながら歩くことができます。まだそのポイントにたどり着いたとは言えませんが、日に日に近づいていると感じています」

❖失敗から多くを学び、人は成長する

人を成長させるのは、くつろぎではなく努力であり、便利なシステムではなく困難である。身分の上下に関係なく、困難に直面し打ち勝つことなくして、ある程度の成果を達成することはできない。困難は最高の指導者であるが、それと同じく、失敗もその多くは非常にいい経験になる。

政治家のチャールズ・ジェームズ・フォックスは、順調にキャリアを積み上げている人よりも、失敗しても進み続ける人のほうが見込みがあると常々言っていた。彼はこう断言している。

「はじめてしたスピーチが上手ですぐに評判になった若者がいたと聞けば、それはそれでいいことだと思う。その若者は、そのまま前を向いて進み続けるかもしれないし、最初の勝利に満足しきって、そこで成長が止まってしまうかもしれない。だが、最初の試みが失敗しても、めげずに前へ進もうとする若者がいたらどうだろう？　私ならこっちの若者に賭ける。最初からうまくいった多くの人より、はるかに大きな功績を残すはずだ」

成功よりも失敗からのほうがもっと多くの知恵を学べる。なにをすべきでないかを知れば、なにをすべきかがわかるからだ。一度も間違えない者はそれに気づきもしない。気圧の原理の研究もある失敗がきっかけだった。水面から10メートル以上の高さにある作業用バケツにポンプで水を汲み上げようとして失敗したことで、観察力の鋭い人が気圧について研究し始め、それはやがて新たな研究分野となり、ガリレオやトリチェリ、ボイルといった天才たちに受け継がれたのである。

また外科医のジョン・ハンターは、医者が勇気を奮い起こして、成功だけでなく失敗も発表するようにならない限り、外科の技術は進歩しないとよく言っていた。蒸気機関の技師ワットは、機械工学になによりも必要なものは失敗の歴史だと述べ、「失敗ばかり集めた本が必要だ」と言った。化学者のハンフリー・デイヴィーはあるとき、器用に整然と行われた実験を見てこう言った。「私は、器用で整然とした人間でないことを神に感謝したいね。重要な発見のほとんどが、失敗からヒントを得たものだから」

別の優れた物理分野の研究者は、研究の過程で見つかった一見乗り越えられそうにない障害の多くが、ある発見のきっかけになったと書いている。思想であれ、発見であれ、発明であれ、偉大な功績は困難のなかで芽吹き、悲嘆のなかで育ち、苦労の末にようやく花開くものなのだ。

ベートーベンはロッシーニについて次のように述べた。「優れた音楽家になる素質はあるが、子供のころに充分苦労してこなかったのが残念だ。なんでもそつなく演奏してきたせいで、せっかくの才能をだめにしている」

自分に才能があると自覚している者は、厳しい批判を恐れる必要はない。それよりはるかに恐れるべきは、大げさな称賛ややたらと好意的な評価である。メンデルスゾーンは、バーミンガムのオーケストラで代表作の〈エリヤ〉を初演するにあたって、批評家でもある友人のひとりに笑いながら言った。「さあ遠慮なくこき下ろしてくれ。どこが良かったかではなく、どこが悪かったかを聞かせてくれ」

将軍の技量が試されるのは、勝ったときではなく負けたときだと言われているが、まさに本質をついた言葉である。ワシントンは戦いに勝った数より負けた数のほうが多かったが、最終的には勝利を収めた。古代ローマ人の戦も、たいてい劣勢で始まって最後に勝つことが多かった。フランスの将軍モローなどは、同僚から太鼓に似ていると揶揄《やゆ》されていた。彼の名前は打ち叩かれたときにしか聞こえてこないというわけだ。

ウェリントン将軍の戦術の才能も、ほとんど圧倒されそうな難局に立ち向かううちに磨かれた。ウェリントンは形勢が厳しくなるとかえって負けん気をかき立てられ、人として、将軍として、卓越した資質をますます輝かせた。同じように、熟練した水夫も嵐や荒波のなかで素晴らしい経験を積み、独立心や勇気や強い自律心を磨く。そしておそらく、イギリスの荒い海と冬の夜に鍛えられたからこそ、イギリスの水兵たちは、世界のどこにも負けない力を得たのである。

❖逆境のときこそその人の本当の力が明らかになる

貧困というものは実に厳しい教師だが、たいていは最高の教師でもある。逆境という試練に出会うと、われわれは知らぬ間に身を縮めてしまうが、出会ってしまったからには、敢然と立ち向かわねばならない。詩人のバーンズはそれを見事に言い表わしている。

> 喪失や苦難は
> 非常につらいレッスンだが、
> それを終えれば、
> ほかでは得られない機知が得られる

「逆境も考えかたによっては甘美なもの」という言葉がある。逆境のときこそ、その人の力が明らかになるし、やる気が刺激される。その人の性質が本当に価値のあるものなら、すりつぶされたハーブが馥郁《ふくいく》とした香りを放つように、押しつぶされそうなときほど真の力を発揮するものだ。古いことわざでも「苦難の道は天国へと続く階段」と言っているではないか。

ドイツの作家リヒターはこのような問いを発した。「人は貧しくなると不平をもらすが、貧しさとはいったいなんだろうか。少女が耳にピアスの穴を開けるときの痛みのように、貧しさという苦痛を乗り越えてこそ、貴重な宝を手にすることができるものだ」。逆境は精神を強く鍛える健やかな訓練であり、それによって人々は自分を守れるようになる。

貧困に見舞われても果敢に耐え、障害にも雄々しく立ち向かえるのに、そのあとで、富というより危険なものから誘いの手が伸びてくると、あえなく屈してしまう人は多い。風にコートを取られてしまうのは弱い人間のみだが、弱い人でなくても暖かい陽の光に照らされると、コートを手放してしまう危険がある。つまり、逆境のときよりも幸運に恵まれているときのほうが、より強い自律心と意志が必要になる。

富を得ると気前がよくなる人もいるが、多くの人は財産を得てもそのような影響は受けない。富はもとの性質を強くするだけのことで、ケチで卑しかった人はケチで傲慢な人になる。富はうぬぼれを助長しがちだが、逆境は人が抱いている強い決意を不屈の精神へと鍛え上げてくれる。

政治家のバークの言葉を借りるなら、「困難とは、守護者であると同時に指導者でもある神の至上命令によって遣わされた厳しい教官である。この教官は、われわれ以上にわれわれを深く理解していて、われわれ以上にわれわれを愛してくれる。われわれと対峙して、精神を鍛え、技術を磨いてくれる。ゆえにこの困難という敵は、支援者でもあるのだ」

困難と向き合う必要がなければ、もっと楽に生きられるようになるが、人間としての価値は下がるだろう。試練についても、賢く生かせば精神が鍛えられ、自助の精神が育まれる。みなそうと気づいてはいないが、困難は、われわれにとってもっとも健康的な鍛錬となることが多い。

ホドソンは、インドで不当に軍隊を除隊させられたとき、行き過ぎた中傷や非難に押しつぶされそうな気分だったが、友人にこのように言う勇気は残っていた。「僕は戦場で敵に出会ったときのように、この最悪の状況に果敢に真正面から向き合っている。与えられた仕事に強い決意で臨み、自分の能力を精一杯発揮して、すべてのことにはなにか理由があるのだと自分に言い聞かせている。つまらない任務でも無事やり遂げればそれなりの見返りが得られるし、たとえ見返りがなくても、責任は果たさねばならない」

人生という戦いでは、苦戦を強いられることも多い。だが、楽に勝てた戦いで名声は得られない。困難なきところに成功はなく、目標なきところに達成はない。困難を目の前にすると、心の弱い人は縮み上がるが、意志の強い勇猛な人にはいい刺激になる。人類のこれまでの歴史から見ても、人の成長の過程で現われる障壁はほとんどの場合、善意による行動、誠実な熱意、活力、忍耐があれば乗り越えられることは明らかだが、なにより重要なのは、困難を乗り越えてやるという固い決意であり、不運にめげず雄々しく立ち向かおうとする精神なのである。

困難という名の学校は、精神を鍛えるには最高の学校である。それは個人だけでなく国家にとっても同様だ。たしかに、困難に見舞われた歴史は、人々が成し遂げてきた偉大な素晴らしい功績の歴史でもある。イギリスのような北に位置した国はほかの国より天候が荒くて変わりやすく、もともとの土地がやせている。それがどの程度の困難をもたらしているかを明らかにするのは難しいが、これらの条件がある種の困難であることには違いない。陽光が豊かな国の人々には想像もつかないような、延々と続く戦いを強いられるのだから。

だからこそ、イギリスで優れた製品と言えば、もとは外来品が多かったが、イギリス国民はそれらの製品をさらに改良した国産品を生み出すことができたのかもしれない。そして、その製品に発揮された技術と勤勉さが、人々の成長を促し、世界に並ぶもののない国民を作り出したのである。

いついかなるときであれ、困難に見舞われたときにこそ、良くも悪くもその人の人間性が出るものだ。困難に立ち向かうことで精神力が鍛えられ、腕が磨かれもする。またそれによって、次に現われる困難に立ち向かう自信が生まれる。ちょうど、ランナーが坂道を走って体を鍛えておくと、コースを楽に走れるようになるようなものだ。成功への道は急勾配の坂道で、頂上にたどり着けるだけの気概があるかどうかが試される。

しかし経験を重ねると、障害は正面から向き合えば乗り越えられるものということがわかってくる。トゲのあるイラクサも、思い切ってつかんでみると絹のように柔らかいものだ。「達成できる、達成してやる！」と固く決意することが、目標を達成するさいのなにより効果的な後押しになる。したがって、困難に出会ったときは、必ずそれを乗り越えると決意するだけで、困難がいつの間にか消えてしまうことも多い。

試してみると、意外といろいろなことができてしまうものだ。やってみなければ、どれだけのことができるかなど誰にもわからない。だがほとんどの人は、やらざるを得なくなるまで、やってみようともしない。「あんなことやこんなことができたら」とがっかりしたようにため息をついている若者がいるが、願っているだけではなにもできない。望みを叶えるための目標を立て、それに向かって努力しなければならないのだ。

強い心で臨む1回の試みのほうが、1000の野望よりずっと価値がある。これらの野望はいわば、厄介な「……だったらいいのに」の山――つまり、無力で絶望的な愚痴――である。可能性という畑の周りに塀を巡らし、目標の達成はおろか、それを試みることさえできないようにしてしまう。

法律家のリンドハースト卿は「困難は打ち勝つためにある」と言う。すぐに対決すれば、戦いはそのうち容易になる。繰り返し努力していると精神力がつき、不屈の精神が出来上がる。こうして精神と人格がほぼ完璧と言えるほどまでに鍛えられると、同じような苦労を経験したことのない人にとっては理解できないことだろうが、そうした困難に出会っても、優雅に、快活に、そして意のままに対応できるようになる。

困難を克服することで、われわれはさまざまなことを学ぶ。困難をひとつ克服すれば、その経験が別の困難を克服するときの助けになる。教育のなかには、一見あまり価値がないように見える学問がある。たとえば、ラテン語や古代ギリシャ語など死語と呼ばれる言語や、数学と呼んでいる線と面積にまつわる学問など。

しかし、これらの勉強にも、実用的で大きな価値はあるのだ。それは、勉強によって得られる情報ではなく、勉強を通してその人の成長が促されるという点である。これらの学問をマスターすることによって、これらを学ばなければ目覚めなかったかもしれない集中力や応用力が身につくのだ。

このようにしてひとつ学べば、それが次の学問へとつながり、人生が続く限り勉強も続く。困難との対峙が終わるのは人生が終わり、自己修養が終わるときである。意気消沈していても、困難に打ち勝つ助けにはならないし、そのままでは決して乗り越えられない。フランスの哲学者ダランベールは、数学の初歩がなかなかマスターできないとぼやく学生に適切な助言を与えた。「とにかく、どんどん解いてみることだよ。そうすれば、おのずと自信と力がついてくるものだ」

つま先でくるくると回るバレリーナも、ソナタを演奏するバイオリニストも、根気よく何度も練習し、多くの失敗を経てその技術を自分のものにしている。イタリアの作曲家カリッシミは、心地良く優美な旋律だと賛美されたときにこう叫んだ。「ああ、この心地良い音楽を生み出すことがどれほど困難なことか、とても想像できますまい」。画家のジョシュア・レイノルズは、ある絵を描くのにどれほど時間がかかったかと訊かれ、こう答えた。「生まれてからずっと」。

アメリカの演説が得意な政治家ヘンリー・クレイは、演説の腕を上げるための秘訣として、若者に次のような助言をしている。「私が成功したのは、27歳のときから数年間練習を続けたおかげです。毎日、歴史や科学の本を読んで、その内容について演説しました。これはどこでもできる練習なので、トウモロコシ畑や森ですることもあったし、ときには家から離れた家畜小屋で、馬や牛を相手に話すこともありました。このように若いころに演説の練習をしたことが、私を前へと進ませる原動力となり、その後のすべての運命を決定づけたのです」

同じく雄弁家として知られるアイルランドの政治家カランは、若いころは吃音《きつおん》に悩まされ、学校でもそのことでからかわれていた。法律の勉強に打ち込んでいるときもなお、その障害を乗り越えようと苦労しているところだった。

そんなとき弁論部の仲間に「無言の雄弁家」と皮肉られたことがきっかけとなって、カランは弁舌の腕を上げることを決意した。そのあだ名は、以前、意見を言おうと立ち上がったものの、詩人のクーパーのようにおじ気づいてひと言も言葉を発することができなかったときにつけられたものだった。だがふたたびあざけりの言葉を聞いたとき、奮起したカランは流れるように言葉を発することができた。

こうして偶然に見つけた演説の才能に後押しされるようにして、カランは改めて政治の世界へ進む決意を固めた。文学作品の名文を大きな声ではっきり読んで発音を直し、鏡の前で自分の顔の特徴を研究し、ぎこちなくて武骨な振る舞いを直すためにジェスチャーの手法を取り入れた。また、裁判の場面を想定して、陪審員に話しかけるように注意深く議論する練習もした。

やがてカランは、大法官のエルドン卿が言う「身を立てるためにまず必要なもの」、つまり弁護士の資格を取って仕事を始めた。しかし、その仕事は「1シリングにもならない」ものだった。カランは弁護士としての道を懸命に進みながらも、弁論部で乗り越えたはずの気おくれにいまだ圧倒されていた。

そんなあるとき、ロビンソン判事に挑発されて、非常に厳しい反論をしたことがあった。審議中のその裁判で、カランは「私が持っている本のなかに、閣下がいまおっしゃったような法律は見当たりません」と主張した。「そうかもしれんな」と蔑むような口調で判事は言った。「だが、貴君の蔵書が少なすぎるのではないかね？」。ロビンソン判事は過激な政治活動をしていることで悪名が高く、暴力的で独断的な意見の詰まった時事論文を匿名でいくつか発表していた。

自分が困窮していることを揶揄《やゆ》するような判事の言葉に奮起したカランは、こう応酬した。「閣下、おっしゃるとおり私は貧しく、蔵書もたしかにささやかなもので、数多くはありません。ですが、厳選されたそれらの本を、私はじっくり読み込んでいます。膨大な量のくだらない本を読むのではなく、数少ない良書をじっくり研究することで、この高い専門性を要する仕事のために常に準備万端整えています。

また、私は貧乏であることを恥じてはいません。ですが、卑しい行為や不正を行い、富を得るために自分をおとしめるようなことをしていれば、裕福であることを恥じるべきでしょうね。高い身分になれなくても、少なくとも正直であろうとしています。さもなければ、よくそういう例を見かけますが、不正を働いて人の気を引いて出世する、どこにでもいる悪名高い下劣な人間になってしまいますから」

❖自己修養に打ち込んだ努力家たち

究極の貧乏に陥っていようとも、自己修養に取り組んでいる人の道は妨げられない。言語学者アレクサンダー・マレー教授は、羊毛を梳《す》くための道具に燃えさしの小枝で字を書いて文字を覚えた。家にあった唯一の本は、貧しい羊飼いの父親が持っていたキリスト教の『小教理問答書』だけだった。だが、1ペニーしかしないその本さえも貴重とされていて普段は使わず、食器棚に大事に保管し合って、手に取るのは日曜学校のときだけだった。

グラスゴー大学でギリシャ語の教鞭をとるムーア教授は若いころ非常に貧しくて、ニュートンの『プリンシピア』（講談社）を買えなかったため、借りた本を手書きですべて写した。貧しい学生の多くは、生活するために毎日働きながら、鳥たちが冬の間一面の雪原になった畑で餌を探すように、仕事の合間に知識のかけらを少しずつ集めていくしかない。だが、そうやって努力を続けているうちに自信と希望が生まれる。

エディンバラに住む有名な作家で出版業者でもあったウィリアム・チェンバーズは、エディンバラ市に集まった若者に、貧しかった若いころの話を簡単に話してきかせ、青年たちを励ました。

「いまあなたがたの目の前に立っているのは、独学で学んだ男です。私が受けた教育は、スコットランドの小さな教区学校で受けたものだけでした。エディンバラに来てやっと、はじめて勉強らしい勉強をしました。非常に貧しかったので昼間は働かねばならず、仕事が終わったあとの夜の時間を利用して、神から恵まれた知性の修養にいそしみました。朝の7、8時から夜の9、10時ごろまで書籍商の見習いとして働いていたので、仕事のあとの時間は、眠りに取られる以外は勉強の時間に当てていました。小説は読みませんでした。物理学やほかの実用に役に立つものを集中して勉強し、独学でフランス語も学びました。

これらはいまも楽しく思い出されますし、もうあのような経験をする必要がないのが残念なくらいです。なぜなら、優雅で快適なものに囲まれて居間にすわっているいまよりも、ポケットに6ペンスさえもなく、エディンバラの屋根裏部屋で勉強していたときのほうが、ずっと満ち足りていたからです」

ジャーナリストであり政治家でもあったウィリアム・コベットが、いかにして英語の文法を学んだかという経験談は、働きながら学んでいるすべての貧乏な学生の興味を引くだろうし参考にもなるだろう。

「文法を勉強していたとき、私は軍隊にいて、日給6ペンスの兵卒でした。寝棚やベッドの端が私の書斎で、ナップサックが本棚、膝の上の板切れが机でした。文法の勉強は1年もかかりませんでした。ロウソクやランプのオイルを買う金もなく、冬場は暖炉の火が唯一の灯りでしたが、それさえ順番にしか使えませんでした。

こんな環境で、助言や励ましをくれる親や友人もなく、勉強を終えることができたのですから、若者たちにどんな言い訳ができるでしょうか。貧しいから、仕事が忙しいから、部屋や環境が整っていないから。そんな言い訳は通用しません。

私は1本のペンや1枚の紙を買うために、もとからほとんど食べていない状態だったのに、さらに食事を抜かなければなりませんでした。独りになれる時間はいっときもなく、自由時間には、少なくとも十数人の思慮の足りない男たちがしゃべったり、笑ったり、歌ったり、口笛を吹いたり、喧嘩をしたりしている横で、読んだり書いたりしなければなりませんでした。ときおり買わねばならないインクやペンや紙にかかる小銭もばかになりません。その小銭でさえ、私にとっては大金でした。

そのころはいまと同じくらいの背丈になっていて、大変健康でしたし運動量もかなりのものでした。ところが、必要な費用を支払って手元に残る額は各自週2ペンスでした。そのころ、忘れがたい、いや忘れられない出来事がありました。ある金曜日でした。必要な物をすべて買ったあと、私はなんとかやりくりして半ペニーだけ取っておきました。翌朝それで燻製ニシンを買うつもりだったのです。

ところがその夜、生きていけないほどの空腹を抱えながら服を脱いだとき、その半ペニーがなくなっていることに気づいたのです。私は、薄っぺらいシーツと掛物を頭までかぶって子供みたいに大泣きしました。もう一度言います。こんな状況でも、苦難と正面から向き合ってそれを乗り越えられた者がいるのですから、世界のどこにいる若者であれ、行動を起こせない理由などありません」

もうひとり、根気強く努力を続けて勉強に打ち込んだコベットに劣らず印象的な人の話を聞いたことがある。フランスからロンドンに移り住んだひとりの政治亡命者の話である。彼のもともとの職業は石工で、イギリスでもしばらくは石工をしていたが不景気になって職を失うと、貧困の一歩手前の状態になった。困った男は、フランス語を教えて相当な収入を得ている亡命者の仲間に会いに行き、生活費を稼ぐためになにをすべきかを相談した。友人は答えた「教師になればいい」「教師だって?」石工は答えた。「僕はただの職人で、方言しか話せないのに?　冗談を言うなよ」「冗談なものか、本気で言ってるんだ」友人はこう続けた。「もう1度助言してやる。教師になれ。僕に託してくれるなら、教授法を教えると約束する」「いや、だめだ」石工は言い返した。「無理だよ!　学ぶには年を取りすぎているし、生徒になるには学がなさすぎる。教師になどなれるわけがない」石工は立ち去り、もう一度石工の職を探した。

ロンドンから地方へ向かい、数百キロを巡ったが無駄だった。働き口はひとつも見つからなかった。ロンドンへ戻るとすぐに助言をくれた友人に会いに行き、こう言った。「仕事を探してどんなところへも行ってみたがだめだった。こうなったら、教師を目指すよ」

そして、石工は間もなく友人のもとで勉強を始めた。男は努力家で飲み込みが早く、頭の回転も良かったので、文法の基礎から、文の構造や組み立てかたの規則、（まだまだ大いに学ぶ余地のあった）標準的なフランス語の正しい発音まで、あれよあれよという間に習得してしまった。

先生でもある友人から、人を教えられるほど充分力がついたと認められると、広告で募集が出ていた教師の職に応募して採用された。こうしてついに、職人だった男は教師になった。偶然にも、彼が教職を得た神学校は、前に石工として働いていたロンドン郊外の村にあった。そして、毎朝更衣室の窓から眺める家々の風景でまず目に飛び込んでくるのは、自分が以前作った多くの煙突だった。

しばらくの間、あれは以前働いていた石工ではないかと村人に知られはしないか、それで信頼の厚いこの神学校の評判が落ちはしないかと心配していた。だがその心配は無用だった。彼は非常に優秀な教師で、彼が教えた生徒たちは、一度ならず公の場でフランス語が流暢だと称賛されていた。そして、もと石工の教師は、彼の人となりを知った人々みなから――生徒はもちろん同僚の教師たちからも――尊敬と友情を勝ち取った。さらに、彼が困難を懸命に乗り越え教師になった過去の話が知れわたると、ますます尊敬されるようになった。

法律家のサミュエル・ロミリーも、自己修養に打ち込んだ不屈の努力家としてはこの石工に負けてはいない。父親は宝石職人で、フランスからの亡命者だった。サミュエル・ロミリーは子供のころほとんど教育を受けずに育ったが、不屈の精神で困難を克服し、たゆまぬ努力でひとつの目標を追求した。

では自伝を見てみよう。「15歳の半ば、私はラテン語を真剣に学ぼうと心に決めた。当時はラテン語の初歩的な文法を少し聞きかじったことがある程度だった。しかし、3、4年間必死で学び、古代ローマ時代の散文作家の作品はほとんど読んだ。読んでいないのは、ウァロ、コルメラ、ケルススといった専門的なテーマしか扱っていない作家くらいで、リウィウスやサッルスティウス、タキトゥスの書いたものなどは3回ずつ通して読んだ。キケロの名高い演説を研究し、ホメロスの詩の大半を翻訳した。テレンティウス、ウェルギリウス、ホラティウス、オウィディウス、ユウェナリスの詩は何度も読み返した」

ロミリーは地理や博物学、自然科学の勉強もしたし、相当な量の一般的な知識も身につけた。16歳で大法院の事務官の見習いとなり、一生懸命に働き、弁護士の資格を得た。地道によく働いたので、成功するのは確実だった。1806年にフォックス政権のもとで法務次長に任命され、堅実に実績を積み上げ、法律家として非常に高い名声を得た。

それでもなお、自分には充分な能力がないのではないかという痛ましい強迫観念に常にとらわれていて、その思いから逃れるために努力し続けた。ロミリーの自伝は、ためになる事実や、気持ちのこもった言葉が詰まった教科書とも言えるような作品であり、じっくり読み込む価値がある。

ウォルター・スコットが、いままで出会ったなかでもっとも忍耐力のある人物としてよく例に挙げたのが、若くして亡くなった友人で詩人のジョン・レイデンだ。レイデンは、ロクスバラシャーの荒涼とした谷間で羊飼いをしていた父のもとに生まれ、ほぼ独学で知識を身につけた。

レイデンと同じように、スコットランドの羊飼いの息子たちには、独学で身を起こした人が多い。たとえば詩人のホッグは、丘陵で羊の番をしながら本の文字を書き写して書きかたを学んだ。神学者のケアンズはランマームーアの羊飼いから身を起こし、懸命の努力の末、いまの教授の座を得た。

言語学者のマレーや天文学者のファーガソンなどまだまだ実例には事欠かないが、レイデンも早くから知識を欲する気持ちが強かった。貧しくて靴もない子供だったが、毎日荒野を10キロほども歩いてカークトンの村にある学校まで通い、読みかたを学んだ。それが人から受けた唯一の教育で、あとはすべて独学だった。

レイデンは極貧生活をものともせず、エディンバラ大学に進む手だてを見つけて通い始めた。間もなく彼は、のちに有名な出版業者となるアーチボルド・コンスタブルがやっていた小さな本屋の常連になった。店内にぶら下げられたはしごに腰かけて、手には大判の書物を広げ、食事を食べるのも忘れて何時間も過ごした。食事と言っても、みすぼらしい自室で待っている食事はパンと水だけの粗末なものだった。しかしレイデンは、読みたい本が読めて、聴きたい講義が聴けるだけで満足だった。

このように学問の門前でこつこつと闘いを続けていたレイデンだったが、一途にがんばった甲斐あって、ようやく成功を手にするときが来た。19歳にもならないうちに、ギリシャ語とラテン語の深い知識を身につけ、それに加えて一般的な知識も豊富に蓄えていたので、エディンバラ大学中の教授らが驚いたという。

その後インドに興味を持ち、インドでの公務の職を探したが見つからなかった。ただし、外科医の助手の職ならあるという話を聞いた。とはいえ、レイデンは外科医ではないし、外科の知識は幼い子供並みだった。「ならば学べばいいではないか!」。そう考えたものの、医師の試験までの準備期間として言いわたされたのは、たったの6ヵ月だった。

だが、レイデンはひるむことなく勉強に専心し、通常なら3年はかかる勉強を半年でやり抜き、6ヵ月後に見事医師の免許を手に入れたのだ。その後、美しい詩集『幼年時代』を出版したあと、スコットをはじめ数人の友人の助けを借りて、彼はインドへと船出した。インドでは偉大な東洋学者になるだろうと期待されていたが、残念ながら熱病に倒れ、若くしてその生涯を終えた。

ケンブリッジ大学のヘブライ語の教授リー博士も、忍耐強く努力し強い意志で目的に向かった結果、学問の世界で素晴らしい経歴を紡ぎ出した人物であり、いまの時代を代表する実例である。幼少はシュルーズベリに近いロングナーの慈善学校で教育を受けたが、そのころはまったくさえない生徒で、先生から、いままで教えた生徒のなかでもとりわけ鈍い生徒だと言われていた。そのあと大工の見習いになり、大人になるまで大工として働いた。そして、仕事以外の時間は読書に費やした。読んだ本にはときおりラテン語の文が引用されているものがあって、リーはそこになんと書いてあるのか興味を抱くようになった。

そこで、文法書を買ってラテン語の勉強を始めた。かつて、数学者のストーンが自分を庭師として雇っていたアーガイル公爵に言ったように、「アルファベットさえ知っていれば、学びたいものはなんでも学べる」のである。じっさい、リーは早朝から夜中まで勉強して、見習い期間が終わるまでにラテン語をマスターしてしまった。

また、ある日、教会のなかで大工仕事をしていたとき、ふとギリシャ語で書かれた聖書が目にとまった。とたんにギリシャ語を勉強したいという思いが湧いてきた。それで、ラテン語の本を数冊売ってギリシャ語の文法書と辞書を手に入れた。ギリシャ語を学ぶのは楽しく、たちまちにこの言語もマスターしてしまった。

さらに、ギリシャ語の本を売るとヘブライ語の文法書を買って、誰の指導も受けずに独学でヘブライ語を学んだ。有名になりたいとか、見返りが欲しいという気持ちではなく、ただ好奇心に導かれていただけだった。さらには、カルデア語、シリア語、サマリア語までマスターした。

しかし、これらの過剰な勉強が身体に影響を及ぼし始めた。夜に長時間本を読んでいたせいで目の病気になってしまったのだ。しばらく勉強を休み健康を回復させようと努めつつ、毎日の大工仕事は続けていた。商才にも恵まれていたので仕事は順調で、充分な収入が得られるようになると結婚した。28歳のときだった。これからは家族を養うことに専念し学問という贅沢はつつしもうと心に決め、持っていた本をすべて売ってしまった。

このまま、一生大工として働き続けていたとしてもおかしくはなかったが、あろうことか、火事で商売道具の入っていた箱が焼けてしまい、リーは貧困の危機に陥った。新しい大工道具を買うことさえできないほど困窮していたので、先立つものがなくてもできる仕事として、子供に文字を教えようと思いたった。

しかし、数多くの言語をマスターしていたものの、一般的な知識があまりなかったため、最初はうまく教えることができなかった。だが目標を定めて決意を固めると、熱意を持って教師の仕事を開始し、同時に独学で算数や読み書きの勉強もして、小さな子供たちにわかりやすくその知識を伝えられるようにした。素朴で純粋で清らかな人格に惹かれて徐々に友人が増え、やがて〝学びの大工〟として広く知られるようになった。

すると、近隣に住んでいた聖職者のスコット博士が、シュルーズベリの慈善学校の教師の職を用意し、名の知られた東洋学者のひとりにも紹介してくれた。このような友人たちに本を分けてもらいながら、リーはアラビア語、ペルシャ語、ヒンドスターニー語を次々にマスターしていった。州の市民軍で兵役の義務を果たしているときも語学の研究を続け、言語に関する膨大な知識を少しずつ吸収していった。

そしてとうとう、スコット博士の後ろ盾を受け、ケンブリッジ大学のクイーンズカレッジに入学した。大学では数学も学び、その分野でもずば抜けた才能を示した。卒業後、アラビア語とヘブライ語の教授の職に空きができると、リーはその誉れ高い職にふさわしい人物として選ばれた。教授として職務を充分に果たしつつ、自ら進んで多くの時間を割き、独自の言語を話す東方の国々へ布教活動に向かう宣教師たちに各地の言語を教えた。

また、聖書をアジアのいくつかの言語に翻訳した。ニュージーランド語をマスターして、当時イギリスに滞在していたふたりのニュージーランドの首長のために、文法書や単語集を作成したこともあった。これらの本は、いまでもニュージーランドの学校の授業に使われている。

このように、サミュエル・リー博士の人生を簡単に紹介したが、これは数々の優れた実例のひとつにすぎず、自己修養における継続の力を示す実例として、文学や科学の分野において偉大な功績を残した人々はまだ数多く存在する。

❖「学ぶのに遅すぎるということはない!」……遅咲きの偉人たち

ほかにも優れた人々は多いが、とくに「学ぶのに遅すぎるということはない」という言い回しが、まさに至言であることを示すお手本は数えきれないほど多い。歳を取っていてもたいていのことができる。やってみる勇気さえあればいいのだ。

歴史家のヘンリー・スペルマンは、50代になってから科学の勉強を始めたし、ベンジャミン・フランクリンも50歳になってやっと、物理学の研究に本格的に取り組み始めた。ドライデンもウォルター・スコットも詩人や作家として名を知られるようになったのは40歳になってからである。ボッカチオが文学のキャリアを築き始めたのは35歳のときだったし、イタリアの劇作家アルフィエーリがギリシャ語を学び始めたのは46歳のときだった。

教育家のアーノルド博士は、ドイツの歴史家ニーブールの著作を原語で読みたいがために、歳を取ってからドイツ語を学んだ。同様の理由で、ジェームズ・ワットも40歳くらいのときに、グラスゴーで数理器具製造の仕事をしながら、その合間にフランス語、ドイツ語、イタリア語の勉強をした。それらの言語で書かれた機械工学の貴重な文献を読みたかったためである。神学者のトマス・スコットは56歳でヘブライ語の勉強を始めた。

聖職者のロバート・ホールは、ある日、床の上に倒れているのを発見されたが、高齢になってから学び始めたイタリア語の勉強がつらくて、苦しくて身もだえしていたのだった。彼が勉強を始めたきっかけは、歴史家のマコーリーがミルトンとダンテの比較をしていたので、自分でも原書で読んで判断したいと思ったからだ。作曲家のヘンデルが名曲を世に発表し始めたのは48歳をすぎてからだった。

このように、比較的年齢を重ねてからまったく新しい道に足を踏み入れ、新たな分野で成功を収めた人々の例は何百とある。不まじめで怠惰な人間以外に「学ぶには歳を取りすぎた」などという者はいない。

ここでもう一度、前に言ったことをおさらいしておこう。世界を動かしたり、牽引したりするのは天才ではなく、固い決意を抱き、目標に向かってまっすぐにこつこつ努力する人である。早い時期から才能が垣間見える例が多いことは否定できないが、幼いころに利口だった子が、成長してから大きな功績を成し遂げるとは限らない。

ときに、早熟さが知性ではなく病気の症状を示していることもある。子供のころ〝神童〟ともてはやされていた子供たちはどうなったのか。成績優秀でいつも表彰されていた子供らはどこにいるのだろう。そんな子供たちの人生を追跡してみると、学校ではできが悪くのろまだった生徒が、〝神童〟たちを追い抜いている例をよく見かける。

利発な生徒は褒められるが、反応の速さやその能力によって与えられる賞や見返りが彼らのためになるとは限らないのだ。むしろ、報われねばならないのは、懸命に努力する素直な生徒である。天賦の才はなくても精一杯力を尽くす若者こそ、誰よりも励ましてやるべきである。

このように、幼いころは冴えない少年だったが、大人になると優れた功績を残した人物というテーマで書いても面白い章ができるかもしれない。まだページに余裕はある——とはいえ、数例分だが。イタリアの画家ピエトロ・ダ・コルトーナは幼少のころは愚か者だと思われていて、「ロバ頭」というあだ名で呼ばれていた。同じくイタリアの画家トッマーゾ・グイディは、一般に「マザッチオ・トッマーゾ（うすのろトム）」という名前で通っているが、努力して自己修養に励み、画家として非常に高い地位を得た。

学生だったころのニュートンは、成績が後ろから2番目だった。ある日、自分よりも成績が上の生徒に蹴られたニュートンは、勇気を振り絞って拳でお返しをし、その生徒を打ち負かした。それ以後、ニュートンは強い意志を持って勉強に励んだ。成績でもその相手を打ち負かしてやろうと心に決めたのだ。そして、その生徒を負かすどころか、クラスのトップになったのである。

偉大な聖職者にも早咲きとは言えなかった人は数多い。アイザック・バローはチャーターハウス校の生徒だったころ、気性が荒く喧嘩っ早いという評判で、勉学はサボってばかりいることで有名だった。そんな彼を両親も持て余し気味で、父親はよく、「もし神が我が子の誰かをお召しになるというなら、一番見込みの薄いアイザックにしてほしい」と言っていたという。

アダム・クラークは少年のころ、父親から「とんでもない愚か者」だとはっきり言われていて、自慢は大きな石を動かせる腕力だけだった。『ガリバー旅行記』（岩波書店）の作者で司祭でもあったジョナサン・スウィフトは、ダブリン大学で〝落第〟し〝特別な情け〟でなんとかオックスフォードへの推薦状を手に入れた。

有名なチャマーズ博士とクック博士は、子供のころセントアンドリュースの教区学校にともに通う生徒だったが、ふたりともかなり出来が悪くいたずら好きの子供で、先生をひどく怒らせて「手に負えないばか者ども」として退学させられた。

輝かしい名声を有する劇作家シェリダンも、子供のころはほとんど才能を示さず、家庭教師にはじめて引き合わされたとき母親が「この子は救いようのない木偶坊《でくのぼう》なんです」と紹介した。ウォルター・スコットも子供のころは愚か者以外のなにものでもなく、勉強の準備よりも喧嘩の準備に余念がなかった。エディンバラ大学の学生だったころも、ギリシャ語のダルゼル教授は彼を「いまも愚者で、今後も愚者だ」と評した。

詩人のチャタートンは〝見込みゼロのとんま〟という烙印を押されて学校から母親のもとに返された。同じく詩人のバーンズは、得意は運動だけという劣等生だった。詩人で作家のゴールドスミスは自らを遅咲きの花と呼んだ。イタリアの劇作家アルフィエーリは、入る前と比べてまったく進歩のないまま大学を出て、その後ヨーロッパを半分以上旅して回ったあと、やっと勉強に身を入れるようになって名を成した。ベンガル知事だったロバート・クライヴは、ろくでなしとまではいかないが頭の鈍い若者だった。だが、いつも活力に満ちていて、悪さをするときも元気一杯だった。彼がマドラスに向けて船出するとき、家族はこれで厄介払いができると喜んで見送った。だが、その後、彼はイギリス領インドの基礎を築いたのである。

ナポレオンもウェリントンも愚鈍な少年で、学校ではあらゆる面でまったく目立たなかった。ナポレオンの若いころを知る作家のダブランテス公爵夫人は言った。「身体は健康そのものでしたが、そのほかの面では、ほかの少年と変わりませんでした」

南北戦争で北軍の総司令官として活躍したアメリカのユリシーズ・グラント将軍は、子供のころ、母親に〝ユースレス・グラント（役立たずのグラント）〟と呼ばれるほど鈍くて不器用だった。また、ストーンウォール・ジャクソンというあだ名で呼ばれる、南軍の総司令官リー将軍の副官トマス・ジャクソンも若いころは、のろまな子として目立っていた。だが、ウェストポイント陸軍士官学校に入ると、根気よく努力するところや忍耐強さで目立つようになった。与えられた課題はマスターするまで絶対に諦めなかったし、完全な知識を身につけていないものに対しては、知ったかぶりもしなかった。

彼を知る人はこのように書いている。〝その日の暗唱部分に関する質問の答えを求められると、ジャクソンはよくこう答えていました。「そこはまだ見ていません。昨日と一昨日の暗唱部分に取り組んでいるところなので」。その結果、70人いるクラスで17番の成績で卒業しました。入学当初は、おそらく成績の面でジャクソンより劣っている生徒はひとりもいなかったでしょう。

ところが卒業というゴールを迎えるときに、彼の上にいたのはたった16人でした。つまり、53人も追い越したことになります。同級生たちは、卒業まで4年ではなく10年あったら、ジャクソンはきっとクラス一の成績で卒業しただろうとよく言っていました〟

刑務所改革運動を行ったジョン・ハワードもとんでもなく間抜けな少年で、学校にいる7年間、ほとんど勉強に身を入れなかった。蒸気機関車の発明者スティーヴンソンが若いころにずば抜けた力を発揮していたのは、砲丸投げとレスリング、そして機械工作に向ける集中力だった。優れた化学者ハンフリー・デイヴィー卿もほかの子と比べてとくに優秀な少年というわけではなかった。彼を教えたカーデュー博士も「私のもとにいたころは、彼がこれほど名を成すほどの才能を持っているとは見抜けなかった」と述べたことがある。デイヴィー自身は晩年になって、学校では放任され〝存分に怠惰を楽しんだ〟ことが幸いしたと振り返っている。

ワットは早くから才能を発揮したという話も伝えられているが、実はただののろまな生徒だった。それでも、彼には忍耐力と根気強さという優れた性質があった。そのような性質と、大切に磨き上げた発明の才によって、ワットは蒸気機関を完成させることができたのだ。

教育家のアーノルド博士が子供について述べたことは大人にも当てはまる――子供たちに差がつくのは、才能よりむしろやる気である。子供に課した粘り強さとやる気はすぐに習慣になる。のろまでも粘り強く努力することができる子供は、利発だがそういう努力ができない生徒より必ず伸びてくる。時間はかかっても着実に前進する者が戦いに勝つのだ。学校の成績と実生活で優劣が逆転することが多いのは、この粘り強さの有無で説明できる。学校では非常に聡明だった生徒が凡人になったり、愚かでまったく期待されていなかった子がこつこつと堅実に腕を磨き続け、人々を束ねる地位を得るようになったりするのは、興味深いことである。

筆者が少年だったころ、同じクラスに出来の悪さではぴか一の生徒がいた。その生徒になんとか学を身につけさせようと、教師たちはそれぞれ試みては失敗した。体罰を与えたり、出来の悪いことを示す帽子をかぶらせてみたり、なだめたりすかしたり、熱心に忠告してみたりもしたが、どれも効果がなかった。その生徒をクラスのトップに押し上げる取り組みも行われたが、トップの座から一番下まで落ちるのは不思議なくらい速かった。ついに教師たちは、その若者を手に負えないばか者と見なして諦めた。なかには彼のことを「途方もないまぬけ」とまで呼ぶ先生もいた。

しかし、この少年はのろまではあったが、目的に向かう愚直なまでの気概を備えていた。大人になるにつれ、その意志の力が身体とともに育まれていき、いざ実際に仕事をし始めるころになると、不思議なことに同級生たちの多くを追い抜かし、やがてほとんどの同級生のはるか先を進んでいた。最後に聞いた話では、生まれ故郷で市長をしているという。

正しい道をいくカメは、間違った道を進むウサギに勝つことができる。若者の不器用さは問題ではない。勤勉かどうかが問題なのだ。頭の良さはかえって邪魔になることもある。覚えの早い子は忘れるのも早いことが多い。また、粘り強い努力という資質を強化する必要がない。覚えの悪い子は嫌でも粘り強く努力する必要があるのだが、それこそがあらゆる人格形成の大切な要素となる。ハンフリー・デイヴィーは〝いまの私があるのは私自身のおかげです〟と言ったが、これはあらゆる人に当てはまる。

結論――高い教養というものは、学校や大学の教師から学ぶものではなく、大人になってから、自らが苦労して自己修養を行って得られるのである。したがって、親はあわてて子供の才能を花咲かせようとする必要はない。根気よく見守り、良い手本を示し、一生懸命勉強するよう落ち着いて訓練し、あとは天に任せるのだ。

若者には筋力を充分に使って身体を健康に保つようにさせ、自己修養の道を正しく歩めるようにし、粘り強く努力する習慣が身につくようにじっくり訓練させるといい。そうやって、成長するにつれ適切な資質が身についていけば、その子は快活に効率よく自分を成長させていくことができるようになる。

第12章
偉人の背中

「彼らの亡霊がいつもわれわれの前に現われる。
それは高貴な者たちだが、ひとりは血まみれだ。
ベッドや食卓のそばから、われわれを見下ろす。
美しい視線と善の言葉とともに」
——ジョン・スターリング（スコットランドの詩人）

「子供なら絞め殺すこともできよう。
しかし、行為はそれができない。
不滅の命を持って、われわれの意識の内外で
生き続ける」
——ジョージ・エリオット（イングランドの女流作家）

「この世におけるあらゆる人間の行為が、
長く続く因果の連鎖の始まりである。
どんなに先見の明がある者でも、
その連鎖の先を予測することはできない」
——トマス・ホッブズ（イングランドの哲学者）

❖親が子に及ぼす影響ははかりしれない

身をもって体現された実例は、無言でわれわれを導く最高の師である。それは人にとって実践的な学びの場であり、行動によって示されるものは、常に言葉よりも説得力に満ちている。金言や教訓は正しい方向を指し示してくれはするが、実際にわれわれを導くのは、習慣を通じて伝えられる、現実の生活で目にする物言わぬ多くの人々の生きざまである。

的確な助言もときには重みがあるが、良い実例が伴わなければ、その影響力は小さい。たとえば、「私の行いを真似るのではなく、私の言うとおりにせよ」と言われるが、現実はたいていその逆になっている。

人はみな、程度の差はあっても耳よりも目を通して物事を学ぶことのほうが多い。実際に目にしたことのほうが、ただ読んだことや耳にしたことに比べると、ずっと強い印象を受ける。この傾向は、目が知識の主たる入り口である幼少時にとくに顕著である。子供たちは、まるで昆虫が餌とする木の葉の色に染まるように、自分の周りの人々を無意識のうちに真似る。

だからこそ、家庭での躾《しつけ》が非常に重要なのである。どんなに学校が有効なものでも、家庭内で示される手本は、男女を問わず人間の人格形成にはるかに大きな影響力を及ぼすのだ。家庭は社会の縮図であり、国民性の核となる。良くも悪くも、家庭から習慣、信条、原則が生まれ、公私に渡って多大な力を持つ。

つまり、国家は子供部屋から始まる。世論は家庭で形成され、博愛精神も一家団欒から生まれるのである。「社会においてわれわれが属する小さな集団を愛することこそが、国家への愛の芽生えである」と政治思想家のエドマンド・バークは言う。

家庭という小さな場所から、人間の親愛の情は大きな社会へと広がっていき、世界全体を包み込むことができるのである。真の博愛精神は慈善の精神と同じく家庭で始まり、そこからさらに広がっていくものなのだ。

したがって、行動の例というものは、いかにささいなことでも決して取るに足らないものではなく、常にほかの人の人生とより合わされ、良かれ悪かれその人々の性質の形成に影響を及ぼす。

つまり、親の性質は常に子供たちの性質となって再現される。親が日々見せる愛情表現、躾、勤勉さ、自制心は、耳を通して学んだほかのことが忘れ去られても生き続けるのである。だから、賢者は我が子を自分の「未来の姿」と言う。親の無言の動作や無意識の一瞥《いちべつ》ですら、子の性格に消えない刻印を押すことになるかもしれないからだ。

また、善意あふれる親のことを思い出して、どれほど多くの子供たちが、不道徳な行いを踏みとどまったかはかりしれない。親の思い出を、自分の下劣な行為や堕落した思考で汚してはいけないと考えるからである。それゆえに、本当にささいなことでも、人格に影響を及ぼすという点では重要なのである。

画家のベンジャミン・ウエストは、「母のキスが私を画家にした」と言った。人の将来の幸福や成功は、子供時代のささいな出来事に左右されるのである。政治家のファウエル・

バクストンは、地位と名声を得たのちに、「人のためになにかをするときはいつも、昔、母さんから教わった道徳心の影響を感じます」と母に手紙を書いた。

またバクストンは、アブラハム・プラストウという無学の猟場の管理人に世話になったことを、喜びとともによく思い出した。バクストンはアブラハムと狩りをし、馬に乗り、楽しい時を過ごした。アブラハムは読み書きこそできなかったが、生まれながらの良識と知恵が備わった人物だった。

バクストンは言う。「アブラハムがとくに優れていたのは、裏表がなく信用を重んじるその行動規範だった。彼は私の母がいないところでも、母が許可しないようなことはなにひとつ言ったりやったりしなかった。彼は常に第一級の高潔さを持ち、セネカやキケロの書物にあるような純粋で寛容な心で私たちの若い精神を満たしてくれた。まさに彼は、私の最初の師であると同時に、最高の師でもあったと言える」

法改革者のヘンリー・ビカーステテスは、母親が見せた見事な手本を思い出して、「全世界がてんびんの片方に乗って、もう片方に母がひとりで乗ったとしても、世界はまだ母の重さに負けるだろう」と言った。著述家のメアリー・アン・シンメル・ペニンクは晩年、自分の母が周囲に及ぼした影響力についてよく振り返った。母が部屋に入ってくると、とたんに会話が活発になり、空気が清められたかのように、誰もがそれまでよりも自由に呼吸し、背筋もすっと伸びる感じになった。彼女は「その場に母がいると、自分は別人のように変われた」と言った。

健全な精神は、周囲の健全な環境によって決まる。ゆえに、親が子の目の前で日々を送ることによって子供たちに与える影響は非常に大きい。親ができる最善の教育は「汝自身を改めよ」という言葉に集約されるだろう。

❖世の中は過去・現在・未来と連綿とつながっている

人の言動はその場限りのものでなく、尾ひれがついて広がっていき、最終的にどのような影響を及ぼすことになるのかは追跡のしようがない。そう考えると、厳粛な気持ちになるとともに少々恐ろしくもある。自分の人生ばかりか、周囲の人々の人生にも、なんらかの影響を与えるのだから。

よき言動は、実を結ぶところをたとえ本人が目にすることがなくても生き続けるが、悪しき言動もそれは同じである。この世にはいい影響も悪い影響も与えないような、そんな取るに足らない人間など存在しないのである。人の霊魂は不滅であり、いつまでもわれわれのなかに生き続け、歩み続ける。

政治家ディズレーリは、同じく政治家リチャード・コブデンの死にさいして、「コブデン氏は、たとえ亡くなっても議会の一員です。そして、いまはもう、議会の解散や選挙民の気まぐれや時の流れなどといったものからも自由なのです」という哀悼の言葉を述べた。

この世における人間の命は、本質的に不滅なのである。誰ひとり単独で存在することはなく、相互依存の体系のなかのひとつの構成要素である。そして、現在から将来にわたって、自分の行為によって人間全体の善の総量を増やしたり減らしたりしているのである。現在は過去に根ざしており、先祖の生きざまや実例が、いまも大いにわれわれに影響している。同様にわれわれもまた、日々の行動によって、未来のありように貢献しているのである。人は過去何世紀もの文化によって育まれ、熟してきた果実である。いまを生きる人々は、行動と規範を通じてはるか遠い過去と未来とをつなぐ磁石の役割を担っている。

人の行為が完全に消滅することはない。たとえ肉体が塵《ちり》や大気にまぎれて消えてしまっても、善行であれ悪行であれ、その行為はそれぞれ実をつけて、未来の人々に永遠に影響を与え続ける。人間が存在することで生じる大きな危険と責任は、この重大かつ厳粛な事実のなかにある。

こうした思想を数学者バベッジが、その著作で力強く論じているので引用してみよう。

「人の行為はやがて原子となり、善か悪かを刻まれたすべての原子は、哲学者や賢人に与えられた動きを保ちながら、無価値なものや劣ったものと何万種類もの方法で混合と結合を繰り返す。地球の大気は、それ自体がひとつの巨大な書物で、そのページには、人類がいままでに口にしたあらゆる言葉が永遠に書き込まれる。

不変かつ正確に文字は刻まれ、大昔から最近の嘆きまですべてが混ぜ合わされ、埋め合わされることがなかった誓いや果たされなかった約束も書き表わされ、それらはすべての粒子の動きと一体となって永遠に保たれる。

それは、人間の意思の移ろいやすさの証しである。われわれが呼吸する大気が人の口にした感情を伝える不滅の歴史家ならば、大地、大気、海は、われわれが行った行為の永遠の証人である。

作用反作用の法則が、それらにも同様に適用される。自然が要因であれ人間の作用によるものであれ、いったん刻印をつけられた行動は消滅することがない……全能の神は、人類最初の殺人者カインの額にくっきりと消せない罪の印を刻みつけたが、あとに続くあらゆる犯罪者にも、消えない犯罪の証が残るように法則をお作りになった。

罪人の肉体を構成するすべての原子は、いかに細かく分断され、ばらばらの粒子となったとしても、どのような組み合わせであれその肉体にまた戻ろうとし、犯罪を引き起こしたまさにその筋肉の動きと同じような動きの一部を維持し続けようとするからである」

❖誇れる人生や誠実な人格は、子や社会に残せる大きな財産

われわれのあらゆる言動は、見聞きする言動と同様に影響力があり広く拡大していき、自らの未来の人生ばかりか社会全体にまで波及する。自分の子供たち、友人、仕事仲間のさまざまな行動に作用する自己の言動の影響を追跡することなど、きっと不可能だろう。

それでもなお、その作用は永遠に続くのである。だからこそ、いい模範例を示すことがとても重要なのだ。それは、ひどく貧しくつつましい人でさえ、日々の暮らしのなかで実践できる無言の教えである。どんなに低い身分の人でも、このシンプルだが大切な教えをほかの人に示すことができる。

低地に置かれた灯りでも、丘の上に置かれた灯りと同じくらい律儀に輝くように、最低

の状況に置かれた人でさえ、ほかの人の役に立つことはできるのだ。いかなる場所でも、いかなる状況であっても、たとえば荒れ地の小屋、村の小さな家、大都市の裏通りなど、どれほど悪い環境でも誠実な人間は育つ。
自分の墓ほどしかない小さな土地を耕している人でも、巨万の富を相続した者と同じく、誠実な正しい目的のために正直に働くことができる。どこにでもある作業場が工業、科学、道徳の学び舎となりうる一方、怠惰、愚行、腐敗を知る場所ともなりえる。すべてはその人個人に委ねられている。つまり、差し出された善行の機会を生かすも殺すもその人しだいなのだ。

立派に生き抜いた人生や誠実な人格は、子や社会に残せる大きな財産だ。それは美徳についての説得力のある教訓となり、強烈な悪への批判となり、貴重な豊かさの源泉ともなりうる。ハーベイ卿から家柄についての皮肉を言われた詩人のポープが、「私の両親は平凡な親でしたが、決して私に恥ずかしい思いをさせませんでした。その息子である私もちっぽけな存在ですが、両親を悲しがらせるようなことはまったくしていません。それで充分だと思っています」と言ったがもっともなことである。

❖有言実行こそが自分を変え、社会を変える

ほかの人々になにをすべきかを口で言うだけでは充分ではない。行動で生身の手本を示すことが肝心なのだ。社会福祉家のチザム夫人はあの『アンクル・トムの小屋』を書いた

ストウ夫人に、自分の成功の秘密は人生のすべてに応用できるとして、こう説明した。「私が気づいたことは、どんなことでも成し遂げたいと望むならば、自分自身で行動し、実践しなければならないということです。話しているだけではまったく役に立ちません」

どれだけ話が上手でも、行動より雄弁な語り手はない。もしチザム夫人が講演だけで満足する人間なら、夫人の事業は夢物語の域を越えることは決してなかっただろう。しかし、人々は夫人の行動や実際に成し遂げたことを見て、彼女の意見に賛同して協力の手を差しのべるようになった。つまり、もっとも恩恵を施す活動家とは、誰よりも雄弁な人や高潔な思想を持つ人ではなく、もっとも説得力がある行動をする人なのである。

本当に誠実な人は、身分が低くてもエネルギッシュに行動できる人で、その推進力で、社会的地位からすると一見つり合いがとれないほどの素晴らしい功績を残すことがある。慈善家のトマス・ライトは犯罪者の再生について話すだけで、行動せずにすますこともできたかもしれないし、ジョン・パウンズは貧民学校の必要性について語るだけで、実際にはなにもしないという道もあった。しかしその代わりに、彼らはただ一心に行動を起こした。話すだけで行動しないことなど考えもしなかった。

ここに、非常に貧しい者でも社会の役に立つことを示すうってつけの例がある。医師トマス・ガスリーは貧民学校運動の熱烈な支持者だが、ジョン・パウンズというポーツマスの貧しい靴屋が自分の仕事に与えた影響について、次のように述べた。

「私がこの運動に参加したきっかけになったことは、人の運命が川の流れのようにいかに小さな出来事で決まるかを表わす典型だろう。はじめはどちらかというとただの好奇心で、思い出すとかなり興味深い。最初に貧民学校に関心を持ったのは、1枚の写真からだった。その学校は、フリス通り4番の海沿いの古くて目立たないさびれた地区にあった。その場所は神学者トマス・チャルマーズの生まれた場所でもあった。

もう何年も前のことだが、私はその町に出かけたとき、気分転換に入ったパブで、ふと部屋に飾られている写真に目をとめた。その多くは、杖をついた女羊飼いたちや祭日の衣装を身に着けた船乗りたちの写真で、それほど興味深いものではなかった。しかし、マントルピースの上に、ほかよりひときわ大きな写真があり、そこには靴屋の仕事部屋が写っていた。靴屋は鼻に眼鏡を乗せ、膝の間に修理中の古い靴を挟んでいる。大きな額と固く結ばれた口元は、彼の強い意志を示していた。ボサボサの眉の下には博愛に満ちた瞳が輝き、その視線は周りに立って教えを受けている多くの貧しい生徒たちに注がれていた。

私は好奇心に駆られて写真の説明を読み、この男がポーツマスのジョン・パウンズという靴屋だということを知った。また、聖職者や判事、紳士淑女たちから忘れられて道端で行き倒れる運命だった多くの貧しい子供たちを、非常に哀れに思い、まるでよき羊飼いのように、不幸な見捨てられた人々を集めて、神とこの世界のためにと訓練したこと。そして、いかに額に汗して日々のパン代を稼ぎながら、500人以上のこうした子供たちを不幸から救って社会へ送り出したかということも読んだ。私は自分のことが恥ずかしくなった。自分がいままでしてきたことが、いかにささやかなことかをたしなめられたように感じた。

それは、心からの感動だった。この人物の功績に驚嘆し、熱狂して旅の連れに、(もっと落ち着いて冷静なときでも、同じことを言うだろうが)『この人は人類の誇りだ。イギリス内に建てられた一番高い記念碑にふさわしいほどに』と言った。

私は彼の経歴を見て、彼の人生が〝人々への思いやり〟に満ちた神のような精神によって突き動かされてきたことを知った。また、ジョン・パウンズは賢い人物で、まるでキリスト教を広めたパウロのように、貧しい少年の心をうまくひきつけられない場合のとっておきの術を心得ていた。彼は波止場で貧しい少年を追いかけて学校に来させている姿をよく目撃されたそうだが、警察のように力づくではなくて、熱々のポテトの魅力を使ったという。アイルランド人のポテトへの愛着を熟知していたのである。少年の鼻先にポテトをちらつかせながら近づくらしい。そしてそのポテトは熱いので、彼自身と同じくぼろで包まれていたという。

私は、パウンズがその行いにふさわしい名誉を授かる日が来ることを夢に見る。有名な詩人に歌われるような、記念碑が立つような立派な人物たちの波をかき分け、偉人や貴族や名士たちの前を通りすぎ、この貧しく目立たない老人が前に進み出て、神から特別な祝福を受けるのである。神は、『もっとも小さき者のひとりにしたことは、私にしたことと見なします』と言ったのだから」

❖善良な人々と交流すれば、善を分け与えられる

人格の教育には、なによりも手本が大切だ。われわれは無意識のうちに周囲の人々の人

格、振る舞い、習慣や意見に自分自身を合わせようとしている。よい規則は役立つものだが、よい手本はもっと役に立つ。なぜなら、よい手本には行為のなかに教えがあり、行動のなかに知恵がある。良い助言をしておいて同時に悪い手本を見せるのは、片方の手が作ったものを、もう片方の手が壊しているようなものだ。若いころはとくに、仲間を慎重に選ぶことが重要だ。若者たちには磁気のような一体感があり、無意識のうちに互いの似ている部分に同化していく傾向がある。

経済学者エッジワースによると、人は共感から仲間の傾向を無意識に受け入れるので、最高の手本を選ぶように教えることが重要だという。「よき仲間か、さもなければ仲間などいないほうがいい」というのが彼のモットーだった。海軍提督のコリングウッドは若い友人への手紙に、「つまらない仲間のなかにいるくらいなら、ひとりでいるほうがましだ。そう肝に銘じておきなさい。自分と同等かそれ以上の友人と付き合うことだ。人間の価値は、常に仲間の価値によって決まるのだから」と書いた。

医師シデナムの有名な言葉にも、人は誰しも善人と話をすれば善良になるし、悪人と話をすればたちが悪くなる、というものがある。画家のピーター・レリーは、下手な絵はなるべく見ないと決めていた。下手な絵を見たら自分の筆が汚されると信じていた。つまり、誰でも人間性の劣化した見本を頻繁に見ていたら、知らず知らずのうちにその見本を見慣れて自分を同化させてしまうものなのだ。

それゆえに、若者は善人との交友を求めて、常に自分より高い水準を目指すことが望ましい。政治学者のフランシス・ホーナーは、高潔で知的な人たちと個人的に直接交流したことで受けた良い影響について、「自分がページをめくったすべての本よりも、個人的に関わった人々のほうが、私の知性の向上に役立ったことは間違いない」と言った。

政治家シェルバーン伯（のちのランズダウン侯爵）は若いころ、崇拝するフランスの政治家マルゼルブを訪問して、非常に感動してこう言った。「いままでに数多くの旅をしたが、誰かとの個人的交流でこれほど影響を受けたことはありません。もし私がこれからの人生でなにか立派な業績を残すことがあれば、そのときはきっと、マルゼルブとの出会いの思い出が私の魂を動かしているからでしょう」

また、政治家ファウエル・バクストンは、若き日にガーニー家の人々という手本から自分の人格形成に多大な影響を受けたことを自覚していて、「ガーニー家の人々は私の人生を豊かにしてくれた」と常々語っていた。ダブリン大学での自分の成功についても、「たびたび一家を訪問していたおかげだ」と打ち明け、ガーニー家の人々から自己改善という〝感染症〟を移されたのだと述べた。


善良な人々と交流すると、必ず善を分け与えられるので、われわれは恵みを授かっていくことになる。それはまさに、花木の前を通りすぎるとその香りが服に付くようなものだ。詩人のジョン・スターリングと親しくしていた者は、スターリングが個人的に交流したあらゆる人々にもたらした有益な感化について話している。彼のおかげでより高潔な人間となる意識が目覚めた人は多い。そのような人々は彼から自分たちが何者か、どうなるべきかを学んだという。

宗教家であり詩人でもあったトレンチは、スターリングについてこう言っている。「スターリングの高潔な人間性に触れると、いくばくか自身が高められて精神的に一段高いところにいるように感じ、彼と会って別れると、いつも自分が耽溺しているようなところよりも高い目標や目的の場にたどり着けるように感じた」。それが気高い人格の作用であり、われわれは無意識のうちに彼によって高められ、彼のように物ごとを感じて同じ視点で見る習慣を身につけるのである。それはまさに、人と人との間に起こる魔法のような作用であり、反作用なのだ。

芸術家も同様に、自分より偉大な芸術家と交流することによって、自分自身が高められると感じる。たとえば作曲家ハイドンの天才的資質は、最初は同じく作曲家ヘンデルへの敬愛によって触発された。

ヘンデルが演奏するのを聞いて、ハイドンの作曲への憧れが一気に高まった。その機会がなかったら、決して『天地創造』を書くことはなかっただろうとハイドン自身思っていた。ハイドンは「ヘンデルはいったん決めたら、稲妻のように突進する」と言い、またあるときは「ヘンデルの曲はどこを聴いても血がたぎる」と言った。

同じく作曲家のスカラッティもヘンデルの熱狂的な崇拝者で、ヘンデルを追ってイタリア中を回り、のちにヘンデルについて話すときは憧憬のしるしとして必ず十字を切った。本物の芸術家はお互いの偉大さを率直に認め合うものだ。ベートーベンはケルビーニを広い心で称賛し、またシューベルトの才能も熱烈に歓迎し、「シューベルトには神聖な炎が宿っている」と言っている。

画家のノースコートは、レイノルズに憧れたときにはまだほんの子供だったが、偉大なその画家がデヴォンシャーの公の集まりに出席したおり、人混みをかき分けてレイノルズに近づいて上着の裾に触れたことがある。そして、「実際に触れることができて大喜びをした」と語っている。天才への憧憬から起こる若さゆえの熱い思いが感じられるエピソードである。

勇敢な人の実例は臆病な人にとって励みになり、その存在は全身さえ奮い立たせる。それゆえに、英雄の指揮で普通の人が奇跡的に勇猛な行動をしたこともあった。勇気ある人の行動の物語は、あたかもトランペットの音のように人々の血を湧き立たせるのである。

ボヘミアの英雄ヤン・ジシュカは、自分の皮膚をボヘミアの民の勇気を鼓舞するための太鼓に使えという遺言を残した。中世アルバニアの君主スカンデルベクが死んだとき、敵のトルコ兵たちは彼の骨のかけらを欲しがった。その骨を心臓の辺りにつけたら、戦闘中に見せつけられた勇気を、少しでも持てるかもしれないという思いからだった。

また、スコットランドの将ダグラスは、英雄ロバート1世ブルースの心臓を聖地エルサレムに運んでいるとき、自分の部下のひとりが多くのサラセン人たちに囲まれると、英雄の形見が入った銀の箱を自分の襟元からとって敵の真ん中に投げ込み、「英雄よ、先に行ってくれ。あなたのあとに私も続こう。死は覚悟の上だ」と叫び、箱が落ちた場所へ突き進み討ち死にしたという。

❖偉人たちの伝記には、貴重なヒントが詰まっている

伝記の主たる活用法は、豊富に揃った立派な人格を手本とすることである。偉大な先人たちは、彼らが行った行為と同様に人生の記録という形でわれわれのなかにいまも生きていて、テーブルのそばにすわり、手を握り、実例を示してくれているので、われわれはいまもそれらを学び、敬い、模倣することができる。気高い人生の記録を死後に残した人は誰でも、不朽の善の源を子孫たちに残して、そのあとは永遠に、ほかの人々が自己を形成するさいの手本となるのである。そして、人々に新しい命を吹き込み、人生を再生したり、違った形で自己の人格を描く助けとなる。

それゆえに、本物の人間の人生を描く本には、貴重な種がたっぷり詰まっている。それは生きた声であり、知性である。詩人ミルトンの言葉を借りれば、「巨匠の精神に脈打つ貴重な血液であり、防腐処理をされて、命を超えて新たな命としての目的を担って大切に保管される」ということになる。そのような本は、人の心を鼓舞して人格を高める影響力を持ち続ける。

しかし、なにはさておき、この世に生きるわれわれの生活を形成するために最高の実例を示してくれるものに聖書がある。われわれの頭と心が必要とする、いかなるものにも適した実例が詰まっている。それらの模範は次の詩のように、われわれがただ追い求めてやまないものである。

太陽をまだ見たことのない草や蔦のように、
太陽を夢み、どこにいるのかと思いを巡らせ、
ひと目見ようと懸命に這い上がる

バクストンやアーノルドの伝記をじっくり読んで、気持ちが高揚しない若者はいないだろう。きっとやる気が湧いてくるはずだ。伝記は、人がいかに生き、いかなることを成しえたかを見せることによって、読んだ人の独立独歩の精神を高める。そして、若者は望みを後押しされ、高い目標を定めるようになる。伝記を読んで、ときには自分自身の才能に気づく若者もいる。

画家のコレッジョは、ミケランジェロの作品をじっくり観察しているときに才能が息吹いてくるのを感じ、「私も画家なのだ」と叫んだという。また、法改革者のサミュエル・ロミリーは自伝のなかで、偉大で高潔なフランスの大法官ダゲッソーの人生から多大な影響を受けたと語った。「たまたま手に入れたトマスの作品のなかにあった『ダゲッソーへの賛辞』を読んで感動した。傑出した判事の名誉ある生涯を知って、情熱や野心が大いにかき立てられ、栄光への道を歩む自分の姿を思い描いた」

アメリカ独立に多大な貢献をしたベンジャミン・フランクリンは、自己の能力や卓越ぶりは、若き日に読んだ牧師コットン・マザーの自伝的書物『善をなすための随想集』のおか

げであるとした。このように、よき実例はそれに続く者を引き寄せ、あらゆる国の次の世代へと広がっていく。神学者サミュエル・ドリューは、「自分の人生を作り上げたのは自分自身だ」と断言し、とくに自分の果たすべき役割に関する習慣は、ベンジャミン・フランクリンの著作にあった実例を真似たと述べた。

このように、いい手本はどこまでも広がり、行き止まりがどこかはわからない（行き止まりがあったとしての話だが）。大切なことは、実生活で最良の仲間と付き合うように、最高の書物を読み、そのなかで見つけた最高の手本を良いと認めて模倣することである。文筆家ダドリーは、「私は、本に関しては、旧友ばかりを集めた最高の仲間とだけ付き合うようにしていて、彼らといっそう親しくなりたいと思っている。読んだことのない本を読むよりも、なじみのある本を読み返すほうが、喜びが大きいかはともかく、十中八九ためになるのではないだろうか」と語った。

ときには、暇つぶしに読もうとふと手にとったにすぎない本に、貴重な人生の実例が描かれていて、存在にさえ気づいていなかった活力が呼び覚まされることもある。劇作家のアルフィエーリは、古代ギリシャのプルタルコスの手による『英雄伝』（京都大学学術出版会）を読んで文学の世界に強く心を引かれた。イグナチオ・デ・ロヨラはパンプローナの戦いで足に重傷を負って静養していたときに、気分転換に本を頼んだ。たまたま手渡された『聖人列伝』を読んだことで情熱が一気に燃え上がり、キリスト教修道会の設立にその身を捧げる決意をした。

マルチン・ルターも同様に『ヤン・フスの生涯と著作』を読んで強く触発され、その後、人生を賭して宗教改革に取り組むことになった。ジョセフ・ウォルフは、『フランシスコ・ザビエルの人生』を読んで刺激を受け伝道士の道に入った。この本によって若き情熱に火が灯されたウォルフは、ありったけの誠意と熱意を込めて伝道の仕事に一生を捧げたのである。また、ウィリアム・ケアリーも伝道士という崇高な仕事につくことをはじめて考えたのは、『キャプテン・クックの航海誌』を読んだことがきっかけだった。

政治家フランシス・ホーナーは、自分が啓発されたり影響を受けた本を日記や手紙にいつも書きつけていた。それらのなかには、フランスの学者コンドルセの著作『ハラーへの賛辞』、画家ジョシュア・レイノルズの『講話』、ベーコンの著作『バーネットによる法学者マシュー・ヘイルの物語』などがある。

最後に挙げた本は、法学者マシュー・ヘイルの驚異的な仕事ぶりをまとめたもので、ホーナーはこれを読んだとき興奮に身を包まれたと書いている。また、コンドルセの著作『ハラーへの賛辞』については、「こうした人々の物語を読むといつも、憧憬か熱望か、はたまた絶望と呼ぶべきかわからないが、ぞくぞくするような胸の高鳴りを覚える」と語った。

また、ジョシュア・レイノルズの『講話』については、「ベーコンの著作は別として、これほど力強く私を自己修養へと導いた本はない。彼は、偉大な功績を達成するための方法を世に知らしめた最初の天才だ。人間は、努力することでいかなる能力も身につけられると言い切る彼の力強い言葉は、天才は生まれつきのものではなく、習得できるものだという考えを読者に浸透させる作用がある。

その一方で、卓越した才能に対する高い志と情熱的な称賛が、非常に自然にかつ雄弁に溶け合っていて、全体としてこれほど刺激的な本はほかにない」と語っている。注目すべきは、レイノルズ自身も芸術の勉強に情熱を燃やしたきっかけは、「リチャードソンが書いた偉大な画家についての話を読んだことだった」と述べている点だ。

またのちに、画家ヘイドンも、レイノルズの伝記を読んで情熱をかき立てられ同じ画家の道を進んだ。つまり、勇気ある向上心にあふれた人物の人生は、同様の能力や行動力を持つほかの人々の心に火をつける。そして、その人々が同じように懸命に努力すると、名声や成功はおのずとついてくるのだ。

こうした実例の連鎖は、時代を超えてとぎれることなく続いていく。憧憬はやがて模倣へとつながり、そうして真の一流が生まれ続けるのである。

❖情熱ある行動や熱心な仕事ぶりは、周りに好影響を与える

若者に示すことができる、極めて有効で影響力のある実例のひとつが、快活な仕事ぶりだ。快活さは人の心に弾力性をもたらす。不安は快活さがあれば消え、困難に直面しても絶望しなくなる。希望が不安や絶望を引き受けてくれるし、こういう精神の人は、成功の機会をふいにしないという幸せな気質を手に入れるからだ。

熱い心は、常に健全で幸福な精神なので、本人の気持ちだけでなくほかの人々の気持ちもかき立てて快活に仕事に励ませ、ありふれた仕事に尊さを与える。また、もっとも効率

の良い働きかたとは、たいていは熱意を込めて働くことだが、手仕事であれ頭脳労働であれ、喜んで働いてこそその値打ちがある。医師で政治家のヒュームは常々、「年収1万ポンドの収入がある憂鬱な地主になるより、いつも物事の明るい面ばかり見ている快活な性質を持つほうがいい」と言っていた。

奴隷制度廃止運動をしたグランヴィル・シャープは、奴隷のために休むことなく活動しながらも、夜になると、兄弟の家で合唱や楽器演奏に参加して、歌ったり、フルートやクラリネットやオーボエの演奏をしたりして、心と身体を癒した。日曜の宵のオラトリオでヘンデルが演奏されたときには、ティンパニを演奏した。また、まれだが風刺漫画を描いて楽しむこともあった。同じく奴隷廃止論者だったファウエル・バクストンもとても快活な人だった。野外スポーツに励んだり、子供たちと一緒に馬で田舎を駆け回ったり、家庭内で娯楽に興じたりすることがなによりの楽しみだった。

別の分野では、教育者のトマス・アーノルドも高潔で快活な人物で、全身全霊で若者の教育という偉大な仕事に取り組んだ。彼について書かれた優れた伝記のなかに、次のような一節がある。「レールハムの学校の著しい特徴は、驚くべき健全な精神が全体に満ちていたことだった。はじめて訪れた者でも、素晴らしい熱心な教育が行われていると一瞬にしてわかる場所だった。

一人ひとりの生徒が、自分にはやるべき仕事があると感じていた。つまり、うまくその仕事をやることが、義務であると同時に喜びでもあったのだ。言葉では言いつくせないアーノルドの情熱が、若者の人生に対する思いに影響していた。また、自分には、人の役に立ち、幸福になれる手段を持っているという認識が、不思議な喜びを感じさせていた。

こうして、自分の人生と自分自身を、さらには世の中における仕事と使命を大切にすることを教わった師に対する深い尊敬と熱い愛情が、若者たちに生まれるのである。すべては、アーノルドが率直で現実的なだけでなく、広い包容力を持っていたからこそであり、また、彼がすべての仕事に見せかけではない敬意を払い、社会という複雑な集合体と個人の成長と保護の両方にとっても、それらの仕事が果たす価値は大きいと感じていたからである。

アーノルドは、すべてにおいて冷静で、仕事の種類に優劣をつけることもなく、偏った目的に肩入れすることもなく、ただ謙虚に心の底から敬虔な精神で、仕事というのはこの世の人間に振り分けられた職であると考えていた。そしてその職を果たすために、さまざまな才能が与えられ、人格を磨くために必要な性質の要素が決められ、人は成長を遂げながら天国へと近づいていくのだと考えていた」

アーノルドに育てられて公的な仕事や役割についた多くの有能な人々のなかには、勇敢な軍人のホドソンがいた。彼は赴任先のインドから家に手紙を書き、もう卒業後何年もたっていたのに、敬愛する師について語った。「アーノルド先生から受けた影響は、決して消えないものだし非常に強いものです。インドにいてもそれを強く感じています。それだけ言えば充分でしょう」

熱意にあふれた誠意のある努力家で隣人や家族に有用な影響を及ぼし、国家のために功績を残した人物としてもっともふさわしい例を挙げよう。聖職者で革命家のアンリ・グレゴワールから〝ヨーロッパ一の不屈の男〟と言われたジョン・シンクレアの生涯である。

彼は田舎の地主として生まれた。その領地は、荒れ狂う北海に面したグレート・ブリテン島の最北端にある、文明の息も届かないような村、ジョン・オ・グローツ・ハウス近くの広大な土地だった。

彼はまだ16歳で父親を失い、一家の資産管理を任されることになった。18歳のときには、スコットランド北東のケイスネスシャーで積極的に環境の改善に着手した。この活動はやがてスコットランド全域に広がった。

当時、そのあたりの農業は非常に遅れていた。農地の囲い込みは進んでおらず、土地の排水設備も整っていなかった。ケイスネスの小農家はたいてい大変貧しくて、馬1頭すら飼うことができないほどだった。重労働のほとんどが女性の仕事とされていて、女性たちの負担は非常に大きかった。小作人が馬を失ったときは、もっとも金のかからない代用として妻をめとることも珍しくなかったという。

また、その地域にはまともな道路も橋もなかったので、家畜の群れを南に移動させるときは動物たちと一緒に川を泳がなければならなかった。ケイスネスに通じるおもな道は、山際の高い崖に沿っていた。切り立った崖の70〜80メートル下は、激しい波が打ち寄せる海だった。

ジョンはまだ若かったにもかかわらず、ベン・チェイルトという高原を通る新しい道路を作る決心をした。しかし、年長の現状維持を好む土地の所有者たちは、ジョンの計画をまったく信用せず嘲笑うだけだった。それでも、ジョン・シンクレアは自身で道路の計画を立て、ある夏の早朝、約1200人もの労働者を集めていっせいに働かせた。監督をしながら、自らもその場で手本を示して、労働者のやる気をかき立てた。そして夜になるまでには、馬を引きながらでさえ通れなかった約10キロメートルにもわたる危険なけもの道が、まるで魔法でも使ったように馬車が通れる道になったのだ。

これは、的確な指揮のもとでの労働と努力の称賛すべき例であり、近隣の人々にも大変有益な影響を及ぼしたに違いなかった。その後、ジョン・シンクレアはさらに多くの道路を作り、製粉所を建て、橋を建造し、荒れ地を整備し開墾した。改良された耕作法や作物の規則的な輪作を導入し、少額の特別手当てを出して勤勉を奨励した。

こうして、またたく間に彼の影響によって社会全体が活気づき、土地の耕作者たちにもまったく新しい精神が吹き込まれた。ケイスネス北部のどの地域よりも近づきがたい文明の最北端から、道路や農業や漁業において模範とされる州になった。

また、シンクレアが若いころは、郵便は週に一度ひとりの人間が徒歩で配達していたが、彼はサーソーまで毎日郵便馬車を走らせることができるまで決して諦めないと宣言した。近隣の人たちはそんなことはありえないと思っていたので、ケイスネスシャーではまったく不可能な計画のことを口にするとき「サーソーでジョンが毎日手紙を受け取れるようになったら、これも叶うだろうね」というのが決まり文句になるほどだった。しかし、ジョンは生きているうちにその夢が現実になるのを目にした。サーソーまで毎日郵便が送られるようになったのだ。

ジョンの慈悲深い活動の輪はしだいに広がっていった。ジョンは私人でありただの地方の地主にすぎなかったが、国の主要生産物だった羊毛の質がひどく低下しているさまを見ると、羊毛の質の改善に身を捧げようとただちに決意を固めた。そして、自ら英国羊毛協会を立ち上げ、自費で世界中から８００頭もの羊を輸入し、質の改善に打ち込んだ。

その結果、有名なチェビオット種の羊をスコットランドに導入することになった。羊毛農家たちは、もっと南の地方で飼われている羊がこんな北の果てで育つものかとジョンの案をはねつけた。しかし、ジョンは粘り強くこの計画に取り組み、数年後には北部の４つの州だけで、30万頭以上のチェビオット種が飼われるようになっていた。こうして、放牧地の価値は跳ね上がり、以前はほとんど価値がなかったスコットランドの土地から大きな賃貸料が得られるようになった。

ジョンはケイスネス選出の国会議員となり、30年近くほぼ毎回当選してその席を維持し続けた。国会議員になることでさらに社会貢献の機会が増え、そのチャンスを逃すことなく活用した。当時首相だったピットは、さまざまな公共事業に尽きることのない情熱で取り組むジョンの姿を見て官邸に呼びよせ、なにか計画があるなら力になると提案した。

ほかの人間なら、自分自身の利益になることや昇進を考えたかもしれない。しかし、ジョンはいかにも彼らしく、個人的な引き立てはなにも望んでいないが、自分が一番嬉しい褒美があるとすれば、それは、全国農業委員会の設立を後押ししてもらうことだと言った。農業の専門家だったアーサー・ヤングは、「賭けてもいい、そんな計画がうまくいくはずがない」とジョンに反対し、「きみの農業委員会は月にあるんじゃないか？」と付け加えた。しかし、ジョンは情熱的にこの事業に取り組み、この問題に対する世間の注目を集めて、議会の大多数の支持をとりつけ、ついに委員会を設立してその会長に指名された。

その活動の結果をここで詳しく述べる必要はないだろうが、この委員会の設立が、農業と牧畜に与えた刺激は間もなくイギリス全土に広まり、その活動によって何万エーカーもの不毛な土地が回復した。またジョンは、漁業の確立も粘り強く推し進めた。サーソーとウィックに、イギリス産業のこの分野が根づいたのは、おもにジョンの奮闘があったからだ。ジョンは長年にわたって活動を続けて、ついにウィックに漁港を作ることに成功したのだ。いまではウィックは、もっとも繁栄している世界最大の漁業の町になったと言えよう。

ジョンは自分が関わるあらゆる仕事に精力をつぎ込み、やる気のない人を奮起させ、怠け者の心を刺激し、有望な者を勇気づけ、どんな人ともうまく付き合った。フランスによる侵略の危機が起こったときには、首相のピットに自分の地所で連隊を立ち上げると申し出て約束を守った。

ジョンは北に戻って600人の連隊を結成し、のちにそれを1000人に増やした。その兵士たちはジョン自身の高潔な国を愛する心によって鼓舞されて、これまで集められたなかでも最良の義勇連隊だと称えられるまでになった。アバディーンの駐屯地で連隊長を務めながら、彼はスコットランド銀行の頭取、英国羊毛協会会長、ウィック市長、英国漁業委員会会長、大蔵省証券発行責任者、ケイスネス州代表の国会議員、そして農業委員会会長の役職を務めた。

こうした自らに課した多種多様な仕事の合間に、ジョンは本を書く時間まで見つけて、それらの著作は高い評価を得た。駐英アメリカ大使ラッシュによると、農業改革者トマス・ウィリアム・コークに農業における最高の功績はなにかと訊ねると、ジョンの仕事が挙がり、財務大臣のヴァンシタートにイギリスの財政における最高の業績はなにかと訊ねると、ふたたびジョンの著書である『国の歳入史』が挙がったという。

しかし、ジョンの不屈の勤勉さの最大の功績は、ほかの人々を驚かせた21巻にものぼる『スコットランドの統計報告』だった。この本は、いつの時代のどこの国で発刊されたものにも負けない実用性の高いものだった。ほかの仕事をしながらこの本に8年近く熱心に取り組んだ。

その間に、彼はこの問題に関する2万にものぼる文書を受け取って読んだ。これはひとえに郷土愛による事業で、彼自身はなんの利益も得ることがなく、ただ完成したという名誉があるだけだった。本の収益はすべてスコットランド聖職者協会に寄付された。

本の発刊は国民に大きな発展をもたらした。本の発刊によって注目が集まったおかげで、間もなく圧政的な封建主義的権利の数々が廃止されて、多くの行政区で教師や聖職者の給料が上がった。また、スコットランド全体の農業がいっそう奨励されることになった。

ジョンはその後、イギリス全体についてもさらに多くの記録を集めて、同様の統計報告を発刊するという申し出をした。しかし、その調査は教会の10分の1税に干渉するかもしれないという理由で、当時のカンタベリー大司教が調査を許可しなかったため実現には至らなかった。

ジョンの仕事の早さを示す例として、生産都市の救済のために彼が緊急で行った仕事がある。1793年、戦争によって引き起こされた不況は、まれに見る数の破産者を生んだ。マンチェスターとグラスゴーの多くの名家たちも傾きかけたが、その理由は資産の欠如かというよりも、現金取引や信用取引の資金が一時的に滞っていたからだった。

その時期に労働者階級のなかに広がった経済的困窮は、切迫したものだった。ジョンは国会で、商人たちに安全を保証するための貸付金として、大蔵省は紙幣500万ポンドをいますぐ発行すべきだと要求した。この提案は採用され、彼が指名する者たちと共同で、提案を実行するという案も承諾された。

投票結果が深夜に出ると、ジョンは翌早朝に官僚主義のお役所仕事による遅れを予想して、市内の銀行家たちのところに赴き、彼自身の信用で総額7万ポンドを借り、同日の夕方には、とくに緊急の援助が必要な商人たちにさっそく送金を行った。

国会でジョンに会ったピット首相は、「資金は数日しないと集まらないよ」と、マンチェスターやグラスゴーから緊急の要望が出ていた資金をすぐには提供できないだろうと残念がった。ジョンはそのとき「資金はすでに送りましたよ。昨晩の夜の便でロンドンを出ました」と意気揚々と答えたという。またジョンは「首相は、まるで私に刺されたかのような驚きぶりだったよ」と嬉しそうに笑いながら言ったという。

最後まで、この偉大なる善人は人の役に立つために常に快活に仕事をして、自分の家族や故郷のためにも素晴らしい実例を示した。一生懸命に他人のために尽すなかで、その寛大さのせいで自己資産は大きく減らしたが、幸福感や満足感、知識を継承できたという心の安らぎは得たと言えるだろう。偉大なる愛国者として、精力的に仕事を成し遂げ、自国への義務を果たした。

そして、自分自身の家庭もおろそかにしなかった。彼の息子も娘もみな、人の役に立つ立派な人間に成長した。ジョンがもっとも誇らしく思っていたのは、80歳を目前に、7人の息子たちが無事成長し、そのうちの誰ひとり払えないような借金をしたこともなく、不必要な悲しい思いをさせなかったことだった。

第13章

人格——本当の紳士とは

「常に活動している者、それが彼
幾千もの記憶が呼び覚まされる
とりわけ思い出深いのは
彼の優しさ

彼のありのままの姿
人々と交わる場で振る舞う姿は
花のように気高く
その高潔な心は周りの人々をも気高くする

そして、純潔な生まれの彼こそ、
紳士という名にふさわしい」
——テニソン

「才能は静かに育まれるが、人格は浮世の波にもまれて育つ」
——ゲーテ

「国を興し、国を強くし、国に威厳を与えるもの――力を広げ、道徳心を生み、尊敬を集め、人々を従わせ、無数の心をひれ伏させ、他国のプライドをへし折るもの――服従させる道具となり、主権の源泉となり、国家に真の玉座や冠や権杖を与えるもの――それは、貴い血筋や、貴い階級や、貴い才能ではない。それは、貴い人格である。これこそが人間の真の姿を示す象徴なのだ」

――「タイムズ」誌

❖優れた人格は人間の持つ最高の性質

人生における至上の宝であり、まばゆく輝くもの、それは人格である。もっとも重要な資産であり、備えていること自体がある種の地位となり、周りから信用を集めるときには財産となる。あらゆる階級の者に威厳を与え、どのような社会的地位にある人であれ、その名誉を高める。富より強い力を発揮し、妬まれることなく名声を手にすることができる。立派な人格はいつも周りに大きな影響を及ぼす。

人格とは、なによりも自信を生み、人々の尊敬を集める資質、信望や実直さや一貫性などで成り立っているものだからである。

優れた人格は人間が持つ最高の性質である。一人ひとりに備わった節度である。人格者は社会の良心であるのはもちろん、統制の取れた国家の原動力となる。世界を動かすのはたいていの場合、道徳心に富んだ性質なのだ。戦いにおいてさえも、道徳心は身体能力の10倍も大切だとナポレオンは言っている。

国の力、産業、文明はすべて、個人の人格に左右され、そのしっかりした基盤があってこそ国民の安全も成り立つ。法も制度も一人ひとりの人格の所産なのだ。個人と国家と人種は、それぞれの性質に合わせたバランスで、過不足なくふさわしいものが与えられる。結果には原因があるように、人々が持つ人格の質は、それに見合った結果を伴うのである。

ほかの人と比べて教養や才能が劣っていたり、財産が少なかったりしても、優れた人格を備えている人は、常にほかの人に影響を与えるものだ。作業場であれ、事務所であれ、市場であれ、議会であれ、それは同じである。元首相のカニングは、1801年に次のように記した。「人格を磨いて力を得る道を歩まねばならない。ほかの選択肢を試すつもりはない。私は楽天家なので、この道は近道ではないかもしれないが、もっとも安全な道だと信じている」

知性豊かな人は称賛されるかもしれないが、人から信用を得るにはもっとほかに必要なものがある。それゆえに、元首相のジョン・ラッセル卿が言ったこの言葉は真理をついている。「イギリス国民の資質として、助力を求めるときは天才のところへ行くが、助言を乞うときは人格者のもとへ行く」

政治家のフランシス・ホーナーの人生は、これをまさしく体現したものである。作家で聖職者のシドニー・スミスは、ホーナーの顔には十戒が刻まれていると言い、法律家コーバーンは彼のことを次のように評した。

「貴い独特の光を放つホーナーの生涯は、誠実な若者らを奮起させずにはおかない。38歳という短い生涯だったが、ほかの誰よりも広く人々に影響を与えた。誰もが彼を賛美し、愛し、信頼し、その死を悼んだ。そうでないのは冷酷で卑劣なやからのみである。議会が彼に示した敬意は、これまでに亡くなったどの議員に対しても示されたことがないほど大きなものだった。

ここで、若い人たちに訊ねたい。なぜフランシス・ホーナーは、これほどまで人々を惹きつけたのか。身分のせいだろうか。ホーナーはエディンバラの一介の商人の息子だった。富のせいだろうか。彼もその親族も、余っているお金は6ペンスさえなかった。役職のせいだろうか。彼が就いていた役職はたったひとつで、期間はわずか2~3年、権力も小さく報酬もわずかだった。才能のせいだろうか。その才能は卓越したものではなく、天賦の才もなかった。用心深いが不器用で、唯一の野心は正しいことを行うことだった。

では、雄弁のせいだろうか。人を怖がらせたり甘い言葉で誘惑したりするような話術はいっさい使わず、穏やかで分別をわきまえた話しぶりだった。魅力的な振る舞いのせいだろうか。彼の態度は適切で好ましいものだったが、それ以上でも以下でもなかった。

ではいったい、なんのせいだったのか。それはただ良識があり、勤勉で、強い信念と善良な心を持っていたせいである。これらの性質はいずれも普通の人が労せずとも手に入れられるものだ。彼が尊敬を集めたのは、優れた人格を備えていたためである。そしてその人格は、生まれたときから備わっていたものではなく、彼自身がなんの変哲もない素質から生み出したものである。

議会には、彼よりもはるかに優れた才能や弁術を備えた人たちがたくさんいる。だが、道徳的価値のあるそれらの性質を絶妙のバランスで併せ持つ者は、彼をおいてほかにいない。並みの能力でも、ほかになんの助けがなくても、善良な心で自己修養に励めば、なにかを成し遂げることができる。たとえ競争相手と嫉妬深い人々に囲まれた環境であってもそれは同じだ。ホーナーが生まれてきたのは、そのことを示すためだったに違いない」

ベンジャミン・フランクリンも、自分が公人として成功できたのは才能や弁舌の才ではなく――それは凡人と変わらなかった――高潔な人格を周りが認めてくれたからだと考えていた。それゆえに、彼はこのように述べた。「私は、国民のことを第一に考えていた。演説は下手くそで、なめらかに語れたことは一度もない。言葉を選ぶときもなかなか決められず、ぴったりの表現がちっとも出てこなかったが、とにかく言いたいことはだいたい伝えられた」

身分の高低にかかわらず、人格は人に自信を与える。ロシア皇帝アレクサンドル1世は、国と同じくらい心が広いと言われていた。フランスの貴族モンテーニュは、フロンドの反乱が起きたとき、貴族のなかでただひとり城の門のかんぬきを外したままにしていた。彼の人格こそが、騎兵連隊より強力に彼を守ったのだと言われている。

「知は力なり」と言われるが、もっと分別を働かせれば、「人格は力なり」のほうが理にかなっている。思いやりのない知性、行いの伴わない知性、善意の欠けた賢さもそれなりに力と言えるが、それらは悪影響を及ぼす力になる恐れがある。そのような力を持った人から学んだり、その力によって楽しんだりすることがあるかもしれないが、スリの器用さや追いはぎの馬の扱いを称賛したりしないように、それらの力はときに称賛できないときがある。

❖優れた人格を育む要素とは？

誠実さや高い志、そして善意――これらの性質は簡単には言い表わせないが、これらこそが、人の品格の要素となるのだ。イギリスの老練な作家のひとりが書いているが、「美徳に仕えるのにお仕着せは必要ない。ただ生まれながらの忠誠心があればいい」のである。

こうした資質を備えた人に目的に向かって突き進む強い意志があるならば、それは圧倒的な力となり、善行を行い、害悪に抵抗し、困難や災難に耐える力を得る。中世ローマの貴族、コロンナ家のステファノは、敵の手に落ち、「さて、お前を守ってくれる要塞はどこにある？」とあざけりの言葉を掛けられたとき、「ここにある」と自分の胸に手を当てて雄々しく答えた。高潔な人間は、不幸のさなかにあってもまばゆい光を放って輝き、ほかの人がみな倒れても、高い志と勇気に支えられ立ち上がるのだ。

スコットランドの弁護士トマス・アースキンは純粋な独立心を備え、真実をこつこつと追い求めることのできる人物だった。彼の振る舞いの信条は、すべての若者の心に刻まれるべきものである。「まだ小さいころに、親から最初に教え込まれたことは、常に良心の声に耳を傾けて、すべきと思うことをなし、結果は神に任せるということだった。私はこの親の教えを墓場に行くまで常に心にとどめておき、実行していくつもりだ。むしろ、それが幸福と繁栄への道なのだから。自分の子供たちにもこの道を進めと、同じ道をさし示すつもりだ」

人はみな、人生最大の目標として、優れた人格を備えた人間になれるように努めるべきである。正しい手段で優れた人格を手にしようとするその取り組みこそが、力を尽くす動機づけとなる。また、人格について考えることで、理想とする人格の質が高くなり、それがしっかりした強い原動力となる。必ずしも実現できるとは限らないが、人生の基準は高く掲げるべきだ。

元首相のディズレーリは次のように述べている。「上を見ない若者は、下を向くようになる。高みを目指さぬ精神には、さもしい卑屈さが生まれる」。詩人のジョージ・ハーバートもこのような詩を残している。

態度は低く、目標は高く持て。
そうすれば、謙虚で高潔な者になれる。
志は低く下げてはならない。空を目指す者は、木を目指す者よりはるか高くを飛べるものだ。

自分の生きかたや考えかたに高い基準を課している人は、そうでない人より明らかにいい功績を残す。スコットランドにこのようなことわざがある。「金の上着をつかもうとせよ。そうすれば、片袖くらいは手に入るかもしれない」。最高の結果を求める者は誰でも、始めたときよりはるかに高い地点にたどり着けるものだ。たとえ目標にたどり着けなかったとしても、それを目指して奮闘した経験そのものがその後もずっと役に立つ。

世の中にはエセ人格者が多いが、本当の人格者は見間違いようがない。なかには金儲けの種になると知っていて、軽率な人を騙して、人格者のふりをするやからもいる。賭けや高利貸しで私腹を肥やしたとされる悪名高いチャータリス大佐は、正直者として名が知れている男に言った。「きみの名前をくれるなら1000ポンド払ってもいい」「なぜですか?」。大佐は答えた。「その名前で1万ポンドは儲けられるから」

言葉と行動に一貫性があること。それが人格の柱であり、誠実さを貫き通すことが優れた人格者の大きな特徴である。政治家のロバート・ピール卿が優れた人格者であったことを示す証言のひとつとして、この偉大な政治家の死から数日後に、ウェリントン公が上院議会で行った追悼演説がある。

「みなさんは、故ロバート・ピール卿の高貴で誉れ高いお人柄に触れてこられたことでしょう。私は長年彼とともに働いてきました。上院議会でともに公務をこなし、名誉なことに個人としての友情も育んできました。彼とともに過ごした年月のなかで、彼ほど正直で公平な信頼のおける人物は知りませんし、公益事業を促進することにあれほどの情熱を注いだ人も見たことがありません。長い付き合いのなかで、常に正直であろうという態度を示していましたし、彼が事実ではないことを述べているのではというかすかな疑いさえ抱いたことはありません」。この政治家の気高い正直さこそ、間違いなくピール卿の大きな影響力と力の鍵だったのだ。

言葉はもちろん行動も誠実であること、それが優れた人格には欠かせない。人からこう見えるという姿やこうなりたいと思う姿と、実像が合っていなければならない。奴隷制度廃止運動家のグランヴィル・シャープのところにアメリカ人の紳士から手紙が来た。その人はシャープの優れた人格を尊敬しているので、息子のひとりに彼にちなんで名前をつけたという。

シャープはこのような返事を書いた。「名前を差し上げた者として、私の家族が愛していたこの格言をご子息にぜひ伝えていただきたい――こうありたいと望む姿になれるよう、常に努力せよ。父から聞いた話では、祖父は注意深く、つつましくこの格言にしたがって純粋で誠実な人物として行動し、その結果、公私においてその性質が祖父の優れた人格の大きな特徴になりました」

自尊心を持ち、ほかの人に敬意を払う人はみな、この格言――やると言ったことは誠意をもって実行せよ――を実践することだろう。つまり、自分のすべき仕事に全力を傾け、手抜きをせず、正直で良心があることのみを誇りとする人間になるはずだ。

清教徒革命の指導者クロムウェルはあるとき、頭はいいが少しあざといところがある弁護士バーナードに言った。「最近とても慎重に行動しているみたいだが、それで自信過剰になってはいけないよ。狡猾《こうかつ》さはときに己を裏切ることがあるから。誠実さは決して裏切らないがね」

言っていることとやっていることがずれている人は、尊敬を集めることはなく、言葉にほとんど重みがない。本当のことでさえ、彼らの口から出た言葉は、大ぼらを吹いているように聞こえるのだ。

優れた人格を備えた人は、誰かに見られていようといまいと、いつも正しい行動をする。充分に躾《しつけ》を受けた少年が、なぜ誰も見ていなかったのに梨をくすねなかったのかと訊かれて、こう答えた。「いえ、見ていた人がいるのです。それは僕です。自分が悪さをするところを見たくなかったのです」

この言葉はシンプルだが、信念や良心をうまく表現している。良心は人格を支配し、人格を守る優れた砦の役割を果たす。そして、その人の人生に小さな影響を及ぼすのはもちろん、人生を変えるような強力な影響も及ぼす。良心は日々刻々と人格を形づくり、一瞬ごとにその影響力を増大させていく。この良心から大きな影響力を受けていなければ人格は無防備になり、始終誘惑の罠にはまる危険にさらされる。

そして、一度このような誘惑に負けて卑劣で不正直な行動をしてしまうと、ほんの小さな悪行だったとしても、やがて自滅を引き起こす。その悪行がうまくいくか、ばれるかは問題ではない。その悪行を行った罪人はもう前と同じではない。もはや別人なのだ。人知れず不安にさいなまれ、自責の念にとらわれ、良心と呼ばれるものがうずきだす。それが逃れることのできない罪人の宿命なのだ。

❖人の性質を形づくるのは日頃の習慣

ここでは、いい習慣を身につけることによって、人格がいかに効果的に強化され支えられるかを見てみよう。よく言われるように、人は習慣によって作られる。習慣は第二の天性である。イタリアの詩人メタスタージオは、行動も思考も繰り返すことで力がついてくると考え、「人間の性質はすべて習慣によるものだ。美徳さえも」という言葉を残している。

聖職者で哲学者のバトラーは自著『宗教のアナロジー』のなかで、しっかり自分を律して誘惑に強く抵抗できるようにしておくことが大切だと説き、正直な行いを習慣づければ、やがて罪悪より善行のほうがたやすくできるようになると説いている。

彼は言う。「何度も練習するうちに身体が勝手に動き出すように、目的意識を持って何度も実際に行動することで、精神の習慣も身体についていくものだ。つまり、従順、誠実さ、公平さ、博愛という信念を行動に移す、またはそれらに基づいて行動するということである」

また、政治家のブルーム卿は、若いうちから自分を鍛えていい習慣をつけておくことが大切だと言っている。「私は習慣というものを信頼して、すべてを預けている。いつの時代も、教師はもちろん政治家も習慣を頼りにしてきた。習慣になっていればなにをするもたやすく、慣れた道ができていれば、そこからそれるのが難しくなる」

つまり、節制が習慣になれば、不節制が嫌でたまらなくなる。また倹約が習慣になれば、無謀な浪費は、その人の生活を支配している行動基準に真っ向から反する行為となる。だからこそ、悪い習慣が忍び込んでこないように、しっかりと気をつけて見張っておくことも大切だ。

悪い習慣にひとたび屈すれば、それが常にその人の性質の最大の弱点となってしまい、そこを修正してぐらつかない確固とした習慣を身につけるには、長い時間が必要になる。これをずばりと言い表わしたあるロシアの作家の言葉がある。「習慣は真珠の首飾りと同じ。結び目がほどけたら、すべてがばらばらになってしまう」

いったん身についた習慣は、なんの苦労もなく無意識のうちに行動に移される。そして、その習慣に背こうとしたときにはじめて、それが強い引力を発していることに気づくのだ。1回、2回と繰り返して行うことで、その行為をなめらかに苦もなく実践できるようになる。

習慣は、はじめのうちはクモの糸ほどの強さもないように見えるが、いったん身につくと鉄の鎖なみに強く結びつく。日常生活のささいな出来事は、それだけを取り出してみると、静かに降り積もるひとひらの雪のように、まったくとるに足りないことのように見える。だが、雪片も積もり積もれば雪崩にもなるのだ。

自尊心や自助の精神、不屈の努力、勤勉、誠実——これらはすべて、信念ではなく習慣によって身につく性質である。実は信条とは、いくつかの習慣につけた単なる名前である。信条は言葉にすぎないが、習慣には実体が伴う。とはいえ、良い習慣か悪い習慣かによって、習慣は支援者にもなれば暴君にもなる。大人になるにつれ、自由な行動や個性が習慣に大きく左右されるようになり、その行動が結局は性質を形づくる。つまり、自分の周りに廻らせた鎖に縛られてしまうのだ。

いい習慣を身につけるよう、若者に訓練させることが大切だ。この大切さはどれだけ言っても言いすぎにはならない。習慣は若いうちのほうが取り入れやすく、いったん身につけば死ぬまで長持ちする。樹皮に彫り込んだ文字のように、時とともに大きくなるのだ。

旧約聖書の箴言《しんげん》にも「子をその行くべき道に従って教えよ、そうすれば年老いても、それを離れることがない」とある。はじまりには必ず終わりがある。人生という道に最初に踏み入れた一歩で、その旅の方角と目的地が決まってしまう。フランスのことわざにも「つらいのは最初の一歩」とある。

ネルソン提督とともに戦ったコリングウッド卿は、目をかけていた若者に「覚えておきたまえ。25歳になるまでにいい人格を作っておくのだ。そうすれば一生、役に立ってくれる」と言った。年齢が上がるにつれ、習慣は強化され、人格も固定されるので、習慣の新しい道をつけるのがますます難しくなる。

つまり学ぶより、学んだことを忘れるほうが難しいことが多いのだ。このため、あるギリシャ人のフルート奏者は、もともと彼より腕の落ちる先生についていた生徒を教えるときは、授業料を普通の2倍取ったというが、それはもっともなことだ。以前から習慣になっていたことをやめるのは、歯を抜くより強い痛みと困難を伴うことがある。

怠け癖や浪費癖、飲み癖を改めさせようとしても、たいていは失敗に終わる。習慣というものは、いったんその人の生活に絡みついて生活に浸み込み、不可欠な要素になってしまうと、取り除くことができなくなってしまう。リンチ氏が言うように「習慣のなかでも一番の習慣は、いい習慣が身につくよう心がける習慣」なのだ。

幸せさえも習慣になる。ものごとの明るい面を見るのが習慣になっている人もいれば、暗い面を見るのが習慣になっている人もいる。サミュエル・ジョンソンに言わせれば、ものごとの一番いい面を見る習慣をつけることは、ひとりの人間にとって年1000ポンドの報酬よりも価値がある。われわれには、不幸なことより、幸福と進歩をもたらしそうなものごとだけに意識を向けて考えるという能力が大いに備わっている。

このようにして、ほかの習慣と同じように、楽観的に考える習慣を植えつけることができる。このように楽天的で明るく、楽観的な性質の人を育てることは、多くの知識を身につけさせて多くの功績を残すことより、ひょっとするとずっと重要なことかもしれない。

❖人格を知るための一番わかりやすいテスト

どれほど小さな穴からでも日の光が差し込むように、ごくささいなことから人となりがわかるものだ。たしかに人格というのは、誠実で高潔な、何気ない行動で成り立っている。日常生活は採石場のようなもので、そこから切り出した粗削りの習慣を磨き上げて、人格というものを作り出しているのだ。

人格を知るための一番わかりやすいテストは、他人に接するときの態度を見ることである。上司や部下や同僚に対して感じのいい振る舞いを示す人は、常に周りをすがすがしい気持ちにさせる。その態度はほかの人を喜ばせるが、それは個人への尊敬の念が示されているからである。そして、そうすることで自分自身もその10倍も快い気分になれる。

なんでもそうだが、このような礼儀正しい振る舞いは自己修養によって誰でも学ぶことができる。たとえ財布に1ペニーさえ入っていなくても、そうしたいと思えば丁寧で親切な振る舞いはできる。

社会における思いやりは、万物に色彩を与える光のように無言の影響力がある。声を荒げたり力づくで前進させたりするよりもはるかにいい成果がある。思いやりの心は、土を押しのけて芽を吹き、春に花を咲かせる小さな水仙のように、ただ休みなく発揮することによって、静かにじんわりと周りの人に浸透していくのである。

思いやりのこもった視線で見つめられるだけで、人は喜びや幸せを感じるものだ。ブライトンの聖職者ロバートソンは、ある女性から聞いたこんな話を手紙に書いている。

「その女性は、身なりの貧しい少女の顔がぱっと輝き、目に感謝の涙が浮かぶのを見たという。それは、ある日曜日のことだった。教会から出ようとしていた私が、その少女の傍らを通り過ぎざまに、思いやりを込めてその少女を見ていたというのだ。なんという教訓か。これほどたやすく幸せを分け与えられるとは。このような天使の仕事とも言える小さな親切を実践する機会を私たちはどれほど逃していることか。私はその少女のことを覚えていた。

その子を見て悲しい気持ちで胸がいっぱいになり、そばを通り過ぎながら、ああすることしか思いつかなかった。とはいえ、私のその行為は、ひとりの人間につかの間でも輝かしい太陽の光のような喜びを与え、しばしの間、その心にのしかかる人生の重荷を軽減することができたのだ」

モラルとマナーは人生に彩りを与えるもので、法律よりずっと大切なものである。法律はそれらを書き表わしたものでしかない。法律はあちらこちらで、ときおり出会うものでしかないが、マナーはどこにいくにもそばを離れず、まるで私たちが吸っている空気のようにこの世に満ちている。いいマナーとはまさしく良い振る舞いのことで、礼儀と親切から成っている。人々の間で交わされる有益で快い相互の交流に欠かせない要素、つまり慈悲心である。

トルコの英国大使夫人だったモンタギュー夫人は、このように言った。「礼儀正しくするのにお金はかかりませんし、そうすることでなんでも手に入るのです」。たしかに、なにより安くすむのは思いやりであり、それを示すのに手間も自己犠牲もほとんど必要ない。

エリザベス1世を長く補佐してきた重臣バーリーは、女王にこう進言した。「人々の心をつかむのです。そうすれば国民の心も財布も陛下のものとなるでしょう」。気取りや策略などは忘れて、自然に思いやりを示すだけで、周りの人々を和やかで、幸せな気持ちにすることができる。その影響は計り知れないほどだ。

小さな親切をしても、生活が少し変わるだけでその一つひとつはささいな価値しかない。だが、繰り返し積み重ねることで重要性が増すのだ。ちょうど半端な空き時間や小銭のようなもので、塵《ちり》も積もればなんとやら、12ヵ月後、または一生のうちに、大きな実を結ぶのである。

マナーは行為の装身具である。思いやりのある言葉をかけたり行動を示したりするにはそれなりのやりかたがあり、それを踏まえればそれらの言葉や行動の効果は倍増する。ぶっきらぼうな口ぶりや横柄な態度では、ほとんど親切として受け取ってもらえない。それでも、なかにはそっ気ない態度を誇りに思っている人もいる。

そういう人は、美徳や能力を備えていても、その態度のせいで人から支持してもらえないことが多い。悪意がないとしても、人の自尊心を傷つけてばかりで、人が不快に思うような話を得々として話しているような人物は、なかなか好きになれるものではない。

かと思えば、ひどく恩着せがましく、自分を重要に見せる機会はどれほどささいなものでも逃さない人もいる。外科医のアバネシーが、セントバーソロミュー病院の外科医の仕事を手に入れようと奔走していたときに出会ったのもそんな男だった。その人物は金持ちの食料雑貨商で病院の理事のひとりでもあった。

アバネシーが店まで会いに行くと、カウンターの向こうに立っていた男は、すぐさま自分の一票を求める人が来たと気づき、尊大な空気を漂わせた。「おそらく先生は、人生のかかった重大なこのときに、私の票が欲しくてこちらに来られたのでしょうな」偉そうなエセ紳士が大嫌いなアバネシーは、この男の口調にいら立ちを覚え、こう返答した。「いや、違うよ。イチジクを1ペニー分買いに来ただけさ。さあこっちへ来てさっさと包んでくれ。急いでいるんだ！」

マナーを磨くこと——やりすぎると気取っていて、ばかげて見えるが——は、ビジネスでほかの人と交渉する機会のある人には絶対に必要である。地位が高く活動範囲が広い人は、愛想の良さと礼儀正しさは欠かせない要素と見なされることさえある。礼儀がなっていない人は、いくら勤勉で誠実で正直な性質であっても、それらの美徳の大部分を帳消しにしてしまっていることも少なくない。世の中には、礼儀知らずの人や不作法な人に寛大で、その人の真の性質だけを見てくれる心の広い人も間違いなくいる。しかし、大部分の人はそこまで我慢強くない。たいていは外から見える行動で人を判断し、好きか嫌いかを決めてしまうものだ。

本当に礼儀をわきまえている人が示すもうひとつの振る舞いに、ほかの人の意見をじっくり聞くというものがある。独断的な態度は、生意気が成長したものにすぎないと以前から言われているが、この独断的な態度の最悪な形が、頑固と傲慢であるとされている。人はそれぞれ意見が異なるということを認め、違う意見が出たら、忍耐と寛容の心でそれを受け止めなければならない。信念や意見は穏やかに述べればいいことで、殴り合ったり、辛辣な言葉で言い争ったりする必要はない。激しい言葉の応酬で人間関係にひびが入り、簡単には修復できなくなってしまうこともある。

独断の危うさについては、短いがためになる寓話がある。ウェールズとイングランドの境界あたりを巡回していた福音同盟の牧師から以前に聞いた話だ。「ある霧深い日の早朝、丘陵を登っていると、山腹でなにかが動いているのが見えました。奇妙な姿をしているので怪物かと思いました。ところが、近づいてみるとそれはひとりの人間でした。さらに近づいてみると、それは私の弟だったのです」

純粋な礼節は、正直で優しい気持ちから生じるものであって、身分や地位はまったく関係ない。聖職者や貴族だけでなく、作業台に向かっている機械工にも礼儀正しい人はいる。なにも、粗っぽくて粗野であることが、そういう仕事に就く労働者の必要条件というわけでは決してない。

ヨーロッパ大陸の多くの国の人々は、どの階級の人々も礼儀正しく洗練されている。われわれイギリス人もその性質を身につけられるはずだ。教養を磨き、階級を超えて人々が交流するようになれば、イギリス人が元来備えている優れた性質を犠牲にすることなく、礼儀と洗練も身につけられることは間違いない。

身分の高低や貧富の差、地位や生活環境に関わりなく、天は万人にもっとも大きな恵み、つまり寛大な心を与えてくださったのだ。寛大な心を備えていない者は、紳士とは言えない。またこの寛大な心は、貴族のレースの飾りがついた上着の奥だけでなく、農民の質素な灰色の服の奥にも息づいている。

詩人のロバート・バーンズが、あるエディンバラの名家の若者と連れ立って通りを歩いていたときのことだ。ひとりの農民とすれ違いざまにバーンズが農民に挨拶をすると、その若者がそれをとがめた。するとバーンズは強い口調でこう返した。「きみはとんだ大ばか者だな。私は立派な外套や帽子や靴下に声を掛けるわけじゃない。その奥にいる人間に挨拶するのだ。それに、人間としての本当の価値という点でいうと、あの男のほうがきみや私よりも秀でているかもしれないし、いつの日かその何倍も値打ちのある男になるかもしれないぞ」

貧しく見える人間は、服の下に隠された精神を見分けられない人には卑しい身分の人間にしか見えないが、正直な性質の人には、いつもその人の価値がはっきり見えるものだ。

❖本当の紳士グラント兄弟

ウィリアムとチャールズのグラント兄弟は、スコットランド北西部にあるインヴァネスシャーの農家の息子だったが、突然の洪水で一切を失くし、耕していた土地さえも失ってしまった。どこへ行く当てもないまま、親子は仕事を探しながら南へと下って行き、ランカシャーのベリー近郊に巡り着いた。

ベリーの北、ウォルマーズリー近くの丘の上から眼の前に広がる土地を眺めると、くねくねと谷を流れるアーウェル川が見えた。そのあたりの土地に詳しいわけではなく、右へ行けばいいのか左に行けばいいのかさえわからなかったので、棒を立てて、それが倒れた方向へ進むことに決めた。

こうして定めた方向に向かって旅を続け、そこからさほど離れていないラムズボトムの村にたどり着いた。そして捺染工場の職を見つけ、ウィリアムが見習いとして仕事をすることになった。いつか雇い主になるのだと自らに言い聞かせて、努力と節制に努め、誠実に働いた。彼らはこつこつ働き、一段一段地位の階段を上がって行き、やがてふたりは雇用主となった。

そして勤勉に働き、経営の才を発揮し、慈悲深くもあったため、長年の間に富と名誉だけでなく、周りの人々からの尊敬も手に入れた。彼らの綿の紡績工場と捺染工場は大規模な雇用を生んだ。

彼らが目標に向かってこつこつと努力することで、谷は活気と喜び、健康と富に満ちあふれた。さらに兄弟は有益な目的のために、豊富な財産からおし気もなく金を使って、教会の建設、学校の設立などを行った。

また、もともと彼らが属していた労働者階級の生活環境の改善に尽くした。あとになって、彼らはウォルマーズリーを望む丘の頂上に堂々とした塔を建て、自分たちの行き先を決めるために棒を倒したあの歴史的な出来事の記念とした。

こうしてグラント兄弟は、慈悲心とさまざまな慈善活動によって広く名前が知られるようになった。ディケンズは『ニコラス・ニクルビー』（こびあん書房）の登場人物チアリブル兄弟を描写するときに、グラント兄弟のことを思い浮かべながら書いたと言われている。このディケンズが描いた慈悲深いチアリブル兄弟の人物象がまったく誇張ではないことを示すために、グラント兄弟に関する数多くの逸話のひとつを紹介しよう。

マンチェスターのある問屋がグラント兄弟の会社を激しく中傷するパンフレットを発行し、年上のほうの経営者であるウィリアムのことを「ビリー・ボタンの花みたいな頭でっかち」と物笑いの種にした。ウィリアムはそのパンフレットのことを聞いたとき、その男はこのことをいつか後悔するだろうと述べた。

その言葉を人づてに聞いた問屋の男は言った。「なんとまあ。私がいつか借金をしにやってくるときが来るとでも思っているのか。だが、自分の世話は自分で見られるさ！」。しかし、商売人というのは、誰から借金をするようになるかいつも予測できるわけではなく、結局、その男は商売に行き詰まって破産し、グラント兄弟から署名をもらわなければ書類が揃わず、商売を再開できないという状態になってしまった。

男は、グラント兄弟の会社にどんな頼みごとをしても見込みはないと思ったが、家族からどうしてもと頼まれ、仕方なく署名をもらいに出かけ、かつて「ビリー・ボタン」とばかにしたウィリアムの前に現われた。男はいきさつを話し書類を取り出した。「あなたは前に、私たちを非難するパンフレットを作ったかたですね？」ウィリアムは言った。男は書類を火に投げ込まれてしまうだろうと考えたが、ウィリアムは会社の名前で署名をした。

これで男が必要とする書類は揃った。

書類を返しながらウィリアムは言った。「私たちは、ルールを決めています。まじめな商売人の書類には署名を拒まないと。あなたはまっとうに商売されていると聞いています」。男の目に涙があふれた。

「ほら」とウィリアムは言った。「私の言ったとおりになったでしょう。あなたがそのうちあのパンフレットを書いたことを後悔することになると私は述べました。けれどもそれは脅し文句のつもりではなく、いつかあなたが私たちのことをもっと知るようになれば、私たちを傷つけようとしたことを後悔なさるだろうと思ったのです」「ええ、私は本当に後悔しています」「そうですか。では、私たちのことをわかってくださったということですね。ところで、これからどのようにやっていかれるのですか？　どうされるつもりですか？」

哀れな男は書類が揃えば、助けてくれる友人がいると答えた。「でも、支援を得られるまでの間は？」。男は答えた「有り金は最後の1ペニーまで借金の支払いに使ってしまい、家族には生活必需品を買うことさえ我慢させている。そうでもしなければ書類のための支払いもできないのだ」と。

「おや、それはいけません。奥さんやご家族をそんなふうに苦労させるなんてよくない。これは私からです。この10ポンドを持って帰って、奥さんに優しくしておあげなさい。ほら、もう泣かないで。なにもかもうまくいきますよ。へこたれないで。雄々しく仕事に励むことです。そうすれば商売も持ち直してきます」

感動した男はなんとか感謝の言葉を口にしようとしたが、胸がいっぱいで言葉が出てこず、顔に手を押しあてて子供のようにむせび泣きながら部屋をあとにした。

❖紳士たれ！

本当の紳士とは、一流の手本を見習って形づくられた性質を備えた人のことだ。それは古くからの呼び名であり、紳士と呼ばれる人はどの階級に属している者であれ、崇高で影響力のある人物として認められてきた。

年老いたフランスの将軍は、スコットランドの貴族からなるルシヨンの連隊に向かって言った。「紳士は常に紳士であり、難局や危険に直面したときも、紳士としてその能力を発揮する」。紳士という性質を備えていること自体がある種の品格となり、寛大な人はもちろん、名ばかりのお偉方には敬意を示さない人でさえ、本当の紳士には一目を置く。紳士の質は流儀やマナーに左右されるのではなく、精神的な価値に左右される。

つまり紳士か否かは、その人がなにを持っているかではなく、その人の備えている性質によって決まるのである。旧約聖書の詩篇では、紳士とは〝前を向いてまっすぐ歩み、義を行い、心から真実を語る者〟だと簡潔に言い表わされている。

紳士の大きな特徴は、自尊心の高さである。紳士は自分の性格を重要なものと見なしているが、大切にしているのは、人にどう見られるかではなく、自分の目にどう映るかである。いわば内なる監視者がよしとするかどうかを尊重するのである。

そして自分自身に敬意を払い、同じようにほかの人にも敬意を払う。紳士の目で見れば、人類は神聖なものであり、それゆえ紳士は誰に対しても礼儀正しく、寛容な心で親切に情け深く接する。

アイルランドの政治家エドワード・フィッツジェラルドは、インディアンの酋長《しゅうちょう》らとともにカナダを旅しているときに、驚くべき光景を見た。酋長の妻である弱々しいインディアンの女が、夫の装飾品を背負って重い足取りで歩いているのに、酋長自身はなにも持たずに歩いているではないか。

フィッツジェラルドはすぐさまその妻の荷を引き受けて、自分の肩に背負った。フランス人の言う「心からの礼儀」を表わしたなんと美しい実例であろうか。本当の紳士に生まれつき備わっている礼儀とは、こういうことを言うのである。

本当の紳士は道義心が厚く、決して卑劣な行為をしない。言葉も行動も極めて誠実である。ごまかしや言い逃れをせず、嘘をついたり、こそこそしたりすることもない。正直で高潔で率直である。

紳士の行動原理は実直であること、つまり正しい行いをすることである。「イエス」と言ったら、それを守り通し、しかるべきときには勇気を持って「ノー」と言う。紳士は金で動いたりしない。浅ましく無節操な人だけが金で人の気を引こうとする人に誘惑され、自分自身を売ってしまうのだ。

実直な慈善家のジョナス・ハンウェイは、海軍の食糧供給委員を務めていたとき、請負業者からの贈り物はすべて断った。このようにして公務を行うさいに不公平が生じないようにしていた。

同様の素晴らしい性質は、ウェリントン公の生涯にも見てとれる。インドのアッサイェの戦いが終わった直後のある朝、ハイデラバード藩王国の首相がウェリントンを訪問してきた。訪問の目的は、マラータ王国の王子と結ぶ平和条約で、藩王国の国王ニザームにいかほどの領土や利益が約束されるかを確認することだった。首相は、この情報が得られるなら10万ポンドをはるかに上回る大金を提供すると申し出た。

ウェリントンは、しばらく黙って首相の顔を見つめたあと、こう言った。「見たところ、あなたは秘密を守られるかたのようですね」「ええ、そのとおりです」と首相は答えた。「私もそうなのです」ウェリントンはそう言ってにっこりほほ笑みお辞儀をすると、首相にお引き取り願った。

ウェリントンはインドで大きな功績を上げており、そのような状況では莫大な財産を手に入れることも可能だったが、1ペニーさえも私腹を肥やすことなく、どちらかと言えば貧しい男のままイギリスに帰った。この行いによって、ウェリントンの名声はいっそう高まった。

ウェリントンと同じような感受性と気高さを持った人物がいる。ウェリントンの兄、リチャード・コリー・ウェルズリー侯爵である。ある日東インド会社の役員が、マイソール軍を鎮圧したお礼に10万ポンドを差し上げましょうと申し出てきたが、リチャードはきっぱりと断った。

「私が独立を好む性格であることや、任務に誇りを持っていることはわざわざ言う必要もないことですが、ほかにも申し出をお断りせざるをえない重要な理由があります。こういうことは私には合わないのです。私は軍隊のことしか考えていません。それを受け取って勇敢な兵士たちの分け前が減ってしまったら、ひどく心が痛むでしょう」。贈答の類はいっさい受け取らないという侯爵の決意は、その後も変わらなかった。

チャールズ・ネイピア将軍も、インド駐留中、同様の気高い自己犠牲の精神を示した。現地の部族の王子たちが高価な贈り物を献上しようとしても、いっさい受け取りを断った。彼は正直に言っている。

「シンド州に来てから、おそらく3万ポンドは手に入れることもできた。しかし、私の手はいまだ汚れてはいないし、ミーアニーとハイデラバードの戦いで身につけていた父の剣も、まだ汚れていない」

富や地位の高さは、本当の紳士の質とはまったく関係がない。貧しい身分の人も、精神面であれ日々の行いの面であれ、本当の紳士になれる。正直で誠実、高潔で礼儀正しく、控えめながら勇敢で、自尊心と自助の精神にあふれている人。それが本当の紳士である。貧しくても心が豊かな人は、富があっても心の貧しい人より、あらゆる面で優れている。

聖パウロの言葉を借りれば、貧しくても心が豊かな人は「なにも持っていないようで、すべてを所有している」のである。ということは、心の貧しい裕福な人はなにもかもを所有していないようで、なにも持っていないことになる。

前者はすべてにおいて希望に満ちあふれていて、なにも恐れるものがない。後者は希望がなく、なにをするにも恐怖を感じる。心の貧しい人こそが本当の貧者なのだ。なにもかも失っても、勇気や元気、希望や徳、自尊心を持ち続けられる人は豊かな人である。そのような人は、世間をあるがままに受けとめ、不安をものともしない豊かな精神を備えているので、顔を上げて歩くことができる。これぞ本物の紳士である。

❖勇者たれ！

ときに、勇敢で心優しい人格が、粗末な服の下に隠れていることがある。ずいぶん前の話ではあるが、ぴったりの実例がある。昔、イタリアのアディジェ川が突然決壊し、ベローナの橋が真ん中のアーチ部分だけを残して流されてしまった。そのアーチ部分には1軒の家があって、家の住人が窓から助けを求めていた。だが、そのアーチ部分の土台さえいまにも流されそうになっていた。

そのときスポルベリーニ伯爵が言った。「あの不運な人たちを助ける勇気のある者に、100ルイ金貨を与えよう」。すると、群衆のなかからひとりの若い農夫が進み出て、小さなボートに乗り込むと流れのなかを漕ぎ出した。若者は橋脚にたどり着き、家族を全員舟に乗せ、無事に川岸まで戻ってきた。

伯爵は言った。「さあ、きみの金だ。勇敢な若者よ、受け取りたまえ」「いりません」。若者は答えた。「私はお金のために命をかけたのではありません。そのお金は、気の毒なこの家族に差し上げてください。本当にお金が必要なのはこの人たちです」。たとえみすぼらしい作業着しか身につけていなくとも、彼こそが本物の紳士ではないか。

この話以上に胸を打つ英雄的な行為がつい最近見られた。イングランド南東部の港町ディールの船頭たちが、ダウンズ錨地で石炭運搬船の船員たちを救助した話である。

北東からふいに迫ってきた嵐で、錨地に停泊していた数艘の船が流された。そのときは干潮だったため海面が低く、海岸からかなり離れた沖で1艘の帆船が座礁してしまったのだ。海は荒々しくその船に襲いかかった。その船にはほとんど望みがないように思われた。猛烈な風が吹き荒れ、激しい高波が打ちつけている。海岸にいる船頭たちにとっては、その船や船員を命をかけて救助することになんの魅力もなかった。助けたからといって1ペニーにもなりはしないからだ。

だが、この絶体絶命の状況でも、勇猛果敢なディールの船頭たちはひるまなかった。その船が座礁するや、サイモン・プリチャードという男が、浜に集まっていた群衆のなかから進み出て上着を脱ぎ捨てるとこう叫んだ。「これから船員たちを助けにいく。誰か一緒に来てくれないか?」。すぐに20人ほどの男たちが「俺が行く」「俺も」と進み出た。

だが、必要なのは7人だけだった。7人は1艘の平底船を打ち寄せる波に浮かべ、その船に飛び乗ると、岸に残った人々の歓声に包まれながら、逆巻く波に漕ぎ出した。これほど荒れている海で、その船が無事に進んでいること自体が奇跡のようだった。だが、勇ましい男たちの力強い腕が漕ぐ船は飛ぶように進み、数分後には立ち往生している船の近くまでたどり着き、高波の頂点でその船をとらえた。

そして、船が岸を離れてから15分もしないうちに、6人の石炭運搬船の乗組員たちは無事にウォルマー・ビーチにたどり着いたのである。ディールの船頭たちが勇猛果敢であることは以前から知られていたが、これほどまでの不屈の勇気と私欲のない英雄的な出来事はほかに例がないほどである。このエピソードをここに書き留めることができたことは喜ばしいことだ。


作家のターンブルは、その著作『オーストリア』で皇帝フランツに関するある逸話について触れ、当時オーストリア政府が国民をまとめられたのは、この皇帝の人柄によるところが大きかったとしている。

「ウィーンでコレラが大流行したとき、皇帝は補佐官を伴って街や郊外を調べて回った。あるとき、担架に乗せられた遺体が嘆き悲しむ付き添いもないまま運ばれていくのを見た。この異様な状況に注意を引かれた皇帝が理由を訊ね、この哀れな亡き骸はコレラで亡くなった人のもので、親族たちは付き添いを拒否したという。

当時、コレラで亡くなった人に付き添って墓地まで行くのは、大変危険なことと見られていたのだ。『それなら』と皇帝は言った。『われわれが親族の代わりに立ち会おう。わが民がなんの敬意も払われぬまま墓場へ向かっていく姿など見ていられない』。皇帝は遠く離れた墓地までその遺体に付き添っていくと、帽子を取り、葬儀がきちんと執り行われる様子を最後まで見守った」

フランツ皇帝の例も紳士の性質をあますところなく示しているが、数年前に朝の新聞で伝えられたのは、これに劣らぬ素晴らしいイギリス人職工らの話である。

「ある日、1台の霊柩車がパリのクリシー通りの急坂をモンマルトルに向かって上っていた。なかには冷たい遺体が収まったポプラ材の棺が載っていた。付き添う者はひとりもいない。たった一匹のイヌさえも死者に付き添っていなかった。雨の降る暗い日だった。通りすぎる人々は霊柩車に出会ったときにいつもするように、帽子を上げて弔意を示したが、それだけのことだ。

やがて、ふたりのイギリス人職工が霊柩車とすれ違った。このふたりはスペインからイギリスに戻る途中でパリに滞在していたのだ。ふたりは質素な身なりをしていたが、その下には誠実な心を宿していた。

〝哀れな人じゃないか〟とひとりが言った。〝付き添いがひとりもいないなんて。ふたりで付き添ってやろう〟。こうして、ふたりのイギリス人は帽子を取って、見も知らぬ遺体に付き添ってモンマルトル墓地まで歩いて行ったのである」

❖正直こそが人間の性質の頂点

なににもまして、紳士は正直である。正直こそが〝人間の性質の頂点〟であり、人との関わりにもっとも大切なのは、清廉な精神だと紳士は考えるからだ。チェスターフィールド伯爵も、正直さがあってこそ完璧な紳士になれるとしている。

ウェリントン公は半島戦争において、フランスの将軍ケレルマンに宛てて手紙を書いている。当時ケレルマンはイギリス人捕虜の仮釈放に反対していた。ウェリントン公はその手紙で、勇敢さを別にして、イギリス軍人が誇りにしているのは、正直さであると訴えた。「イギリス軍人が逃げないと約束して仮釈放されたのなら、その約束は決して破りません。私を信頼して、彼らの言葉を信じてください。イギリス軍人の言葉は、番兵が寝ずの番をするより確実です」

真の勇気と優しさは互いに結びついているものだ。勇敢な人は寛大で我慢強く、決して執念深く無慈悲な態度を示すことはない。北極の探検家ジョン・フランクリンのことを見事に言い表わし、同じく北極の探検家で友人のパリーの言葉がある。「危険に立ち向かう勇敢な男であったが、1匹の蚊さえ払いのけようともしない優しさも持ち合わせていた」。人格を構成する素晴らしい性質、つまり、フランスの武将で騎士道の典型と言われたバヤールのような優しさと善良さは、スペインのエル・ボドンで戦った騎兵隊のフランス人将校の行動にも示されている。

その将校は、敵の将校フェルトン・ハービーを斬りつけようと剣を上げたが、相手の腕がひとつしかないのを見てはたと手を止め、ハービーの目の前で剣を下ろして敬礼し、馬に乗ってそのまま去ったという。

これに加えてもうひとつ、同じ半島戦争のおりに、フランスの元帥ネイがとった高潔で優しさに満ちた行動を紹介しよう。チャールズ・ネイピアがスペインのラコルーニャでひどい傷を負って捕虜となったとき、故郷の味方はネイピアが生きているのか死んでしまったのかさえわからない状態だった。その安否を確かめようと、イギリスからフリゲート艦で特使が送り出された。特使を出迎えたネイの部下クールエ男爵はネイ元帥に到着を知らせた。

ネイは、「捕虜本人を特使と引き合わせて、体調も待遇も申し分ないと本人から伝えさせるように」と命じた。だが、クールエはためらっている様子だった。ネイは笑みを浮かべて訊ねた。「彼はほかにもっと望みがあるのか?」「彼の母親は、年老いて目が不自由で、しかも独りでいるそうです」「なるほど。では、母親の元へ帰って、生きていることを自分で伝えるようにすればいい」

当時、敵国間の捕虜の交換は認められていなかった。この若い将校を開放することで、ネイはナポレオンの怒りを買う危険を承知していたが、ナポレオンはネイの寛大なはからいを是認した。

❖脈々と受け継がれる騎士道精神

騎士道精神は廃れてしまったという嘆きもときおり聞こえてくるが、いまの時代でも、英雄的な自己犠牲と力強い優しさに満ちた、勇ましくも思いやり深い行為は見られる。ここ数年の出来事を見れば、イギリス国民もまだ落ちぶれてなどいないことがわかる。

クリミア戦争では、セヴァストポリの切り立つような要塞を前に、12ヵ月もの間包囲戦が続き、あらゆる階級の兵士たちが滴のしたたる湿っぽくて危険な塹壕で過ごしたが、祖先から遺された貴い精神を脈々と受け継いでいることを証明した。

とはいえ、われわれイギリス国民の性質がひときわまばゆい輝きを見せたのは、インドでのあの大きな試練のときであろう。カーンプルでのニール、ラクナウでのハヴロックが指揮した行軍では、将校も兵士も同様に、女性や子供たちを救い出すという願いに突き動かされて前進を続けた。

これは、歴史的にもほかに類のない騎士道精神にあふれた出来事だった。ウートラムが、自分より階級の低いハヴロックにラクナウ攻撃を指揮するようにと決めたのはまさに英断であり、詩人ながら雄々しく戦い死んでいったシドニーに劣らぬ美徳を示しているし、彼が「インドのバヤール」と称えられたのもうなずける。

勇猛果敢で思いやりのある軍人ヘンリー・ローレンスは、亡くなる間際に次のような言葉を最後に残した。「私のことで大騒ぎしないように。ほかの兵士たちとともに埋葬してくれればいい」

陸軍元帥コリン・キャンベルは気遣いを示し、敵に包囲されたラクナウの人々を救い出した。敵の圧倒的な猛攻撃のなかをくぐり抜け、大勢の女性や子供たちの集団を導いて、夜の間にラクナウからカーンプルへと長い行列を作って連れ戻ったのだ。また彼は心配りも発揮し、危険な橋を渡らせるときは、人々を油断なく見守り続け、最後はアラハバードへと向かう道にいる心強い護衛隊に人々を引き渡した。その後自分たちはグワリオールへ向かい、敵軍を稲妻のように急襲した。

これらのエピソードを見てみると、イギリス人として誇りに思うと同時に、騎士道精神の強い純粋な輝きは消えてはおらず、いまもなお、われわれのなかで力強く輝いているという思いが込み上げてくる。

試練に出会ったときは、一兵卒でさえも紳士らしい姿を見せる。インドのアグラでは、敵との戦いで多くの兵士が火傷や傷を負って駐屯地へと運ばれ、女性たちによって献身的に看護された。そこでは、粗野で荒々しい兵士たちも子供のようにおとなしかった。兵士らは数週間、女性たちから手当てを受けていたが、その間、彼女たちに聞こえるところで乱暴な言葉を使った者はひとりもいなかった。

そしてすべてが終わると——つまり、ひどい傷を負った者は息を引き取り、病気や傷を負った者は回復して感謝の意を示せるまでになったとき、兵士たちは、看護師たちやアグラのおもな人たちを、タージ・マハルの壮麗な庭に招いた。花が咲きほこり音楽が流れるなか、傷つき、手足を失ったりした者も含め、粗野な兵士たちがみな立ち上がると、包帯を巻いてくれたり、食事をさせてくれたり、一番つらいときに必要なことをしてくれた思いやり深い同郷の女性たちに感謝の言葉を述べたのだ。

クリミア戦争中はイギリス軍の野戦病院が設置されていたトルコのスクタリでも、けがや病気に苦しむ多くの兵士が、親切なイギリス人女性たちから手当てを受けた。痛みのせいで心の休まることのない傷ついた兵士たちにとって、夜の見回りで枕元まで来てくれるナイチンゲールたちの姿ほどありがたいものはなかった。

第13章
人格——本当の紳士とは

1852年2月27日、アフリカの沖合で難破した蒸気船バーケンヘッド号にまつわるエピソードも、一般的な人々が騎士道精神を示した19世紀の記録に残る実例であり、あらゆる時代を超えて誇りとされる出来事である。

当時、バーケンヘッド号は、男性472名、女性と子供166名を乗せてアフリカの海岸に沿って進んでいた。男たちは、当時ケープタウンに駐留していたいくつかの連隊に所属している兵士で、大部分が入隊したばかりの新兵だった。

深夜2時、全員が船室でまだ眠っているとき、船が暗礁に激突し船底に穴が開いてしまった。衝突して間もなく、船が沈没するのは確実と思われた。太鼓が打ち鳴らされ、兵士たちは甲板に集まるよう呼び出された。兵士たちが全員集まると、女性と子供たちを救えという命令が伝えられた。女性や子供たちは、着の身着のままで船室から連れ出され、静かに救命ボートに乗せられた。

すべての救命ボートが船のそばから離れると、船の副長が「泳げるものはみな、海に飛び込んでボートを追いかけろ」と軽率な言葉を叫んだ。

だが、第91高地連隊のライト大尉がすかさず「いかん！　そんなことをすれば、女たちが乗ったボートが沈んでしまうぞ」と呼びかけると、勇ましい兵士たちは動かずにただ立っていた。救命ボートはもう一艇もなく、そこにいる兵士たちはもはや助かる見込みはなかった。

しかしこの試練の瞬間に、落ち着きを失ったり、自分の務めに尻込んだりする者はひとりもいなかった。生き残ったライト大尉はのちにこう述べた。「船がとうとう沈むその瞬間まで、泣き言をつぶやく者も、叫ぶ者もいませんでした」。船が沈んで行き、英雄の一団も炎とともに波間に沈んで行った。この心優しき勇敢な兵士たちに栄光と誉れあれ！この人々の示した手本は決して消えることなく、彼らの思い出と同じく、永遠に語り継がれるだろう。

❖紳士の条件は分け隔てない優しさ、気遣い

ある人が紳士かどうかを調べる方法はいろいろあるが、決して失敗しない方法はひとつだ。それは、目下の者や自分より弱い者に対して、どのような影響を及ぼすかである。女性や子供に対してどう振る舞っているか。将校が兵士に、雇い主が召使いに、先生が生徒にどう接しているか。いかなる階級の人でも、自分より立場の弱い人に対してどのように振る舞っているか。このような場面で、思慮分別やつつしみや思いやりを発揮できるか、どのような振る舞いを見せるか、それは、紳士の性質を備えているかどうかを見定める決定的な目安となる。

ドイツの詩人フリードリッヒ・ラモット・フーケはある日、人ごみを通り抜けようとしてうっかりある若者の足を踏んづけてしまった。すると、その若者は間髪入れずにラモットの顔を殴った。「ああ、あなた」とラモットは言った。「きっとご自分のなさったことを後悔するでしょうね。私の目が見えないことをお知りになれば」。

自分に逆らえない立場の人をいじめるような者は、気取り屋になれるかもしれないが、紳士にはなれない。弱くて無力な人に傍若無人な態度をとる人は臆病者で、勇者ではない。

暴君は裏を返せば奴隷にすぎないと言われている。

心の正しい人は強く、その強さの自覚があり、それによって人格に高潔さが加わる。そして、その力をどう使うかに細心の注意を払う。シェイクスピアの『尺には尺を』でも次のような言葉がある。

なんと素晴らしい。
巨人の力をお持ちとは。されど、なんと暴君めいて見えることか
その力を巨人のように使うのは。

優しさこそが、紳士かどうかを見極める最良の目安である。本物の紳士の行動には、すべて人の気持ちを思いやったり、彼らの自尊心を尊重したりという優しさに満ちあふれている。それは、相手が対等の立場であろうと目下や弱い立場の人であろうと関係ない。他人の振る舞いを厳しい目で判断して大きな間違いを犯す危険を招くより、自分が小さな傷を受けるほうを選ぶ。自分より厳しい境遇にいる人の弱さやしくじり、過ちには寛大である。

また、自分の飼っている家畜に対してさえ慈悲の心で接する。財産や権力や才能があってもそれを自慢しない。成功しても舞い上がったりはせず、失敗しても落胆しすぎない。自分の意見をほかの人に押しつけたりはしないが、状況に応じて自分の意見を進んで話す。人になにかしてあげるときも、恩着せがましい態度はとらない。

ウォルター・スコットは以前、ロジアン侯爵について次のように言った。「彼は誰にでも親切にできる男だが、近ごろ、それはとても大きな意味を持つ」

元首相のチャタム伯ウィリアム・ピットは、「紳士とは、日常生活で生じる小さな出来事でも、自らを犠牲にしてほかの人を立てるという特徴がある」と述べた。高潔な人格に人を思いやる精神があふれるほど入り混じった人物の例として、勇猛果敢なラルフ・アバークロンビー将軍のエピソードを披露しよう。

エジプト北部に位置するアブキール湾の海戦で致命傷を負ったラルフ・アバークロンビー将軍は、担架で軍艦フードロイアント号に運ばれた。痛みを和らげるためにある兵士の毛布が頭の下に添えられた。すると将軍は、ずいぶん楽になったように見えた。

将軍は頭の下にあるのはなにかと訊ねた。「ただの一兵卒の毛布です」という答えが返ってきた。「誰の毛布だね?」と半分身を起こしかけながら将軍は訊ねた。「ただの兵士のひとりです」「この毛布の持ち主の名前を教えたまえ」「42連隊のダンカン・ロイです、閣下」「では、ダンカン・ロイが今夜使う毛布を持っているかどうか確認してくれ」。死に際の苦しみを和らげるためであってさえ、アバークロンビー将軍は、一兵卒の兵士から、ひと晩の毛布を奪うことをよしとしなかったのだ。

このエピソードは、オランダ東部の町ズトフェンの戦場で、詩人で軍人のフィリップ・シドニーが死の間際にあって、一兵士に1杯の水を譲ったというエピソードと同じく心を打つ話である。

第13章
人格――本当の紳士とは

言葉の妙手、歴史家のトマス・フラーは、偉大な海軍提督フランシス・ドレイクについて描写し、本当の紳士で行動力に富んだ人物の人格を、簡潔な言葉で言い表わしている。「つつしみ深い私生活、それは仕事の面でも同じで、言葉遣いについても言えることだった。目下の者には慈悲深かかったが、怠惰な者をなにより嫌悪した。重大な局面では、その人がいかにも信頼でき、腕が立ちそうに見えても、人任せにすることはなかった。いつなんどきも危険をものともせず、困難に進んで立ち向かった。勇気や技量や勤勉さを発揮しなければならないときはいつも、(二番手が誰であれ) 自分が真っ先に行動した」

著者

Samuel Smiles（サミュエル・スマイルズ）

英国の著述家、医者。1812年スコットランド生まれ。当初は医者であったが、のちに著述に専念する。
著書に『向上心』（1871年）、『人格論』（1871年）、『義務論』（1880年）など多数ある。1904年没。

訳者

久保美代子（くぼ・みよこ）

大阪府生まれ、滋賀県在住。大阪外国語大学卒業。翻訳家。
主な訳書に『モンキーウォーズ』、『ダウントン・アビー　華麗なる英国貴族の館：シーズン1・2公式ガイド』（共訳）がある。

解題者

青木仁志（あおき・さとし）

北海道函館市生まれ。10代からプロセールスの世界に入り、国際教育企業ブリタニカ、国内人財開発コンサルティング企業を経て1987年、32歳でアチーブメント株式会社を設立、代表取締役に就任。研修講師としてのべ34万名以上を担当。2010年から3年間、法政大学大学院政策創造研究科客員教授として、講義「経営者論特講」を担当し、法政大学大学院坂本光司教授が審査委員長を務める「日本でいちばん大切にしたい会社大賞」の審査委員も務めるなど、中小企業経営者教育に力を注いでいる。著書は、15万部のベストセラーとなった『一生折れない自信の作り方』をはじめ47冊。うち10点が海外でも翻訳され刊行中。

新・完訳 自助論

2016年（平成28年）6月29日　第1刷発行

著　者　サミュエル・スマイルズ
訳　者　久保美代子
解題者　青木仁志

発行者　青木仁志

発行所　アチーブメント株式会社
〒141-0022　東京都品川区東五反田4-6-6 高輪台グリーンビル3F
TEL 03-3445-0311（代）／FAX 03-3445-2310
http://www.achievement.co.jp

発売所　アチーブメント出版株式会社
〒141-0031　東京都品川区西五反田2-1-22 プラネットビル5F
TEL 03-5719-5503／FAX 03-5719-5513
http://www.achibook.co.jp
公式ツイッター　@achibook
公式フェイスブックページ　http://www.facebook.com/achibook

印刷　シナノ書籍印刷株式会社
装丁　吉村朋子

ISBN978-4-905154-99-0